求道の越境者・河口慧海

チベット潜入ルートを探る三十年の旅

根深 誠

Nebuka Makoto

中央公論新社

7世紀、チベットに嫁した唐の皇女・文成公主が請来したとされる釈迦牟尼仏像（十二歳時御丈）。チベット最初の仏教寺であるチョカン寺（大昭寺）に祀られている。（1993年撮影）

「金色ノ坐像光輝赫々タリ」と慧海が日記に記した弥勒菩薩像。チャムチェン寺（7世紀創建）の本尊に祀られている。（2019年撮影。第10章参照）

1996年に奉安された、河口慧海師修学塔。慧海が学んだセラ寺（15世紀創建）に祀られている。（2019年撮影。第10章参照）

上：クン・ラを越えていくヤクの隊商。慧海が日記に記した、二つ並んだ湖（慧海池、仁広池）と推定されるクン・ツォが前方に見える。（2006年撮影。第8章参照）
下：ゴップカル・ラを越えた地点の峠からチャンタンを眺めた風景。慧海が記述した風景を思わせる川の流れ（写真左中央よりやや下の、白く光る筋）が眺められる。ゴップカル・ラ越えの道はクン・ツォに通じている。（2022年撮影、ムィ村住人提供。終章参照）

目次

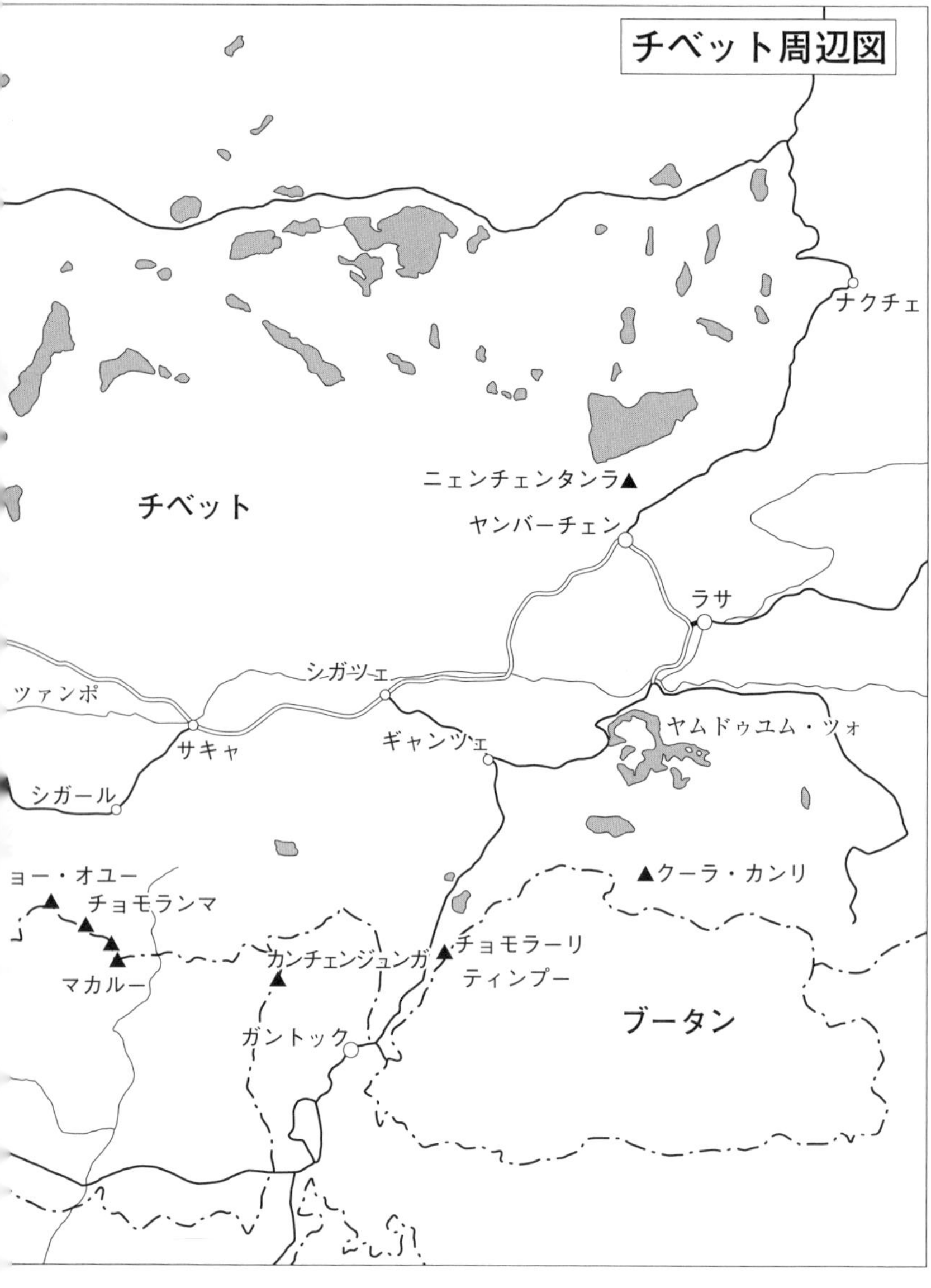
チベット周辺図
ナクチェ
ニェンチェンタンラ
チベット
ヤンバーチェン
ラサ
シガツェ
ツァンポ
サキャ
ギャンツェ
ヤムドゥユム・ツォ
シガール
ョー・オユー
チョモランマ
クーラ・カンリ
チョモラーリ
カンチェンジュンガ
マカルー
ティンプー
ブータン
ガントック

センゲ・ツァンポ
ガル
新蔵公路
ランチェン・カンバブ
カン・リンポチェ
タルチェン
ランガル・ツォ
マパムユム・ツォ
ナムナニ
ナンダデヴィ
プラン
アピ
シミコット
チャンタン高原
拉普公路
サガ
カンジロバ
カルナリ川
ジュムラ
ツァラン
ツァルカ
ムクチナート
サングダ
ジョムソン
ダウラギリ
アンナプルナ
マナスル
シシャパ
ポカラ
ネパール
コダリ
カトマンズ
インド
N
0
200km

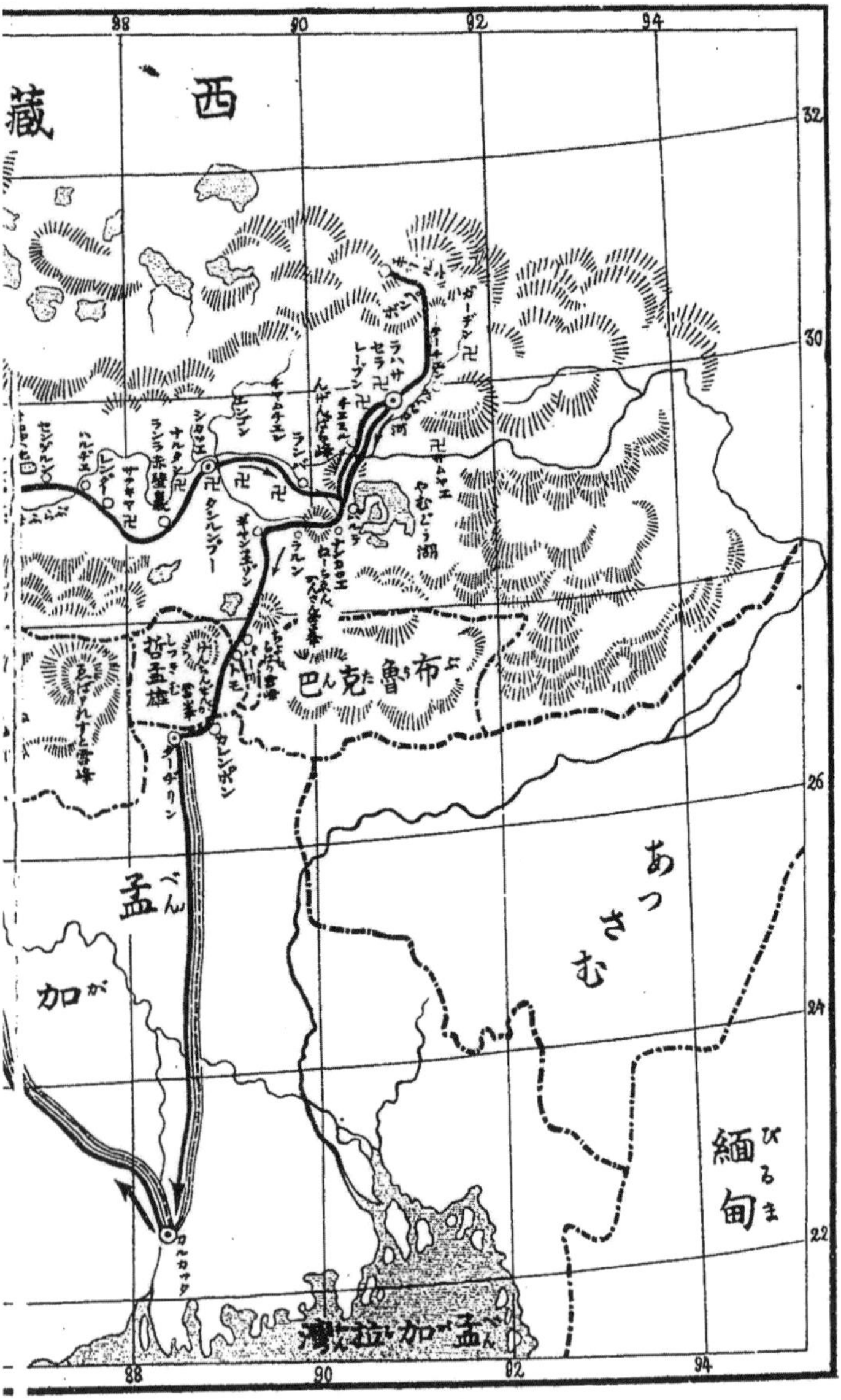

河口慧海『西藏旅行記　上』初刊（1904）掲載の地図
（国立国会図書館デジタルコレクションより転載）

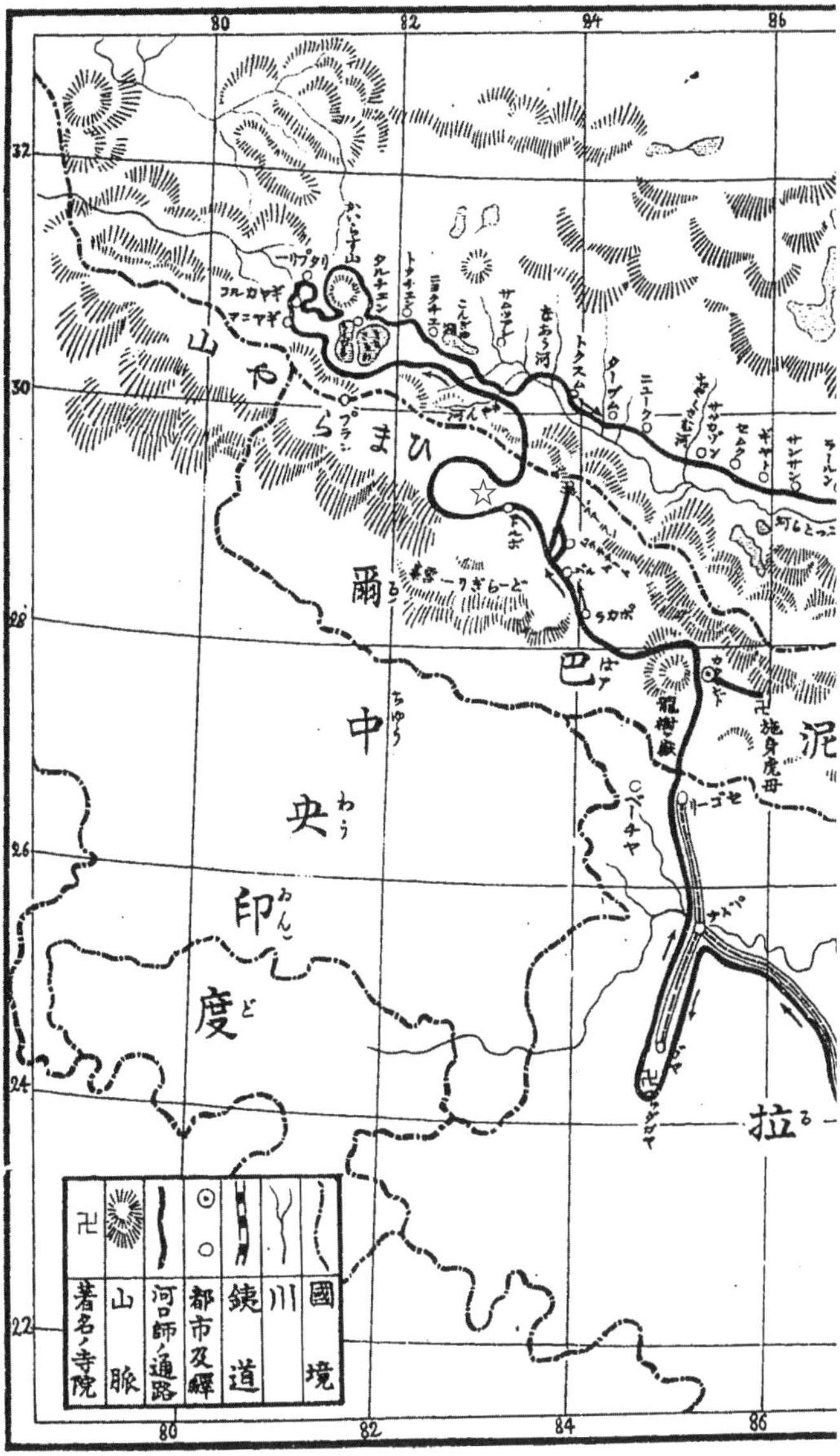

☆の周辺が、問題となるトルボ地方

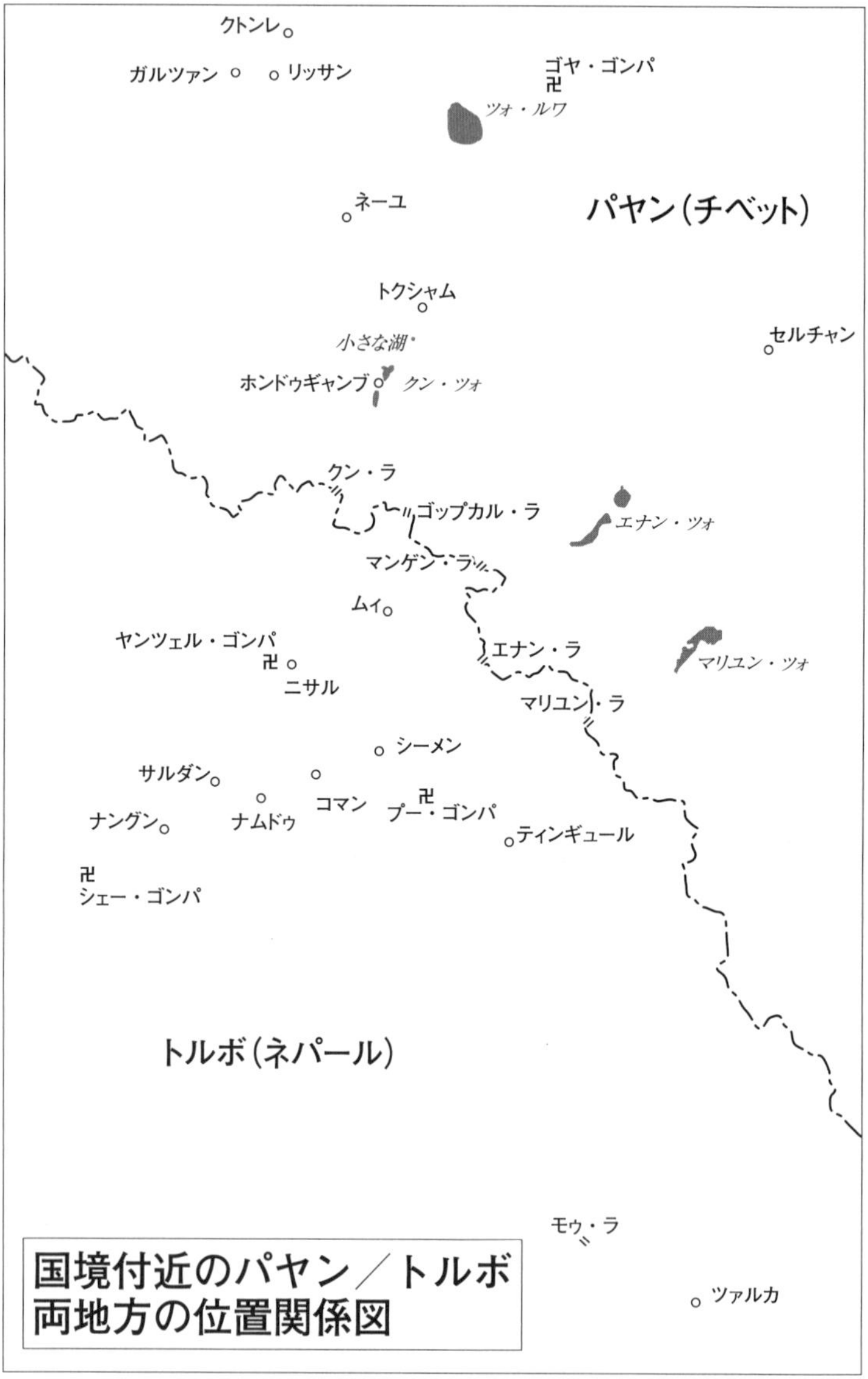

国境付近のパヤン／トルボ
両地方の位置関係図

パヤン（チベット）
クン・ラ
ゴップカル・ラ
ゴトウ・ツォ
マンゲン・ラ
シェー・ポクスンド国立公園
放牧地ニンレッ
クン・コーラ
レイ・コーラ
ムィ村
ヤンツェル・ゴンパ
キティン遺跡
トルボ（ネパール）
チョルテン
ニサル村
ドラサムヂュン・ツァンポー
ドラサムヂュン・ツァンポー
シーメン村
サルダン村
コマン村
プー・ゴンパ
国境付近拡大図

求道の越境者・河口慧海

チベット潜入ルートを探る三十年の旅

文化人類学者・川喜田二郎博士の霊にささぐ

第Ⅰ部　チベット・パヤン地方

第一章　憧れのチャンタン

パヤンの夕景――一九九三年晩秋

私の記憶にあるのは、曲がりくねり、途切れ途切れに西へ向かってひと筋の轍《わだち》が延びる、途方もなく広い草原である。

霞《かすみ》がたなびき、天地の境は渾然《こんぜん》一体となって荘厳な夕景をつくり出していた。ダイヤモンドダストを見るような光の散乱が視界いっぱいに映し出され、渺々《びょうびょう》たる草原は海原かと見紛うばかりだった。

ここはヒマラヤに隣接して北方につらなるチャンタンと呼ばれる、チベット高原の西方に位置する一角だ。夕景の只中にあって、私は陶然とした心地で、億万年の遥かな昔、ヒマラヤ造山運動が起こる以前に存在したテーチス海という、見たこともない海域を連想した。人類が誕生する以前、この地に広がっていた海域である。

テーチス海につながる突飛な発想は、私自身のそれまでのヒマラヤ登山や周辺地域での諸活動を通じ、太古の昔に棲息したアンモナイトや二枚貝、魚類などの化石を拾ったり見たりした体験に基づくものである。他にも、テーチス海の残滓《ざんし》とも思える大小さまざまの湖がチャンタンには点在し、雲を浮かべた碧々《へきへき》たる無窮の空を映し出している。それは地球の歴史を物語る壮大な自然の造形でもある。

こうした風景の中にいると、ベンガル湾に流入するヤルン・ツァンポーというチベットの大河の滔々《とうとう》とした流れや、対岸遥かに、群雄割拠するがごとくつらなるヒマラヤの氷雪嶺、さらには視界の向こうにつづくインド亜大陸や、その果てに広がるインド洋までをも併せて俯瞰するような、山と川と海とからなる地球規模の自然景観が、ごく自然に脳裏に浮かんでくるから不思議だ。それは天に峙《そばだ》つヒマラヤの高所から空を見上げたときの、眩惑されるような浮遊感を伴った透明な感覚に似ていた。

チャンタンの一部、西チベットのパヤン地方をはじめて旅した一九九三年秋の暮れ方だった。蕩《とろ》けるように赤々と沈みかける天際を遥かに眺めながら、なかば意識もうろうとした状態に陥った。何かが憑依したのである。宇宙へつながる深遠な、まさしく極楽浄土の世界がここにはあるのではないか、との敬虔な思いが湧き起こった。宗教的衝迫、あるいは西方浄土への憧れと言っていいかもしれない。

仏とは無量無辺の宇宙間に遍満する無限の光明にして無始無終に一切衆生を慈育し給《たま》へる徳力《とくりき》の総体に名づけらる

これは明治時代の一九〇〇年、ネパールからヒマラヤを越えて単身、仏道修行を目的にチベットを行脚《あんぎゃ》した禅僧・河口慧海（一八六六〜一九四五。以下、慧海）が、のちに著した『佛教日課』という冊子の一節だ。仏教的宇宙観とでも呼ぶのだろうか。

慧海はネパール西北部のトルボ地方から、ヒマラヤ山中にあるチベット国境の峠を越えてパヤン地方に入り、西チベットで最も高名な巌窟修行僧ゲロン・リンポチェを訪ねている。その足で聖山カン・リンポチェ（ヒンドゥー名＝カイラス）に参詣し、そこから再び、ゲロン・リンポチェを訪ねたのちラサへと向かった。

チベットの聖都ラサに着いたのが翌〇一年三月。日本を発ってじつに三年七ヶ月余りが過ぎていた。当時、鎖国状態にあったネパール、チベットで身分を偽り、旅をつづけた様子は口述筆記による著作『チベット旅行記』（以下、『旅行記』）に描かれている。

ヒマラヤが観光化される以前の昔の山好きにとって、『旅行記』は、探検精神を刺激する魅力的な本として知られていた。ヒマラヤに憧れる者には必読の書でもあった。慧海はヒマラヤを探訪した最初の日本人であり、その偉業は、山好きなら誰もが常識的に知っていた。私もその一人である。読むだけでは飽き足らず、謎とされていた慧海のチベット潜入経路を、いつかチャンスがあれば自分の足で踏査してみようと夢に描いた。

慧海は仏道の修行と啓蒙に生涯をささげた僧侶である。その旅の軌跡は三蔵法師にも譬《たと》えられている。ここで断わっておくが、私はその道の研究者でもなければ仏道に関心があったわけでもない。宗教心は微塵もなく、登山で生死の境に直面したときでさえ、せいぜい「苦しい時の神頼み」程度のにわか信心でしかなかった。慧海の求道の旅の舞台となったヒマラヤを、その周辺地域も含めて、登山や探検の地理的対象として捉えていたに過ぎなかった。

慧海は一八九七年（明治三十）六月に出国し、一九〇三年（同三十六）五月に帰国するまでの六年間に亘《わた》ってチベット、ネパール、インド、シッキムを行脚した。帰国した次の年、〇四年十月には再び出国し、一五年（大正四）九月の帰国まで、前回同様、インド、シッキム、ネパール、チベットを行脚している。この間、第一回と第二回を併せて、じつに十七年に及ぶ、ヒマラヤをめぐる仏道修行の旅である。

第二回の〇六年、カトマンズ滞在中、当時の宰相チャンドラ・シャムシェル・ラナに宛てた『The Memory』（「覚書　平和と発展」）と題する英文の書簡が、カトマンズに隣接するパタン市のマダン賞記念図書館に保存されている。書簡では、ネパールの自主独立に基づく発展について提言がなされている。[*1] 館長によると、書簡はゴミとして捨てられた諸々の文書の中から偶然、目にとまったそうである。

その中で慧海は、国家繁栄において、何より重要なのは教育であると説く。第二に産業育成として、銀行の設立、鉱山・電源の開発、幹線道路の敷設、森林資源の再生、軍隊の近代化、社会に蔓延《はびこ》る悪習の廃止を挙げるなど、提言は多岐に亘り、汎アジア主義を提唱している。

慧海は後述（第三章参照）するように世界の平和を願い、仏教に関する研究や文献収集はもとより、植物や鉱物をも標本として将来し、延いてはネパールの発展と、それにたいするわが国の協力を模索した最初の日本人でもあった。

百年余り昔の、ひとりの日本人僧侶の提言や願いは、「世界の屋根」ヒマラヤを擁するネパール一国にとどまるものではない。敷衍《ふえん》すれば、敗戦後のわが国にみられる国家意識の衰退や、かたや覇権主義国の擡頭《たいとう》で激動する近現代の国際情勢に照らしても滋味掬《きく》すべき内容である。姪の宮田恵美（一九二六～二〇一九）が生前、私に語っていたが、慧海は敗戦後のわが国の行く末を憂いていた。慧海の仏道修行の旅は、白瀬矗《のぶ》（一八六一～一九四六）の南極探検（一九〇二）と並んで、明治というわが国の近代国家形成期に成し遂げられた精華として語り継がれるべきものである。

＊1　『The Memory』の翻訳文は拙著『いつか見たヒマラヤ』（実業之日本社刊）に収録。また『遥かなるチベット』（山と渓谷社のち中公文庫）でも、書簡の内容に触れている。

無謀な探索行

私がはじめてヒマラヤに出かけたのは、登山に無我夢中だった二十六歳のときである。一九七三年秋から翌七四年春にかけて、タッコーラ地方のトゥクチェ村に滞在した。

当時、チベットは文化大革命（一九六六～七六）の渦中にあった。独立を掲げたカンパ・ゲリラ（チベット義勇兵）と人民解放軍との間で戦闘が繰り返され、ゲリラや亡命難民が国境を越えてタッコーラ地方にも流入した。慧海のチベット潜入経路にかかわるムスタン地方、及びトルボ地方はチベットとの国境沿いに位置し、政情不安による治安の悪化から外国人は入域が禁じられていた。

こうした状況下では、慧海のチベット潜入経路を探索するという私の夢の実現は無理である。登山に譬えれば、仮に登りたい山があったとしても、その山が当該国による登山禁止の対象であれば許可が得られないのは当然だ。現地住民ならいざ知らず、外国人による無許可の登山・入域は不法行為以外の何物でもない。

慧海の『旅行記』に描かれた旅は、その不法行為に相当する。そのため身分を偽り、密入国、有体《ありてい》にいえば潜入したのである。本書では、この「潜入」という、前時代的で古風な香りのする文言を採用する。このような手段が可能だったのは、時代背景にもよると思われる。

当時は日清、日露戦争の間である。ヒマラヤをめぐる国際情勢は比較的、平和で安定していた。共産中国がこの世に登場して、覇権主義の猛威を世界に拡散させる以前である。伸びやかで制約のない、清貧そのものの牧歌的な心情や風景がネパール、そしてチベットなどのヒマラヤ界隈に息づいていた時代だった。駄獣《だじゅう》に荷を積み、歌を歌い、地酒を酌み交わしながらヒマラヤの峠を越えてチベットを行き来する、国境を跨いだ交易が盛んに行われていたのだ。慧海の仏道修行の旅はそういう古き時代の産物でもあった。

私がネパールに滞在した一九七〇年代初頭でさえ、文革の嵐が吹き荒れるチベットとは打って変わり、国境をへだてたネパールはまだ前近代的な平和に包まれ、一般家庭では電灯もなく不便な生活を強いられてはいたが、人びとは純朴そのもので逞しく人間的な温情を秘めていたように思う。いま思い返せば隔世の感を禁じ得ない。

当時、慧海の旅の経路にかかわる、私が入手可能な資料といえば、唯一『旅行記』しかなかった。それを読むと、トルボ地方から国境を越えたチベット側に長方形の「池」と円い「池」、そこから少し下った地点にもう一つ小さな「池」のあることがわかる。慧海はこの三つの「池」にそれぞれ、「慧海池」「仁広池《じんこう》」「瓢池《ひさご》」という呼び名をつけている。

二十六歳だった私には、たったこの程度の手がかりになる資料しか得られなかった。しかも、当該地域の地図さえなかった時代であり、踏査するにも五里霧中にひとしい。

しかし、思えば幸運なことに、その時代にしか体験できない、土地の村びとたちの人情の機微にも触れることができた。ヒマラヤ山中のトゥクチェ村で冬、親日的な少数民族・タカリー族の家に滞在しながら囲炉裏で暖をとり、夜ごと語らい、各家庭で仕込むロキシーという、日本でいえば焼酎に相当する酒を酌み、歌を教わり、慧海や川喜田二郎（以下、川喜田）の探検について、雑談程度だったが話を伺った。大切に保存されている、一九〇九年にインドで刊行された英訳本の『旅行記』も拝見した。

タカリー族の人びとの語り口から私が感じとったのは、慧海と川喜田という、ヒマラヤにおける日本人先駆者二人にたいする尊崇と親近の情である。トゥクチェ村界隈のタカリー族にとって、二人はわが国を代表する日本人の「鏡」として偶像化されていた。この二人との交友関係を、一族の誰もが誇らしく私に語り聞かせた。「エカイ・カワグチ」、そして「ジロウ・カワキタ」という名前の響きが、懐かしい思い出とともにいまも私の心裡に甦る。

『旅行記』がわが国で刊行された当時、その飛びぬけて素晴らしい旅の内容に疑義を抱く人もいた。後年、姪の宮田恵美に伺った話では、当の本人は誹謗中傷され、嘘つき坊主呼ばわりされても平然としていたようである。一九五八年、文化人類学者・川喜田が率いる「西北ネパール学術探検隊」によってその真実性は実証された。川喜田は慧海の偉業を世に知らしめた最大の功労者でもあった。

その後、慧海のチベット潜入経路探索という私の夢が現実化したのは一九九一年秋だった。ネパール政府によるムスタン藩王国への一般外国人にたいする開放がきっかけとなり、翌九二年、山岳雑誌（山と渓谷社）の取材をかねて私はムスタンに入域した。併せて、ここで特筆しなければならないのは、ムスタン同様、当時、外国人に門戸を閉ざしていたトルボ地方への入域許可が、ネパール政府の特段の配慮で私個人に与えられたことだ。これは私の意を汲んだ川喜田をはじめ日本・ネパールの友人知人による尽力の賜物である。

川喜田は、九二年当時、すでに開設されていた「ヒマラヤ保全協会」のカトマンズ事務所を通じて、自然保護や環境問題の関係で懇意にしていたギャネンドラ皇太子に手紙を送り、私に特別許可を与えるよう政府に働きかけた。こうして私は、ヒマラヤ登山で苦楽をともにした旧知のアヌー・シェルパ（以下、アヌー）と二人で、九二年の夏から秋にかけてトルボ地方を踏査した。

翌九三年、再びトルボ地方を踏査した足で、こんどはカトマンズから空路ラサへ飛び、手配したランドクルーザー（ランクル）で西チベットのパヤン地方を駆けめぐった。

冬枯れて黄ばみはじめたパヤン地方の草原には、いまでは目につくことも稀になったキャン（野馬）やシカの群れ、オオカミの姿があった。そこに広がる風景は寂寞として、共産中国の覇権主義によるチベット侵攻、その後の動乱、さらには文化大革命へとつづくチベット民族の受難を思えば、私にはどこか不気味で重苦しい魂魄が立ち昇っているように思われた。

実際、聖山カン・リンポチェ（カイラス）を遠望する草原の道端で薬莢《やっきょう》を何個か拾っている。野生鳥獣を狙って発砲したのか、それとも人間を狙ったのか判然としないが、この地域で暮らす遊牧民が発砲したのでないことは確かだろう。旅の記念に、私はその薬莢を持ち帰った。

カン・リンポチェをめぐった九三年、道中で投宿したパヤン村から、ネパールとの国境にかけての風景を眺めながら私は、つぎに来るときは、どうにかして国境付近まで足を延ばしたいと願った。慧海のチベット潜入経路を探索する上で、その一帯は、私にとって欠かすことのできないもっとも重要な地域である。換言すれば『旅行記』の行程の中で、西北ネパールのトルボ地方から、国境をへだてたパヤン地方にかけての一帯が、魅力ある核心部分と言っていい。目には見えない、ここに引かれた一本の線こそが慧海の足どりである。

ところが、たいへん困ったことに、唯一の資料となる『旅行記』では、トルボ地方の旅が省略されている。このため、トルボ地方における慧海の旅の経路や、チベットへ潜入した国境の峠はどこなのか、まったくもって判断がつかなかった。指針となるのは先述した、国境の峠の向こうにある「池」である。

九二年と九三年の踏査でマリユン・ラという国境の峠を越え、マリユン・ツォという「池」に達した。その内容を『遥かなるチベット』という本にまとめたものの、後年、公表された慧海の日記から、彼が辿ったのはマリユン・ラでないことが判明した。

他方、慧海が『旅行記』で「白巌窟」と記した、ゲロン・リンポチェを訪ねた場所もまた、見当すらつかなかった。

手がかりとなる資料がほとんどないにもかかわらず、その足どりをたどろうとするのは、常識的には無謀の極みといえる。そのせいか私以前に、慧海の旅の経路を実際に探索することを目的にヒマラヤ一円を踏査した人はいなかった。何事においても先駆者には苦労がつきまとう。しかし裏返すと、それは喜びの源泉でもある。生気溢れ、集中力に富んだ若い時代の行動に伴う苦労は、目的が斬新であればあるほど、その先を切り開く牽引力につながる。私が登山に精魂傾けていた一九六〇年代から七〇年代にかけて流行った文言を借りれば、パイオニア・ワーク[*2]である。

＊2　わが国で最初の探検部を京都大学に創設して、のちに朝日新聞の辣腕記者として活躍した本多勝一が山岳部時代に部報『報告』第五号（一九五五年）に載せた「創造的な登山（パイオニアワーク）とは何か」で述べている登山論。

正体不明の外人ラマ

『旅行記』に描かれた慧海の旅の最終目的地はラサである。国境の峠や白巌窟は、ラサをめざす仏道修行の旅にあって通過点にすぎない。しかし当時、禁断の国と言われていたチベットに、身分を偽り潜入したとなれば、その通過点が何処なのか、謎であるだけに探求心がことさら刺激されてくる。

できれば自分の足でその位置を確認したいと願っていた。そのためには、ともかく現地へ出かけ、肌で体験しないことには話にならない。その繰り返しや積み重ねによって、暗中模索の中から向かうべき道筋が開けてくるはずである。私はそう考えて行動した。

私にできる具体的な方法は、現地住民からの聞きとりである。訪れた村々に滞在しながら、空模様でも窺うような当たり障りのない調子で聞くのである。結果を期待して、下心をもって聞いてはいけない。「犬も歩けば棒に当たる」と諺にあるように、質を問わなければ何かしらの手がかりが必ず出てくる。

カン・リンポチェに出かけた一九九三年、パヤン村で投宿した民家の主人から偶然、興味深い話を小耳に挟んだ。それによると昔、国境の向こう側のトルボ地方から、一人の外人ラマ（高僧）が峠を越えてパヤン地方にやって来た。その外人ラマは、西チベットで最も高名な巌窟修行僧ゲロン・リンポチェと会ったのち、カン・リンポチェを詣でてラサへ向かったという。

私は正体不明のその外人ラマこそ慧海だと直感した。慧海の旅の行程と一致しているからである。日本人ではないのかと問い質すと、それはわからないが、このあたりのチベット人ラマでないことは確かだといった。地元の住民が「ラマ」と呼ぶからには、きっと徳の高い行脚僧だったに違いなかった。

パヤン地方の南側、遠くにつらなるネパールとの国境の山並の向こう側がトルボ地方だ。九二年、九三年とつづけて踏査した地域である。先述のようにその際、私はマリユン・ラという国境の峠を越え、マリユン・ツォという二つ並んだ「池」に達していたが、日記が公表される以前であり、その真実性を確認する術はなかった。

しかし九三年に、ここ西チベットのパヤン地方で、謎の外人ラマの噂を耳にしたのは、慧海の足どりを探索する上で貴重な収穫だった。前年の九二年にも、ネパールのトゥクチェ村で、トルボ地方から国境を越えてチベットへ向かった怪しげな僧侶について、私は村長（タクール・プラサード）から聞かされていた。

後年（二〇〇七年）、私はチベット側で聞いたこの外人ラマについて、動乱時（一九五九年）にパヤン村から亡命した老チベット人とカトマンズで知り合う機会を得、より詳しい話を伺うことができた（第三章参照）。

パヤン村は西チベットのチャンタンに点在する僻村の一つである。そこから車で西へ一日ほど走ったところに、チベット仏教とヒンドゥー教、そしてボン教の聖山として崇拝され、現在では観光地にもなっているカン・リンポチェや、ヒンドゥー教の聖者が沐浴することで知られる湖マパムユム・ツォ（ヒンドゥー名＝マナサロワール）、さらに隣接して、碧水を湛えたランガル・ツォという湖がある。

日本の登山隊が一九八五年に初登頂したナムナニ峰（別名グルラマンダータ。七六九四メートル）は、聖なるこの二つの湖を横並びに挟んでカン・リンポチェと対峙しながら、氷雪に覆われた雄大な山容を掲げている。麓《ふもと》に延びる、ランガル・ツォを眺望する道端には、日本でいえば賽の河原のような積石を並べた光景が広がり、付近にはチベット仏教寺院も点在している。

草木の乏しい荒涼とした自然景観にあって、仏教信仰に由来するそれらの積石や寺院は、無窮の宇宙空間と対峙し、一脈の温もりある命の光明を灯しているような印象を与える。それはまた、前世から現世、来世の三世をつなぐ、目には見えない回廊の入口を示唆しているかのようである。私はこの地方を旅しながら、信仰とは人知を超越した神秘、すなわち宇宙空間への道筋を示すものなのではないかという気がした。

日ごろ、信仰に疎遠な私だが、ヒマラヤ界隈の宗教色の濃厚な環境ではたちどころに感化されて、意

碧々として輝くランガル・ツォの湖面。見渡す湖岸の丘には積石が並べられ、三途の川と賽の河原を連想させる。冥土は、この向こうにあるのだろうか。（2019年撮影）

識の奥底に仏心が萌芽する。それが外界の風景や、肌触りのいい清新な風と共鳴し、無性にありがたい気分になるから不思議だ。この地に備わった自然の神威によるものなのかもしれない。

慧海は『旅行記』で、こうした神威を宿す一帯の風景について、つぎのように記述している。

その景色の素晴らしさは実に今眼に見るがごとく豪壮雄大にして清浄霊妙《しょうじょうれいみょう》の有様が躍々として湖辺に現れて居る。池の形は八葉蓮華《はちようれんげ》の花の開いたごとく八咫《やた》の鏡のうねうねとうねって居るがごとく、そうして湖中の水は澄み返って空の碧々《へきへき》たる色と相映じ全く浄玻璃《じょうはり》のごとき光を放って居る。それが自分の居る所より〔広い湖面を隔てて〕西北の隅に当ってはマウント・カイラスの霊峰が巍然《ぎぜん》として碧空に聳え、その周囲には小さな雪峰が幾つも重なり重なって取り巻いて居る。その有様は五百羅漢が釈迦牟尼仏《しゃかむにぶつ》を囲み説法を聞いて居るような有様に見えて居る。成程天然の曼陀羅《まんだら》であるということはその形によっても察せられた。

私が西チベットのガリ地方にある、聖山カン・リンポチェ周辺を駆けめぐったのは九三年がはじめてだった。以後、これまで四度訪れているが、その後のＩＴやＡＩを駆使した巨大観光開発や、人間不在の監視社会がこの地に到来するとは、よもや想像できなかった。

核心部の国境に迫る――一九九三、九六年

登山に傾注していた一九七〇年代から八〇年代にかけて、茶褐色の岩山が波打ち広がるチベット高原の風景を、ヒマラヤの氷雪嶺から遠く見下ろすようにして何度か眺めた。北方に広がるその荒涼とした風景に、いつか行ってみたい、という憧憬の念を抱きながら、いずれ訪れるだろう機会を胸に温めていた。

そして一九八六年、初めてチベットを訪ねた（第十章参照）。三十九歳になっていた。パキスタンでの登山活動を終えた私は隊の解散後、単身、バスやトラック、列車を乗り継いで中央アジアを横断し、チベット、ネパール、インド経由でパキスタンに戻った。季節は、登山終了後の夏の終わりから翌年の春にかけてである。青海省のゴルムド市から乗り合いバスで、チベットの聖なる都ラサに着いたときは冬になっていた。

ラサにひと月ちかく滞在して、あちこち近郊に足を延ばしたが、文革による破壊の傷跡が至るところで否応なしに目についた。当時、道路はまったく舗装されておらず、そのぶん、沿道の家並みは埃まみれになっていた。

つぎに、天安門事件が起きた八九年の秋、空路、北京・成都経由で訪れている。このときはチョモランマ（エベレスト）の東壁に残された未踏ルートの偵察という登山が目的だった。ラサは戒厳令下にあり、市街地の至るところで銃を持った兵士の姿が見られた。

そして九三年が三度目のチベットだが、チャンタンははじめてだった。すべてが観光化され何かにつけて料金を請求される現在とは異なり、当時は、中国の入国ビザ以外には何の制約もなかった。チベットだからといって特別に煩雑な規制や許可を必要としなかった。

旧知のアヌーと二人で、カトマンズ在住の亡命チベット人の紹介状を持ってラサ在住の家族を訪ね、そこで食糧買いつけや、ランクルの手配などの準備を整えた。私とアヌーの他に運転手と、紹介されたチベット人家族の主人を交えた四人で、ラサからパヤン地方を経由し、ガリ地方にあるカン・リンポチェにかけての一帯を駆け抜けたのだ。

食糧やテントを積み込み、道なき道の、途切れ途切れに轍が延びるチャンタンの真っ只中を突っ走るのだから、私のような自然志向派には、探検精神が刺激されて気分満点である。いくつもの川を渡渉《としょう》して、集落の見あたらない場所では川べりにテントを設営し、キャンプを繰り返しながら進んだ。

秋色深まる草原には、「ドクパ」と呼ばれるチベット遊牧民が家畜の群れを追い立てながら移動する姿以外に人影はなかった。一本の轍がつづく草原や峠、湖、幾重にも波打ちつらなる遠くの山々を見晴るかす途方もない広がりは、ヒマラヤ周辺地域を見慣れたはずの私にも、きわめて新鮮な瞠目すべき風景として映った。草原の至るところで群れをなす、「キャン」と呼ばれるチベットノロバの群れが風景にのどかさを与えていた。

キャンは通常、野馬と訳出されるが、喉元から腹部にかけての下半身が白っぽく、たてがみや尻尾が黒褐色の、上半身が明るい茶系統の色をしたロバの仲間である。ランクルで疾駆する私たちを恐れているふうもなかった。他の動物も含めて、遠くの山々を背景に、思い思いに草を食む姿や、広々とした周囲の景観を眺めていると、ここは野生鳥獣の楽園のように思われた。

草原のかなたに忽然と現れる集落。土塀をめぐらせて疎《まば》らに建ち並ぶ家々の白壁には、黒塗りの窓枠が施され、極彩色の布飾りが垂れ下がっている。屋上にはタルチョという五色の小旗からなる祈禱旗が立ち並び、それらが風にはためくさまを見ていると、無意識裡に神威を感じて、さながら宇宙空間に宿る神々と、家々がそれぞれ交信しているかのような錯覚に陥る。

伝統的な意匠を凝らした建築様式は、仏教に帰依するチベット人の神仏に対する意思の表れであろうし、そこには周囲の景観に抗うような雰囲気は微塵も感じられない。自然と人知が渾然一体化した仏教世界における異物は、どう見ても私のような闖入《ちんにゅう》者だけのような気がした。要するに外来種である。そのような自覚が私にはあった。旧知のアヌーを含めて他の三人は敬虔なチベット仏教徒だ。寺院や聖地では欠かさず五体投地礼を行う。アヌーに至っては激しく揺れ動くランクルの中でさえ読経しつづけている。兎にも角にも信心深いのだ。アヌーは私にとって、唯々頭の下がる、ありがたい仲間である。

その後、アヌー夫妻とともにカン・リンポチェに出かけたのが九六年。このときもパヤン村で同じ民家に投宿し、謎の外人ラマについて聞いてみた。しかし、主人は前回話した以外の、詳しい内容は知ら

チャンタンの草原でくつろぐキャンの群れ。都市化や観光化が進むにつれ、減少し、見かけなくなった。騒音や照明が災いしているようだ。（1993年撮影）

なかった。

はるばる訪ね歩いても、期待していた成果がなければ寂しくなる。慧海の足どりをたどりながら、国境の峠や白巌窟を探し当てることを自らのテーマとした踏査は、行く末を思えば心細く不安も山ほどあり、ときには意気消沈する。だからと言って、決して慌てる必要はない。自らを鼓舞し、自らの力量で、自らが納得するまでつづける以外に解決策はないのである。

パヤン村で投宿した民家の庭先からは、南方に、ネパールとの国境につらなる五〇〇〇メートル級の山並にかけてつづく風景の広がりが一望できる。そこには大平原が横たわり、ヤルン・ツァンポー大河が、幾筋もの曲がりくねった川筋とともに湿原地帯をつくりだしている。私の眼前に開けた、その風景の中にこそ、慧海が越えた国境の峠から白巌窟にかけての一帯が収まっているのだ。

そこは、私がどうしても行かねばならない踏査の核心地域だった。ネパール側のトルボ地方と、チベット側のパヤン地方からカン・リンポチェにかけての一帯を一応は走り抜けたが、国境付近には踏み込んではいなかった。私にとっての空白地帯である。

投宿した民家の主人に聞くと、ドクパに相談すれば連れて行ってくれるという。しかしこの時点ではカン・リンポチェまで足を延ばすのが精一杯で、体力、気力、資金のどれ一つとっても余裕はなかった。準備を整えて、いずれ出なおすしか方法はなかった。

他方、考えてみれば、一九七三年にはじめてヒマラヤを訪れて以来、私の念頭にあった慧海の旅の軌跡をめぐる、雲をつかむような無謀な探索の旅も、漠然とした取り留めのないものから徐々に範囲が狭められた。九三年と九六年のわずか二度に過ぎないが、ようやく目的地を眼前に眺められるチベット側の地点までたどり着くことができたのだ。その風景を前に私は満足した。

しかし、この時点では予想もつかなかったが、ここはまだ、とてつもなく長い探索のはじまりにすぎなかった。

不思議な体験——一九九六年

一九九六年、アヌー夫妻とカン・リンポチェ詣でに出かけたときの道中、私は説明のつかない不思議な体験をした。以下に、その二つの出来事を紹介しよう。

天候不順な年で、聖山カン・リンポチェは雨気を孕んだ重々しい雲に覆われて遥拝《ようはい》できなかった。信心深いアヌーは米粒を虚空に撒き上げて読経の声を張り上げ、必死で祈願したが、不運にも効果はなかった。アヌー夫人は、まるで幼稚園児か小学生のように嬉しさを満身に表していた出発前とは変わってすっかり落胆してしまい、食欲を失った。

日ごろの功徳が足りなかったことによる自らの罪業《ざいごう》のせいだと判断したようだ。罪の意識に苛まれて食事が喉を通らなくなり、しまいには歩行困難に陥った。励ましの言葉をかけてもまったく通用しない。何かに怯えているような眼差しで、アヌーの労わりも効果がなかった。憔悴し、幽霊でも見るようなやつれ果てた形相で血の気も冷めていた。大事をとって、ラサに戻ってから病院で診察を受けたが結果は異常なし。それでも体調は回復しなかった。徐々に元気を取り戻したのは、故郷のナムチェ・バザールに帰って以降である。

アヌー夫人のこのときの体調疾患は、信仰の霊力が裏目に出た結果としか思えなかった。もし、カン・リンポチェを遥拝できていれば、功徳を積んだ証として自らの満足感に結びついたはずである。傍で見守っていた私には、これもまたチベットならではの神威による現象なのだろうか、と考えずにはいられなかった。

私たちの常識から判断すれば、自らが功徳を積むことと天候の変化とは本来、無関係である。自然現象は本人の責任範囲を越えている。煩悶する必要などなかったはずだが、彼らは私たちとは異なる敬虔な信者であり、万事を因果応報として捉える。その結果、本人にとっては、まさに悪夢であり、災難としか言いようもない事態に陥ったのだろう。

私のこうした指摘は的を外れてはいないと思うのだが、体調を悪化させたのは事実である。アヌー夫人にとっては一生涯に一度行けるかどうかも覚束ない、聖なるラサでありカン・リンポチェ詣でだった。期待が大きかっただけに、外れたときのショックも尋常ではなかったのだ。

それとももう一つ、私には説明がつかない、それでも現実に起こったこととして認めないわけにはいかない事例がある。

アヌー夫妻とカン・リンポチェ詣でに出かけた年は河川が氾濫し、あちこちで渡渉するのに難儀した。川の中でランクルが立ち往生する事態もしばしばあった。そのたびにワイヤーをセットしてトラックで牽引した。

その日、氾濫する川をつぎつぎと迂回して、夜中もひたすら走りつづけた。同行したのは、アヌー夫妻と運転手、私の仲間の五人。見通しの利かない闇夜で、私はトラックの助手席に乗っていた。ライトで前方を照らしながら走行するさなか、突然、行く手の暗闇に川が現われた。すぐにトラックから降りて川を確認すると、対岸は暗闇の中に消えて見えない。しかも、辺りは鬱蒼とした広葉樹林に囲まれている。樹木はネパールで目にする「ウッティス」(ハンノキの仲間)に似ていた。

後になって考えると、何故、このとき樹肌に触ってみたり、川岸にしゃがみ込んで流れに手を入れたりして、自らの触覚で確認しなかったのか、不思議でならない。

腕時計を見ると十時を過ぎていた。

「前方は川で周りは林だ。ここに泊まるしかないな」

仲間もそれを見ていて、「おかしいな、どうしてこんなところに林があるのだろう」と不思議そうに言いながら、明朝、明るくなり次第、現在位置を確認することにして、ともかく今夜はその場にテントを設営して泊まることにした。行く手を流れに阻まれ、視界の得られない森の中ではどうにも動きがとれない。

翌朝、私も仲間も、テントから顔を覗かせて外を眺めた途端に動転した。昨夜、見たはずの川や林が消えている。荒涼とした岩礫《がんれき》の斜面が広がり、ちいさな氷河を戴く双耳峰《そうじほう》からなる岩山がすぐ傍に聳《そび》え立っていた。それでも、ルートファインディングしながら「簡単に登れそうだな」など言い合って、軽い朝食を詰め込んですぐに出発した。

それにしても理解しかねることに、昨夜、私と仲間は間違いなく川が流れる森の中にいたのだ。キツネにつままれた、とは、このことだろうか。

アヌー夫妻も運転手も、私たちが夜遅くまで走りつづけて疲れたからテントを設営したのだと勘違いしていたようだ。不思議なのは、どうして私と仲間の二人が同じような幻覚、つまり川と森を見たのかということである。アヌー夫人がすっかり体調を崩してしまったのと同様、説明は得られなくても、現実として認識するほかないように思われる。

チャンタンで釣りを試みる――二〇〇五年

三度目のカン・リンポチェ行が実現したのは、幻覚を体験した一九九六年の踏査行からじつに九年後の二〇〇五年。この間、時代は著しく変化し、かつ発展していた。ランドサットの衛星画像が検索できるようになり、チベット国境の地形を日本にいながらにして俯瞰できた。ネパールでは五万分の一の地形図が購入できるようになっていた。

以前にくらべて情報の質と量は、ともに長足の進歩を遂げていたのだ。加えて、慧海の直筆の日記が公表された。これについては私が働きかけた結果であり、後述する。

しかし依然として、慧海のチベット潜入経路の核心部分について私自身が納得できる結論は得られなかった。慧海の国境越えの峠と白巌窟を突き止めるという私の踏査の目的は自分で蒔いたタネであるだけに、自分で刈りとる以外に納得できるすべはない。

チベットの風景も、以前とは一変していた。草原の道なき道に代わって、整備された砂利道がつづく。電柱が沿道に立ち並び、カン・リンポチェの一帯はすっかり観光化されていた。それにも増して何より驚いたのは、私の記憶にあるパヤン村が消滅していたことだ。

というより、聞くところでは、政府によって別の場所に移転させられたのだとか。家々に施されたチベット様式の伝統的な意匠は消え、アルミサッシの窓枠が嵌め込まれた建物に代わり、一目で私の印象はぶち壊しになった。周囲の自然景観とは符合しない、伝統的な情緒を欠いた佇まいである。これこそ共産中国が推進する近代化の実体かと、ロードローラーで地慣らしされたような強硬な画一性に幻滅を覚えずにはいられなかった。

しかし、それでもまだ、共産中国の威圧的な建造物や五星紅旗が至るところに林立する現在の景観にくらべると、全体としてはいくらかのどかな雰囲気がそこかしこに残存していた。家畜とともに暮らすドクパのテントが散見し、道中、私たちの旅でもテントは必要不可欠だった。テントを設営した川べりの草原に寝ころび、大空を仰ぎつつ「生きとし生けるもの」の息吹に思いを馳せることができた。

川の流れ一つとっても然り。改修されて屍のようになった日本のそれとは異なり、ここでの川は蛇行して各所に川原や中洲をつくり出し、昔ながらに夏空の白雲を、澄んだ淀みに映している。ときおり魚影が、透けて見える水中のあちこちで銀鱗を光らせて反転したり、水面に飛沫《しぶき》を上げてライズしたりする姿態が見られる。

釣好きの私は、その魚影を見たとたんに釣意《ちょうい》が湧き起こった。釣り師の習性である。ところが生憎《あいにく》、釣り道具を持参していない。そこでテントのポールを竿替わりに、ミチイトは細引きの撚《よ》りをほぐしてこしらえ、ハリはピンを折り曲げて間に合わせた。オモリは小さなネジのナットで代用し、餌として、流れでつかまえた小エビをハリにつけ、沈めて流した。すべてが、その場で調達した、丸ごと手づくりの釣りである。

果たして、釣れるか釣れないか。この瞬間の、溢れる期待感で緊張した心のときめきが釣りの醍醐味であることは言うまでもない。

日本の渓流釣りのような繊細な駆け引きはまったくなかった。釣技も何もあったものではなく、いとも簡単に、体長四十センチほどの魚がかかった。私が興じている渓流のイワナやヤマメとは異なり、かかった魚は何ら暴れ狂うこともなく、気絶あるいは放心でもしたのか、鈍重そのものでぼんやりしながら上がってきた。

それまでネパールやインド、パキスタン、ブータンなど、ヒマラヤ各地で釣りを試みていたが、はじめて見る魚種だ。もちろん、名前も知らない。鱗が退化し、斑紋が浮き出ている。カエルのように喉元が白く、頭部は扁平、爬虫類と魚類のあいの子を連想させるようで些《いささ》か不気味な顔つきをしている。遥か古生代に存在したテーチス海からの生き残りなのか、と思いながら、洗面器に川の水を汲み、その中で泳がせながら観察した。

この様子をドライバーの若者が、銜《くわ》えタバコで仲間とトランプ博打に興じながらチラチラッと横目で苦々しそうに見ていた。私が釣魚をすぐには放さずに洗面器に入れたのを見て、殺すとでも勘違いしたらしい。若者は憤然として立ち上がり、目を血走らせて叫んだ。見ていられなくなり堪忍袋の緒が切れたのだろう。

チベット語が私には通じない。はやく放せ、と言っているらしい。首筋に血管を怒張させた凄まじい剣幕に、私は恐れをなして釣魚をただちに流れに戻した。土着の川魚は骨が硬く美味でないことは、ネパールでの釣魚体験から知っている。もちろん、私はこのとき食べるつもりで釣ったのではない。たんに、釣りの手応えを味わってみたいだけだった。

敬虔な仏教徒でもあるチベット人は殺生を好まない。魚を食べる習慣もないようだ。それだけに川の自然は豊穣である。魚を釣り上げたことで私は、同行のチベット人ドライバーの顰蹙《ひんしゅく》を買ったわけであり、道中の失態といえる。

思い起こせば一九七三年以来、長年、ヒマラヤ地域に広い範囲でかかわってきたが、枚挙に暇がないほどさまざまな失態を繰り返してきた。チベットとは異なり、ヒマラヤの南側、ネパールには「マジー」とか「ポレィ」と呼ばれる漁労民がいる。低地に暮らすアウトカーストの住民であり、ヒンドゥー社会のカースト制に基づく被差別民だ。私が川魚を採ったり食べたりしても彼らの顰蹙を買ったりすることはなかった。それより、アウトカーストの住民と私が打ち解けたりすることを、ヒンドゥー世界のネパール人は好まなかった。不浄の民と親しくしないでほしいと注意を受けたりもした。

チベットでも、これからは日々刻々と共産中国化が浸透するにつれて、仏教が形骸化し、社会が変容するのは火を見るよりも明らかだ。二〇〇五年のこの当時、チャンタンにおける巨大観光開発の荒波はすぐそこまで押し寄せていた。飲み込まれるのはもはや時間の問題でしかない。走行車の騒音、新しく建設された道路や街の喧騒、電灯の照明などで、付近に棲息する野生鳥獣はすでに寄りつかなくなっていた。

第二章　白巌窟をめざす

平原を見晴るかすゴヤ・ゴンパ

パヤン地方の名刹《めいさつ》ゴヤ・ゴンパは別名ゴシャル・ゴンパともいう。ネパールとの国境にほどちかい、パリと呼ばれる山の南斜面にある。目の前を流れる一跨ぎほどの小川を挟んで、ゴガルと呼ばれる山が対岸に位置し、お椀を伏せたような丸みを帯びた山容を見せている。パリとゴガルという、岩礫からなるこの二つの山の鞍部がゴヤ・ラ、つまりゴヤ峠だ。

寺院名と峠名の「ゴヤ」は何かしら関連がありそうに思えるが、かと言って同様に、寺院の別名をあてて「ゴシャル峠」とは呼ばないという。ゴヤ・ゴンパの住持ペマ・タシ（二〇〇五年当時、五十七歳）がそのように話していた。

ちなみに、この地方の「生き字引」と謳われたカルマ老人（第三章参照）はゴヤ・ゴンパと呼んでいた。そのため、ここでは彼にあやかってゴヤ・ゴンパと統一して表記する。

そこの境内にテントを張って泊まった翌日、ゴヤ峠を含む周囲の山並をぐるり一周した。眺望は秀逸である。寺院の裏手にあるパリの山頂から東側に、湖沼を散りばめた大平原の広がりがよく見渡せる。山頂から派生する尾根に遮られ、太平原の左側は見えないのだが、その尾根との際の付近にパヤンの街並が一部遠望される。

まっすぐに突っ切ればパヤンには近道のようだが、一帯はヤルン・ツァンポー大河が支流を張り巡らせた湿原地帯であり、夏の時期は氾濫し、道はあっても通行できないという。[*1]

他方、視線を転じれば、ネパールとの国境に接する南側にも一望千里の草原がひらけている。その広がりは私に海原を連想させた。そこに岬のように丘陵地帯が張り出しているのが見える。

冬になると、昔は、ネパール西北部のトルボ地方の人びとが国境を越えて、周辺一帯、総じてチャンタン（北方高原）と呼ばれるこの地方に、たくさんの家畜を移牧した。その家畜の群れを預かって世話をするのが、ドクパと呼ばれる、チベット側の遊牧民の仕事でもあった。

移牧や交易などの商業活動を通じてトルボ地方はチベットとの結びつきが強い。それもそのはず、そもそもネパール・チベット戦争でネパールが勝利して版図を拡大する以前、ムスタン地方やトルボ地方の国境沿いの地域は、チベットの領土だったのだ。

こうした歴史的背景があるだけに、ネパールに組み込まれてからも国境を跨いで交易や婚姻関係が成立していた。要するに、トルボ地方とパヤン地方はチベット系住民が暮らす同一の文化圏にあった。ゴヤ・ゴンパの住持ペマ・タシの妻も、トルボ地方にあるサルダン村の出身である。

住持のペマ・タシは文化大革命のとき国境を越えて、トルボ地方のチャザンという村の寺院に亡命し、終結後の一九八三年、三十四歳のときクン・ラを越えて戻ってきた。当時、クン・ラ越えがもっとも近い道として踏まれていた。

その後、家畜が通れるように整備されるまでは、徒歩でしか通行できなかった。

ゴヤ・ゴンパには寺院の裏手に、チベット仏教開祖パドマサンババを祀ったちいさな巌窟がある。ここは冥想のための神聖な場所で、中に祭壇が設置されている。パドマサンババは伝説化された密教行者である。漢字では蓮華生《れんげしょう》と書き、蓮の花から生まれたとされるが、その歴史的事実はともかく、チベット各地に広く足跡を記している。雲水行脚の修行僧だったのだろう。

慧海はこの蓮華生なるパドマサンババを小気味よいまでに批判的に捉えて記述している。

この両性交合教の開山は蓮華生という僧侶でありますが肉も喰えば酒も飲み八人の妻君を持って居った人です。（略）これは恐らく悪魔の大王が仏法を破壊するためにこの世に降《くだ》りかかる教えを説かれたものであろうと私は断定して居ります。（『旅行記』）

慧海もまた、雲水行脚の修行僧だったが、パドマサンババとは正反対の禁欲主義者で、肉は食べない、酒は飲まない、しかも一日二食の生活をつづけた僧侶である。

ゴヤ・ゴンパの周辺には、石を積み重ねて白く塗り固めた家が十軒ほど建ち並んでいる。ペマ・タシの説明によると、僧侶と家族合わせて二十九人が暮らしている。

ペマ・タシはトルボ地方のチャザン村の寺院からゴヤ・ゴンパに戻ったのち、共産中国の認可を得て住持となり、文革で破壊された寺院の再建に尽力した。ちなみにチャザン村の寺院（チャザン・ゴンパ）はその後、廃寺となり、ちかくのコマン村にあるコマン・ゴンパに文物が移管された。

ゴヤ・ゴンパの住持は代々、シャンバ・リンポチェという法号を名乗る。その最後の代はゲロン・ロブサン・チョペルという名前の僧侶だ。彼に関する話を私にしたのは、一九五九年、共産中国の侵略から逃れて、パヤン村からネパールに亡命したカルマ老人である。ゲロン・ロブサン・チョペルは、カルマ老人が亡命する二年前の一九五七年にゴヤ・ゴンパで亡くなっている。

私は二〇〇二年から〇四年にかけて、トルボ地方のツァルカ村に鉄橋を建設していた当時、僧侶で絵師のペマ・ヨンドン宅で、ゲロン・ロブサン・チョペルの遺体を写真で拝見したことがある。カルマ老人同様、ペマ・ヨンドンもゴヤ・ゴンパの来歴や歴代住持について詳しく知っていた。

しかしそれは、ペマ・タシから聞かされた内容とはだいぶ異なるものだった。なぜ両者の話の内容に齟齬があるのか。私が考えるに、チベットが共産中国に併合されて以来、カルマ老人のような土地の伝承や故事に詳しい語り部が亡命し、口承が杜絶《とぜつ》したことに起因するのではないか。ましてや、ゴヤ・ゴンパの最後の住持が亡くなった一九五七年には、ペマ・タシは八歳の少年にすぎなかった。

さらに、ペマ・タシ自身、少年時代にトルボ地方のチャザン・ゴンパに亡命したことで、チベット受難の時代にあって、パヤン地方の故事来歴にまつわる伝承を受け継ぐには至らなかったのではないか。穿った見方をすれば、ペマ・タシの知識は、共産中国による教育的指導の下に刷り込まれたものなのかもしれない。一例を挙げれば、カルマ老人が私に伝えた謎の外人ラマについて、ペマ・タシは知らなかった。と言って、私は咎め立てしているのではない。

ペマ・タシは一方で、慧海がゲロン・リンポチェを訪ねた巌窟はゴヤ・ゴンパの裏手にあるパドマサンババの巌窟だと言って、私をそこに案内した。どうして、慧海が白巌窟を訪ねたことを知っているのか。不思議に思い、それは昔からの言い伝えなのか、とペマ・タシに聞いた。すると、二〇〇二年と〇四年に来た日本の登山隊が教えてくれたのだ、という信憑性のない答が返ってきた。

慧海が訪ねた白巌窟のある場所を、日本の登山隊が知っているはずはない。

慧海の日記が姪の宮田恵美によって公表されたのは二〇〇四年の十一月である。これについては当時、宮田本人から私に電話連絡があった。つまり、その登山隊がゴヤ・ゴンパを訪れた時点（日本山岳会関西支部『チャンタンの蒼い空』参照）で、日記はまだ公表されていなかった。

要するに、日本の登山隊によるペマ・タシへの発言は、日記を検証した結果に基づいたものではない。日記を検証すれば、慧海がゲロン・リンポチェを訪ねた白巖窟は、方位や距離から判断してゴヤ・ゴンパとは位置関係がまったく異なることがわかる。加えて、慧海の日記や『旅行記』からも推察されるように、白巖窟には巌窟が複数あり、ゴヤ・ゴンパのように一つではない。この点でも、登山隊の報告書に見られる記述は事実とは食い違う。もちろん、ペマ・タシに他意はない。

話題をゴヤ・ゴンパに戻そう。

カルマ老人は、ゴヤ・ゴンパに代々継承されてきたシャンバ・リンポチェという化身にかかわる話を、私にこう伝えている。その最後の住持の遺体はゴヤ・ゴンパに一時安置されていたが、チベット動乱の勃発で迫りくる戦火を逃れるため、弟子（プラペマ・ナムギャル）がネパールへ搬出した。このとき手伝い人として同行した少年が、ペマ・タシである。

カルマ老人以外にも、いずれもトルボ地方の何人かの関係する僧侶に、私は話をうかがった。総合すると、ゴヤ・ゴンパに関しては以下の二つのことがわかった。先述のように、少年時代にトルボ地方のチャザン・ゴンパで修行したペマ・タシはのちにゴヤ・ゴンパに戻り、共産中国が認可した住持となった（コマン・ゴンパの住持の談話）。また、搬出されたシャンバ・リンポチェの遺体は、一年ほどサルダン地区のタキャン・ゴンパに安置されたのち、ツァカン・ゴンパで荼毘に付された（ナングン・ゴンパの住持の談話）。

ゴヤ・ゴンパからの眺望。パヤン地方の平原が広がり、ヤルン・ツァンポー大河が流れる。かつてはドクパ（チベット遊牧民）が家畜とともに、移動しながら生活していた。（2005年撮影）

他方、ペマ・タシとは別に、共産中国に認められなかった、というよりチベット仏教本来の伝統的なシャンバ・リンポチェの化身（生まれ変わり）がいた。その化身もまたトルボ地方に亡命し、タキャン・ゴンパで修行したのち、現在はポカラのヤンザ地区に居住している。少年時代のその化身をヤンザ村に連れて行ったのが、カルマ老人だった。[*2]

こうしてみると、国境を挟んで隣接するネパール側のトルボ地方と、チベット側のパヤン地方は、切っても切り離せない、宿縁ともいうべき絆で結びついた地域であることがわかる。共産中国が誕生する以前のチベットの平穏な時代に、慧海はパヤン地方を旅しながら、聖なる都ラサへ向かったのである。

＊1　後年（二〇一九年）、パヤンを訪ね

たときは最短コースの近道として、この湿原地帯を直線的に横断する一本の舗装道路が完成していた。

＊2　ツァルカ村の僧侶の話によると、この化身の亡命を手引きしたのが、カルマ老人とは兄弟関係にあるゴプパラという人物だ（ゲロン・ロブサン・チョペルの孫弟子にあたる）。

ゴプパラの妹が、ツァルカ村のツァワン・トゥンドップという僧侶（二〇〇二〜〇四年、私が現地の村びとたちとツァルカ村に鉄橋を建設したとき地鎮祭を執り行なった）の妻である。トゥンドップのいとこはチョーキャップといい、その父アムチー・タイー（タシ）は一九五八年、ツァルカ村を拠点に大がかりな学術調査を実施した川喜田隊の探検記『鳥葬の国』に登場する（アムチーはチベット語で伝統医をさす）。

カルマ老人がネパールに亡命後、ポカラ近郊にあるヤンザ村のチベット難民キャンプで首長や委員を務めたことはあとに述べるが（第三章参照）、のちの一九六七年、難民キャンプに新しく寺院（チャンチュ・ゴンパ）が建立されている。創建したラマ・トゥプシェンは、カルマ老人とともに青年時代、パヤン地方から亡命した僧侶（メンドン・ゴンパの住持）である。

クン・ツォは、慧海が通過した湖か？

ゴヤ・ゴンパの裏山を一周したとき、トラシチョという若い僧侶を案内人として宛てがってくれたのは住持ペマ・タシである。トラシチョは法名だが、年齢二十七歳。私は裏山パリの山頂から、西方につらなる丘陵地帯の一角を指さし、慧海がゲロン・リンポチェを訪ねた巌窟は、あの方角にあるはずなのだがと、持参した慧海の日記のコピーを照合しながら話した。山頂からはツォ・ルワ（塩湖）という大きな湖が眼下に見える。この一帯はトラシチョの地元であり、彼は付近の地勢について熟知している。[*3]

塩湖の右方、私が指し示した位置からいくらか右手に見える狭間を指さしながら、トラシチョはあのあたりに巌窟があると話した。ガルツァンという、このあたりでは昔から知られた古い巌窟だそうだ。慧海が名づけた白巌窟とは、もしかしたらガルツァンなのかもしれないと私は考えた。現地に行って確認するしかない。

私たちはガルツァンへ向う前にクン・ツォという湖をめざした。トルボ地方から国境の峠クン・ラを越えたチベット側にある湖（池）である。慧海の日記や『旅行記』に記載されている「池」は、このクン・ツォではないかと推定される。もちろん、湖の形状が似ているというだけで断定するわけにはいかないが、選択肢の一つにはなり得る。

『旅行記』によれば「池」は三つある。

雪融《ゆきどけ》の水の集まった周囲二里位の池と周囲一里位の池がある。その池がちゃんと並んで居る。その一つの池は長方形で一つのは円い池、（中略）一つ名を命《つ》けて遣ろうと思って長方形の池には「慧海池」それから円い池には私が別名の「仁広池《じんこういけ》」という名を命《つ》けたです。（中略）下の方へ降って行きますとちょうど瓢《ひさご》の形をしている池がある。それはその形によって「瓢池《ひさごいけ》」と名を命けて置いた。

仮に慧海が通過したとしての話だが、地元では、「慧海池」と「仁広池」の二つの「池」を併せてクン・ツォと呼んでいる。ツォ・ニパルという別称もある。トラシチョに聞くと、二つの「池」の間という意味だとか。湖のある谷の源頭に位置する国境の峠がクン・ラだ。

私はゴヤ・ゴンパに滞在中、四輪駆動車でならクン・ツォへ行けることを知らされて大いに喜んだ。チベットはネパールとは異なり、共産中国の管理下にあって自由行動がままならない。車で行けるものなら、それに越したことはない。こうした場合、行けるときはとにかく行くべきで、実際、この時点（二〇〇五年）では、辺境における管理体制はまだ徹底されてはいなかった。

その日、ゴヤ・ゴンパから塩湖を経由してクン・ツォへ向かう途中、コングレップという峠から眺め渡した山々の西北西の山裾に、ちいさな岩山が見えたとき、あの麓にガルツァンがあるとトラシチョが指さし教えてくれた。私にとって、何度か探訪したことのあるトルボ地方とは異なり、この近辺は初見参である。しかも地図すらない。周囲の地勢を眺めても、まるで要領を得ないばかりか、迷路にでも迷い込んだようで、磁石を見なければ方位すら見当もつかない有様だ。

それでも、白巖窟の位置が、いよいよ狭められてきたことを実感して心が勇み立った。慧海が越えた国境の峠とともに、久しく憧れつづけてきた白巖窟である。途中、トクシャムという場所から、轍の残る岩礫の緩斜面を、北方の国境稜線へ向って進む。西北に開けた平原の一角が、慧海の日記に記されたネーユという地名の場所だ。その尽きるところに延びている丘陵地帯の向こう側にガルツァンがある。慧海は日記にこう記している。

一《ヒトツ》ノ牧場アリ犛牛《ヤク》ノ毛糸ニテ織リシ太布ノ屋アリ二三町ノ距離ニ家三間〔軒〕アリ一ノ布屋（クリ）ノ主ニ頼ミテ宿ヲ借ル此部落ノ字ヲ（子《ネ》ーユ）ト云フ

私はときどきＧＰＳで現在位置を確認し、コースタイムと併せてノートに記録した。因みに、トクシャムの位置は北緯29度44分059秒、東経83度13分064秒、海抜四七九四メートル。多少の誤差は否めない。
途中、北東方向、山並の狭間に塩湖が見える。さらに轍の残る斜面を上がって行くと、がらがらした小山が波打つようにつづくモレーンに行く手を遮られる。入り組んだそのモレーンの間に分け入って進むと草原が現れ、それを抜けてちいさな湖に出る。北緯29度42分580秒、東経83度12分465秒、海抜四九七〇メートル。

もしや慧海が記述した「瓢池」ではないか、と半信半疑で眺めた。車で通過しただけであり、その形状や大きさまでは確認できなかった。慧海は「囲《メグ》リ十町程アル」と記述している。確かにちいさいものの、見た目の水の色、深みからして枯れそうにない湖だ。慧海は「池」と記述しているが、私は湖と記す。果たして、池と湖の区別は大きさか、それとも成り立ちによるのか、区別する定義はないようだ。「囲リ十町程」という大きさをメートル法に換算すれば、千百メートルほどである。かりに私が見たのと同じ湖だとしても、慧海が通過したのは一九〇〇年の夏七月であり、私が通過したのは二〇〇五年十月。百年余りの間に地球全体の気象条件や、チベット及びヒマラヤ地域の季節の変化を考慮すれば、たとえ同一の湖だとしても、水量や水位もまた同じであるとは限らない。水量や水位が変われば、池の形状が多少変化することはあり得るだろう。

決定的な根拠はないが、他にこの近辺にちいさな湖はない。もし慧海がクン・ツォを通過したのだとすれば、「瓢池」は位置関係からしてこの湖ということになる。[*4]

ちいさなその湖の東岸を掠めるように回り込みながら車を走らせて、前方に現れたモレーンの丘を越えると、碧水を湛えた湖の岸辺に出る。クン・ツォ（別名、ツォ・ニパル）だ。湖の上方へ延びる谷筋の最奥部に、白っぽいちいさな氷河を戴く岩山が見える。その岩山の右手にある、なだらかなコル（峠）

がクン・ラだ。

クン・ツォは湖面に、ネパールのトルボ地方を仕切ってつらなる国境稜線を映し出していた。私たちを導いてきた轍はクン・ツォの西岸で終わっている。付近の草地には、ビール瓶の砕け散った破片やジュースの空き缶など諸々の生活廃棄物が散乱し、それは憧れのチャンタンにたいして抱く私の神秘的なイメージを裏切るものだった。

とまれ、ネパール側のトルボ地方同様、ポイ捨て状況は紛れもない現実ではある。昔から毎年夏には、トルボ地方の各地から大勢の村びとが交易にやって来るということだから、そのビジネスポイントの一つとしてこの場所が利用されている。

湖の南岸には幅十数メートルの芝草の台地が突き出ていて、そこに湖水の溜まった窪地がある。その窪地の岸辺に私たちはテントを設営した。湖水はテント場ちかくの南東の岸辺から小川となって流れ出ている。海抜五〇〇〇メートル、厳密に言えば二回測定したのだが、GPSは四九八〇メートルと五〇一六メートルの数値を示していた。

クン・ツォからクン・ラへ向かって延びる、二つの湖をふくむ谷筋の両岸に岩礫の尾根が国境稜線までつづいている。尾根には名前がついていて、向かって左側、つまり谷筋の右岸の尾根をクンチョナ、左岸の尾根をホンドゥと呼ぶ。ホンドゥの支尾根の末端部分には、ホンドゥギャンブと呼ぶ巌窟がある。北緯29度40分931秒、東経83度10分850秒。そこまでテント場から二キロほどの距離だ。クン・ラへ向から途中に覗いてみると、寝泊まりに利用されているようで焚火の跡があった。

ゴヤ・ゴンパの住持ペマ・タシによれば、このホンドゥギャンブもゲロン・リンポチェが修行した場所なのだとか。他にも、あちこちに巌窟があるようで、それらはことごとくゲロン・リンポチェが修行した場所と言い伝えられている。一所不住の修行を実践していたものと思われる。

クン・ツォと呼ぶ湖は、クンチョナとホンドウの二本の長大な尾根に挟まれた谷間を埋めて二つ並んでいる。もしこの湖が、慧海が記した「慧海池」と「仁広池」であると仮定すれば、上流に位置する湖、すなわち「慧海池」は日記や『旅行記』の記述にあるように確かに長方形をしている。他方、下流の湖、つまり「仁広池」は『旅行記』には「円い」と記されているが、私にはどうしても「円い」ようには見えなかった。西へ向かって鼻を突き出した天狗のお面に似ている。湖の形状は衛星画像からも見てとれる。

この「仁広池」を、日記では『旅行記』とは異なり、「円い」ではなくて「焔魔ノ顔面ノ如シ」と形容している。


一《ヒトツ》ハ長方形ニシテ其《ソノ》北ニ並ビアルモノハ焔魔ノ顔面ノ如シ南ノハ周囲一里ニシテ北ハ一里半余ナラン南ヲ慧海池ト命名シ北ヲ仁広池ト命名ス

閻魔の顔に似ているかどうか、私には判断しかねるが、『旅行記』にある「円い」という形状については納得がいかない。慧海が見たときは円形をしていた湖が百年あまりののちに、天狗のお面のような形状に変形したのだろうか。その場合、原因として考えられるのは、源流部に涵養された氷河の後退である。しかしいずれにせよ、クン・ツォの下流の湖を眺めた私が、天狗のお面を連想したのは疑いようもない事実である。

そのクン・ツォから「瓢池」までの行程について慧海はこう記している。「其レヨリ壱里ニシテ瓢ノ形ノ囲リ十町程アル池アリ（ひさご）ト命名」。慧海が記した壱里、つまり一里は現在のメートル法に換算して約四キロだとは限らない。

ここで客観的かつ確かな事実として言えるのは、二つ並んだ湖の下方に、一つのちいさな湖が位置している、ということである。このこと自体は、慧海の日記の記述を概ね満たしている。しかし、この事実だけをとり上げてクン・ツォを、日記や『旅行記』に記載された、二つ並んだ「池」と断定するわけにはいかない。他にも踏査しなければならない場所がある。

＊3　後年（二〇二二年）、トルボ地方のサルダン村で、塩湖はプルトックと呼ばれており、石鹸の材料にするという話を村びとから聞かされた。彼らはかつては国境を跨いで縦横に往来していたのであり、ゴヤ・ゴンパはもとより、パヤン地方のさまざまな事情についてもよく知っていた。それによると、トラシチョの本名はトクラと言うそうだ。

＊4　「瓢池」の位置は衛星画像からも確認できる。距離は「慧海池」から二キロ余り。しかし同じ場所に位置する湖でありながら、私の測定したGPSの位置と衛生画像のそれはずれている。つまり、誤差があるということだろうか。

チベット側から国境の峠クン・ラへ

十月に入って、朝の寒さが身に沁む。クン・ツォの湖面、岸辺の一帯に薄氷が張っていた。谷筋の左岸につづくクン・ラへの道は傾斜が緩やかで歩きやすい。夏には交易路として相当に踏まれているようだ。道は整備されていて、投げ捨てられた缶ジュースの空き缶が目につく。もし、慧海がクン・ラからこの道を下ったとすれば、私はその逆のコースをたどっていることになる。日記にはこうある。

大雪中ヲ東北ニ急下スル事半里ニシテ稍《ヤ》ヤ平坦ナル山隈《サンワイ》ノ雪中或ハ岩中ヲ行ク事二里余ニシテ二大池ノアル所ニ達ス

慧海がたどったのは一九〇〇年七月四日である。降雪が残っていたようだ。かたや『旅行記』にはつぎのように記述されている。

昇りと違って八貫匁《かんめ》の荷物も下りはごく平気なものですがどうも雪のために足を抜くのが困難でこれには閉口したです。

このくだりを読むと、けっこう難儀した様子が窺われる。しかし、日記には「犛牛」の文字が散見することからヤクを同行させていたと思われる。それが何頭なのかは知る由もないが、もしかすると交易の隊商と行動をともにしていたとも考えられる。あるいはまた、慧海自身が荷物の運搬用としてヤクを雇ったのかもしれない。雇ったヤクがかりに一頭だとしてもヤク使いが必ず同行していたはずである。そう考えると、実際に「八貫匁の荷物」があったとしても慧海ではなくヤクの背に積んでいたのではないだろうか。『旅行記』は聞き書きによるものであり、日記とは符合しない個所が多々ある。つまり、読者を意識した読み物として潤色が施されている。

クン・ラへの途中にホンドゥギャンプという巌窟があることは先に述べたが、その巌窟のある支尾根の末端を回り込むようにして細流が流れ下り、下方の湖に注入している。ここで湖を見下ろしながらふと思いついたことがあった。

私には天狗のお面のように見える湖も、眺める場所によっては円形に見えるのかもしれない。つまり、そういう地点があるか否か。天啓というべきか、現場でのこうした閃きは、行動を積み重ねてきたからこそ生まれるものであり、大切にしなければならない。

しかし、その地点は何処なのか。私が上っている谷筋の左岸の経路にはなさそうだ。上るときも下るときも確認したが、湖が円形に見渡せる地点は何処にもなかった。ということは、慧海はべつの地点から眺めたかもしれない。あるいは、前述したように、氷河の後退によって湖の形状が変わった可能性も考慮しなければならない。考えられるのは対岸である。

途中、何ヶ所かにカルカ（夏場の移牧小屋・チベット語でトォーン）があり、人影はなく寂然としていた。谷間の下方に、クン・ツォの二つ並んだ湖が見える。細長い上部の湖はともかく、下部にある湖は、西北方向へ棒状に湖面が突き出ていて、私にはどう見ても、その形状が天狗の鼻に思えてならなかった。

このとき不意に、直感が背筋を走る。もしかすると慧海は、この経路を下ってはいないのではないか。別の経路があるのではないか。いずれにしても、湖の形状だけを根拠に経路を推断するのは危険である。

峠の手前にも、道を挟んでちいさな湖が二つある。左手東方の谷底にある湖には名前はないが、右方向、峠の直下にある湖はナムデン・ツォと言うそうだ。クン・ツォに流れ下る左手の谷筋の奥地はパントゥン、中流域はクンブックという呼名がついている。日本においても同じように、地勢の至るところに呼名がつけられているのは、それだけ暮らしと密接な関係にあるからだ。

ナムデン・ツォから先、コブのように盛り上がった台地が見えたので、そこが峠の頂上かと思ってたどり着くと、その先にまたコブが現れる。何度かこれを繰り返しながら頂上を踏んだときはさすがに息が上がり、くたびれ果てた。

峠は岩屑の散らばった広い台地である。ネパール側とチベット側にそれぞれラプツェ（積石）がつくられている。この間、息を切らせてふらつきながら歩いて数分はかかる。これは日記と『旅行記』の描写から受ける印象とはだいぶ異なるものだ。その原因は唯一点、峠の広さにある。日記の記述を見てみよう。

北方ニ雪中ヲ上ル事壱里ニシテ寧巴里《ネパーリ》ト西蔵土トノ国境ナル雪峯ニ上ル北ハ西蔵土高原ニシテ處々ニ稍ヤ高キ岡阜《カウフ》ヲ見ル此高原ヲ西蔵土語ニ（チャン・タン）ト云フ處々ニ河水ノ流ル丶ヲ見ル南方ハ雪峯連綿トシテ大空ニ銀環ヲ綴レルカ如シ

かたや『旅行記』にはつぎのように記述されている。

そこの雪を払ってまずそこに荷物を卸し、ヤレヤレとそこでまず一息して南の方を眺めますとドーラギリーの高雪峰が雲際高く虚空に聳えて居る。高山雪路の長苦しい中にも遥かに北を眺めて見ると、チベット高原の山々が波を打ったごとくに見えて居るです。その間には蜿蜒《えんえん》たる川が幾筋か流れて居りましてそのよって遠く来る所を知らずまたその去る所をも見ることが出来ない。

この二つの描写から推理すると、峠は広くない場所でなければならない。そして、そこからは、座っていながら両国の風景が一望できる。ところがクン・ラには、一所に腰を据えて両国の風景を眺め渡せる場所はない。

さらに驚いたのは、クン・ラから眺めたチベット側の風景に川が見あたらないのだ。前掲の二つの描写から察するに、川が見えなければならないはずである。私は目を皿のようにして眺めた。持参の双眼鏡でも覗いてみたが川は確認できなかった。

真北へ延びる谷筋に横たわるクン・ツォの二つ並んだ湖、その向こうにツォ・ルワ（塩湖）が見えるだけである。それ例外は、岩屑の山並が重畳とつらなっている。

どうも腑に落ちない。記述とは明らかに食い違う。もし慧海がクン・ラに立ったのであれば、見えもしない遠くの川の流れを描写して、眼下に見えるクン・ツォを書かなかったことになる。現実の風景と描写が符合しない。否定されるべきは現実なのか描写なのか。これをどう解釈すればいいのか。

それともう一つ、日記によれば、慧海は峠をあとに東北へ下っている。「大雪中ヲ東北ニ急下スル事半里ニシテ稍ヤ平坦ナル山隅ノ雪中或ハ岩中ヲ行ク事二里余ニシテ二大池ノアル所ニ達ス」。私は日記を参考にクン・ツォから峠を往復して感じたのだが、実際の経路の状態と日記の記述とは、雪の状態を考慮しても符合しない。

もしかして、と私は考えた。記述にあるような、チャンタンを流れる幾筋もの川を眺められる峠が現実にあるのではないのか。その場合、もう一ヶ所、丸い湖と長い湖が並んでいる場所もまた、あるということになる。だとすれば、その湖の名前はエナン・ツォ、そしてそこへ通じる峠はマンゲン・ラである。このことは衛星画像から察しがつく。果たして、マンゲン・ラからの眺望が慧海の描写と符合するかどうか。[*5]

＊5　記述どおりの実景を期待していたのだが、結果を述べれば、残念ながら外れていた（第九章参照）。そのため私としては感覚的に、どこかしっくりしないひずみを感じないわけにはいかなかった。

馬に乗って白巌窟をめざす

クン・ラを往復した翌日、ゴヤ・ゴンパからトラシチョが馬に乗り、もう一頭私用の馬を引き連れて、クン・ツォのテント場へ迎えに来た。一泊二日の予定で私たちはガルツァンを往復する予定だった。昼ちかくに迎えに来て、テント場を出たのは昼を過ぎていた。ずいぶん遅い出発のように思われた。しかし、この一帯はトラシチョが熟知した地元であり、夕方までにはガルツァンに着くことを計算済みで来たのだろう。

実は、私たち二人の今回の行動計画（二〇〇五年）は、日本山岳会創立百周年を記念したツアー会社が企画したチベット旅行のオプショナルツアーであった。この点、慧海のチベット潜入経路をめぐるこれまでの私個人の計画とは異なっていた。通訳のダワ・ツェリンを介して、トラシチョには事前に、その旨を伝えてあった。

私はツアー会社の配慮で講師という立場でチベット旅行に参加した。参加費も講師は無料ということであれば、行かないわけにはいかない。しかし私以外の参加者にとって、目的は聖山カイラスの観光であり、白巌窟の探索などはどうでもいいことだった。そこをゴリ押しして、講師の私が一人だけ、別行動をとったのだ。白巌窟の場所を突きとめるまたとない機会であり、悲願のかかった重大な瀬戸際である。もちろんツアーリーダーや参加者には事前に説明をして了解は得ていたのだが、いざ現地に来ると、なかには単独行動に気分を害したり、私を睨みつけたり、面と向かって皮肉を口にする参加者もいた。

ツアー客の視線を背に受けながら私は馬に乗り、トラシチョの先導に従って出発した。馬での行動は、長年のヒマラヤ体験を通じて身についていた。もっとも、ときには何度か落馬したりもした。その挙句に、アバラ骨折という憂き目をみたこともあった。

馬はずいぶん素直で従順だった。安心して乗り、トラシチョについていくことができたのは、あとで通訳のダワ・ツェリンを介して知り得たのだが、私に配慮し、おとなしい馬を選んで連れてきていたからなのだ。

私たちはテント場からモレーンの丘を越えたのち、小石の散らばる平原を北西方向へ進んだ。はっきりとした道がつづいているわけではなかった。平原には棘の生えた灌木の茂みが点在している。トラシチョは目指す方向を熟知しているようで、どこでも自在に進めそうな平原をまっすぐに迷うことなく進んだ。私は馬上から、ときどきGPSで現在位置を確認した。先日、車でクン・ツォへ向かうとき、途中で見たちいさな湖は通過しなかった。それより若干、西北へ寄った経路をたどっていた。

先に引いた、日記における「瓢池」からの行程をもう一度引用しよう。

池ヲ離レテ岡ノ間ヲ西北ニ行ク事壱里半余ニシテ一ノ牧場アリ犛牛《ヤク》ノ毛糸ニテ織リシ太布ノ屋ア

リ二三町ノ距離ニ家三間〔軒〕アリ一ノ布屋（クリ）ノ主ニ頼ミテ宿ヲ借ル此部落ノ字ヲ（子《ネ》ーユ）ト云フ

「池ヲ離レテ岡ノ間」という記述から判断して、ここにある「岡ノ間」は、私たちがクン・ツォへ来る途中で通過したちいさな湖の手前にある小山のように入り組んだモレーンのことではないかと思われる。もとより、私のこの推理が成り立つのは、慧海がクン・ツォを通過したと仮定してのことである。

日記には、慧海が自ら名づけた「瓢池」からネーユまでの行程が「壱里半余」とある。移牧地をチベットではトォーン、ネパールではカルカと呼ぶが、日記の記述から慧海はネーユという場所の移牧地にたどり着いたことがわかる。

移牧地は夏と冬の季節ごとに場所を分けて使う。それぞれ夏村、冬村と呼び分けて、村単位で異なる場所に居住するのだ。各家庭がそれぞれ大きなテントを設営して、その中で暮らす。

テントの布地は、ヤクの被毛を紡いだ糸で織られている。ヤクの被毛は油脂分を含んでいるので、その布地は網目が粗雑で空が透けて見えるほどだが、それでも雨をはじくには十分な防水性を備えている。

クン・ツォのテント場を出発してから一時間ほどの地点にさしかかったとき、ここがネーユの南側にあたるとトラシチョが言った。ということは、このあたりから広がる平原を指しているものと思われる。おそらく慧海が訪れた当時、この一隅に移牧の夏村があったのだろう。

私たちはさらに西北へ突き進んで小川を渡り、小石だらけの平原を過ぎて再び川を渡った。二つの川にはツェパロン・ツァンポー、キャト・ツァンポーという名前がついている。トラシチョは親切にいちいち説明する。おそらく出発時に、ダワ・ツェリンから指示を受けていたのだろう。甚だ情けないことに、チベット語が理解できない私には、言外に、トラシチョの気持だけが伝わってくる。慧海の日記にも、名前までは記されてはいないが、二つの川を渡った記述がみられる。再び一九〇〇年七月五日から引く。

平地草原ヲ西北ニ行ク事二里余（此間二《フタツ》ノ河ヲヤクに乗リテ渡ル幅半町）ニシテ焼麦粉ヲ食ヒテ一ノ岡ニ上ガル事半里下ル事亦半里ニシテ草原ヲ西北ニ行ク事二里大《オホイ》ニ霰《アラレ》降ル事二時間ソレヨリ東北ニ岡ヲ上ガル事弱壱里下ル事数十（丁）ニシテ西蔵土半国ノ一大高僧（ゲロン・リンボチェ）ノ棲メル巌窟ノアル所ノ一随僧ノ住メル巌ノ中ニ午后六時就テ宿ル

同じ状況が『旅行記』ではこう記述されている。

それからラマの岩窟を尋ねるつもりでだんだん西北の方に向って半里ばかり昇ってまた半里ばかり降り、それから今度東方に見える山に進みかけたです。ところがたいへんな霰《あられ》が降り出してどうも進んで往くことが出来ない。しようがないからヤクの背から荷物を卸《おろ》してその荷物を霰のために濡《ぬ》れないように囲って路端に二時間ばかり休息して居ながら、自分の目的地に達し得らるる道筋などを尋ねて大いに利益したです。その中に霰も歇《や》んだからまたそのヤクに乗って出掛けると半町ばかりの川がある。幸いにヤクに乗って居るから苦もなく渡った。そんな川を二つ渡ってちょうど二里半ほど山を登りますと白い岩窟が見えたです。それで私は白巌窟と名づけた。婆さんの息子がその白巌窟を指してあすこがゲロン・リンボチェの居られる所であると示したです。

私たちはたぶん、慧海と同じ経路をたどっているのだと思う。二つ目の川を渡ったのち、左手につづく丘へ向って延びる涸れ沢の基部にカルカの跡地が現れた。夏場には水が流れていてカルカの住人が利用しているのかもしれない。その涸れ沢に沿って上り出し、緩やかな斜面の途中で馬から降りて休憩した。出発してすでに三時間あまりが経っていた。

私たちが上っている丘は緩やかに延びる尾根なのだが、慧海の日記に記載された「一《ヒトツ》ノ岡」のようである。その丘の上に出ると反対側に、乾燥したなだらかな斜面が下っていた。その先には、再び、広大な平原がつづいている。

見晴かすその平原のあちこちで、キャン（野馬）の群れが草を食んでいた。私たちがちかづくと、しばしキョトンとしてこちらに目を向けているのだが、しまいには慌てて逸走する。この平原をツァンドと言うそうだ。私たちはそこを西北へ向って突き進んだ。引用した日記にあるように、慧海が「草原ヲ西北ニ行ク事二里」と記した草原に間違いない。

平原の尽きるところに北東へ流れ下る川がある。トラシチョに教えられたのだが、タクトク・ツァンポーという。昔はッガルツァンギ・ツァンポーと呼んでいたらしい。広々とした流れで、慧海の日記にも出てくる。河岸の流れの緩やかなところに薄氷が張っていた。流れにはおびただしい数の魚影が目につく。

その川を右岸から左岸に渡渉して流れに沿って下って行くと、前方左手に石灰岩の赤白い岩山が出てくる。岩山の手前に築かれた、幅三メートル長さ百メートルはあろうかと思われるマニ塚が、秋のうすづく陽光に照らし出されていた。冬を間近に控えた、わびしく寒々とした荒野を私たちは馬に乗って進んだ。チベット仏教が繁栄していた時代には多くの巡礼で賑わったものと思われる。

トラシチョはマニ塚に刻まれた経文や僧侶の名前、そこに秘められた故事来歴を身振り手振りで説明した。ほとほと残念なことに、私にはまったく理解できない。岩山の東面には巌窟がいくつかある。上部の巌窟には石段が築かれていたのだが、十年ほど前に崩落したという。見上げると、わずかに内部が覗かれ、数人は楽に泊まれるほどの広さだ。

トラシチョの説明から察すると、巌窟そのものはポッパと呼ばれ、ガルツァンはこの付近一帯の丘陵を指している。私が岩山の基部をうろつきながら巌窟やマニ塚を見ている間、トラシチョは巌窟に向って一心不乱に五体投地礼を繰り返した。

そのあと私たちはタクトク・ツァンポー左岸の河原にテントを設営し、乾いた畜糞を拾い集めて焚火をした。トラシチョが沸かしたチベット茶を飲みながら、周囲に広がる荒涼とした風景を改めて眺めた。

岩山の前に広がる河原の下流域対岸、つまりタクトク・ツァンポー右岸にも白っぽい岩山が見える。左岸にも、赤みを帯びた岩山がある。右岸の岩山はリッサン（吉祥山）、左岸の岩山はクトンレ。まじかに望むその二つの岩山の麓にも、ガルツァン同様、巌窟がいくつもあるそうだ。その二つの岩山の巌窟群も、私としては踏査しなければならなかった。しかし、もはや時間が残されていない。明朝には来た道を通って、クン・ツォのテント場に引き返さなければならなかった。

リッサンは夏場の修行場、クトンレは冬場の修行場として使われていた古くからの有名な巌窟群だから写真に撮れと、トラシチョは身振り手振りを交えてしきりに言う。私はトラシチョの指示に従い、撮影した。裏側から車でも行ける道があるという。

ガルツァンもリッサンもクトンレも、ゴヤ・ゴンパから西方へ二十数キロの距離にある。本来であれば、残り二ヶ所の巌窟群に足を運んで確認すべきなのだ。

私たちは河原に座って周囲の風景を眺めながら質素な夕食を済ませた。インスタントラーメンと今朝の残り飯である。明朝のぶんを残して、二人で半分づつ分け合いながら食べた。国境の山並のかなたに日が沈むと急激に冷え込む。私は周辺の地勢や慧海の日記、他にも、これまで得たさまざまな現地情報などから総合的に判断して、どうもしっくりしない割り切れなさを感じていた。白巌窟と思われる、めざす巌窟にたどり着いたのに、心が晴れやかではなかった。蟠《わだかま》りがもやもやと霞のようにまとわりついていた。クン・ラのときと、それ以前のマリユン・ラの踏査でも味わった、すっきりしない不満足感が漂う。

何故なのか。その割り切れない心境は何処からくるのか。私は悶々としながらあれこれ逡巡した。そして、日記をつぶさに読み返しながら、ようやく揺るがし難い一つの結論を得た。

慧海はガルツァンを参詣してはいない。

私の推理はこうである。慧海がカン・リンポチェの途上にあった一九〇〇年七月五日、ゲロン・リンポチェを訪ねたのはガルツァンではなくて夏の修行場、すなわちリッサンに違いない。「一ノ岡」を越えた広々とした平原の途中からタクトク・ツァンポー（ンガルツァンギ・ツァンポー）には出ないで、その途中から逸れてリッサンへ向かったのだ。

日記にはこう記されている。「ソレヨリ東北ニ岡ヲ上ガル事弱壱里下ル事数十（丁）ニシテ西蔵土半国ノ一大高僧（ゲロン・リンポチェ）ノ棲メル巌窟ノアル所」。私はノートに概念図を書いて示しながら身振り手振りで自分の推理をトラシチョに必死で説明した。「ソレヨリ東北ニ岡ヲ上ガル」という、この地点こそが、ガルツァンに来た私たちの経路と、慧海が白巌窟へ向かった経路との分岐点である。

建ち並ぶマニ塚の向こうにあるのがガルツァン。複数の巌窟がみられる。案内した僧侶トラシチョは五体投地礼を繰り返し、翌朝は座して読経した。(2005年撮影)

慧海はこの地点から「東北ニ岡」を越えてリッサンへ向かったのだ。間違いないと私は判断した。

幸いにも私の心意は伝わったようである。トラシチョは何度も肯く仕草をした。了解した、大丈夫だ、心配するな、と言っているようだった。「ソレヨリ東北ニ岡ヲ上ガル」と記載された地点を知っていたのだ。もとより昔からの参詣路であるからには、地元の地勢を熟知しているトラシチョにしてみれば知っているのは当然と思われる。

私は大きな溜息が漏れるような思いで一安心した。間違いない。それは登山で言えば、頂上への登路を発見したようなものである。慧海の白巌窟への経路を解明したと言っていい。苦労が報いられたことに私はひとり面目躍如たる面持ちだった。

慧海が「一ノ岡」を越えた広々とした平原からタクトク・ツァンポーには出ないで途中

から逸れてリッサンへ向かったのは明らかである。私の推理に間違いはなかった。

翌日の帰路、ここですよ、ほら、とトラシチョが馬上から指さしながらその場所を教えてくれた。そこは百メートルほどの高さにある尾根上の緩やかな鞍部である。この鞍部を越えればリッサンに行けるのだとトラシチョは話した。

ここまで来て、私としては何としてもリッサンに行きたかった。再び登山に譬えれば、目指す頂上は目前にある。しかし私には、この日のうちにクン・ツォのテント場に戻らなければならない約束があった。

実際、ここまで来てツアー客の事情に構ってはいられない、とも考えたが、私を非難する冷酷な顔がつぎつぎに浮かぶ。かりに彼ら彼女らに事情を話しても通用するとは到底思えない。おそらく、白巌窟など聞いたこともないだろうし、興味もないだろう。

断腸の思いで引き返さざるを得なかった。現場には足を運べなかったが、白巌窟の位置は突き止めた。慧海がゲロン・リンポチェを訪ねた場所はリッサンである。そしてカン・リンポチェからの帰途、日記によると十月十一日のことだが、慧海は冬場の修行場クトンレに立ち寄り、ゲロン・リンポチェと再会している。私の判断に疑う余地は何一つなかった。

日記を見てみよう。


水平線上ノ如キ草原ヲ南ニ向フ事四里ニシテ（ンガルツャンギ・ツァンポ）ヲ南ニ渡ル行ク事壱里ニシテ（レーツァン・ニーパ）ナル山窟尊者ノ住處ニ着ク

レーツァン・ニーパはチベット語でもう一つの住居という意味だ。巌窟修行僧のゲロン・リンポチェにとって、修行場が住居であり、夏場と冬場とで使い分けていたと思われる。リッサンはタクトク・ツァンポー（ンガルツャンギ・ツァンポー）の右岸に、クトンレは左岸に位置している。この位置関係に間違いはなかった。[*6]

＊6　このときから十四年後の二〇一九年、白巌窟（リッサン）とクトンレの位置を確認に出かけた踏査の顚末は第十章参照。

エナン・ツォ　長い湖と丸い湖

二〇〇五年十月六日の朝、天候はプレモンスーンに入ったようだ。空の輝き、風の肌触り、雲の形など、自然のさまざまな断片的事象は、至って穏やかである。アネハヅルがさかんに啼きながら連日、ヒマラヤの方向へ編隊を組んでつぎつぎに飛んでいく。ゴヤ・ゴンパの東側に茫洋として広がるヤルン・ツァンポー大河の平原は、幾筋もの川が蛇行して池塘や湿原をつくり出し、ヒマラヤを越えてインド方面へ渡っていくアネハヅルの休息地になっている。

ネパールではこのアネハヅルをカランコロンと呼ぶ。雨期明けの輝かしい青空の遥かな高みを、編隊を組んで飛翔する佳麗な姿は神々しくもあり、何度か、見上げるようにして眺めたことがある。その啼き声は、たしかにカランコロンと天空から聞こえてくるのだ。

アネハヅルの渡りはヒマラヤの冬の風物詩でもある。温暖なインド方面で冬場を過ごすため渡りにつくそれらの一群には幼鳥が交じっている。その幼鳥を狙って、天敵のイヌワシが、ヒマラヤ山中の大峡谷で虎視眈々と待ち構えている。弱肉強食の、情け容赦のない世界である。

ヒマラヤを突き抜けて流れる大峡谷は北と南をつなぐ回廊であり、アネハヅルにかぎらず人や馬も家畜も、すべての生きものがこの回廊を北から南へ、南から北へと往来している。アネハヅルは秋には南下し、インド方面で冬を過ごして翌年の春には北上する。

一九九二年秋、ヒマラヤの雨季開けの秋空を南下するアネハヅルの一群をイヌワシが襲撃する瞬間を私は目撃した。場所は大峡谷カリ・ガンダキでのこと。仲間のアヌーとコックのカンツァと私の三人で、トルボ地方からの帰途、カリ・ガンダキ沿いの峠で、ラプツェ（積石）に背もたれて休憩していたときである。大空のかなたから、その啼き声が聞こえてきたのだ。何やら悲痛な叫びのようだった。

「カランコロンだ、カランコロンだ」と、アヌーとカンツァが上空を見上げながら言った。私も見上げた。激しく啼いているのは警報に違いなかった。つぎの瞬間、アネハヅルの編隊を、鋭い刃物で断ち切るような必殺一撃の凄まじいスピードで上空から一羽のイヌワシが襲い掛かった。

生死を分かつ瞬間である。ところが、結果はあえなく失敗した。イヌワシは編隊を突き抜けて、とんでもない下方にまで突進した。攻撃態勢を立て直しようにも、もはやこれでは間に合わない。

襲撃をうけたアネハヅルの一群は、一瞬、ばらけたが、号令をかけるリーダー格の一羽がいるらしく、実際、私にはそのように見うけられたのだが、号令のようなその啼き声に従って螺旋状に高度を上げながら、やがてV字編隊を組みなおして、大空高く南のかなたへ消え去った。

九二年秋、当時、外国人の入域が禁じられていたトルボ地方に、ネパール政府の特別許可で入域したその帰途である。私は四十五歳になっていた。それでもヒマラヤを歩くには、まだ十分な体力気力が備わっていた。

十三年後の二〇〇五年、ようやく、チベット側に位置する慧海の記述した「池」を、確定とまではいかないまでも、峠も含めて検証できた。加えて、白巌窟の場所を突き止めたことはこれまでにない大きな成果である。十分に時間をかけることができなかったのは残念至極だが、長い年月の末、徐々に、私の踏査の目的が達成されつつあるのは確かなようだ。

他方、不満足な結果として私自身の心の一隅に蟠っているのは、峠にかかわる判然としない不確定要素である。クン・ラから眺めた現実の風景が、慧海の描写と符合しないのだからやむを得ない。峠にしても湖にしても、私が現地へ足を運んだだけでは、慧海がそこを通過したという確証は得られなかった。つぎに選択肢として考えられる他の場所を踏査しなければならない。その残された湖はエナン・ツォである。

クン・ツォのキャンプ地からクン・ラとガルツァンを往復したのち、エナン・ツォへ移動する日の朝、気温はマイナス八度、湖面に張った氷は以前にも増して厚く硬くなっている。投げつけた小石が金属音を発して跳ね返り、表面を滑っていく。岸辺の枯れ草についた水滴が氷化し、朝日を受けて、紅色の玉となってキラキラ輝いていた。

エナン・ツォまでは車を走らせて二時間ほどで着く。一度、平原に下って東へ方向を変えたのち岩礫の道を上って行くのだが、地元の運転手によると、その平原からはマリユン・ラへも行けるとのことだ。

通訳のダワ・ツェリンが私に関する情報として、以前、私がマリユン・ラに行ったことや、慧海について現地踏査していることなどを運転手に伝えてあったから、運転手が気を利かせて話したのである。

運転手がマリユン・ラはあのあたりだと指さす方向に、心なしか見覚えのある国境稜線の山々がつらなっている。

運転手は道々、車を停めて、ドクパ（遊牧民）に道を尋ねて現在位置を確認しながらエナン・ツォへ向かって車を走らせた。ドクパのテントには大型トラックが横づけにされ、一昔前、私がマリユン・ラを越えてマリユン・ツォまで足を延ばしたころとは、もはや時代は変わりつつあることを物語っていた。動力が、家畜に代わって機械化されている。

この先、もっと早いスピードで、風景も社会も変化するに違いない。車道が延びれば電気や燃料が持ち込まれ、新しい情報も入ってくる。建造物は新築されて、周囲の自然環境とのかかわり方にも変化が生じることは必至である。

ネパール側を例にとっても、その変容ぶりは歴然としている。一例を挙げれば、社会が便利になったのは電気エネルギーの登場と関係がある。ネパールの首都カトマンズの一般家庭に電灯が点ったのは一九八〇年代だった。街が明るくなったのはまさに革命的な出来事であり、当時、カトマンズに居合わせた私は、喜びに戸惑いを隠し切れない街の様子を体験している。

山村に車道が延びて電気が灯り、燃料にしてもヤクの畜糞や薪などに代わって灯油が使われ、果ては移動手段や労働力など生活全般、細部に亘って近代化は浸透し、まさに燎原の火のごとく推し進められていく。それと並行して、ヤクや馬などによる昔ながらの牧歌的な移牧風景は消滅しつつある。

車道はエナン・ツォから先、ネパールとの国境の峠マンゲン・ラのちかくまで延びていた。どうせなら、このさいマンゲン・ラまで行ってみたいところだ。エナン・ツォの左岸を通過し、湖に合流するU字形の氷蝕谷の奥深く、途中まで行くと、運転手が、このままでは車のガソリンが足りなくなると言って騒ぎ出した。何ということか。国境まで行くのは、ヤバイ、とでも思ったのだろうか。残念だが、運転手の忠告に従うほかない。機会を逸した私が、ネパール側からマンゲン・ラに達したのは、この翌年である（第九章参照）。

開豁《かいかつ》な、荒涼とした乾燥地帯の谷間に二つ並ぶ湖がエナン・ツォだ。上方にある湖は長方形というより、若干、蛇行した流れが幅広く膨らんだ印象を与える。下方の湖は、形状が冠をつけた人面を連想させる。慧海が日記で譬えに使った閻魔の顔面とは、この湖を指すのではないか。

さらに『旅行記』に記述された「円い池」もまた、この湖を表しているのではないかと思わずにはいられなかった。前日に見たクン・ツォと比較して、明らかに、こちらのほうが慧海の描写を満たしている。

他方、「瓢池」はどうか。北側の平原を見下ろすと途中にちいさな湖がある。もしや、あれが「瓢池」かもしれない。

クン・ツォと同様、慧海が旅行記で名づけた「慧海池」、「仁広池」、「瓢池」（日記では「ひさご池」）と、いま眼前にある湖が符合するものなのかどうかは即断できないまでも、とりあえず、ここには三つの湖が揃っている。

問題は、その間の距離である。湖の形状は外観から判断できるが、慧海の歩いた距離は日によって異なる。しかも一里あたりの、メートル法に換算した平均値もまた、それと同様、ときと場所によって異なるのだから、判断基準として一律には扱えない。要するに、メートル法に換算した一里あたりの数値化した距離が、昨日と今日では実質的に異なるわけである。

このことの誤差を考慮しても、実際、ネーユまでの距離は、慧海の記述した距離にくらべて大幅に遠いのだ。慧海は日記では「ひさご（瓢）池」から「一里余」と記している。チベット側の地図が入手できないので衛星画像を参考に判断しても二倍以上はある。

　ここで距離に拘らずに、慧海が歩いた行程の比率から場所を割り出す方法もある（第八章参照）。日記によれば、慧海が「仁広池」と名づけた湖から「一里」で「ひさご（瓢）池」、そこから西北へ進むこと「一里半余」でネーユに着く。つまり、「仁広池」から「ひさご池」までを一とすれば、ネーユは「ひさご池」から一・五倍余りの距離に位置することになる。この比率を判断基準にすると、エナン・ツォからネーユへは遠すぎて、もはや論外である。クン・ツォからの経路が妥当のように思える。この場合、「ひさご池」は、私たちがクン・ツォへ来るとき通過したちいさな湖、GPSで測定した位置は（北緯29度42分580秒、東経83度12分465秒、海抜四九七〇メートル）ということになる。

　私たちはエナン・ツォの二つ並んだ、下方の丸い形をした湖の南東端から流れ出る小川を渡渉した地点にテントを設営した。見渡す風景はクン・ツォよりもスケールが大きく、二つのU字谷の出合に位置する湖は、瑠璃色に輝くチベットの天空を映し出し、眩しい輝きを放っていた。まさに碧空遍満、一点の雲も見あたらない。

　はじめてトルボ地方に入域し、そこから越境してマリユン・ツォを探訪した一九九二年以来、長い年月の末、ようやくたどり着いた湖である。このときの踏査を終えた時点で、チベット側の三地域にある二つ並んだ湖を私はすべて訪ね歩いたことになる。マリユン・ツォについては日記の出現（二〇〇四年）で私の推理が外れていたことが判明した。他方、残り二ヶ所に位置する湖について、この時点では予断が許されない状況にある。クン・ツォなのかエナン・ツォなのか、決め手となる判断基準を依然として私は摑みきれていなかった。

第三章　カルマ老人の証言

忍び寄る全体主義

ネパール西北部のトルボ地方から国境の峠を越えて西チベットのパヤン地方に現れた、慧海と思われる謎の外人ラマについて、当時の時代状況も含めて詳しい情報を得ることができたのは二〇〇七年、カトマンズでのことである。一九九三年、アヌーと二人でカン・リンポチェからの帰途、パヤン村ではじめてその情報を耳にしてから十四年が過ぎていた。

この間にも私は、トルボ地方のツァルカ村に足掛け三年がかり（二〇〇二〜〇四）で住民悲願の鉄橋を建設したり、ラサに潜入した慧海の身分が露呈し、逃げるようにしてダージリンに戻ったときの足どりをたずねて、インドのシッキム地方に足を運んだりした（二〇〇六年に行なった、ネパール側のトルボ地方における調査については、本書第Ⅱ部を参照）。

シッキムには一九九五年から三年連続で、ダージリンを起点に出かけ国境付近を踏査した。当時、国境ではインド軍が駐屯地を開設し、警備にあたっていた。ときには演習なのか、銃声が聞こえたりした。もとより遠くから眺めただけだったが、中印国境の緊迫感が伝わってくる。シッキムでの道中は、乾燥したチベットの岩石砂漠地帯とは異なり、豊かな森林地帯が印象に残っている。

シッキムは森の民レプチャ族の国である。ネパールの階段耕作地から察せられるような森林を伐採して開墾した稲作農耕とは異なり、森の民であればこそ共存することで維持されている森林地帯だった。地勢的には、世界第三位の巨峰カンチェンジュンガ（八五八六メートル）を仰ぎ見る、森林に覆われた険しい山岳地帯から構成されているのがシッキムだ。気候が湿潤なせいか雲や霧が発生しやすく、またラン科の花が豊富で、森の中を歩いていると、何処からともなく漂ってくる、仄かな花の芳香を嗅ぐことがあった。しかし、雨が多いので夏はヒルに悩まされる。

慧海は『旅行記』で、レプチャ族の顔立ちが日本人に似ていることを指摘している。踏査中、私が知り得た範囲で言えば、それ以外にも体型が小柄で、人柄も温和だ。日本人の私とは相性がよかった。慧海の『第二回チベット旅行記』では、乙女に魅了され和歌を詠み連ねる記述なども散見し、そのロマンチックな香を嗅ぐことができる。

私は慧海の旅にかかわる踏査と併せて、後述するように、戦時中、わが国の諜報員だった西川一三《かずみ》（一九一八～二〇〇八）の壮大な旅にも憧れていたのだが、所詮、西川の旅を自分で踏査するのは無理であることを知った。本を読んで感動するのが関の山だった。せめて、慧海のチベット潜入経路の探索だけは、解明されていない謎の部分を自分で何とか解決したいと考えていた。

パヤン村で、慧海と思われる謎の外人ラマに関する話をはじめて小耳に挟んでから十四年後の二〇〇七年、より詳しい情報をカトマンズで得る機会の糸口を見つけてくれたのはアヌーである。

アヌーはシッキムでも私と行動をともにしていた。「私は根深さんの尻尾ですから」と言うのが口癖で、私にたいしていつも献身的だった。病気を患い、故郷のナムチェ・バザールで動けなくなっていた年もあったが、そのときは息子や親戚のシェルパを同行させることで私を支えた。アヌーがいなかった

シッキムにある川べりの温泉。硫黄分を含み、男女交代で入浴するという。テスタ川の一大支流ランギット川が流れている。昔はシッキムとインドの境界をなしていた。（1995年撮影）

ら、私は一介のヒマラヤ観光旅行者でしかなかったし、長年に及ぶヒマラヤでの踏査は実現しなかった。

アヌーが言うには、義兄の妻がパヤン村出身の亡命チベット人で、その妻の父が代々、有力者だったことからパヤン地方の事情について詳しく知っているのだそうだ。そこで私はアヌーとその義兄ともども、カトマンズ郊外の仏教寺院街で知られるボードナート地区にある亡命チベット人の自宅を訪ねた。アヌーの義兄とは、アヌーを介して以前から面識があった[*1]。

亡命チベット人は、本名ギャンマ・カルマ、年齢八十歳（二〇〇七年当時）。カルマ老人は四十八年前の一九五九年、三十二歳のときチベット動乱のさなか、家族を引きつれて故郷のパヤン村からネパールに亡命したという。それまでは広大なチャンタン高原で牧畜を営み、敬虔な仏教徒として平穏に暮らしていた。

パヤン村の北側には乾燥した不毛の丘陵地帯がひろがり、対照的に南側には見晴るかす大草原、その尽きるところに、ネパールとの国境を仕切って東西に五〇〇〇メートル級の岩礫の山並がつらなっている。ヒマラヤから流れ出る幾筋もの河川を集めたヤルン・ツァンポー大河が、浩々たる天地を縫うようにしながら蛇行を繰り返してつくり出す大草原の夏、ドクパ（遊牧民）のテントがあちこちに建ち並び、付近には家畜が放牧されていた。岸辺では、さまざまな野生鳥獣が棲息し、秋になると、この一帯の湿原を中継地にして、つぎつぎと編隊を組んで啼き騒ぎながらインドへ飛び立つアネハヅルの大群が見られる。

ヒマラヤの北側、西チベットを流れるヤルン・ツァンポー大河の両岸に開けたこの地域は、パヤン村の名前をとってパヤン地方と呼ばれている。かつて、この地方にはパヤン村を含む四集落が、大海の孤島のように遠く離れて点在していた。そのころは現在とは異なり、もちろん車道もなければ、私たちが想像するような道らしい道すらなかった。慧海もたどったはずの、細々とした踏み跡が延びているだけである。

チベットを陸路で旅行すれば理解されるのだが、五〇〇〇メートル級の丘陵地帯、というより重畳《ちょうじょう》としてつらなる山並の間には、茫洋たる草原が開けている。しかし上方の峠側から眺めると、麓にひろがる草原だけは眼下に見えるが、そこから対岸につらなる山並は、視線を遠くへ移すにつれ、山また山。稜線が幾重にも折り重なって波頭のように見え、ここは山国ではないかと思えてくるのも不思議ではない。

それもそのはず、草原と草原を仕切ってつらなる山並の峠は、いずれも草原から数百メートル、もしくは千メートルほどもの高度差があるのだ。これでは草原を通ってきた眼には草原の広がりが印象づけられても、峠に立つと、幾重にもつらなる同程度の高さの山並の陰に隠れてしまい、草原は視界に入らない。

ところが、同じように山々が折り重なるような風景でも、パヤン地方から眺められる国境の向こう側に隣接するネパール側のトルボ地方では、チベット側で見られるような茫漠とした広がりの草原はなく、深く入り組んだ谷筋が山襞《やまひだ》を複雑に分けて、地勢は険阻《けんそ》だ。

三十二歳のカルマ青年が家族を引きつれて故郷のパヤン村を去らねばならなかった一九五九年は、チベット民族にとって痛恨の極みともいえる、忘れ難い年だ。共産中国による侵攻、その後の動乱が頂点に達し、ラサ市民の民衆蜂起をへて、最高指導者第十四世ダライ・ラマ法王がインドに亡命した。

歴史を紐解けば、チベットは独立国として古くは唐代に不可侵条約を締結させている。国境を定め、その旨を刻んだ石柱の一基がラサのチョカン寺にある。その後の一九〇四年、当時のイギリスとも外交関係の条約を締結させている。

しかし、一九四九年の中華人民共和国成立以降、チベットでは民族固有の文化や宗教が無視され、殺戮・残虐行為が繰り返された。一説には「チベット民族の多分六分の一にも相当する人々が反抗などの理由で殺戮された」とある（未邦訳の海外ノンフィクションを紹介した倉知敬『チベット　謀略と冒険の史劇』より）。歴史的にみても、虚実こもごもの枝葉をつけ、都合のいい口実をつくって国家間の約束事を踏み躙り、残忍な方法で他国の主権を侵害するのが、共産中国のお家芸である。

同書にはまた、以下の記述もある。「彼らはまた、大量虐殺という犯罪を犯したが、その規模たるや二十世紀最悪のいくつかの残虐行為に匹敵する——ナチスのユダヤ人大虐殺、スターリン粛清、カンボジアの集合殺戮。数十万人のチベット人が殴打され、投獄され、奴隷化され、拷問され、銃殺され、あるいは餓死させられた。合計で、中国人は百二十万人のチベット人を殺したと推計されている」。こうしたジェノサイドの事実は、侵略主義に内在する狂気の結果である。

さらに、次の記述も見られる。

一二〇万のチベット人（チベット亡命政府発表の数値、一、二〇七、四八七人。一九八三年までの実数として確認済のもの。実に総人口の約六分の一。中国は常に、その数値に根拠なし、少数扇動者の陰謀、と真っ向から否定）が理不尽に抹殺されたと言うのに、どの国も何もしない。国連は三度に渉り非難決議を出したが、口先だけの人権擁護のみ。各国が制裁も外交断絶もしないのは、中国が大国でどの国も商売第一だからである。

共産中国が経済大国になったのは事実である。しかし、チベットへの侵略は、それ以前の中華民国の時代から進められていたことが『四つの河　六つの山脈』（ペマ・ギャルポ監修、ゴンポ・タシ著、棚瀬慈郎訳）の「解説」（酒井信彦）を見れば理解される。当該部分を以下に引用しよう。

ところが清朝後期、満州人の力が衰えて王朝自体がシナ化すると、チベットに対する漢民族の侵略が進行し、特に最後の四川総督・趙爾豊《ちょうじほう》は、東チベットの積極的内地化を強行した。次いで辛亥革命が成り、清帝国が崩壊した時点で、モンゴルとチベットは共に独立を宣言した。にもかかわらず中華民国はそれを認めず、東チベットに軍隊を派遣して侵略し、チベット軍と戦火を交えた。

（中略）

さらに一九四九年に成立した中華人民共和国は、その強大な軍事力をチベットに投入し、五一年五月の十七条条約によってこれを完全に併合した。ここに東チベットのみならず、全チベットを侵略支配せんとする漢民族積年の野望を達成したのである。すなわち中国によるチベット侵略は、共産主義に基づく侵略ではなく、中華思想を根拠とする漢民族固有の侵略主義によって実行されたものなのである。この点はチベット問題を考える際に、決して見逃してはいけないもっとも重要なポイントである。

慧海の『第二回チベット旅行記』にも、清朝末期、中国によるチベット侵攻の事実が記述されている。このような侵略主義は共産中国に継承されて、チベットはもとより、現在の香港問題やウイグル人に対する人権侵害、言論弾圧、さらにはわが国固有の領土である尖閣諸島に侵略の牙をむく事例に照らし合わせても、その悪魔的・非人道的な手口を窺い知ることができる。そして核兵器・サイバー攻撃・宇宙開発をも視野に入れ、現在も留まるところを知らず膨張しつづけている。国家の規約が、自由と民主主義を礎にした私たちの国とは異なるのである。

慧海の第二回チベット旅行は、最初の旅行から十四年後の一九一四年に行われている。この間に、成田安輝《あんき》（一八六四～一九一五）、寺本婉雅《えんが》（一八七二～一九四〇）、矢島保次郎（一八八二～一九六三）、青木文教《ぶんきょう》（一八八六～一九五六）、多田等観《とうかん》（一八九〇～一九六七）など五人の日本人がラサに入った。戦前という括りでいえば、その後さらに、チベットに入った日本人として、長谷川伝次郎（一八九四～一九七六）、野元甚蔵（一九一七～二〇一五）、西川一三《かずみ》（一九一八～二〇〇八）、木村肥佐生《ひさお》（一九二二二～一九八九）の四人がいる。もう一人、忘れてならないのは、大願を果たすことなく殺害されたとされる能海寛《のうみゆたか》（一八六八～一九〇三？）である。

求道僧、軍人、写真家、諜報員など、各人が胸に抱いた大志は、想像するに余りあるほどロマンに満ちていたに違いない。それぞれの青年が生きた社会にもまた、それに相応しい時代精神が宿っていたと思われる。


時代を一九五九年当時のチベットに戻すと、インド政府はダライ・ラマとチベット人の亡命を認めた。しかし一方、亡命政府を樹立して現在に至るまで、祖国を失ったチベット人の受難は平和裡には解決されることなくつづいている。

ダライ・ラマの一行が、共産中国の人民解放軍による包囲網を潜り抜けてラサを脱出し無事、インドに亡命したのは五九年三月。カルマ青年はその事実を、ラサから西へ千キロ余り離れたパヤン村で、ヒマラヤを越えて伝えられてくるインド放送のラジオニュースを通じて、うららかな春の訪れとともに知らされている。ダライ・ラマに追随し、多数のチベット人が続々と、ヒマラヤの氷雪嶺を命がけで越えて亡命した。

この地域の気候の過酷さは慧海の『第二回チベット旅行記』にも見え、当時のシッキムのヒマラヤ山中で、愛児をかばいつつ遭難死した夫婦の悲惨な話が紹介されている。

私はアヌーと二人、シッキムを訪れたとき、幼子を抱きかかえ雪の峠を越えて亡命した家族の住居に厄介になり、話を窺ったことがある。ヒマラヤ山中で暴風雪に遭遇し、素手で雪をかき分けながら前進したという。夫人はそのとき凍傷で指を失ったのだと言って、不揃いに指のついた両手を広げて見せた。

私とアヌーは、成長したそのときの幼子をガイド役にしてシッキムのヒマラヤ山中を歩き回った帰途、そこの家に泊めていただいた。

心温まる一宿一飯のお礼にと、私は着ていたスウェーターを別れ際に置いてきた。翌年、再び訪れるとスウェーターを着ていなかったので、どうしたのかと聞けば、よそ行きの衣服として大事に仕舞ってあると、木箱からとり出して見せてもらった。思わず感激した。

私はその夜、感激のあまり、自家製の酒を勧められるがまま飲み過ぎ、翌朝、宿酔いで足元がおぼつかず、別れ際に玄関先の階段から滑り落ちてしたたかに腰を打った。標高四〇〇〇メートルちかい村の秋であり、外の景色が新雪を被って白く輝いていたのを鮮明に覚えている。

ダライ・ラマの亡命から六十年余りをへた現在も亡命は繰り返されており、難民はあとを絶たない。インド西北部の都市ダラムサラにあるチベット亡命政府の発表（二〇〇二年）によると、亡命政府の傘下にある難民は十三万九千人といわれる。

ダライ・ラマの亡命から八ヶ月後の十一月。チャンタン高原のパヤン地方では冬を迎えた。川が結氷し、橋がなくても渡ることができる。そうした極寒の中、カルマ夫妻と三人の娘からなる五人家族は、六十頭のヤクに家財道具を括りつけ、ウマ三十頭、それに五人の使用人を従えてパヤン村を去った。多くの亡命チベット人同様、二度と還ることとのない旅路についたのだ。

カルマ老人は数珠をまさぐりながら穏やかな口調で私に語った。それによると、村を去る前年の五八年五月から、村に出入する人びとの姿が途絶えた。村にはチベットを東西に貫くメインルートが延びている。西は聖山カン・リンポチェをへてインド北部や中央アジアへ、東はラサや、さらに先の東チベットへ通じている。もちろん、メインルートといっても、徒歩やウマで行き来する程度の、山並や原野に

カトマンズ郊外にあるチベット仏教の聖地ボードナート付近の住居で余生を送り、昔を語るカルマ老人。（2007年撮影）

延びる一条の踏み跡でしかない。

　パヤン村に交易の商人や巡礼の姿が見かけなくなったので、どうしたものかと不可解に思っていると、二十人ほどの中国人の軍隊がある日、突然、西方にあるガリ地方の町から馬に乗り、ロバに荷物を積んでやって来た。共産中国人民解放軍の分遣隊である。平和裏につづいていた辺境の暮らしはこのときから破られた。

＊1　ついでに述べれば、その義兄は、私とも面識のある小野田文彬の『ネパールあっちこっち』に登場するシェルパである。

共産中国人民解放軍分遣隊

　人民解放軍の分遣隊はパヤン村の一軒屋に駐屯所を開設した。チベットの民家は防風・防雪・防砂のための土塀に囲まれた広い中庭を有しているのが常である。そこは一時的に家畜を入れて被毛を刈りとったりする作業場にもなっている。たいがいの家屋は堅牢で大きく、二十人程度の分遣隊が居住するのに不都合はない。

分遣隊が駐屯所を開設してまもなく、西チベット各地の村々からラマ（高僧）や村長、チベット政府の役人がパヤン村に集合させられた。

「一九五八年十月一日のことです。隊長はワン・リーという中国人です。ゴンブという名前の、カム（東チベット）地方のチベット人が通訳でした」

平和でのどかな村に突然、降って湧いたように現れた人民解放軍の分遣隊長と、その通訳を担当したチベット人の名前、そして日付までをもカルマ老人が正確に記憶しているのは、推察するに、分遣隊長ワン・リーの話した内容が、忘れようにも忘れることのできないほど衝撃的だったからに違いない。

「これからは、寺院は必要ありません、壊します。ラマもいりません、チベット政府の役人もいりません、村長もいりません。ヤクやウマ、羊、ヤギ、家や土地などの財産は全部、中国のものです。その代わり、働けば給料を払います」

中国による共産主義体制の一方的な言明である。言い方を換えれば、それまでの伝統的なチベットの文化や社会体制の破壊の布告だ。寝耳に水だった。集まった人びとは、そんなひどい話があっていいものかと半信半疑で憤慨した。というより、何がなんだか理解できずパニック状態に陥った。

このとき集まっていた村びとは三十七人。パヤン地方の四つの集落と、それ以外の地方の村々から来た代表者だ。この中でも、カルマ青年を含む七人の有力者がリーダー格として重要な地位にあった。

翌五九年、一人を除いて、カルマ青年を含む他の有力者の全員がインドやネパールに亡命した。一人だけ留まった有力者は「ゲンブー・チョヌ」という名前の村長だった。村長はその後、人民解放軍によって拷問死させられている。

「肉が裂け、アバラ骨が剝き出しになって死んだそうです」

カルマ老人は、亡命した村びとから聞かされたと私に話した。チベットでは迫害や拷問、殺戮が繰り返された。他方で共産中国は事実を隠蔽し、「解放改革」は平和裏に進んでいると対外的に嘘をつく。春秋戦国時代以来の詭計戦略であり、いまも昔も変わらない。

カルマ老人、といっても、パヤン地方で遊牧を営んで暮らしていた当時は血気さかんな青年である。チャンタンの風土に馴染んだ伝統的なチベットの生活様式を放棄して亡命するつもりなど毛頭なかった。代々、パヤン地方きっての有力者であり、ヤクだけでも三百頭を飼育していた。侵攻や動乱が勃発し、つづく文化大革命の怒濤の波に飲み込まれて共産中国に実効支配される現実は、想像すらできなかった。

カルマ青年は分遣隊長のワン・リーとは不仲だった。それにはいくつかの理由がある。一例を挙げれば、分遣隊の駐屯所が開設された直後に催された記念パーティでのことだが、会場に海の魚料理が用意されていた。たいていのチベット人は海を見たことがないし、海のものでも川のものでも魚料理は食べない。魚類を食べる習慣がチベット人にはないのだ。

しかも、その魚料理にはカニが入っていたのだから、はじめて目にするチベット人が度肝を抜かれたことは容易に察せられる。不気味なカニの姿形に驚天動地、全員が言葉を失ったそうだ。

「毒虫か、お化けか」と、そのときの心境をカルマ老人は述懐する。

「私たちが食べようとはしないので、ワン・リーはテーブルを叩いて怒声を張り上げました。無理矢理食べさせようとして、私と取っ組み合いの喧嘩になりそうになったので、周囲の人たちが止めに入りました」

パーティは不成功に終わり、言うまでもなく両者の間にしこりが残った。もしかすると、大方のチベット人が海を見たこともなく、魚料理は食べないことを知りながら出したのではないかとカルマ老人は話す。

もう一つ、こんなこともあった。駐屯所ができてから命令に従って、村では分遣隊長のワン・リーにヤク十頭を提供し、使用人を二人つけていた。冬になって燃料に使うヤクの糞を拾い集めに出かけたその二人が、凍傷を負ったあげくムチで打擲《ちょうちゃく》され、歯向かうすべもなく、どうしたらいいものかとカルマ青年のところへ相談にきた。

カルマ青年は益々、ワン・リーを嫌いになり、もう手伝わなくていいからと二人を引き上げさせた。その後まもなく冬の間に、ワン・リーが率いる分遣隊は、来たときと同じように馬に乗って、ロバに荷物を積み、西方のガリ地方へ引き上げていった。

亡命

分遣隊がいなくなり、パヤン村は平穏をとり戻したかのように見えた。しかし、それは上辺だけの一時的なものであり、内実は嵐の前の静けさにひとしかった。五九年、ダライ・ラマの亡命後、東チベットからの亡命者が、パヤン地方にひんぱんに姿を現すようになった。

西チベットは僻遠《へきえん》の地である。人民解放軍の監視が行き届いていない地域だけに、亡命ルートとしては都合がいい。慧海が一九〇〇年、チベット潜入時にたどった国境の峠を含む、パヤン地方とトルボ地方をつなぐ何本かの峠越えの経路は、いずれも交易や巡礼には欠かせない重要な道である。それが、亡命にも利用されたのだ。

九二年、私はトルボ地方の無人地帯で、道中、東チベットから来た僧侶の亡命集団に遭遇した。表向きはカン・リンポチェ巡礼ということで、肉親にも内密にして故郷の村を出てきたという。

その僧侶の一行が向かう亡命先は、チベット亡命政府のあるインドのダラムサラだ。二十六歳を年長に十八歳までの十一人からなる若い僧侶集団だった。もう二度と還ることのない故郷の田園風景や、家族、友人知人の写真を懐からとり出して私たちに涙しながら見せた。アヌーはもらい泣きしながら、寒々とした無人地帯の荒野で、天地自然の神々に亡命僧侶集団の加護を願って読経を捧げた。[*2]

その若い僧侶集団が、命がけで亡命しなければならなかった理由は、ダラムサラで存分に仏教を勉強するためだった。故郷の東チベットでは締めつけが厳しくなり、思うようには勉強できないというのだ。

仏教の国チベットをめぐる時代状況は共産中国の誕生とともに変容しつつあった。中国共産党が結成したのは一九二一年、共産中国の建国が四九年、チベットへの軍事侵攻が開始されたのは翌五〇年。人民解放軍は東チベットからラサへ向かって進軍した。その後、チベット民衆による蜂起や、それにたいする虐殺が繰り返された。そして最高指導者ダライ・ラマ第十四世のインド亡命が五九年。

結果、チベットは壊滅し、聖地ラサは仏教の求心力を失った。その衰退につながってゆく歴史的事象は、ヒマラヤを跨いだネパール側でも当然のごとく見られた。仏教世界はラサを中心に、巡礼路を介して血脈のごとくつながっていたのである。それは地上に描き出された壮大な曼荼羅だったのではないかと思う。が、いまでは機能を失い、死に絶えつつあるようだ。

仏道修行を目的に命がけでラサを目指した慧海とは逆に、僧侶が自国チベットから亡命しなければならない現実は、信仰宗教の自由が弾圧された時代の象徴でもあった。

のみならず、共産中国が掲げる「解放」という名の軍事侵攻による破壊の荒波は、カルマ老人の青年時代に西チベットのパヤン地方にまで押し寄せ、社会はすでに安全ではなくなっていた。亡命者が口々に、人民解放軍が西チベットへ軍事侵攻しつつある状況を伝えた。身の危険が迫っていた。

カルマ青年は土地のリーダー格であり、分遣隊長のワン・リーと口論したりしたことから、いずれ家族に危害が及ぶだろうことは必至だった。西チベット各地から代表者が集まり、話し合いが持たれた結果、集団で村を捨て去ることが決議された。

地域社会のリーダー格にとって、脱出以外に生き延びる道はなかった。故郷を奪われたことで、痛ましい辛苦が心身に刻みつけられたのではあるまいか。彼らの受難の歴史を思えば、積年の怨念や私憤があったとしても当然である。私はカルマ老人の内心を忖度しながら聞いてみた。

「故郷を捨てて亡命したときの心境は辛かったのではありませんか」

ところが意外にも、返ってきた答は私の予想とは裏腹なものだった。

カルマ老人は私の質問に、メガネの奥で目を細め、数珠をつまぐりながら穏やかに、中国人との争いごとをしなくて済むので清々した、と答えた。私はそれを聞いて困惑し、考えた。おそらく、これが仏教を信奉するチベット人の世界観であり、平和主義の原点なのではないか。

カルマ青年が家族を引きつれ、故郷のパヤン地方を逃れた、そのときから遡ること五十九年前の一九〇〇年、仏道を実践する行脚僧の慧海はトルボ地方から国境を越えてパヤン地方に入域している。

前述した『佛教日課』には、平和を希求する言説が見られる。

又　願はくバ世界各國《かくこく》の人々をして常に戦争なからしめん。世界の最小國に至るまで掠奪を蒙《こうむ》るの憂《うれい》なくして安穏に過《すご》さしめん。願はくバ世界各國の人々をして本来無碍《むげ》の平和裡に帰入せしめて、以てこの濁悪《ぢよくあく》世界をして、絶待平和の表現なる常寂光浄土《じやうじやくくわうじやうど》とならしめんことを

慧海が『佛教日課』を著したのは「昭和三年四月十三日大連にて河口慧海書」と末尾にあるように、西暦に直すと一九二八年である。中国をめぐる時代状況を俯瞰すれば、日清・日露戦争のあとの辛亥革命（一九一一）をへて清朝が崩壊、その後の四十年足らずの間にも、内戦を含めて戦争つづきのきな臭い、じつに目まぐるしいばかりの歴史だ。

一九五九年、川が結氷する極寒の十一月、一族郎党を引き連れたカルマ青年は、三日がかりで、五〇〇〇メートル級の赤茶けた岩礫《がんれき》の丘陵地帯からなる国境を越えた。ヤルン・ツァンポー沿いに下流へ東進し、国境につらなる山並が途切れる付近から一路南下すれば、ネパール西北部に位置するムスタン地方である。そしてそこの中心地、ロー・マンタンを目指した。行く手にアンナプルナ・ヒマールからニルギリ・ヒマールにかけてつらなる七〇〇〇、八〇〇〇メートル級の氷雪嶺が障壁となって立ちはだかる。

その西方に、これまた八〇〇〇メートル級の巨峰ダウラギリI峰が見える。ヒマラヤに聳え立つ、この八〇〇〇メートル級の氷雪嶺を切り裂くように割って、チベットから流れ出る大河がカリ・ガンダキだ。チベットの大河ヤルン・ツァンポー同様、ガンジス川に合流して、最後はベンガル湾に流入する。

カリ・ガンダキはネパール語で、「黒い川」を意味する。チベット語ではムスタン・チューという。チューは川、すなわちムスタン地方を流れる川という意味である。その源流地帯の河岸段丘に開けた城郭都市がロー・マンタンだ。

一九九二年、芥子菜《からしな》の黄色い花が群れ咲く夏の季節、慧海を遇したハルカ・マン・スッバの末裔にあたる旧知のニルジャール・マン・セルチャンと二人、私は馬でこの地方一帯を踏査した。チベット側から向かって行くと、八〇〇〇メートル級の氷雪嶺の手前に城郭都市ロー・マンタンの佇まいが見えてくる。

前述のとおり、カルマ青年の一家がネパールに亡命するとき通ったこの経路は古来、ムスタン地方とチベットを結ぶ交易路であり巡礼路でもある。『旅行記』に記されているように、慧海は当初、この道をチベット潜入経路として考えていた。

＊2　詳しく知りたい方は拙著『遥かなるチベット』を参照されたい。

パドマサンババの風

ムスタン地方は西へ六〇〇〇メートル級の岩山をへだててトルボ地方と隣接し、東へは小さな氷河を戴く峻険な山々をつらねている。北側のチベットにはチャンタン高原が広がり、南にはヒマラヤの主脈をなす八〇〇〇メートル級の氷雪嶺が大障壁となって屹立する。

カリ・ガンダキの流れはその八〇〇〇メートル級の氷雪嶺を断ち切るようにして突き抜け、ガンジス河となってインドの平原を蛇行しながら潤し、ベンガル湾へと下っていく。このカリ・ガンダキの谷沿いに、雨季になると、ヒマラヤの南側で発生したモンスーンの雲が北上しながら、乾燥地帯のムスタン地方にいくばくかの湿り気を与えている。

モンスーンの雲はヒマラヤの高所に雪を降らせ、氷河を形成させる。氷河は自らの重力で年ごとにわずかずつ谷沿いにずり落ちて雪線《せっせん》を下回るにつれ、溶けて水となって流れる。水は「生きとし生けるもの」を育む。この自然界の摂理こそ、ヒマラヤが「白き神々の御座」と呼ばれて崇拝される所以である。暖かくなると谷通しに南の低地から北のチベットの高地へ吹き上げる風は、ムスタン地方に雲を運び、湿り気をもたらし、山々に緑を育て、牧畜や農業を成り立たせる。地元では、恵みを施すこの風を、チベット仏教開祖の密教行者・パドマサンババにあやかり、感謝を込めて「パドマサンババの風」と呼ぶ。

カリ・ガンダキのような大峡谷がヒマラヤを貫通しているのは、ヒマラヤが隆起する以前から存在し、山脈の隆起する力に打ち勝って侵食した結果である。「先行谷《せんこうこく》」と呼ばれているが、ヒマラヤを北から南へ貫くこうした河川が何本かある。

カリ・ガンダキはその代表的な河川の一つである。ヒマラヤという天然の要害を貫いて、南のインドと北のチベット、というこの異なる二大宗教圏、すなわち仏教世界とヒンドゥー世界をつなぐ一大回廊をなす。二〇一〇年代に入って、立派なものではないが、瓦礫の車道が通じるようになった。

慧海はこの回廊沿いの街道を通り抜けてムスタン地方のツァラン村に行き、一八九九年五月から翌一九〇〇年三月にかけて十ヶ月あまり滞在した。この間、日々、仏道修行のかたわら土地の言葉を学びつつチベットに潜入するチャンスを窺った。

ムスタン地方が藩王国だった時代、カルマ青年の一家は藩王家と義兄弟の契り、すなわち地方の有力者同士が結ぶ強力な互助関係にあった。こうしたつながりをネパール語では「ミート」、チベット語では「ドクポ」といい、これは男性同士の場合を示す。女性同士の場合はネパール語で「ミティニ」、チベット語で「ドモ」という。

前述した、私とは旧知のニルジャール・マン・セルチャンの一家も同様に、ムスタン藩王家と互助関係を結んでいる。私が彼とともにムスタン王城を訪ねた際、過分なもてなしを受けたのは、こうした関係に起因する。言うなれば、ニルジャールはムスタン藩王の義理の息子なのである。

チベット動乱という急迫した時局に遭遇して、命がけで亡命したカルマ青年の一家が、ムスタン藩王国で手厚いもてなしを受けたことは言うまでもない。夏の王城があるティンガル村に一年滞在したのち、さらに南下し、ギルン村で一年を過ごしている。

ムスタン地方はチベット高原の南端、ヒマラヤの北側に広がる乾燥した赤褐色の岩石砂漠地帯である。四囲をめぐらす六〇〇〇メートル級の氷雪嶺からの流れに沿ってオアシスの村々が点在し、夏は紅い花を咲かせるソバ畑と黄色の芥子菜畑、濃緑の大麦畑が集落の周囲を彩る。慧海も『旅行記』で述べているように、夏は草花が可憐に咲き乱れて、肌をかすめる清浄な風が心地よく、じつに風光明媚な土地柄である。

カルマ青年の一家はムスタン地方に滞在中、ティンガル村の放牧地で、パヤン村から連れてきた馬やヤクの大半を失っている。冬に餓死したのだ。故郷のチャンタン高原にくらべて牧草が乏しかった。牧畜を生業とするチャンタン高原の遊牧民にとって家畜は重要な財産である。ことにヤクは重要であり、それを失ったとなれば両手両足を捥《も》がれたも同然だ。いかに藩王の庇護を受けているとはいえ亡命の身であり、家族を抱えて塗炭の苦しみを味わったに違いない。

ムスタン地方で二年間を過ごしたあと、一家はヒマラヤの主脈を越えて南下し、ポカラ郊外のヤンザ村に移住した。ヒマラヤの南麓に位置するポカラ一帯は亜熱帯性気候である。冷涼なチベットの牧畜とは無縁の生活が待っていた。

雨季は多雨、乾季は温暖。八〇〇〇メートル級のアンナプルナの連嶺が、氷雪のヒマラヤ襞をまとって眼前に迫っている。ヒマラヤの北側に位置するチベットのチャンタン高原とは異なり、湿潤温暖で宗教・文化・言語・衣食住など、ことごとく差異がある。もちろん、人種も異なる。にもかかわらず、チベットから亡命した難民は多かった。絨毯をつくったり、観光客目当ての土産品を売ったりしながら生計を立てていた。

ポカラはネパールでは首都カトマンズにつぐ繁華な都市である。山岳地帯と丘陵地帯の狭間に発達し、交通の要衝にもなっている。山と湖を配した自然景観や交通の便もふくめて、世界最高峰のエベレストと並んで、ネパールのもっとも有名な観光地として知られる。とりわけ、ダム湖ペワタールの水面に映し出される、氷雪嶺アンナプルナの偉容は観光の目玉になっている。

カルマ青年はその温厚篤実な人柄に加えてパヤン地方の有力者であったことから亡命後、ヤンザ村にあるチベット難民キャンプで人望を集め、二十五年に亘って首長を務めた。故郷のパヤン地方の伝承や故事に精通し「生き字引」と言われていた。難民キャンプで首長の重責についたのち、さらに運営委員を九年間務めている。

二〇〇七年、私が自宅に訪ねた当時はすでに老人だった。すべての役職から引退し、閑静な住宅地で夫人とともに余生を過ごしていた。

巌窟修行僧ゲロン・リンポチェ・ロブサン・ゴンポ

一九九三年にパヤン村で小耳に挟んだ謎の外人ラマの噂について、カルマ老人に聞いた。すると、日本人であるかどうかは知らないが、と前置きして、つぎのように語った。

第十三世ダライ・ラマ法王の時代である。トルボ地方から来た謎の外人ラマは、西チベットでもっとも高名な巌窟修行僧ゲロン・リンポチェと会った。ダライ・ラマ同様、ゲロン・リンポチェも個人名ではない。生涯妻帯しない僧という意味でゲロンと称されている。リンポチェは高僧に与えられた法号である。彼は岩窟修行僧（「ツァンバ」と呼ばれる）であり、ときには鳥に変身するほどの神通力を備えていたという。個人名はロブサン・ゴンポ。ちなみに、慧海の日記と『旅行記』にも、その名が見られる。

カルマ老人はこう話す。

「ロブサン・ゴンポはどこで生まれて、いつどこで亡くなったか、誰も知りません。鳥になって空を飛び回ると信じられていました。ドクパ（遊牧民）のテントの煙り出しから中に入ったりすることもできました。あちこちのプッパ（岩窟）を巡り歩いて、村びとが説法のお礼に食べものを供してもツァンパ（麦焦がし粉）以外には手をつけなかったそうです。トルボから来た謎の外人ラマも、ドクパが肉を差し上げても決して食べようとはしなかったと言います。だから、ロブサン・ゴンポと同様、徳の高い僧侶なのだと誰もが信じました。謎の外人ラマはカン・リンポチェを詣でたのちラサへ向かいました。私が少年のころ、村の年寄りや父親が、そういう話をしていたのを何度も私は聞いたことがあります」

その外人ラマが慧海と同一人物であるとの確証はない。しかし、慧海以外に、ネパールのトルボ地方からチベットへ潜入した外国人は、当時、おそらくいなかったはずである。それに、温厚篤実な仏教徒のカルマ老人が私につくり話をする、などとは到底考えられない。

『旅行記』と日記には、慧海がゲロン・リンポチェを訪ねたときの様子が詳しく述べられている。要するに、カルマ老人の思い出話と慧海の記述が符合する点からしても、同一人であると判断して間違いないと思われる。慧海の日記、一九〇〇年七月五日付にこうある。

西蔵《チベット》土半国ノ一大高僧（ゲロン・リンボチェ）ノ棲メル巌窟ノアル所ノ一随僧ノ住メル巌《イハヤ》ノ中ニ午后六時就《ツキ》テ宿ル

翌六日の日記にも、ゲロン・リンポチェの名前が出てくる。

十一時（ゲロン・リンボチェ）ニ遭フ。名ハ（ロブサン・ゴンボ）ト云フ。容貌槐偉《カイイ》ニシテ年七十才前后ナリ。

他方、『旅行記』には読み物らしく肉づけされて記述されている。

その巌窟の主人はその辺ではなかなか尊いラマであってどこへ行っても「ゲロン・ロブサン・ゴンボ・ラ・キャブス・チオー」という。意味は比丘賢解主《びくけんげしゅ》に帰依《きえ》し奉ると言って、その辺の土民は毎晩寝際《ねしな》にその巌窟に向かって三遍ずつ唱えて三遍ずつ礼拝《れいはい》するです。それを見てもその人がどれだけか高徳であるかはよく分る。で数十里隔たった所からわざわざ参詣に来て種々な上物《あげもの》するという次第です。（略）その尊者の風采を見ますとほとんど七十位の老僧で白髪にしてその言語の鋭いこと実に驚くばかりです。そうしてその容貌の魁偉《かいい》にしていかにも筋骨の逞《たくま》しきところは、ただその禅定《ぜんじょう》だけやって座って居るような人と見えないほどの骨格の逞しい人で、一見してぞっとするような凄《すご》みのある人でありますけれど、その行なうところを見るとそういう凄い殺伐の方でなくって、人に対して慈悲善根を施し人を愛するということにおいては実に驚くべき観念を持って居られた。その点においては私は一見して充分敬服した訳でありました。こういうような恐ろしい（尊い）方もまた半野蛮のチベットに住んで居られるか知らんと思って実は呆れ返った。

巌窟修行僧ゲロン・リンポチェ・ロブサン・ゴンポは慧海が驚き呆れるばかりの卓越した修行僧だったに違いない。慧海もまた、その生きざまは、生涯妻帯しないという意味においてゲロンなのであり、高僧という意味においてリンポチェなのである。ゲロン・リンポチェ・ロブサン・ゴンポの伝でいえばゲロン・リンポチェ・エカイ・カワグチということになる。

現に、私がパヤンで噂を耳にして二十九年後の二〇一二年にも、慧海と思しき日本人僧侶について語ったトルボ地方の化身（リンカネーション）は、「ジャパニイズ・ゲロン」という表現を使っていた。慧海がヤクを連れてチベットに潜入した事実が、地元に言い伝えられていたのだ（第十二章）。

一九九三年の話に立ち戻るが、チベット側のパヤン地方で後世の語り草になっていた謎の外人ラマが慧海だとしても、それを否定する要素は何もなかった。トルボ地方からチベットへ向かった僧侶の噂はパヤン地方だけでなくネパール側の、慧海が滞在したタッコーラ地方の中心地トゥクチェ村でも、一九九二年に、私はトゥクチェ村の村長（タクール・プラサード・トラチャン）から知らされている（その僧侶が日本人であるという素性までは聞かされなかったが）。

「人の口には戸が立てられない」との諺にもあるように、交易や巡礼、牧畜など旅が生活基盤をなすチベット系住民の社会では、謎の外人ラマに関する噂が人びとの移動とともに方々へ伝わったと思われる。以来、噂は消滅することなく、百年以上の歳月をへて、慧海の旅の軌跡を追い求めて現地をうろついていた私の知るところとなったのだ。

噂が国境を跨いで同時期に伝わっていたということは、その発信源たる僧侶は同一人物であり、慧海以外にはあり得ないと思う。チベットもネパールも、ともに厳重な鎖国政策を敷いていた時代であった。そのため、この二国間のつながりは極めて平和裏に安定していた。慧海を遇したハルカ・マン・スッバに代表されるヒマラヤの商業民族タカリー族も、時代が平和で安定していたからこそ交易で巨万の富を得ることができたのである。

氷雪嶺からなるヒマラヤの主脈に仕切られた二大宗教圏、言い方を換えれば、北側のチベットで繁栄した仏教世界と、南側のインドに根を張るヒンドゥー世界、この異なる二大文明圏の主要都市、ラサとカルカッタ（現コルカタ）とをつなぐ、慧海がたどった広大な旅の軌跡は、奇しくもタカリー族の交易範囲と符合する。

第Ⅱ部　ネパール・トルボ地方

第四章　ムスタン地方からトルボ地方へ

ツァラン村　旅立ちの朝

慧海が禁断の国チベットをめざして単身、神戸港から出帆したのは一八九七年（明治三十）、三十一歳のときである。日本人の成し得たことのないヒマラヤをめぐる壮大な旅の目的は、チベット仏教の原典を入手することだったと伝えられている。

もとより、それだけとはとても思えない。自らの人生をかけた旅である。宿縁がそこに結ばれていたと見るべきだろう。補陀落《ふだらく》浄土と言われるチベット世界への憧れはまさに求道精神の発露であり、旅はその実践そのものだったに違いない。

当時、チベットもネパールも鎖国状態にあった。潜入するしか方法はない。そのためには現地人に成り済ます必要がある。まずインド北部のダージリンでチベット語を学び、そののちネパールに潜入したのが九九年。ネパール西北部に位置するムスタン地方のツァラン村に滞在して、日々、土着のチベット語を学びながらチベット潜入経路を穿鑿《せんさく》した。明けて一九〇〇年、日本を出て三年目の春。十ヵ月あまり滞在したツァラン村から、いよいよチベットへ向けて旅立つ。

慧海の日記は、その旅立ちの朝からはじまる。「明治三拾三年三月十日、西蔵土暦、二月十一日、始記之」「光陰可惜時不待人生死事大無常迅速」と冒頭で無常観を述べている。読み下すと、つぎのようになるのではあるまいか。「明治三十三年三月十日、チベット暦、二月十一日、はじめてこれを記す」「光陰惜しむべし、時は人を待たず、生死《しょうじ》のことは大《だい》にして無常は迅速なり」決意のほどが偲ばれる。
このあと、以下のような文章がつづく。

午前五時起寝シテ読経ス（パーサン・ツォモ）浴身沐髪シテ来堂シテ授戒ヲ請フ同娘ハ嘗テ不浄心ニテ余ヲ恋シ事アリシモ我道心終始一日ノ如クナリシヲ以ッテ彼女ハ遂ニ真心ニ授戒ヲ請フニ至レルナリ余ハ以前ヨリ屢々《シバシバ》持戒ノ要心等ヲ充分説キシモ此日改メテ懇切ニ持戒ノ要領等ヲ説ク次《ツイ》デ式ノ如ク（五戒）授戒ス聴観者多シ此式始行前ニ彼女ノ名ヲ改名シテ（チベット語　ソヲ・ナム・ツヲク・モ）トス彼女ハ授戒后釈迦牟尼仏ノ舎利塔ニ誓ッテ曰ク妾《ワラワ》ハ死ストモ持戒を全フセント彼女ノ決心実意其容貌ニ顕ハル見者ヲ感激セシメタリ

（現代語訳）午前五時に起床、読経していると、パサン・チョモが浴身沐髪して仏堂に入ってきて授戒を請いました。彼女は以前、不浄心から私を恋したことがありました。しかし、仏道に帰依する私の心はずっと同じであったので、真に授戒を請うようになったのです。私は以前から持戒について説いていたのですが、この日はとくに懇切に五戒を説きました。見物人もたくさん集まってきました。私は授戒する前に、ソナム・チョモという改名を彼女に与えました。授戒のあと、彼女は釈迦牟尼仏の舎利塔に誓って言いました。私は死んでも持戒を守ります、と。彼女の決意は固く、その表情は見物人を感激させました。

慧海がチベットへ向けて旅立つ日の朝、かつて自分に恋心を起こした娘に授戒するくだりである。この冒頭部分に出てくるソナム・ツォモは、慧海がツァラン村で滞在中に世話になった村長ニェルバ・タルボの娘である。

> その村長の名はニェルバ・タルボと言って誠に温順な人で、その細君は疾《とく》に逝《かく》れて二人の娘があるです。その頃姉は二十二、三で妹は十七、八、この二人の娘は日々男衆や女衆を使って牧畜あるいは農業をやって居る。その働きはなかなか感心なものです。(『旅行記』)

慧海の日記が公表されたのは二〇〇四年である。[*1] 日記にもニェルバ・タルボという村長の名前が記述されている。それ以前の一九九二年、前年秋に外国人の入域が解禁になったばかりのムスタン藩王国に入域した私はツァラン村で、このニェルバ・タルボという、かつての村長の家を探索した。ところが、わずか三百人ほどのちいさな村であるにもかかわらず、九十余年前の村長の名前を村びとは知らなかった。これはどう考えてもおかしい。そう直感した私は、同行していた友人のニルジャールにその後の調査をお願いして一時帰国し、四ヶ月後に戻った。その間、ニルジャールの丹念な調査によって、知られざる事実は解明していた。

その話によると、ニェルバ・タルボは地元では「ネワ・ダウ」と呼ばれていた。慧海がどうして「ネワ・ダウ」と書かなかったのか、私には知るすべもないが、それが当時の村長の実際の名前だった。「ネワ・ダウ」はシェルパ族の言葉に直すと「ニマ・ダワ」。ニマは日曜日、ダワは月曜日。つまり、日曜日から月曜日にかけての未明に生まれたことにその名が由来する。シェルパ族においては曜日を名前にする事例は珍しいことではない。

『旅行記』にもあるように、妻を亡くした村長には確かに二人の娘がいた。一人はソナム・チョモという名前で、慧海の日記に出てくる、授戒を願った娘と同名である。もう一人の娘については名前まではわからないが、チベット人の男と駆け落ちしたまま村には戻らなかったという。

他にもまた、これもニルジャールの調査でわかったことだが、ソナム・チョモは未婚のまま生涯を閉じていた。日記の記述にある通り、誓願を遵守して生涯を全うしたのだ。私はニルジャールからその事実を知らされて、胸が締めつけられる思いを禁じ得なかった。

彼女は受戒を貫いて生涯を全うすることで真実を結実させたのだ。信仰に導かれた、清貧にして麗しい一輪の花である。もとより彼女は、自分に発心を施した不犯《ふぼん》僧が日本人であるなどとは夢にも思わなかったに違いない。慧海もまた、受戒を貫いたソナム・チョモのその後の生涯を知るすべはなかった。

他方、二人の娘の父、すなわち村長のニェルバ・タルボにはもう一人の妻がいた。第二夫人であり、こちらの妻にも子供がいた。後年、零落し、曽孫の代に家屋敷は借財の抵当物件として人手に渡り、解体されている。

曽孫は海外へ出稼ぎに行き、不法就労が発覚し、強制送還されてネパールに戻ったが、やけくそになって飲んだくれた挙句に村へ帰る途中、カリ・ガンダキの河原で行き倒れになったという。

その後、私は亡くなった曽孫の家を二〇〇〇年と〇二年、二度訪問している。家屋敷が解体された跡地の片隅に建てられた粗末な家で、農作業をしながら曽孫の妻が慎ましく暮らしていた。彼女には三人の息子がいたが、二男は病死、他の二人は私が訪ねた当時、故郷を離れて、インドの僧院で修学中だった。

彼女は毎年十一月から翌一月にかけて、冬の三ヶ月間、村人たちとともに集団でインドへ行商に出かける。チベット交易とともに昔からの生業であり、それに伴う旅もまた、この地方の習いだった。デリー（インド）の大通りに面したバザールには、衣類、仏具、岩塩など、チベット色豊かなそれらの品々が並べられている。

新しい年が明けて、村への帰途、彼女は僧院を訪ね、二人の息子に会う喜びを生きがいにしていた。それは母としての至純な魂に根ざしたものに違いない。嬉しそうに微笑みながら語る表情から私にも、その喜びが伝わってきた。

二〇〇二年に私が彼女を訪ねたとき、彼女は農作業に出かけて家を留守にしていた。手持無沙汰にして家の前をうろつきながら待っていると、それを見た近所の住人がわざわざ知らせに行ってくれた。ずいぶん親切な住人がいるものだと思ったが、思い当たるふしがあった。

それ以前（二〇〇〇年）にも、ツァラン村に来た私は彼女を訪ねている。しかし、そのときは彼女がインドへ行商に出発した日であり、行き違いになった。宿の主人が、今朝出発したのだから途中の何処かで出会ったはずだと私に言った。そういえば確かに、来る途中、チベット衣服に身をつつみ、重荷を背負い、前かがみになって歩く、男女十人ほどからなる一行と出会った。まさか、その中に、彼女が混じっているとも知らずに私は一行を眺めた。

二〇〇二年、私の来訪を知らせに行った近所の住人は、もしかしたら前回、私が行き違いになったことを記憶していたのかもしれなかった。日本人が訪ねてくることなど過去にはなかったはずである。それが何年も前のことだとしても、三百人ほどのちいさな集落であり、彼女の素性について聞き回っていた日本人のことが、あるいは噂になったとしても不思議ではない。

赤く染まった西空の山の端に日が沈み、しばし夕闇迫るころ、彼女は急いで来たらしく、頭にスカーフを巻きつけて、うすく汗ばんだ顔に、農作業中に付着したと思われる泥をそのままにして現れた。小柄で痩身、私を見上げる視線には、少女のようなあどけなさが感じられた。女手一つで苦労が絶えないはずなのに、どうしてこんなにあどけなさを残しているのかと私には不思議な気がした。

彼女は私を見上げながら怪訝な顔をした。それもそうである。日本人が突然来訪したのだから、何事かと思ったことだろう。事前に連絡をつけようにも、情報技術の発達した現在ならいざしらず当時は、遠く離れた異国の、しかもヒマラヤの向こう側にある僻村には連絡のつけようもない。彼女を迎えに行った近所の住人も、興味津々たる態度で傍に立ちながら様子を窺っていた。

私は村長のニェルバ・タルボ、すなわちネワ・ダウと娘のソナム・チョモのことを話した。その時代に日本からやって来た行脚僧・慧海が身分を偽り、滞在したことや、さらには私の思いも交えて、この土地の人情豊かな村びとの恩義に対し、感謝の意を伝えた。そしてまた、一九九二年にニルジャールが私の依頼をうけて調査した事実について伝え聞いて知っているかどうか、確認してみたが、まったく知らなかった。

私は九二年に来たとき、彼女が以前暮らしていた昔の家屋敷を見たことがあったので、そのことを話すと彼女は心なしか表情を和ませた。私を信用したのか、裏手に広がる空き地に連れて行き、ここに家があったのです、と言って、両手を広げて見せた。大きな家屋敷であったのを私は覚えている。

九二年当時、家屋敷はまだ解体されることなく残っていた。ところが残念なことに、私はその時点で、

ツァラン村の全景。慧海はこの村に、1899年5月から翌1900年3月にかけて滞在した。手前にあるのがカンニ（仏塔門）。村の風光の美しさが『旅行記』に描かれている。（2002年撮影）

『旅行記』に記された村長ニェルバ・タルボがネワ・ダウであるとの事実を突き止めてはいなかった。そのため家屋敷の前に立ちながら、そこが慧海の逗留していたかつての村長の家だとは知る由もなかった。

思わず私が足を停めたのは、庭の緑陰で、娘らが機《はた》を織りながら歌を歌い、その傍らで若者らが車座になり、トランプゲームに興じていたからだ。村中の他の家々にくらべて、屋敷内には樹木が繁り、小川が流れていたせいか、そこだけが際立ってのびやかに感じられた。そこに流れるおっとりとした時間は、おそらく慧海が滞在していた時代と、さほど変わってはいなかったものと思われる。

私はその家屋敷の立派な構えと、庭で見られた情緒豊かな風物に惹かれるがまま写真を撮った。いまにして思えば、何かしらの因縁があったのかもしれない。慧海の時代と変わらぬ時の流れは、慧海を遇した村長の家屋敷の解体とともに消え去ったのである。
村々の風物にしても然り。ヒマラヤの主脈を境にする北側と南側とでは、双方ともにのどかであったが、内実は異なる。北側のムスタン地方では、南側の湿潤なモンスーン気候が遮られ、大気が乾燥して澄みきっている。夏には乾燥地帯特有の眩いばかりの陽光に照らされ、集落の周囲に広がる深紅のソバ畑や濃緑色に輝くムギ畑が、秋には刈り入れ時を迎える。
慧海はツァラン村の夏の田園風景の美しさを讃えている。遺憾なくその美しさを伝える、慧海のみごとな文章を『旅行記』から紹介しよう。

この村の夏の景色の美しさはこの山人《やまびと》も自ら他に誇って居るように清くして美しい。麦畑は四方の白雪皚々《がいがい》たる雪峰の間に青々と快き光を放ち、その間には光沢ある薄桃色の蕎麦の花が今を盛りと咲き競う、彼方此方《かなたこなた》に胡蝶《こちょう》の数々が翩々《へんぺん》として花に戯れ空に舞い、雲雀《ひばり》はまた華蔵《けぞう》世界の音楽師は我のみぞと言わぬばかりに謡うて居る。その愉快なる声に和して賤《しず》の女らが美しき声で謡う声は楽器か、雲雀の声は歌か、いずれがいずれとも分ち難きに、なお天然の真砂を現実に顕わしたるカックー、カックーという美しき郭公《ほととぎす》の声はこれぞ宇宙自体神秘幽邃《ゆうすい》の消息であります。

人と自然が融合して響き合う美しさを捉えた描写である。真に、その通りだと思う。収穫したソバやムギは籾を落としてから、その葉や茎を乾し草に加工し、飼料として家畜に与える。籾は村びとが家族総手で、殻竿で叩いて籾摺りしたあと、そのまま竹ザルに入れてかざしながら揺り動かし、風を利用して殻と粒とに選り分ける。この選り分け作業を「風選」という。

それまでにもネパールやチベットの各地で風選をたびたび目にしていたが、ツァラン村で見た風選は、それとはだいぶ趣を異にしていた。作業中、各自、腹の底から思いっきり叫び声を張り上げるのだ。私は意表を突かれて唖然としながら眺めた。

さながら、それは少年のころ劇映画で見たターザンの、あの黄色い叫び声に似ている。まさに遠吠えである。それが村内のあちこちにある各家々の庭や広場から聞こえてくるのだ。同行のニルジャールの説明によると、そうすることで、籾殻を吹き飛ばしてくれる風を呼び込んでいるのだとか。要するに呪術である。

もとより、現代の私たちの解釈では、叫び声を発したからといって風が吹き出す道理もない。しかし事実そうだとしても、私のようなこうした捉え方は一面的であって、じつのところ味気がない。彼らを否定する必要も、またないのである。少なくとも、眼前に展開する前近代という現実の奥にあるものを、私も含めて誰も把握しえていないことは確かだ。それは数値化されない定性的な世界と言っていいかもしれない。

人びとは自然界の循環と連鎖という摂理に抗うことなく、壮大な周辺の自然環境の中で相互依存関係を保ちつつ慎ましく暮らしている。生きていく上で不可欠な、目には見えない存在を感じ、そうした存在とのつながりを大切にしているのだと思う。換言すれば神々であり精霊であり、そうした存在とのつながり（つまり信仰心と言っていいかもしれないが）を絶やすことなく生きつづけてきたように思われる。

私が見るに、あの叫び声は、収穫を迎えて、自然の神々、すなわち精霊と分かち合う歓喜の発露ではあるまいか。こうした現象は農業生産にかかわる他の諸々の厳粛な祭祀とともに、ヒマラヤ山中の自給自足型の社会と不可分な関係をなす儀礼であり呪術に他ならない。遠い祖先から受け継がれた、自然界と照応した未開の伝承が織りなす文化的な香りは、私たちの合理的な社会通念とは異質な和やかな魅力を醸成し、安らぎをもたらしてくれている。

二〇〇〇年ごろまでは、信仰こそ、ヒマラヤと人とのつながりを理解するのに必要なキーワードであった。

＊1　日記を拝見した経緯については『山と渓谷』二〇〇五年三月号所収「求道の越境者」に詳述。

桃源郷『チベット旅行記』の空白地帯

一九〇〇年三月、大勢の村びとたちの惜別を後にツァラン村を去った慧海は、カリ・ガンダキ下流域のマルファ村に三ヶ月ほど滞在したのち、トルボ地方経由でチベットへ向けていよいよ出立の途につく。六月十二日のことである。案内人を伴っていたことが日記と『旅行記』に記されている。

チベットの聖なる都ラサをめざす慧海の旅を通じて、その行程のもっとも険しく辺鄙な地域がトルボ地方である。この地方は「ドルポ」とも「ドルパ」とも言われている。参考までに記すと、一九五六年、チベット国境沿いのこの地方を広く踏査したイギリスの高名なチベット学者D・スネルグローヴの著作『ヒマラヤ巡礼』の原書ではDolpo、すなわちドルポで、翻訳本の表記ではトルボになっている。

このトルボという地方名について前掲の川喜田は『第二回チベット旅行記』（河口慧海）の解説「事実とロマン」で、Dolpoという表記は「必ずしも当たっていない」旨を述べている。実際、私が現地で耳にした呼称は不鮮明であり、敢えてカタカナ文字で表記すればトルボに近い。したがって、本書でも、私が現地で耳にした地方名を尊重してトルボと表記する。
ヒマラヤの主脈の北側に位置するこの地方は自然の要害の地であり、それゆえ昔から桃源郷と目されていた。その未開性については、周辺地域の住民や、この地域に関心を抱く外国人も含めて指摘するところである。私の体験で言えば、桃源郷とは仏教信仰に基づく世界をさすものである。後年（二〇二二年）の踏査で、この地方に「トルボブッダ」という聖者がかつて誕生し、その化身が現在も形骸化することなく社会的な地位を保っているという事実を知らされたのだが、おそらくそのことと桃源郷たる理由は相関関係にあるのではないかと思う。チベットから移住し、この地方に仏教を広めた王族についてここでは割愛する（第十三章参照）。
ネパールの民主化以前、ラナ専制時代に徴税権を得て、トルボ地方を支配していたタカリー族の多くが「トルボはどこもかしこも桃源郷」であることを私に語っていた。慧海もまた『旅行記』で、つぎのように述べている。

これから私はトルボ、セーに参詣し、それから少しく後戻りしてドーラギリーの谷間に在る仙人の国すなわち桃源郷《カンブータン》という所はどんな所であるか、そこまで案内者を連れて行って見ようと思う。

引用文の「トルボ、セー」は現在のシェー・ゴンパを指している。後述するが、このシェー・ゴンパを開基したセンゲイシという僧侶が、慧海の『旅行記』に出てくる。センゲイシはシェー・ゴンパ以前、この地に仏教を定着させた王族（キティン・ラジャ）が開基した寺院（キティン・ゴンパ）で修行を積んでいたことが伝えられている（参考文献『Melodies of the Kalapingka：A History of Snowland Dolpo』Khenpo Menlha Phuntsok）。キティン・ゴンパは現在、廃墟と化している。場所はムィ・コーラ右岸の尾根上にある（第十三章参照）。

慧海のチベット潜入から半世紀あまりのちの一九五八年、ツァルカ村を拠点にして、この地方での大掛かりな民族調査を実施した文化人類学者の川喜田二郎は、その探検記録『鳥葬の国』で「これらのチベット人は、同じチベット人たちのなかでも、とりわけ未開な人々だった。だが、これほど感銘の深かった日々を、私たちは一生のうちに、そう何度も味わうことはなかろう」（「まえがき」）と、魅力ある特異性を指摘している。

チベットに隣接するトルボ地方の魅力を体験的に知っていればこそ川喜田は、九二年当時、外国人の入域が禁じられていたこの地方に入りたくてもどうにもならなかった私に、特別許可を与えてくれるようギャネンドラ殿下（最後のネパール国王）に働きかけることで私に協力したのだと思う。それ以前から、金銭的には支援できないが、それ以外のことなら何でもすると私に語っていた。川喜田のこうした態度こそが、私にとって強力な励ましだった。

後年、ツァルカ村での鉄橋建設（二〇〇二～〇四年）に際し、挨拶がてらに、目黒区碑文谷《ひもんや》にある川喜田宅を訪ねた際、鮨やビールで歓待された。辞去するとき、わざわざちかくの公園まで出てきて見送ってくれた川喜田の姿が印象深く残っている。この他にも、挙げればきりがないほど、現地住民の方々や、日本の多くの関係者の力添えがあればこそ私はトルボ地方に入域し、踏査することができた。

恩義には報いなければならない。それが私の信条である。ツァルカ村に鉄橋を建設したことも、地元にたいする、その表れの一環だった。未開で野蛮であると言われたかの地は、私の体験に基づけば、気さくで慈悲に満ちた人びとが暮らす、まさに近代の狭量な俗塵から免れた桃源郷に他ならない。これまで八度訪れているが（二〇〇六年時点）、この間にも、地元住民の暮らしぶりは変貌し、もはや桃源郷としての面影は薄れつつあった。

考えられる理由として、二〇〇〇年代以降、隣接するチベット側で着工した車道の開設事業がある。その道路を経由し、中国製の生活物資が西チベットのパヤン地方から国境の峠を越えて急速に入って来るようになった。一例を挙げれば、米食の普及がある。かつての主食ツァンパ（麦焦がし粉）にとって代わったのだ。稲作が行われていない地域で米が食べられるようになったのだから、これは食生活に見られる革命的な変化と言わざるをえない。

それに付随して、集落の周囲に広がる麦畑が虫食い状態で放置され、田園風景の美観に荒廃が生じるようになった。村びとの生活にも変化が現れた。以前は毎夜、ダムニェン（弦楽器）を弾き奏でて、若い男女が手をとり合って歌い踊った娯楽も、各家庭にソーラー発電機が設置されるようになると、ラジカセから音楽が聞けるようになり、歌ったり踊ったりはしなくなった。

私には、あのころの夜ごとに行われる、ダムニェンの旋律に合わせた、若者男女の活気に溢れる歌や踊りが、間違いなく、天地自然の神仏との交感のように思えてならない。あるいは、神仏に捧げる感謝の念の表れか。それらが消えて行くことは、推移する時代の必然だとしても、芸能として歌や踊りが日々の暮らしに息づいていたころを知る私にとって、ノスタルジーを伴う喪失感は否めない。

他方、はじめてトルボ地方に入域した九二年以来、私たちの社会はさまざまな局面で長足の進歩を遂げている。慧海のチベット潜入経路を探索する私の旅にかかわる状況や調査方法においても、いくつかの点で大きな変化がみられた。

ネパール政府の特別許可による私の入域がきっかけとなり、その後、①トルボ地方での外国人の入域禁止が解かれた。②まともな地図がなかったころにくらべると、正確性を欠く点が多少はあっても、五万分の一の地形図が発売されるようになった。③GPSやランドサット画像を利用できるようになった。それらを含めて、日進月歩する科学の恩恵を受けられるようになっている。

とはいえ、いまもって変わらないのが地勢や気候の厳しさである。移動の基本もまた慧海の時代と同様、徒歩や馬に乗る以外に一般的な方法はない。さらに言えば、山岳重畳として険阻な山や川が障害となり、近代化の侵入を、まだ遅らせていた。私がツァルカ村に鉄橋を建設した二〇〇〇年代初頭までは、昔ながらの自給自足型の社会と、人びとの朴訥《ぼくとつ》な情意や伝統的な生活習慣がかろうじて保たれていたのだ。

公表された日記から自らの誤りを知る

トルボ地方をはじめて踏査した九二年の時点で私は、国境のチベット側を含む一帯の地勢的な概念を把握していなかった。もちろん、地図さえなかった当時である。唯一頼りにしていた『旅行記』にはツァルカ村から先の行程が省略されている。わずかに、以下のような記述があるに過ぎない。

〔二十三日〕トルボという村に着きました。そこはツァルカともいう。この一村はチベットの古代の教えなるポン教を信じて居ります。〔二日逗留してから、トルボ、セーの霊場を廻りに行きました〕同じような山の中を毎日進んで行きましたがそ〔この霊場〕の間には景色のよい所も沢山あり、また仏のような姿をして居る天然の岩もありその他珍しい植物や動物も沢山見ました。〔ちょうどわが国の妙義山を広大にしたような山で、石門も天空駆けるように見える岩も見えます〕

この記述以外に、行程を占う上で参考になるような記述は見あたらない。私は「〔二日逗留してから、トルボ、セーの霊場を廻りに行きました〕」との記述に注意を払い、いまから思えば迂闊にも「〔ちょうどわが国の妙義山を広大にしたような山で、石門も天空駆けるように見える岩も見えます〕」との記述には注意を払わなかった。

この稿を書いている二〇二二年時点で、一通り歩いた過去の知見に基づいて振り返ってみると、思い当たるふしの山があるのである。おそらく私が察するところ、ここに記された「妙義山を広大にしたような山」は「セーの霊場」、すなわちシェー・ゴンパにある聖なる岩山リィブルゥクタ（第七章参照）である。確かに、高崎方面から遠望した妙義山に似ていないこともない。

しかし、九二年当時は、「〔二日逗留してから、トルボ、セーの霊場を廻りに行きました〕」という記述にだけ私は拘っていた。結果、この記述だけからでは「トルボ、セーの霊場」を実際に詣でたのかどうか、判断がつきかねた。「トルボ、セーの霊場」というのはチベット仏教の聖地シェー・ゴンパをさす。聖山カン・リンポチェと、カトマンズ郊外の仏教寺院街ボードナートと並んで三大聖地の一つに挙げられている。

それともう一つ、引用文にある「二日逗留」という記述にも判断が迷った。というのは、それが意味するのは二泊なのか、それとも丸二日滞在、つまり三泊したということなのか。かりに二泊と解釈すれば出発は二十五日、丸二日滞在したと解釈すれば二十六日に出発したことになり、両者の間に一日のズレがある。『旅行記』によると、慧海は七月四日に国境の峠に達している。前者であれば国境まで九日、後者であれば八日を要したことになる。

この時点で、私はシェー・ゴンパにも足を延ばしていた。その結果を踏まえて、慧海が要したチベット国境までの日数を勘案し、慧海はシェー・ゴンパに詣でなかったのではないかと推論したのだ。ここに私が犯した誤りがあった。

私は『旅行記』を参考に、地元の村びとからの情報も併せて、慧海が越えたチベット国境の峠はマリユン・ラではないかと推論した。トゥクチェ村の村長（タクール・プラサード・トラチャン）は、トルボ地方からチベットへ向かった得体の知れない僧侶について語ったとき、国境に並ぶ峠の中でマリユン・ラがいちばん越えやすいことを併せて指摘したのである。そこで実際、九二年、マリユン・ラに足を運んで確認したうえで、慧海の日記に記述された旅程から割り出した日数では、シェー・ゴンパ経由でマリユン・ラを越えるのは無理があると考えた。結果論ではあるが、これは見当違いも甚だしく、マリユン・ラに拘ったのが間違いの元だった。

以下、間違いをしでかした私の責任として、私が立てたマリユン・ラにかかわる推論を少し詳しく述べておきたい。『旅行記』によれば、国境の峠に着いたのが七月四日。ツァルカ村に着いたのが六月二十三日。「二日逗留してから、トルボ、セーの霊場を廻りに行きました」とあるから、ツァルカ村を六月二十五日、もしくは二十六日に出発したとしても七月四日に国境の峠、つまり、マリユン・ラに達するのは難しい、と私は判断したのだ。

ちなみに、ツァルカ村からシェー・ゴンパまでの行程は、途中の村々で停滞することなく毎日進んだとして五日は要する。とすれば、慧海が二十五日にツァルカ村を発ったとしてシェー・ゴンパに着くのは六月三十日である。翌七月一日、シェー・ゴンパにある聖山を周回し、二日にシェー・ゴンパを出発して七月四日までの、正味二日でマリユン・ラに達するのはどう考えても無理なのだ。

日記が公表されたあとの結果論ではあるが、国境の峠に拘り過ぎて、慧海のシェー・ゴンパ詣でを否定したのがいけなかった。逆に、シェー・ゴンパ詣でに拘って、マリユン・ラとは異なるべつの峠に着目すればよかったのだ。そうすれば、マリユン・ラ以外の峠も選択肢として候補に挙がったはずである。にもかかわらずあくまでも、マリユン・ラを越えたのではないかとの推論を捨て切れずに、それに帳尻を合わせて、国境の峠までの日数を算出したことが敗因である。

しかし、このときの踏査は、その後の新たなる踏査につながる布石にもなっている。というのは、マリユン・ラを越えてマリユン・ツォに達した私は、二つ並んだ湖の形状を眺めて、『旅行記』に記された描写とは符合しないことに違和感を覚えた。描写とは異なるのだから、そこへ至る峠についても当然ながら疑義が生じる。一体全体、これはどういうことなのか。

私自身の心底に湧き出た違和感をはっきりさせる、何か善後策はないものか。このとき天の啓示というべきか、解決する一つの手立てとして思い浮かんだのが、日記を参考にしなければならない、との考えだった。日記の存在は知っていた。それを見ずに地図もなく、『旅行記』と現地の聞きとりだけを頼りにして踏査をつづけていたのでは、判断を誤るリスクも大きくなるはずである。

そこで、日記の所有者で慧海の姪にあたる宮田恵美に手紙を出して事情を打ち明け、日記を探してくれるようお願いした。翌九三年にもチベット国境の峠マリユン・ラに達したが、最初に覚えた居心地の悪さは晴れることなく疑念となって膨れ上がった。その後、宮田には何度か手紙を出したり、自宅を訪問したりなどして協力を求めた。本書の「第一章」「第三章」で引用した慧海の『佛教日課』は、自宅を訪問したさいに宮田から頂戴したものである。宮田は幼いころ、晩年の慧海と同居しており、慧海に関する思い出話をいろいろ私に語った。

宮田から電話連絡を受けて、後日郵送されてきた慧海自筆の日記のコピーを拝見できたのは、じつに十二年後の二〇〇四年である。長過ぎる歳月だった。日記を拝見して、長らく胸に抱え込んでいた私の不安は的中した。と同時に、その不安を払拭し、改めて仕切り直しができるという出発点に立ち得たことで、気分的に憂さが晴れてすっきりした。新たなる踏査へのスタートを切ることができたのである。

日記の公表で、私が判断資料にした『旅行記』の記述にも、重大な間違いのあったことが判明した。『旅行記』では、慧海がツァルカ村に着いたのは六月二十三日となっている。ところが日記には六月二十日とある。当然ながら、『旅行記』の記述を判断資料にした私もまた、それに応じて間違いを犯したわけである。もちろん、私が推定した峠も間違っていた。大いに悔やまれることではあるが仕方ない。公表された日記を新たな参考資料として翌〇五年秋、チベット側にある白巌窟と「池」、つまり湖のことだが、その位置を検証する旅に出た。すでに述べたように一九八六年以来、八度目になるチベットの旅である（第二章参照）。つづいて翌年の〇六年夏、こんどはネパール側のトルボ地方を踏査した。

新たなる踏査行

日記には、期待はずれなことに、チベット国境越えの峠の名前は記されていなかった。が、ヒントとなるネパール側の「ヤムデル」という、国境ちかくにある寺院名が記されている。「ヤムデル」は現在のヤンツェル・ゴンパをさす。つまり、慧海がそこを通過して国境の峠をめざしたことは間違いない。

ところが、ここから先、ヤンツェル・ゴンパと隣接して目と鼻の先にあるニサルという集落が、日記には記されていないのだ。それが何故なのか、不思議でならない。国境の峠を推論する過程で解き明かさなければならない謎の一つである。

一九五六年にチベット国境沿いのこの地方を広く踏査した前述のチベット学者スネルグローヴの『ヒマラヤ巡礼』には、村や寺院の名前はもとより、人びとの暮らしぶりや歴史が詳細に述べられていて参考になる。

と言っても、私が知りたい、慧海のチベット潜入経路を推論するためのヒントが記されているわけではなかった。もっとも、それもまた当然のことではある。チベット学者の著作が、私の意に適うように、慧海の経路にかかわることなどいちいち触れる必要はない。しかし、それでも想像力を働かせれば、当時の地域社会の状況を知ることができる。

この寺の「僧侶たち」は、境内を出たところにある十二軒の家に、ほとんどが結婚して別々に住んでいる。ニセールの村に、さらにもう一軒家を所有している者も数人いた。私たちの滞在中は、このラマをはじめ、村の主だった人びとは、みんな家畜たちを連れ戻すために「北」に出かけて留守だった。

上記の引用文にある「この寺」とはヤンツェル・ゴンパをさす。「ニセール」はニサルの集落。「北」というのは、国境の向こう側に広がるチャンタン高原のパヤン地方である。チベット語でチャンは北、この場合のタンは高原を意味する。

川が流れ、湖が点在し、おだやかな草原の広がるパヤン地方は、当時、トルボ地方の住民が冬季の移牧地として利用していた。村々では毎年、家畜を移動させ、パヤン地方の遊牧民に手数料を支払い、世話をしてもらっていたのだ。このような両地域の関係は家畜だけにとどまらない。婚姻はもちろんのこと、地域社会全体が国境を跨いで地縁血縁関係にあった。要するに、同じ地域共同体に属していたのだ。道は峠をへだてて、その二つの地域社会をつなぐ、もっとも重要な役割を担っていた。その役割は時代の移り変わりや、旅をする当事者の目的によっても異なるに違いない。巡礼が目的なのか、家畜の移動が目的なのか。たどる人たちそれぞれの願いや夢を叶えるために道は通じていたはずである。いずれにしても、トルボ地方とパヤン地方をつなぐ道は何本かある。慧海がたどった道はどれなのか、峠名が日記に記載されていない以上、一本一本を検証する必要がある。

それはともかく、九二年にはじまった私の踏査行は長い歳月をかけた末、ようやく国境に至る道の起点とも言うべきヤンツェル・ゴンパに、二〇〇六年の踏査でたどり着くことができた。ここで注意すべきは、いま現在、私自身がたどっているからといって、慧海の時代にもその道が利用されていたとはかぎらないという点だ。

ヤンツェル・ゴンパから先、道は二手に分かれて、それぞれの谷筋に沿って国境の峠につづいている。慧海はどの谷筋の道をたどったのか。このもっとも重要な謎の部分に関して、決定的な推論は得られていなかった。とはいえ、源頭に位置するいくつかの峠のうちの一ヶ所を越えたことだけは、事実として疑う余地はない。

謎解きの手がかりは、国境を越えたチベット側に位置する湖にあると、私は踏査をはじめた九二年当時から一貫して考えていた。慧海が名づけた三つの湖「慧海池」「仁広池」「瓢池」は、国境の峠を越えたチベット側に位置している。ここで厄介なことに、二手に分かれた谷筋につづく道が行きつく峠のいずれにも、その向こう側に、慧海の記述に相当する、三つの湖が存在しているのだ。そして、この湖の先に、ネーユという地名の場所がある。この場所は、日記と『旅行記』に記載された、チベット側での最初の地名である。

ネーユからさらに一日行程の場所に、慧海が『旅行記』で白巌窟と名づけ、巌窟修行僧ゲロン・リンポチェをたずねた洞窟がある（ちなみに、白巌窟の実際の名前は記載されていない）。

国境を挟んだ、慧海の行程を図式化すれば、ヤンツェル・ゴンパ↓国境の峠↓三つの湖↓ネーユ↓白巌窟という順序で並んでいる。ヤンツェル・ゴンパから国境の峠を越えて三つの湖、そしてネーユを経由して白巌窟までの行程が、慧海のチベット潜入経路で私がもっとも惹かれる、解明しなければならない謎の部分だった。

私の踏査はヤンツェル・ゴンパまで来て、いよいよ核心に肉迫しつつあった。国境の峠をめぐる謎を解明するには、あと一歩なのだ。ところが、その最後の一歩の経路がはっきりしない。

地図を見ると、ヤンツェル・ゴンパから先、ニサル集落のはずれで道は二手に分かれている。一つはクン・コーラをへてクン・ラという峠に達し、もう一つはクン・コーラから尾根をへだてて一キロ半ほど東寄りにあるムィ・コーラから上流で二手に分かれて、左股がラル・ラ、右股がマンゲン・ラという峠に達している。この三ヶ所に位置する峠のどれかを慧海は越えたことになる。

国境に並ぶ三つの峠は、西からクン・ラ、ラル・ラ、マンゲン・ラという順に並んでいる。クン・ラとラル・ラはチベット側の湖クン・ツォに通じていて、マンゲン・ラはクン・ツォとは異なる、別の場所に位置する湖エナン・ツォに通じているのだ。なお、ラル・ラは地図に記載された峠名であり、現地ではゴップカル・ラと呼んでいる。ちなみにラはチベット語で峠を意味し、ネパール語ではバンジャンだが、ネパール政府発行の地図には英語でネパール名が表記されている。現地を踏査した私としては、以下、現地の情報を尊重して現地名を採用することを旨とする。

以下に述べるのは、あくまでもそれまでの知見に基づいた推理である。慧海は三つの峠のどれか一ヶ所を越えたことは間違いない。その先、チベット側の二ヶ所に並んで位置する、同じような形状の湖を通過してネーユへ向かった。その経路としては概ね、つぎのコースを推論できる。①クン・コーラ沿いの道からクン・ラ、②ムィ・コーラから左股沿いの道を経てゴップカル・ラ、③ムィ・コーラから右股沿いの道を経てマンゲン・ラ。④あるいは、地図に記載されていない間道が他にあるかもしれない。以上、四本のコースに該当する峠を踏査し、検証する必要がある。

果たして、慧海はどのコースをたどったのか、という設問にたいし、地図を見て誰もが採択するのは最短コースの①クン・コーラである。しかし、ここで注意を要するのは、慧海は地図を頼りに歩いたわけではないということだ。慧海の時代にまともな地図はなかった。

現代の地図には記載されていない判断基準が伏在し、それが当時は旅の道標になっていたかもしれないのである。長年ヒマラヤを歩きつづけてきた私の直感としては、地図を判断基準にした発想は貧弱であり、定性的情報とも言うべき文化的な香りに乏しく含蓄がない。

地図に表記があっても実際には道のない場所や、その逆の場合も多々ある。一方ではまた、可視化された地図からでは認識されない情報が地元にはたくさん伏在している。そこがまた机上の判断力には映らない部分であり、ヒマラヤに残された前近代的な魅力につながる所以ではないかと思う。

話を戻すと、慧海がたどった経路の推論は、ヤンツェル・ゴンパから先、二つの谷筋のどちらのコースでも構わないが、それなりに納得の行くような判断基準、つまり論拠を明示しなければならない。かりにその判断に誤りがあった場合、将来において、その誤りが客観的に理解されるように経過を叙述しておく必要があるだろう。

第五章　シャロンタンからツァルカ村へ

「人の道」と「家畜の道」

ヒマラヤの辺境に息づく近代以前の社会では、自然界の摂理に合わせて生活上のルールが定められている。季節ごとに移牧地を変更するのもその一例である。村々をつなぐ道には、場所によっては地勢を利用して「人の道」、「家畜の道」といった具合に、人と家畜とで別々にして使い分けられている。村にしても、「夏村」、「冬村」があるように居住地を移動させる事例も多々見うけられる。

「人の道」の例でいえば、慧海がトルボ地方に入域する途中で通過した「ターシータン」と記された谷がそれに相当する。この谷は「栄光渓」と訳出され、日記と『旅行記』にも記されている。私はトルボ地方を行き来する間に何度も通過した。そのたびに地元のサングダ村の住民に聞いて確認したのだが、谷の名前は間違いなくシャロンタンで、「ターシータン」ではなかった。実際に「ターシータン」と呼ばれる場所もあるが、そこはシャロンタンの谷筋から少し奥地へずれた右岸の台地で、サングダ村の移牧地に利用されている。

シャロンタンはヒマラヤ屈指の大峡谷で知られている。その入り口付近の右岸にあるリンダックツォと呼ぶ台地に私は何度か、テントを張って泊まったことがある。高度差千数百メートルもの断崖絶壁が両岸に屹立し途中、危なっかしい木橋のかかった、スーサンバと呼ぶ場所がある。
一九九二年以来、何度か通過したことのある、簡素なこの木橋は、二〇〇五年に改修されている。費用は十五万ルピーかかったとサングダの村びとが話していた。木造りだが、欄干もとりつけられ、以前とはくらべようもないほど安全なものになっている。この木橋について、慧海は日記にこう記す。

大渓流ヨリ百丈余ノ上ナル巌端ニカヽレル細キ橋ヲ渡ル長サ三間橋上ニ立《タチ》テ橋下ヲ臨メバ眼眩シ身寒キ感アラシム

改修される以前の橋は、壊れそうな渡し木に平板石を載せただけの粗末なもので、その隙間からは谷底がまる見えになっていた。慧海の記述にあるように「臨メバ眼眩シ身寒キ感アラシム」で、目眩がしそうで足がすくみ、まさに肝試しのような橋である。このスーサンバを過ぎると、谷の様相はますます険阻になる。

此坂路、断壁大巌ヲ右ニ左ニ上ル其足ヲ下ス岩上ニ一点ヲ誤レバ當《マサ》ニ数千仭《ジン》下ノ渓鬼タルナリ案内者ハ云ヘリ数年前西蔵土人親子三名此渓下ノ鬼トナリシト上ル事弱壱里ニシテ西南方ヨリ来レル大渓流ト西北方ヨリ来レル大渓流ト合セル山腹ノ巌上ニ出《イデ》テ休息ス

引用文にある「西南方ヨリ来レル大渓流」はシャロンタンの右岸に注入する支流である。一九五〇年、アンナプルナ初登頂を成し遂げたフランス隊が命名したヒドゥンバレーをさす。現地ではネギジンチュ

シャロンタンの大峡谷にかけられた簡素な橋。二本の丸太を渡し平板石を並べて載せてある。「橋上ニ立テ橋下ヲ臨メバ目眩シ身寒キ感アラシム」と日記にある。慧海はシャロンタンをターシータン（栄光渓）と記している。(1992年撮影)

シンと呼ぶ。奥地に百八ヶ所の聖地があるという。岩の裂け目のような峡谷で、右岸の山腹に、サングダ村のターシータンと呼ぶ移牧地への高巻き道がひと筋つづいている。

シャロンタンの左岸につづく道の、慧海が「山腹ノ巌上ニ出テ休息ス」と記した場所から、谷底に泡立つネギジンチュシン、つまりフランス隊が命名したヒドゥンバレーの激流を対岸に眺め下ろすことができる。この先、シャロンタンの左岸の山腹につづく道をたどると谷筋は開けて傾斜も緩くなる。途中、岩小屋がある。この岩小屋にはシャクスンプという呼名がついている。

岩小屋を過ぎると、やがて行く手に高原状の緩斜面が広がり、谷筋の流れはこのあたりから二手に分かれる。ベロルンバという左手の流れは氷雪嶺へと延びている。一方、右手の流れは、丈の低い草花が繁茂する広々とした斜面をへて、ベロ・ラと呼ばれるおだやかな峠へとつづく。

一九〇〇年六月十八日、サングダ村を出発した慧海がシャロンタンを抜けて泊ったのはこのあたりではないかと思いつつ日記をとり出し、照合してみる。

其レヨリ西北ヨリ来レル渓流ニ沿フテ西北ニ急坂ヲ上ル事二里余ニシテ（ベロル）ナル稍ヤ広《ヒロ》キ路ニ石ヲ以テ四方ヲ囲メル処《トコロ》ニ午后五時到着ス

「石ヲ以テ四方ヲ囲メル處」とあるのは、石で囲ったカルカの跡地があったものと思われる。

二〇〇六年夏、シャロンタンを上って来た私たちは、その場に荷物を下ろして休憩した。旧知のアヌーと、ポーターに雇ったアヌーの仲間のシェルパと私の三人である。休憩していると、下方、シャロンタンの谷筋から平地を歩くような軽い足どりで、荷物を背負った村びとが上ってくる。村びとは私たちの傍に来ると荷物を下ろして休憩した。聞くと、地元サングダ村の住人で六十歳を過ぎている。

サングダ村は岩礫の斜面にへばりつくようにしてつくられた集落である。一九九九年当時、私の聞きとりでは十三家族、約百人が住んでいた。集落は、「夏村」と「冬村」に分かれている。秋口にはサングダ・コーラという谷の、半日ほど上流にある日当たりのいい南向きの斜面に移住して冬を越す。この冬村にも泊まったことがあるが、夏村を下流に眺める風光の美しい場所である。

私たちはこの二〇〇六年、夏村に宿泊し、シャロンタンの入り口にあるリンダックツォという台地に一泊、そして翌日、シャロンタンを通過したのだ。[*1] それにくらべて、サングダの村びとはこの日の朝に村を出て、午後には私たちに追いついたのだから、驚くべき健脚ぶりである。ただし、地元ではそれが一般的な行程なのかもしれない。彼はベロ・ラという分水嶺の峠を越えた向こう側にあるムルンスンナという場所の移牧地まで行くのだという。そこはこの日の、私たちのキャンプ予定地になっていた。

私たちに追い着いたサングダの村びとは脇の草地に腰を下ろすなり、どうだ一杯、と言って、とり出したチャン（大麦からつくった醸造酒）を、自分で飲む前に私たちに勧めた。勧められてもポーターは下戸で飲めない。アヌーが茶碗で二杯飲んだ。熟成して黄味を帯びた色合いで、如何にも美味しそうに見えるのだが、私は高度障害で不調につき飲んでなどいられない。ここは海抜五〇〇〇メートルを越えている。

村びとはついでロキシィ（稗や粟を材料にした蒸留酒）をとり出し、また勧めた。チャンよりアルコール度数が高い。道中、行き交う者同士が男女の別なく挨拶がわりに、自家製のチャンやロキシィを酌み交わす光景はたびたび目にする。誰もが水筒から水でも飲むような調子で喉を潤す。水筒を直接、口につけることはせず、口から離して喉に流し込む。相手にも勧めるのが、半農半牧と交易でヒマラヤに生きてきたチベット人の習わしである。

想像するに、きっと、厳しい自然環境の中で生きていくには、こうした相互扶助の心掛けが必要だったのだろう。言うなれば万物共存の精神である。わが国でも、私の記憶では、昔は村びとたちが身近な自然現象の推移に合わせて農耕生活を営んでいたし、何より人情があった。

放心状態で、仰向けに寝転んで無口になっていると、村びとは荷物を背負ってやろうと言い出した。ヒマラヤの辺境に生きる現地住民の親切な態度を、私はこれまで身に沁みるほど体験的に知っているからこそ畏敬の念をもって接しているのだが、野性的で直感の鋭い彼らは、もしかしたら私のへこたれた心理をも手にとるように察知したのかもしれない。

私はたいした荷物を背負っていたわけではなかった。それでも高度障害の身に歩行はつらかった。その後、私はポーターと村びとに荷物を分けて背負ってもらい、空身で歩いたのだが、それでも後からついて行くのが容易でない。

村びとは小休止ごとにチャンを水がわりに飲みながら、地名やそこにまつわるさまざまな伝説を語った。こちらが聞くわけでもないのに話すのは、たぶん想像するに、大人が子供に昔話を語り伝えるような心根のやさしさから、何も知らない余所者《よそ》の私たちに教えているのだろう。アヌーがそれを翻訳して私に伝える。もとより正確な日本語ではないから聞きとりにくい点もあるが、有意義で味わい深い旅のひとときである。

ちょうどいい機会だと思い、慧海の記述にあるターシータンについて改めて聞いた。それによると、やはり、ターシータンは前述したように谷の名前ではない。シャロンタンの入口に位置するリンダックツォと呼ばれる台地からシャロンタンの上流へ視線を向けて、左手の段丘にある移牧地を、サングダ村ではターシータンと呼んでいるのだ。ターシータンとシャロンタンのタンは、発音するときの舌の位置が異なり、前者が台地、後者が谷をあらわす。

ターシータンの台地を表すタンは、日本人の私たちが通常話すときの発音である。例えばチャンタン(北の高原)という場合の、台地や平原を表すタンがそうである。他方、谷を表すタンは、舌を奥の方へまるめて上アゴにつけるようにして発音する。日本語で書けば等しくカタカナ文字で表記されるタンという言葉も、発音の仕方で意味が異なる。私たちには使い分けるのも聞き分けるのも難しい。

言われるがまま真似て何度も繰り返して発音してみる。「そうそうその調子、なかなか筋がいいよ」。アヌーと村びとが笑いながら言う。ほどほどにして話題を変えてみる。「このあたりにはメテがいるんじゃないか」「ああ、あのあたりにいるかもしれないな」。村びとが対岸の山の斜面を指さした。メテはテモ、イエティとも呼ばれていて日本では「雪男」で知られるが、そのじつチベットヒグマである。ちかごろは見かけることも少なくなったそうだ。

雑談を交わしながら過ごした休憩のあと、ポーターとサングダの村びとの二人が先行して、アヌーが私につき添いながら二人、遅れて歩いた。

私たちが今回通過したシャロンタンは険路であり、家畜をつれて通行することはできない。家畜が谷底に転落する危険性があるからだ。ヒマラヤの住民にとって家畜は重要な財産であり、失えば元も子もない。

要するに、シャロンタンは家畜を連れては通行できない道なのである。確かに実際、通ってみれば理解できる。村びとに聞くと、シャロンタンのシャは鹿、ロンは野生のヤクをさすのだとか。野生のヤクはドンヤクと呼ばれている。いまは絶滅したのではないかと言われて、見かけることもなくなったというが、角なら寺院や道端の神聖な場所に飾られているので見ることができる。チベットのサキャ寺で、堂内に飾られた、ずいぶん立派な角を見たことがある。

慧海の日記に、案内者から聞かされた話として、ドンヤクに関する記述が、ツァルカ村に着く六月二十日の日付に見られる。それは慧海がシャロンタンを通過した翌々日のことである。

案内者云ヘリ此辺《アタリ》ニハ山犛牛ドンヤク（原文チベット語・筆者註）此犛牛ノ二倍大ナル恐シキ獣類棲ミ居レリト

慧海はまた、カン・リンポチェを詣でてラサへの途次、ドンヤクと対面している。おそらくドンヤクを見た最初で唯一の日本人ではあるまいか。

早速何かといって尋ねますと彼獣《あれ》はチベット語に「ドンヤク」とて山ヤクという非常に恐ろしいもので大きさは通常のヤクの二倍半あるいは三倍、背の高さはおよそ七尺《しゃく》、しかし象ほどはない。じろりとこちらを眺《なが》めて居るその眼は実に恐ろしい。（『旅行記』）

サングダの村びとによれば、シャロンタンは険阻な谷であり、かつてはシカやドンヤクの棲家になっていた。危険が伴うので、いまだに家畜を連れては通行できない。家畜を連れて行くときは別の迂回路を利用する。それが「家畜の道」である。

「家畜の道」は前述した、シャロンタン入口のリンダックツォという台地から逸れて、トゥジェ・ラという峠に至る高巻き道である。シャロンタンの左岸の山並を越えて大きく迂回する道で岩礫の急登を強いられる。登り切った地点がトゥジェ・ラと呼ばれる峠で、そこからは風景が一変して、乾燥しきった赤褐色の穏やかな流れのある谷間が見える。ラ・ニュワルというその谷間の対岸にある最高地点がケワル・ラだ。

先年（一九九九年）、ツァルカ村への道が増水で流失し、通行できなかった際、ラ・ニュワルの谷筋を通って、トゥジェ・ラから離れたチベット寄りの峠（ケラプック）を越えてツァルカ村へ向かったことがある。

ケワル・ラは海抜五五六〇メートル。この峠を越えると道は高度を下げながら、シャロンタンからつづく谷沿いの道と、ムルンスンナという場所で合流する。つまり、谷沿いにつづく「人の道」と、峠越えの「家畜の道」との合流地点がムルンスンナだ。

へとへとに疲れ果てて私がムルンスンナに着くころ細雨が降り出した。雨は静かに夜中も降りつづき、翌朝止んだが、寒々とした雲が濃淡をつけて、周囲につらなる岩山に煙のように纏わりついている。岩山の山頂付近は新雪で白くなっていた。このあたりの岩山で新雪を見るのは、九二年以来、二〇〇六年のこのときが八度目のトルボ地方だったが、二度目である。

そういえば、ここへ来る途中のムスタン地方でソバの花が例年の鮮やかな深紅にくらべて、心なしか精彩を欠いているように見えたのは、やはり天候不順が影響していたのか。天候だけでなく、社会的にもマオイスト（ネパール共産党毛沢東主義派）による内戦が繰り広げられ、物騒な政治状況がつづいていた。

マオイストは外国人のトレッカーや旅行者をも標的にした。一人当たり二百ドルとか、そのときどきの彼らの勝手気ままな都合で金銭を要求するという悪事が横行した。この年、トルボ地方の、この先にあるサルダンという村で、フランス人のトレッカーが百五十ドル奪い取られたと、ここへ来る途中、私たちとともに休憩したサングダの村びとが話していた。

雨は翌日も、断続的にしとしとと降りつづいた。湿り気を帯びて降る雨はしっとりとした日本的な情緒を伴っていた。私たちはこの日、停滞を決めた。私にはアヌーの他にもう一人、スディルという、私の片腕となる旧知の相棒がいるのだが、そのスディルが先導して、荷物を積んだカッツァル（馬とロバの一代雑種）とともに「家畜の道」、すなわちケワル・ラを越えてムルンスンナに設営してある私たちのテント場で合流する手はずなのだ。

アヌーはいつもながら、テントの中で朝の勤行《ごんぎょう》を欠かさない。隣のテントから、その抑揚をつけた読経が聞こえてくる。夜は高鼾《いびき》、朝夕は勤行に励む。日中、歩行中でも数珠をつまぐりながら読経する。私とは旧知の間柄であるだけに、ときには私もアヌーにつき合って神仏に臥拝したりする。そうすることで、心が清められ解脱の境地に達したような気分になるから不思議だ。私がそういう話をするとアヌーは大いに喜ぶ。

ムルンスンナには私たちのテントの他、移牧に来ているサングダ村の住人のテントが三張りあった。私たちのテントとは異なり、ヤクの被毛で織られている。アヌーの勤行が済んだのち挨拶をかねて彼らのテントに顔を出す。なにしろ私たちは、サングダ村の移牧地を借りてテントを張っているのだから、余所者としての仁義は切らねばならないだろう。

というより、ヒマラヤ山中の要害の地では誰もが慈悲深くて親切である。その爪の垢でも煎じるつもりで親愛の情は示さねばならない。私たちが顔を出すと、昨日、私の荷物を運んでくれた主人はロキシィをちびちびすすっていた。

ヒマラヤの住民はおしなべて酒好きである。そして気さくで、なかなかにさばけている。酒好きの私が親近感を覚える所以である。乾いたヤクの畜糞を素手で砕いて囲炉裏にくべて暖をとりながら、着込んで汚れ切った衣服でカップを拭いてバター茶を注いで私たちに勧めた。

私たちがバター茶をすすりながら雑談していると、一昨日、分かれたスディルの一行がやってきた。食糧をはじめ、今回の踏査に必要な物資を運んできたのだ。

スディルとのつき合いは、一九八一年のエベレスト西稜登山隊（明大隊）の解散後、私がカトマンズに滞在していたころからはじまる。当時、スディルは十五歳。私の宿泊していた安宿で雑用係を手伝っていた。安宿の主人は七三年以来、私と親交のあるタカリー族で通称モハンダイ、そのモハンダイの妻がスディルの姉である。ちなみに、このときのエベレスト西稜登山隊のサーダー（シェルパ頭）がアヌーだ。それだけに気心の知れた仲間同士であり、私としては何処へ行くにも二人がいると心強い。

私たちがキャンプしたムルンスンナから、次の宿泊地ツァルカ村までは一日行程の距離にある。ツァルカ村もまたサングダ村同様、夏場と冬場では居住地が使い分けられている。ツァルカ村の夏村は、れっきとした家屋が建ち並ぶサングダ村の冬村とは異なり、テントからなる集落だ。

＊1　二〇二二年の踏査時にはサングダ村から先、リンダックツォまで工事中の車道が延びていた。車道の建設工事はシャロンタンにさしかかっていた。近い将来、トルボ地方の村々にまで延びるものと思われる。現時点では一部、オートバイが走行している。

タザン・コーラとドルジェ・コーラ

ツァルカ村までの途次、広々とした起伏大地の草原にひと筋の道がつづく。谷間の下方から朝の冷たい風が吹き上げてくる。好天気であれば、爽快な気分にもなれるのだが、この朝はそうもいかなかった。ときおり雲間から日差しは射すが、天候は下り坂だ。垂れ込む煙雨の中を突き進む。タザンと呼ばれる付近一帯のゆるやかな草原台地を流れる川はタザン・コーラという。

一九九二年秋、アヌーと二人で、はじめてこの地を訪れたとき、タザン・コーラの岸辺にキャンプした朝、ちいさな二枚貝の化石が目についた。シジミ貝ほどの大きさの殻の表面に縦縞の溝が刻まれていてホタテ貝に似た形だが、溝はホタテ貝より緻密に刻まれている。アンモナイトや巻貝、魚類の化石は、ヒマラヤ山中でその後も見ているが、二枚貝はこのときがはじめてだ。テーチス海と呼ばれる太古の海域だったこの地の名残なのかと思い、記念に持ち帰り、いまも私の部屋の片隅に置いてある。

その後、何度か、往路帰路、タザンにキャンプしているのだが、風景は広大で、晴れていれば、空を浮遊する雲が影を落としながら過ぎていく。ブルーポピーやエーデルワイスなど、ヒマラヤの名花が群れ咲き、草地の斜面のあちこちにマーモットの巣穴が見られる。ウサギほどのずんぐりした齧歯《げっし》目の動物で、キチキチッと啼きながら立ち上がって警戒する姿には愛嬌が感じられる。ナウルというシカの仲間も、この近辺では目につく。爽快な朝の涼風を肌に受けながら歯磨きするのは気持がいい。このタザン一帯はツァルカ村の領域で、冬場の移牧地に充てられている。

ここから先、ツァルカ村へはタザン・コーラに沿って道は下っていく。途中、右手からドルジェ・コーラという大きな流れが合流する。源流地帯につらなる山々はムスタン地方と背中合わせになっていて、そこには谷沿いに道が通じている。道は上流で二手に分かれる。一つは峠を越えてムスタン地方へ、一つはケラプックという峠を越えて、私たちが今回通ってきたトゥジェ・ラの峠を越えた先にあるラ・ニュワルという谷の源流部へとつづいている。

タザン・コーラの氾濫で道が崩壊したりなどして通行不能の場合、このラ・ニュワルの谷からケラプックという峠を越えるコースが避難用の逃げ道として使われている。ヒマラヤではこうした逃げ道、もしくは迂回路が必ずと言っていいほど用意されている。目的地に向かって道は一本とは限らないのである。時代の変化やときどきの状況に応じて道もまた、それに合わせて付け替えられる。長い歴史を通じて培われた生活の知恵というべきものなのだろう。

ラ・ニュワルは極度に乾燥した赤褐色の、じつに色鮮やかな美しい谷である。一九九九年、ツァルカ村のボン教寺院で開かれた祭礼を、アヌーとスディルとともに見学したとき、タザン・コーラが通行不能でトゥジェ・ラの先にあるケワル・ラ越えができなくなっていた。そのため、手前にあるラ・ニュワルからケラプックを越えてドルジェ・コーラ右岸の道を下ったことがある。

タザン・コーラとの出合付近のドルジェ・コーラには粗末な木橋がかかっていたが、後年、流失し、ときには渡渉しなければならないことがあった。慧海もまた、このドルジェ・コーラを渡っている。そのときは橋がかかっていた。

非常ニ急ナル坂路ヲ一手三足ニテ下ル事半里程ニシテ東北ヨリ大流ニ出ヅ此《ココ》ニ橋アリ細キ棒二本ヲ渡シテ其上ニ天然ノ板石ヲ並ベアリ長サ五間余幅二尺其下ニハ豪々タル急流馳セ下ルナリ（日記）

日記に「細キ棒二本ヲ渡シテ其上ニ天然ノ板石ヲ並ベアリ」とあるように、急流に細い棒を二本渡したその上に平板石を並べただけの簡素な橋である。今回（二〇〇六年）は、このドルジェ・コーラに橋がなかった。代わりに、合流する出合地点右股のタザン・コーラに立派な鉄製の吊り橋が完成していた。道をつくり替えたのである。

左股のドルジェ・コーラと右股のタザン・コーラが合流して、出合から下流はツァルカ・ドルジェ・コーラと名称が変わる。これはネパール風の呼び方である。現地名はチベット語でツァンブ・チュンブ。ツァルカ村の知人に聞くと、ツァンブは水、チュンブは大きいという意味。翻訳すれば「大川」ということになる。日本でもよくある、馴染みやすい川の名前である。

ドルジェ・コーラとタザン・コーラの出合付近のタザン・コーラに鉄製の吊り橋が完成する以前、慧海も含めて誰もがドルジェ・コーラを渡って右岸につづく昔ながらの道をツァルカ村へ向っていた。ところが、タザン・コーラに吊り橋が完成してからは、ツァルカ・ドルジェ・コーラ左岸の道を進んだのち、下流で再びツァルカ・ドルジェ・コーラに架けられた橋を右岸に渡り返して進まなければならなくなった。

何故、こんな回りくどいことをしなければならないのか、首を捻らざるを得ない。ドルジェ・コーラの従来の場所に恒久的な橋をつくれば一ヶ所で済む。そうなれば、ムスタン地方へ通じる旧道も従来どおり利用可能なのである。

ヒマラヤでは旧道はほとんどの場合、巡礼路を兼ねている。村々にはチベット仏教寺院が必ずあり、道々、マニ塚やチョルテン（仏塔）が見られ、地域と一体化した信仰の匂いが感じられる。

ところが、新道には旧道と異なり、信仰やその土地の歴史を感じさせるような建造物は何もない。そのため風情がなく味気ない。残念なことだが、昨今、地元に根づいていた信仰や歴史が軽視される風潮にあるようだ。

タザン・コーラとツァルカ・ドルジェ・コーラの、地元住民が必要としない二ヶ所に設置された橋は二〇〇三年、ネパール政府によってつくられている。橋をつくったついでに、その間の道も新しくつけ替えればよさそうなものだが、政府は橋だけしかつくらず、道の開削工事は村に一任している。

村びとは半農半牧で、夏場はチベットへ交易に出かけなければならない。それゆえ冬場以外は多忙である。加えて、冬場は大地が凍結し、工事作業ができない。〇四年の時点で、私はこの年もツァルカ村に滞在したのだが、村びとは暇を見ながら工事作業にとりかかるので二、三年はかかるだろうと話していた。しかし、その二年後、つまり〇六年の今回、私たちが通りかかったときも、道はいまだに完成してはいなかった。[*2]

それにしても、ヒマラヤ山中では近代化がすすむにつれ、橋や道がつくり替えられる事例が少なくないようだ。私たちが下ってきたタザン・コーラも上流域で、今回は右岸を通って来たが、以前は左岸に道がつづいていて、途中の岩小屋に泊まったことがある。

タザン・コーラとドルジェ・コーラの出合から、二つの新しく架けられた橋を渡ってツァルカ・ドルジェ・コーラ沿いにつづく昔ながらの道をすすむと、ツァルカ村の手前にチョルテンが建ち、ポーラという白い小旗からなる祈禱旗の張られた神聖な場所がある。

ポーラは白いヤクを象徴している。チベットでは白は黒に対し、神聖で縁起のいい色とされている。言うなれば、ここには村の守護神が祀られているのだ。ドンヤクの他、ごく普通の家畜、ヤギ、ヒツジ、ヤクなどの頭骨も飾られている。

このツァルカ・ドルジェ・コーラの右岸に注流する、チベット国境からの流れを渡り、岩場を大きく右方へ回り込むと、城塞都市を模したツァルカ村の集落が下流右岸の段丘に見えてくる。集落は城壁を廻らせ、その中に、石を積み重ねてつくられた箱型の家屋が密集していて、広場もある。各家々の屋上には、風にはためくタルチョ（祈禱旗）が林立し、その縁に沿うようにして、拾い集めた薪材が一メートルほどの高さで積まれている。

各家屋には窓が少ない。あっても狭くて小さいのは、材料のガラスが入手できないからだと私は思っていた。ところが村の僧侶に聞くと、メテの侵入防止のためなのだとか。

私が長年、調査した結果、メテの正体はチベットヒグマであることが判明した（拙著『イエティ』に詳述）。ツァルカ村のボン教寺院にはメテのものと言われる頭骨が保存され、祭礼に使用されている。

＊2　二〇二二年に訪れた時点では完成し、オートバイが通行できるようになっていた。

ボン教寺院が残るツァルカ村

ツァルカ村はツァルカ・ドルジェ・コーラと、北側につらなるチベット国境付近の山並から流入する支流のチャンチュン・コーラに挟まれた段丘にある。海抜四三〇〇メートル。村の背後に広がる大麦畑で、草取りや収穫の時期、チベット衣服を着た娘らが歌を歌いながら、切り立つ岩山を背景に働く情景は、眺めていると、確かにヒマラヤの桃源郷と謳われたトルボ地方ならではの情緒が感じられるのである。

海抜4300メートル地点にあるツァルカ村。本流のツァルカ・ドルジェ・コーラと支流のチャンチュン・コーラに挟まれた段丘の突端に位置し、麦畑が集落の背後にひろがっている。（2006年撮影）

娘らが出そろって歌いながら村の農作業に精を出す情景は現代の私たちには縁遠い世界である。日本でならさしずめ、ラジオから流れ出る音曲に相当するものだとしても、娘らの生の歌声はそれとは質が異なる。声は清澄そのものであり、小鳥のさえずりのように聞こえる。姿を確認しなければ、何の鳥かと思わず聞き耳を立てるような美しい音色なのだ。私の視界に広がるこの素朴な風物は、古代から伝承されてきたものに違いないと感じながら、私は滞在中、いつも愉しみにして眺めた。

ツァルカ村がトルボ地方にあって他の村々とは印象が異なることを、前述のスネルグローヴは、こう述べている。

ツァルカは、他のどのトルボの部落とも違っていて、川の右岸に砦（かつてそうであったことはほぼ間違いない）のように立っている。昼間なら、砦の名残りなどどこにも残されていないことがよくわかるはずなのに、その夜、この村に入ったときの私の印象は、まったく数世紀前の中世の砦の中に入ってゆくような感じだった。（略）チベット人の土地での生活は、しばしばヨーロッパの中世を思い起こさせることが多いものであるが、このツァルカの最初の夜ほど、ひしひしとそれを感じたことはいままでになかった。まるで私たちが、その古い世界に生きているかのようだった。（『ヒマラヤ巡礼』）

錯覚を起こす要因は、なにも村の外観だけに留まらない。娘らの歌や踊り、機織り、他に農作業、移牧など生活の隅々に亘って前時代的な雰囲気が浸透し、文化的営為として残っているのである。それが私たちの心の奥底に潜むとめどない郷愁を呼び覚ますのである。

二〇〇二年から〇四年にかけて足掛け三年がかりで、鉄橋をチャンチュン・コーラに建設した頃は、民家に宿泊し、日々、農作業に精を出す娘らの歌声をぼんやり聞きながら、荒涼とした岩山の風景を眺めて過ごした。トルボ地方に恒久的な鉄橋を架けたこの事業は、多大な苦労を強いられたが、私にとっては生きがいのある充実した仕事だった。

私が鉄橋を建設する以前、チャンチュン・コーラには、アメリカ人老夫婦の寄付でつくられた簡素な木橋がかかっていた。丸太を渡し、平板石を並べて載せただけの粗末なもので、人は渡れても家畜は渡ることができなかった。増水で流失することもしばしばあった。それでも、ないよりはましだった。

この木橋を渡ると、村へつづく坂道の手前に、仏教とボン教の経文塚が二基縦に並んで設置されている。仏教とボン教では真言も異なり、経文塚の回り方も逆である。仏教は進行方向左側を通過し、ボン教は逆に右側を通過する。

近年、チャンチュン・コーラを挟んでツァルカ村の対岸、つまりチャンチュン・コーラの左岸、そしてツァルカ・ドルジェ・コーラの右岸にもなるのだが、そこに分村ができるようになった。私が訪れた九二年当時はなかった。しかし、時代の推移に従って、村の戸数や人口は大幅に増えつつあるようだ。

慧海がツァルカ村に着いたのは一九〇〇年六月二十日。二日間滞在している。日記には二十戸ほどの村で、ボン教が信仰されていたと記されている。

午后二時一ノ村落ニ着キヌ一村二十戸大抵（ポン）教ノ信徒ナリ村名ヲ（ツァルカ）ト云フ（トルボ）山郡ノ一村落ナリ（ポン）教ノ僧ヨリ同教ノ経典ヲ借リテ読ム事四時間夜日記ヲ誌シテ臥ス

日記に記された「ポン教」はボン教のことである。ボン教寺院は慧海がツァルカ村を訪れる遥か以前から、チャンチュン・コーラ奥地の二股にあった。その二股にはボン教寺院の他、チベット仏教ニンマ派寺院、それに尼寺、いずれも廃墟と化したこの三寺院の跡が現在もかろうじて残っている。

鉄橋を建設し終えた〇四年、私はチャンチュン・コーラの源流にある未踏の山々を踏破し、ツァルカ村まで谷沿いに下った。そのとき二股で、廃墟と化した三寺院を確認している。

その後、ツァルカ村出身で知人の僧侶（ケンボー・メンラ・プンチョック）に訊いたのだが、上流へ向って右手斜面にあるのがニンマ派寺院で創建は三百年前、カーット・ゴンパという。真ん中の峻嶮な尾根上にあるのが尼寺でチョーモー・ゴンパ、六百年前の創建である。左手斜面にあるのがボン教寺院のコックラン・ゴンパ、八百年前の創建で、ツァルカ村にある寺院ではもっとも古い。

私が鉄橋建設プロジェクトで滞在していた当時、ツァルカ村にはボン教寺院以外にもチベット仏教各派の寺院が六寺あった。ニンマ派、カギュー派、サキャ派、ゲルク派の四派からなる寺院だ。有名なダライ・ラマ法王はゲルク派に属している。

慧海が訪れた当時のツァルカ村は、日記にあるように戸数二十戸。その後、西北ネパール学術探検隊の一九五八年当時は三十五戸、人口百八十一人（高山龍三『ヒト・文化・文明』）。のちの九九年、ツァルカ村のボン教寺院の祭礼を見物したときの私の調査では本村と分村を合わせて、人口約四百五十人。さらに二〇〇四年、鉄橋建設プロジェクト事業の時点でだが、本村と分村を合わせて戸数六十三戸、人口約七百五十人に膨れ上がっていた。慧海の時代から一世紀あまりの間に戸数は三倍強、人口はそれ以上に増加している。

こうした戸数や人口の増加こそが、チャンチュン・コーラを挟んで対岸に分村ができた背景と考えられる。増加現象はある種、村の豊かさの指標になるのではないだろうか。分村がすでに疎らにでき始めていた九九年当時、ツァルカ・ドルジェ・コーラの対岸にあったボン教寺院もこちら側、つまりツァルカ・ドルジェ・コーラの右岸に移転していた。私はツァルカ村に滞在中、メテ（雪男）の頭骨を拝見したり、ボン教寺院の祭礼や踊りを見学したりしたのだが、後年の鉄橋建設プロジェクトは、村の事情についていて知り得た、このときの体験が礎になっている。

対岸に、ボン教寺院がまだあったころ、川には橋がなかった。代わりに一本のワイヤーが張られてあった。村びとは猿の木登りのように両手両足をワイヤーに絡ませて難なく渡っていた。九三年、ボン教寺院を見学に行ったとき、私もそのワイヤーにぶら下がるようにして両足を絡めて、自らの身体を腕力で手繰り寄せながら必死で渡った。川に転落するかも知れない危険を冒して渡るのは、それなりに意味

本流のツァルカ・ドルジェ・コーラにかけられた一本の綱でできた橋。対岸にボン教寺院がある。母親が見守るなか少年が渡っている。後年、寺院はこちら側に移転し、橋はなくなった。（1992年撮影）

があってのことだと思う。

私の推理はこうである。川を挟んで対岸は結界に設定されている。そのため対岸の寺院に行くには斎戒する必要がある。危険な目に遭いながら渡るのは、その斎戒の役割を担っているのではないか。

私が渡ったときは一本のワイヤーだったが、それ以前、一九五八年春から秋にかけて、わが国の西北ネパール学術探検隊（川喜田二郎隊長）がこの地に滞在していたころは違っていた。綱が張られてあった。川喜田の『鳥葬の国』に、このときの渡り綱について詳しく書かれてある。

橋がないかわりに、一本の太綱がツルケンからハルケンへと張り渡してあった。ヤクの皮を細帯状に切り、これをよりあわせた太綱である。一握りではとてもきかないくらいだから、重みでかなりたるんでいる。

川を挟んで村のあるこちら側がツルケン、ボン教寺院のある向こう対岸がハルケンである。川に張り渡された太綱にぶら下がって渡るときは、ガルボと呼ばれる木製の小道具が使われる。

> ガルボという滑り木がある。これは、パイプを短く半分に切ったように、堅木をくりぬいたもので、厚さは一寸もあろう。これを太綱にかぶせれば、滑りがよいわけだ。ガルボの外側には、平編みの細綱がさし通せるようになっている。細綱はヤクの毛で織った丈夫なもので、ずいぶんと長いから、ガルボを通したうえに、人間の胴を二巻きも三巻きもすることができる。こうして綱にぶら下がると、人間の体重は胴体で支えられるわけである。

私が渡ったときのように一本のワイヤーに直接ぶら下がって渡るよりは、小道具を使った昔のほうがずいぶん楽なように思われる。慧海は渡らなかったようだが、日記には、ツァルカ村滞在中、川のこちら側にある、ボン教の僧侶宅に宿泊した記述が見られる。

> 本日案内者雇入且《ヤトヒイレカツ》ハ休息ノ為ニボンツアーラマ（原文チベット語・筆者註）宅ニ到留ス

引用文にある「ボンツアーラマ」について、ツァルカ村の住人に日記のコピーを見せて訊いたところ、それは個人名ではなくボンポ・ツァウェイ・ラマの略で、ボン教に代々かかわってきたラマだという。

私がはじめてツァルカ村を訪れた一九九二年当時、ボンツアーラマの家はすでになくなっていた。兄弟喧嘩で弟を殺害して村から追放され、「ドウタラップ」という下方にある村で亡くなったという。

冬虫夏草とマオイスト

ツァルカ村では近年の人口増加で、村を流れるチャンチュン・コーラの対岸に家屋を新築して移住する村びとが出はじめた。九二年、九三年当時は見られなかったが、九九年に訪れた時点で、家屋が新しく三軒、建ち並んでいた。ヒマラヤの僻遠の地にありながら人口増加とは、にわかには信じがたい状況だが、私が考えるにそれなりの理由はある。

この数年来、村の裏手につらなる国境の山並の向こう側、すなわちチベット側のパヤン地方に、砂利道とはいえ車道が通じたことで輸送が活発化し、さまざまな中国製の生活物資が流入するようになった。こうした交通事情の変化を背景に、昔ながらの自給自足型の生活形態は崩壊の一途をたどりはじめた。食生活は改善され、それまではツァンパ（麦焦がし粉）や、茹でたジャガイモに、砕いた岩塩や唐辛子をつけて主食にしていたのが、チベット経由で入ってくる米がそれにとって代わるようになった。食生活にみられる一大変化である。

他にも、各家にソーラーシステムによる電灯が点るようになった。読書に十分なほどの明るさではないけれど、子供らは読み書きに勤しんでいる。囲炉裏に灌木や畜糞を燃やして、薄暗い部屋に蔓延する煙で目を充血させていたころにくらべると、暖房から炊事に至るまで、計り知れないほどの恩恵を享受できるようになっている。

人口増加は、こうした生活環境の改善に比例しているように思われる。しかし反面、喜ぶべきことばかりではなかった。流通がさかんになるにつれて、この地方に産出する良質の冬虫夏草が現金収入をもたらすようになった。結果、それまで見られなかった富の偏在が起こり、トルボ地方一帯の地域社会に貧富の格差が生じるようになったのだ。

冬虫夏草は古来、不老長寿・滋養強壮の霊薬として珍重されている。コウモリ蛾の幼虫の頭部に生えるキノコで、毎年、チベットから仲買人が来て現金をばらまいていく。すると村びとの現金収入に目をつけて、こんどはマオイストがそれを巻き上げにくるようになった。

王制打倒を掲げる共産主義者のマオイストが侵略的に踏み込んできて、先祖伝来の土地で営まれつづけてきた冬虫夏草の採取を、一方的に許可制にして許可料を徴収しはじめたのだ。言うなれば、日本のヤクザのみかじめ料にひとしい。おとなしく従わなければ脅しをかける。それでも思い通りにならなければ暴力や軍事行動にでる。

教条主義、経験主義、命令主義、追随主義、セクト主義、官僚主義、傲慢《ごうまん》尊大な工作態度などの悪弊は、大衆から遊離するものだからこそ、どうしても好ましくなく、あってはならず、このような悪弊をもっているものは、どうしても改めなければならないのである。(「連合政府について」一九四五年四月二十四日、『毛沢東選集』第三巻)

一九七三年から翌七四年にかけてカトマンズの安宿に滞在していたころ、ちかくの書店で買い求め、暇に任せて読み耽っていた、赤本と言われる『毛主席語録』(日本語版)の一節である。現実はまことしやかな甘言とは裏腹に、最終的には武力で脅しとるのが共産主義者の本性のようだ。チベットの悲劇がわかりやすい事例ではないだろうか。

ツァルカ村の知人はその年（二〇〇四年の滞在時）、冬虫夏草を五キロほど採取し、三十三万ルピーの現金を手にした一方で、マオイストに税金や許可料を収奪されている。許可料は一シーズン二万五千ルピー、税金は一キロにつき一万ルピー。ヒマラヤの辺境まで足を延ばして、村びとから巻き上げた金銭をマオイストはネパール政府軍相手に武装闘争の資金源にしている。領収証を発行するそうだが、略奪行為であることに変わりはない。それだけではなく、わがもの顔でたらふく飲み食いしていくという。これでは、住民はまさに踏んだり蹴ったりではないか。もとより、住民への配慮など念頭にはないようだ。

冬虫夏草の現金収入に伴う弊害は、マオイストによるものばかりではなかった。現金に手を染めた村びとは田畑を耕さなくなり、耕作放棄地が目立つようになった。以前は見かけもしなかったゴミが、村内の至るところで目につくようになっている。自然に依拠した、昔ながらの自給自足型の暮らしでは捨てるものはほとんどなく、ゴミが出ようはずもなかった。

それがいまでは、空になった各種紙パックなどが村内に散乱し、酒を飲んだあとの空瓶を岩にたたきつけて割って、悪ふざけを愉しむ若者の姿が目につくようになった。しかも、空瓶の砕け散った破片を川に捨てたりするので、人や家畜が渡渉するさいに怪我をする。自給自足型の前近代社会に生きる人びとは素朴なるがゆえに、とくに若者は近代の魔力に犯されやすいようだ。

ストーブも電灯もなく毎夜、自家製のチャンやロキシィを酌み交わし、ダムニェンという弦楽器を奏でて足踏みしながら歌い踊った昔を知る身としては、寂しさを禁じ得ない。とはいえ、学校もできて近代教育が実施されているのだから将来に期待するしかない。

学校名はツァルカ・ボード・プライマリー・スクール。二〇〇四年当時、先生五人、小使い一人、生徒三十五人で、英語教育が行われていた。生徒たちはワイシャツ、ズボン姿で革靴を履いている。髪型も、かつてのような辮髪《べんぱつ》ではなく、短くした頭部の両脇をポマードで固めたスタイルに変わっていた。冬虫夏草で高収入を得るようになった家庭では、勉学のためカトマンズに出ていく児童も現れた。

酒の空瓶を割って喜んだり、平気でゴミを捨てたりすることのない時代を見据えた新しい秩序をつくるためにも、児童教育が必要だろう。その後の二〇一二年に訪れた時点では、学校はツァルカ・ボード・ベーシック・スクールに校名が変更され、八クラスで先生が八人、生徒が六十三人になっていた。

ツァルカ村に近代化の波が押し寄せる以前、まだ分村の必要性もなかったころだが、村びとには深刻な悩みがあった。村の東端を流れるチャンチュン・コーラが増水する時期になると家畜が流され、それを防ぎ止めようとして村びとが巻き込まれて溺死するという痛ましい事件が毎年のように繰り返し起きていた。チベット人は習慣的に泳ぎ方を知らないのである。

前述したようにアメリカ人の老夫婦の寄付金で架けられたちいさな木橋は毎年、増水のたびに流失する。村民は毎日のように家畜をつれて、山の移牧地を往復しなければならない。しかし、村民にとって事故を防ぐ手立てはなかった。そのため村では、私が訪れた九二年当時から政府に橋の建設を陳情しつづけていたが、一顧だにされなかった。

私は村民の願いを叶えたいと考えて一念発起し、篤志家の援助を受け、村民と心を一つに合わせて鉄橋を建設した。村民はもちろんのこと、ヤクなどの駄獣が荷物を積んでも渡れるよう設計してある。鉄橋の完成で、村民のみならず周辺地域の人びとが、溺死したり衣服を濡らしたりすることなく安全に行き来できるようになったのだ。分村はタシリン・ツァルカという。タシリンの意味は平和である（後年、村名はレイに変更された）。

いずれにせよ、かつて桃源郷と謳われ、ひっそりと息づいていた僻遠の地も、さまざまな形で変貌しつつあるのは疑いようもない現実である。以前、村長が話していたが、この地方のチベット人は一九七一年、ネパール政府によって氏族名をネパールのグルン族に変更させられ、それによってネパール国民として認知されるようになったという。言うなれば同化政策である。

ツァルカ村のアマ

ツァルカ村に鉄橋を建設してから二年後の今回（二〇〇六年）。煙雨の中、私たちが分村タシリン・ツァルカに入ると、女子供らが大勢出てきて騒ぎ立てた。私の来訪が知れ渡っていたふしがある。口伝えに情報が先行する事例は過去にもあった。

今回、私はカトマンズを発つとき、ツァルカ村出身の僧侶から、村長と郡長あてに手紙を託されていた。血縁地縁の前近代社会にあって手紙は、紹介状の代わりにもなるきわめて有効な手段である。私自身、一九七三年以来、ヒマラヤを歩きつづけてきた中で、手紙を携えて村々を訪れることが多い。

手紙にはたいてい、宿泊も含めて便宜を図るようにとの内容が認められている。つぎの村へ移動するときは、泊まった家の主人が移動先の村の重立《おもだち》に充てて手紙を書いてくれる。これは私が知り得た、ヒマラヤの辺境地帯に根ざした古風な旅の流儀でもある。

私たちがチャンチュン・コーラに新しくかかった鉄橋を渡って本村に入ると、旧知のアマが嬉しそうに出迎えた。村長も郡長も、村の男たちもチャンタンへ交易に出かけていて留守だった。私は休養をかねて、懐かしいアマの家に二泊した。以前のように、若い男女が寄り集まってきてダムニェンを奏でながら歌を歌ったり踊ったりすることはなかった。

滞在中、ヤクを連れてチャンタンから来たチベット人が話していたが、今年は天候不順で雪崩が発生し、ヤク八頭と村びと三人が犠牲になったそうだ。降雪は何かにつけて災禍をもたらすことが多い。雪の多い年は家畜が草を食べられず、何頭も餓死したりする。死骸にはハゲワシが群がり、胴体に穴をあけて、そこから頭部を突っ込んで内臓を食いちぎる。以前、私はそうした光景を目にしたことがたびたびあった。ハゲワシは全長二メートルほどもある大型の猛禽類だ。かつてヒマラヤの村々で行われていた葬儀形態として知られる鳥葬は、このハゲワシに人の遺体を切り刻んで食べさせる風習で、ツァルカ村でも行われていた。

私がツァルカ村を訪れるのは九二年以来、今回で八度目になる。そのたびに毎回世話になっている家の女主人がアマ（本名ペマ・ヤンジン）である。チベット語でアマは母を意味する。ツァルカのアマの家の屋上が私の宿泊場所になっている。屋上にテントを張るのだ。

アヌーとスディルは、コックやポーターとともに階下に宛がわれた部屋の適当な場所で寝る。一度、私は屋上にある仏堂に入れられたことがあった。仏堂にはさまざまな仏像や経典が奉安されていて、私が以前寄贈したダライ・ラマ第十四世の写真も飾られてあった。八六年夏にパキスタンで登山を終えたあと、翌年にかけて単身、中央アジアからチベット、ネパール、インドに抜けて旅行したとき、ブッダガヤで行われていたダライ・ラマ第十四世のプジャ（法会《ほうえ》）に出かけて撮影した写真である。

仏堂は仏教への敬意が込められた神聖な建物であり、慧海も、ムスタン地方のツァラン村に滞在したころ、村長の家で仏堂を宛がわれていたことが『旅行記』に記されている。仏堂に泊めるというのは、客人にたいする最大のもてなしかもしれない。

ところが、ツァルカ村のアマは私を仏堂に入れたまま外から施錠した。それで私は深夜、小用を足しに出られなくなった。アマが毎朝、勤行する仏堂である。尿意を催しながら、朝まで耐えつづけることなど、とてもできるものではない。私はやむに已まれぬ苦肉の策として、飲み水を入れたペットボトルを空にして小用を足さざるを得なかった。

翌日、もちろん、女主人のアマに話すわけにはいかない。うしろめたい気持ちで二人の相棒には打ち明けた。スディルは抱腹絶倒した。信心深いアヌーは仰天の上、溜息をもらして虚空に米粒を撒き上げ一心不乱に祈禱し、不道徳な私の行為を祓い清めた。遠来の客としてアマが私を大切に扱った気持は十分理解できるが、以来、私は仏堂に泊まるのは遠慮している。

それと、私にはもう一人、アマと呼ぶべき女主人がいる。ツァルカ村のアマにたいして、こちらはシーメンという村にいるから「シーメンのアマ」と呼んでいる。シーメン村はツァルカ村から三日行程先にあるオアシスの村である。

さて、私たちがツァルカ村に着いた翌朝、カトマンズから連れてきたポーターの一人が、無断でいなくなったことが発覚した。賃金も受けとらずに逃亡したのだから、よほど耐え難いことがあったと思われる。亜熱帯気候に属する低地から来たポーターのこと、寒さが原因かもしれない。ヒマラヤ山中の高地であり、寒さに慣れない身体には苦痛のあまり不安が募り、たまらず逃走したのだろうか。

あるいはまた、環境の変化で精神的に情緒不安定に陥り、気が変になる人もいないではない。九二年のことだが、トルボ地方の無人地帯で、大空に向って泣き叫びながら歩いた馬方がいた。孤独感に苛まれたのだろう。泣き叫んでも無人地帯ではどうにもならない。逃亡すらできない。アヌーに慰撫され、ひとり愚痴りながら泣いて歩くしかなかった。

ツァルカ村で逃亡したポーターは帰路、一人で大丈夫だろうかと身が案じられた。ひょっとしたら、道中、馬方やポーター、コック、キッチン同士の不和から仲間割れでもしたのだろうか。以前、仲間割れによるポーターの逃亡事件があったので、もしそうだとしたら、おそらく複数の者が関与したはずである。この場合、原因については誰もが口をつぐむ。これが不文律のようである。私も聞きはしなかったが、傍で見ていたはずのアヌーもスディルも黙していた。二人とも私の片腕であり、彼らが私に言わないということは、大事に至るようなことではないと私は判断した。

コックとキッチンは酒を飲みながら毎夜、大声を張り上げて興奮し、博打に興じていたから、新顔のポーターとの間で、掛け金をめぐるトラブルでも発生したのかもしれない。コックもキッチンも大酒飲みである。

コックは一九八一年のエベレスト西稜登山隊以来のつき合いで、アヌーとともに、慧海のチベット潜入経路の踏査や、それ以外にも私個人のさまざまな山行に同行して気心が知れている。キッチンもツァルカ村で架橋工事をしていた当時から雇っている旧知の間柄である。

コックは気が荒くて、異性にはまるで興味がないようだ。かたや、キッチンは気が弱そうで女に持てるらしく、カトマンズに二人の妻を抱えている。女に持てない男と、持てる男の大酒飲みの若者二人は、ツァルカ村までの道中、日々、博打でポーターに金銭を巻き上げられていたらしい。それで私に、ときどきにじり寄ってきては賃金の前払いを所望した。もしかすると二人は巻き上げられた腹いせに、環境の異なる低地のポーターを排斥したとも考えられる。

第六章　ツァルカ村からシーメン村へ

判断ミスを知る

慧海の日記が公表されたのは二〇〇四年である。それ以前、チベット国境の峠をめぐる探索の手がかりは『旅行記』と、現地での聞き取りによる限られた情報しかなかった。『旅行記』ではツァルカ村と、チベット国境の峠に着いたことは記述されているが、その間の旅程が省略されている。空白地帯とも言うべき、この間の旅程を占うには、『旅行記』に残されたわずかな記述を手がかりにするしかなかった。

その山を踰《こ》えて〔二十三日〕トルボという村に着きました。そこはツァルカともいう。この一村はチベットの古代の教えなるポン教を信じて居ります。〔二日逗留してから、トルボ、セーの霊場を廻りに行きました〕（『旅行記』）

ついで、チベット国境の峠に着いたときの記述はこうである。

明治三十年六月二十六日に出立《しゅったつ》して明治三十三年七月四日にこの国境に着いたのであるから自分

ツァルカ村のボン教寺院で催される祭礼。寺院にはメテ（雪男）の頭骨の、皿のように湾曲した頭頂部分が二枚祀られ、祭礼ではその頭骨を手にして踊る。（1999年撮影）

の予期の違《たが》わざりし嬉しさに堪えられなかったです。

上記二つの引用文から、六月二十三日、ツァルカ村に着いた慧海は「二日逗留」したのち村を出発して、七月四日、国境の峠に着いたことがわかる。すでに第四章で触れたように、後年、公表された日記から私は自らの判断ミスを知り、再踏査をはじめることにした。

日記が公表される以前、鉄橋建設プロジェクトでツァルカ村に滞在した二〇〇二年から〇四年にかけての間にも、そこから先へ国境の峠を探索するチャンスがあったにもかかわらず、出かけて行かなかったのは、峠を推論するための新しい手がかりや根拠が何一つ得られていない状況で峠を踏査する気にはなれなかったからだ。根拠もなくやみくもに峠を踏査し、あとで日記が公表されてから後づけするような方法を、私はよしとはしなかった。

九二年の最初の踏査で生じた、国境の峠越えに関する疑問を抱えて私がとった方法は、解決の手がかりとなるはずの日記を拝見したい旨、慧海の姪にあたる宮田恵美に懇望したことだった。

しかし、いまから思えば、ツァルカ村の鉄橋建設プロジェクトで現地に関わっていた足掛け三年の間に、手がかりや根拠がなくてもマリユン・ラ以外の峠に足を延ばしておくべきだった。暢気に構えてツァルカ村に留まっている必要などなかったのである。「後悔先に立たず」とはいえども、この点、私は昔から詰めが甘いというか、気が抜けている面が確かにあった。

待ち望んだ日記の公表だったが、残念なことに、国境の峠名は記されていなかった。代わって、手がかりとなる途中の村々や地名は正確に記載されている。その結果、私が九二年と九三年に踏査したマリユン・ラという峠と、チベット側にあるマリユン・ツォという湖は、慧海の経路から明らかに外れていることが判明した。再三いうように、これは私の判断ミスであり、自らの責任で正すしかないのである。

トルボ地方にはじめて足を踏み入れた一九九二年以来、二〇〇六年までの十四年間を顧みるにつけ、現地住民の暮らしだけにとどまらず政治状況の変化は凄まじかった。王制廃止を掲げるマオイストという異分子による支配は、桃源郷と謳われた、素朴きわまるトルボ地方の村々にまで及んでいた。

ツァルカ村に鉄橋を建設していた期間中、マオイストは定期的に出没していたが、幸運にも、私が直接、被害に遭うことはなかった。ところが、今回の踏査ではそうはいかなかった。現金を奪い取られたのだ（第九章参照）。

眺望遥かにモゥ・ラを越えて

ツァルカ村から、左方に深い谷筋を眺めやりながら緩やかな斜面につづく道を上って行くと、モゥ・ラという峠につく。ここは海抜五〇〇〇メートルを越えている。眺望のすぐれた場所である。来た道を振り返ると、網の目のように複雑に谷間を刻んで連なる山々の上空に、七〇〇〇メートル級のダウラ・ヒマールの、ヒマラヤ襞を纏った白銀の氷雪嶺が美しい山容を浮かべている。

この峠からの眺望を道中、これまで何度、愉しんだことか。思うに、ここからの眺望は、慧海の足どりをたどるトルボ地方にあって、もっとも秀逸である。汗ばむ肌に夏のそよ風を受けながら、思わず歓声を上げずにはいられない。腰を下ろしながら休憩し、山々の風景を眺める醍醐味がここにはある。

峠の下方に広がる緩やかな斜面は、ツァルカ村の夏の移牧地だ。鉄橋建設にかかわっていた当時、ツァルカ村で世話になったアマの移牧地を訪ねてテントを張り、ひととき家族とともに過ごしたことがあった。思い起こせば、ヒマラヤで過ごした満ち足りた日々の印象深い一コマである。

何百頭もの家畜が思い思いに草を食む、浮世離れした風景の広がりのなかで、家族による家畜の世話は、私が想像するような情緒的でのんびりしたものではなかった。家畜がオオカミに襲撃される怖れから、子供らも含めて家族総出で、監視を怠ることなく家畜の世話をする。その傍ら、他にも、燃料の畜糞を拾い集めたり、小川で洗濯をしたりなどして手のすく間もないほど忙しい。

しかし、その一方で、日本人という私の存在が気になって仕方がないらしく、ひっきりなしにテントに遊びに来る。子供らだけでなく近隣の婦人方も顔を出す。

姉娘を頭分に三人の娘が私のテントへひっきりなしに遊びにくる。もの珍らしくて仕方がないのだろう。テントのファスナーを開け、中をのぞき込むのだ。狸寝入りの空いびきをかいたり、寝ぼけた振りをしたりすると大喜びする。私も調子づいて、指を打ち鳴らしたり、両方の手のひらをくっつけては離したりしてブーっと放屁のような音を連発させると、いっせいに歓声を上げる。（中略）私のテントには子どもだけでなく、プルバ君のアマもアンモさんも、バター茶の入ったヤカンを下げてやってくる。二人は入口に座り込み、飲みなさい、さあさあ、どうぞ、どうぞ、とかわるがわる、ひっきりなしに継ぎ足すのだ。数杯は仕方なしに飲む。断るのに一苦労する。それこそ狸寝入りしなければならない。お茶だけでなく地酒も、このようにして継ぎ足すのだが、これはシェルパをもふくむチベット文化圏の人たちの生活習慣である。（拙著『ヒマラヤにかける橋』）

引用文に出てくる「プルバ君」はアマの長男であり、「アンモさん」は移牧地に設営された隣のテントの住人だ。いくつものテントの張られた移牧地は、モゥ・ラの南東斜面に開けた広大な斜面の一隅を占めている。慧海の日記ではモゥ・ラは「ムーラ」と記されている。

西北ニ上ガル事半里ニシテ（ムーラ）ト云フ峯ニ出ヅ雲起《オコリ》テ諸山ヲ見ル事ヲ得ズ稍ヤ緩ナル坂ヲ西北ニ下ル事半里ニシテ雪峯ノ間ニ澄清ナル二《フタツ》ノ丸キ池アル処ニ出ヅ何レモ周囲三丁其中間ニ路アリ余ハ命名シテ眼鏡池ト云フ

付近の地勢について、じつにこと細かく記録しているように思われる。「澄清ナル二ノ丸キ池アル処ニ出ヅ何レモ周囲三丁其中間ニ路アリ余ハ命名シテ眼鏡池ト云フ」とあるように、慧海が「眼鏡池」と命名した二つの池は確かに丸い形をして並んでいる。

この一帯はツァルカ村の移牧地であり、池には「ツォ・ルガル」という現地名がついている。ツォは池、ルガルはヤギの背の両側に括りつけている小物入れの袋をさす。この池から緩やかな斜面につづく流れに沿って下っていくと右手から大きな谷が合流する。この渓谷をドックン・コーラという。

私たちはこのドックン・コーラの流れを渡渉してから、右岸にある草地でこの日のキャンプを予定していたのだが、馬方とキッチンが遅れたので、その手前でキャンプせざるを得なかった。馬方はすれっからしで、キッチンは気が弱い。キッチンとは一昨年の〇四年、ドックン・コーラの源流地帯を踏破して、氷河を戴くちいさな峰々に登った。ちなみに私は、六〇〇〇メートル前後のちいさな無名峰を登って嬉々としていることから、大学山岳部時代の仲間内で「ヒマラヤの落穂ひろい」の異名をとっている。

ドックン・コーラは源流地帯にあるセルマルトム・ラという峠を挟んで、ツァルカ村を流れるチャンチュン・コーラと背中合わせに接している。このドックン・コーラも、ヒマラヤの他の川と同じように、一本の川でありながら、私たちが向かうティンギュール村やシーメン村を通って下流へ行くに従い、地域ごとに名前が変化する。

馬方とキッチンの二人は、昨夜、飲み過ぎたようで今朝から元気がなかった。私の片腕のスディルは後年、断酒するようになったが、この時点では、私の前では飲まない素振りをしながら、そのじつ隠れて飲んでいた。それが証拠に、吐息がいつも酒臭い。

ヌルブとの偶然の出会い

私たちはドックン・コーラの手前にある草地でキャンプした翌日、朝はやくにドックン・コーラを渡渉した。慧海も私たちと同じようにドックン・コーラ手前の草地で野営したことが日記に記されている。一九〇〇年六月二十二日のことである。

水多ク橋ナシ案内者曰ク明朝水浅クシテ渡リ得ン是レ夜ハ雪溶ケザルニ因ルナリ午后五時半河辺ノ草原ニ宿ル

水が多くて渡渉できないので減水を待ちながら川岸の草原に野営し、翌朝、案内者に背負われて渡渉した旨が次のように記されている。

朝七時出立シテ東方ヨリ流レ来レル幅壱丁程ノ渓流ヲ案内者ノ背ニ負ハレテ渡ル

私たちのときもドックン・コーラは、このところ降りつづく雨で増水していた。慧海は「幅壱丁程ノ渓流」と記しているが、私には三十メートルほどの川幅にしか見えなかった。「壱丁」といえば、メートル法に換算して百九メートルである。慧海から百六年のちに渡渉した私の目測とはだいぶ異なる。私たちは渡渉を終えるのに三十分ほどかかった。一ヶ所、流心が深くなっていて、そこを迂回するのに難儀したからだ。私は馬に乗ったまま渡渉した。

このドックン・コーラから先、「シャプレ」と呼ばれる場所がある。私たちが前日、キャンプ地に予定していた場所だ。今回はキャンプできなかったが、チベット国境につらなる荒涼とした岩山につづく広々とした草原である。

ここはツァルカ村とティンギュール村との境界になっている。上流域がツァルカ村、下流域がティンギュール村の領域だ。夏の移牧地であり、家族単位で至るところにテントが張られ、婦人らは野外で談笑したり歌ったりしながら家畜の乳搾りや機織りに精を出す。

以前、ヤギの乳搾りを見物した。その搾り方は私が子どものころ田舎で見かけた方法とはまったく違っていた。二十頭のヤギを並べてロープで数珠つなぎに首を縛って固定し、一頭ずつ、容器のナベを下に置いて搾りとる。奇妙なことに、搾りながら乳房を、拳でときどき思いっきり叩くのだ。ヤギはその衝撃でよろめき、いかにも痛そうだ。

何のためかと聞くと、そうしなければ母ヤギが仔ヤギのために乳を出し切らずに残しておくそうだ。それを出し切らせるために、敢えて刺激を加えるのだという。それを聞いて、なるほど、と私は感じ入った。出し惜しみは容赦しないということだろう。ヤギと飼い主との間で交わされる、こうした生存競争の過酷なやりとりに、ヒマラヤに生きる人びとの厳しさが感じられる。それでいながら半面、ここには桃源郷たる、自然とともにある暮らしぶりののどかさが漂っているのだ。

道中、移牧地に立ち寄り、ヨーグルトやチーズを分けてもらいながら、村びとたちとの会話のやりとりや歌に耳を傾けるのも、トルボ地方ならではの旅を彩る特色の一つである。ヤクや羊やヤギの群れを引きつれた隊商が連日、通り過ぎていく情景もまた、慧海の時代とさほど変わらぬこの地方の風物に違いない。

しかし今回は生憎、前回（九二、三年）とは異なり、細雨が煙り、野外に広がるのどかな情景は見られなかった。慧海はこのあたりに広がる草原について印象深く日記にこう記している。

坂路ハ甚ダ緩ニシテ険路ナルモノ一《ヒトツ》モナシ自然ニ畝造リトナレル（ラーマ）及（セルク）〔花白ニシテ（ツゲ）ニ似タリ〕ナル小《チヒサ》キ木ノ間ヲ行ク恰モ我国宇治ノ茶畑ヲ行クノ観アリ

確かに、茶畑を彷彿させるようなこんもりとした灌木が、緩やかな斜面に点々と茂っている。晴れていれば、ひと休みしながら周りの風景を愉しみ、のんびりとした安らぎを得ることもできるが、雨降りではそれもできず、黙りこくって進むしかない。

その雨の中で、ティンギュール村の住人ヌルブと出会った。まったくの偶然だった。九二年以来の再会である。移牧地へ行くのだという。私は馬に乗って雨具を着用し、フードで視界が遮られていたのでヌルブには気づかなかった。

それを、先を歩いていたアヌーが私に教えてくれたのだ。雨に濡れながらうつむき加減にこちらへ向って歩いてきたヌルブはアヌーに言われ、目の前の馬に乗っている私を見上げ、予期せぬ再会にたいへん驚いた様子だ。私を忘れているふうは微塵もなかった。慌てて駆け寄り、馬上の私の手を両手で拝みとり、自らの額を押し当てた。按手礼《あんしゅれい》といって、チベットの伝統的な挨拶の仕方である。チベット語でチャクワンという。

慧海の日記や『旅行記』にも、按手礼やチャクワンの文字が散見する。慧海がトルボ地方へ入域する以前、一年ちかく滞在したツァラン村を出発するさい、別れを惜しむ村びとたちの按手礼を乞う様子が記載されている。

慧海はツァラン村を出てからも、途中の村々で按手礼を乞われている。よほど徳の高い僧侶として村びとたちから尊崇されていたものと思われる。

旅行記から、以下にその一例を紹介しよう。ツァラン村を出発する一九〇〇年三月十日のことである。


その日の午後三時頃二疋の馬に経文その他の荷物を負わせ、自分は一疋の馬に乗り一人の村人に案内させて村端《はず》れまで参りますと、私に按手礼を受けんがために礼拝して列んで居る人が百名余りありました。


ヌルブの本名はチェラワ・ヌルブ。十四年前の一九九二年、別れるときも今回と同じように、馬上の私の手をとり按手礼をしている。ヌルブとの最初の出会いもまた、今回同様、まったくの偶然だった。はじめての出会いは、トルボ地方へ出発するジョムソン村での朝のことだ。私はアヌーとコックと馬方の四人で出発の準備にとりかかっていた。このとき目についたのが、異様な風采をしたヌルブの姿だ。腰まで伸びた一本編みの長い毛髪を頭部にぐるぐる巻きつけ、テカテカに光るほど汚れきったチベット衣服を着ていた。腰には短剣を下げて、どう見ても、トルボ地方の住民そのもののいでたちである。馬を一頭連れていた。聞くと、彼はティンギュール村の住人で、連れてきた家畜の一群をポカラで売りさばいて村へ帰る途中だった。

このときの踏査は、私にとってはじめてのトルボ地方の旅だった。慧海の日記の公表前で、果たして慧海がシェー・ゴンパへ行ったものかどうか確信が持てないでいた。漠然とした、不安の入り混じった疑問を抱いたまま国境の峠マリユン・ラと、その向こう側にあるマリユン・ツォという湖、さらに、そこから引き返してシェー・ゴンパを詣でたのち二泊三日で無人地帯を踏破し、ツァルカ村へ戻ったのだ。

ヌルブの出現は、まさに天の啓示のごとくありがたかった。彼は自らの生まれ育った土地柄だけに、地勢はもとより村びとの素性に関しても熟知していた。ヌルブの案内で、私とアヌー、それに馬方とキッチンの四人からなる一行は、行く先々の村々で民家に投宿した。日本人の私は、村々で歓迎を受けた。何しろ、外国人の入域が禁じられていた当時であり、ネパール政府の特別許可で入域した私が、村びとには珍しかったに違いない。

ヌルブとは、旅の終わりにツァルカ村で別れた。ヌルブは実家のあるティンギュール村からツァルカ村まで、私との別れを惜しんでわざわざ送ってきたのだ。その夜、ツァルカ村のアマの家で開かれた歓送会は盛況を博した。

アマの長男がダムニェンを弾き奏で、村中から寄り集まった娘らが手をつなぎ合って足踏みしながら歌い、踊った。歓送会は夜が更けるにつれ、ますます活況を呈し、男女の混声合唱が星空にひびき渡った。私は温めたチャンを三杯も飲むと酔いが回り、はやばやと屋上に張ったテントに戻って寝た。

そのあと、ヌルブがロウソクの灯りを照らしながら別れの挨拶にきたので、私は世話になった礼を述べた。もちろん、言葉が通じるはずもないが、心は通じたはずである。日本人の私とは異なり、辺境に暮らす人びとは五感が発達していて勘が鋭い。

ヌルブは「うん、うん」とうなずきながら涙ぐんでいた。彼は正座し、私に対して合掌しながら何度も丁寧にお辞儀をした。そして帰り際に私の手をとってみずからの額に押しあて、二階に降りていった。（略）翌朝、空がかすんでいた。明らかに天気は下り坂である。険阻にそそり立つ周囲の岩山にまつわりつく雲を指さし、「雪が降るので早く峠を越えた方がいい」とヌルブが言った。そういえば昨夜、サムドゥ（アマの主人）も言っていたが、私たちは天候には恵まれていた。アヌーによると、私たちが峠や寺院で祈禱旗（タルチョ）を張ったり、香をたいたりして神に立願したからなのだ。

ヌルブは私の馬の綱を引いて、村はずれの川岸まで見送りにきた。私はヌルブにうながされるまま、そこで馬に跨った。ヌルブは私の手を取り、昨夜のように己の額に押しあてた。それが彼の惜別の儀式だった。私は馬の尻に鞭をあて、流れを渡った。（『遥かなるチベット』）

ヌルブと別れた川はツァルカ村のチャンチュン・コーラである。後年、私がその場所に村民悲願の鉄橋を架設したことはすでに述べたが、ヌルブと別れたそのとき以来、じつに十四年が経っていたのだ。十四年前の旅の最大の功労者はヌルブであり、ツァルカ村のアマやシーメン村のアマとともに、懐かしい村びとの一人として私の記憶に忘れ難く刻まれている。

翌九三年にも、この地方を訪れたが、ヌルブは移牧の夏村に出かけていて留守だった。当時、ヌルブは弟と妻を共有していた。この地方では全員ではないにせよ、一妻多夫の風習がある。その弟も、チベットへ交易に出かけて家を空けていた。

二人の夫の留守番をしていた妻に、私は前年に撮った何枚かの写真を手渡した。妻は返礼のつもりなのか、アラ（地酒）を持って行かないかと言って、家の中から、小さな樽に入ったアラを持ち出してきた。私は手のひらを窄《すぼ》めて受けとり、試飲する。黴《かび》臭く酸味のある味がした。近代から置き去りにされてきたこの地方独特の風味でもある。せっかくだからと思い、分けてもらったのだが、ヌルブに会えないのが心残りだった。

以来、十四年ぶりに偶然出会ったヌルブは、馬上の私の手に額を押しあて、見上げながら懐かしそうに、昔のようにわが家に是非泊まって欲しいと言った。私は明日にはシーメン村に行く予定を伝え、帰途、再会する約束をした。前回来たとき妻を共有していた弟は、いまは新しい妻を娶って独立しているとのことなので、その弟にも後日挨拶することにし、ヌルブと別れた。

別れ際にヌルブから知らされたのだが、ティンギュール村の入り口付近を流れるちいさな川に、以前からかかっていた木橋が、古くなったため取り壊されてなくなっているという。数日中に新しい橋が架かるので帰路は大丈夫とのこと。いずれにしても今回、渡渉は免れない。幸い、浅瀬つづきの流れであり、危険はなかった。

私たちはティンギュール村で、シーメン村のアマの娘の嫁ぎ先である村長宅の屋上を借りてテントを張った。アマの娘に私は九三年、ジョムソン村で農業経営に尽力していた旧知の近藤亨（故人）から何種類かの野菜の種をもらい受け、手渡したことがある。それは前年、九二年にシーメン村でアマと約束したことでもあった。

私はシーメンのアマに、もし次に来る機会があれば何種類かの野菜のタネを持ってきてほしいと頼まれ、約束した。一宿一飯の恩義に報いるためにも、それは実現しなければならないと考えていたのだが、翌年、再びトルボ地方に入域したときには、シーメンを訪れる余裕はなかった。しかし約束は果たした。私はジョムソンを出発するとき、長年の知遇を得ている近藤から何種類かのタネを一キロほど分けてもらい、それをティンギュールに嫁いでいるハワンの妹に手渡したのだ。(『遥かなるチベット』)

ハワンはシーメン村のアマの長男である。

私たちは今回、ツァルカ村を発つとき、アマの親戚筋の僧侶からティンギュール村の村長宛てに認めた手紙を預かってきていた。言うなれば紹介状である。村長宅に上がって、その手紙を手渡し、ヤクの畜糞を焚いたストーブで暖をとりながらバター茶をご馳走になった。そのときの雑談中、ツァルカ村に一昨年(二〇〇四年)、鉄橋を完成させた私のプロジェクト事業が、善行としてこの地方で噂になっていることを知らされた。

当時、カトマンズの新聞やテレビでニュースとしてとり上げられ、私もインタビューを受けた。しかし、それがカトマンズ界隈だけでなく、ヒマラヤ山中の僻村でも話題になっていたとは嬉しい限りだ。話の中で、先ほど渡渉した川に架ける新しい橋の協賛金を要望された。私としては応えざるを得ない。二千ルピーを快く出資した。それを見ていたコックのカンツァが、屋上のテント場に戻った私に、もじもじとにじり寄ってきて五千ルピーの前借を申し出た。毎晩のように博打で負けていたようだ。

カンツァはアヌーの配下であり、一九八一年のエベレスト西稜登山隊以来の付き合いだ。これまでにも随分あちこち私に同行していて気心の知れた仲間の一人である。

旧知の仲間や、知り合い同士で編成されているのが、いつもながらの私のパーティの特徴だ。見方を換えると、友人知人を信頼している証でもある。それだけに和気あいあいとしている。反面、時流にそぐわない面がないでもない。言ってみれば私自身、前近代的ともいえる人間的紐帯《ちゅうたい》に依存している部分がつよく、金銭的な契約観念に疎い面がある。それを知ってか、博打好きの連中が前借を申し出てくるのだ。

一夜明けて、すっかり天気は上がっていた。朝のラジオニュースによれば、昨夜の降雨でカリ・ガンダキ沿いの村では山崩れが発生して九人が死亡した。事故現場は過去に何度も通過したことのある村だった。ヒマラヤ山中ではモンスーンの雨季に山崩れが発生し、大惨事を招くことが少なくない。

この点、トルボ地方はヒマラヤの主脈の北側に位置し、乾燥地帯である。直接、雨季の被害に遭うことは少ないようだ。しかし、昔にくらべて雨の日が多くなったと村長は話す。ヒマラヤの辺境においても、年々、気候は変化しているらしい。

今回、私はテレビの撮影用カメラを一台持参していた。昨夜、充電を頼んでおいたそのバッテリーを、この朝、村長が私に手渡した。村長はお茶代わりに、中国製の缶ビールを片手に立ち飲みしていた。村に電灯が点り、朝から缶ビールが飲めるようになった。結構な身分である。今日はこれから国境のマリユン・ラを越えたチベット側にある湖、マリユン・ツォの湖畔にデポしてある荷物をとりに行き、明日戻るという。

一九九二、九三年、慧海のチベット潜入経路を探索していた私が、誤りとも知らずにたどりついたマリユン・ツォは、チベット側におけるビジネスポイントの一つになっているのかもしれない。ヒマラヤの辺境地帯に位置するトルボ地方では、国境を跨いだ、昔ながらの交易が依然として継続されていた。

柳の緑が眼に沁むシーメン村

昨夜は星空が広がり、今日の晴天を約束していた。今回、トルボ地方の旅に出てはじめての青空が日中見られた。ティンギュール村を発って小一時間ほど川沿いに下ったところで、パール・チューという支流が北、すなわち右方につらなるチベット国境沿いの山並から注入する。

このときの踏査では、日記のコピーを持参して確認しながらコースをたどった。慧海が歩いたコースは国境の峠を除けば、村々や地名が記載されているので間違いなくたどることができる。それにコースは昔からの交易や巡礼の道であり、一部、廃道に帰した部分以外はほぼ一定している。私は今回、そのコースを映像化しようと、知人が代表を務める映像会社（東京映像社）からテレビカメラを一台借りてきていた。いずれ、チベット側も含めて映像化したいと考えていたためだ。

パール・チューから先へ進むのも九二年以来である。翌九三年のときはティンギュール村からマリユン・ラを越えてマリユン・ツォに達したあとシーメン村へは向かわずにティンギュール村に戻って、そこからコースを南へ逸れて山々を越え、ポクスンドという湖をめざした。

ティンギュール村からシーメン村へは、川沿いにつづく緩やかな下り道である。慧海は日記にこう記している。

路ハ大抵幅二三尺アリテ甚ダ危険ナラズ折々ハ足ヲ入ルヽ丈《ダケ》ノ路アリト雖モ（ツァルカ）以前ノ行路ノ如キ危険ハ少シモナシ

引用文にもあるように、危険のない単調な下り道が川沿いにつづく。この川は下流域のニサル村界隈では、チベット語でドラサムチェン・ツァンポーと呼ばれている。慧海はこの川を「テンギュ河」と記す。各種支流を合わせてティンギュール村を貫流しシーメン村へ流れ下る途中に、木橋のかかった対岸にゴンパ（寺院）の建っている場所がある。この地方の歴史の発祥にかかわる由緒ある聖地で、寺院は「プー・ゴンパ」というのだが、ここには前述した「トルボブッダ」という聖者を祀った仏塔が建立されている。プー・ゴンパから対岸に見上げる、タルチョ（祈禱旗）はためく突兀《とっこつ》とした岩山がトルボブッダの生誕地だ。この一連の岩山を「シーメンカユリ」という。

トルボブッダは、廃墟と化したキティンという幻の王国を築いた一族の子孫と伝えられている。キティンの歴史は古く、六、七世紀にできたのではないかということだが、繁栄したのは十二、十三世紀にかけてであり、シェー・ゴンパを開山したセンゲイシ（慧海の日記にも記載されている）も一時期、キティンで修行していた。

キティン・ラジャ（キティン王）の娘がトルボブッダの母である。トルボブッダの本名はシェラブ・ギャルツェン、またの名をクンゲン・トルボ・サンゲ・ナモという。トルボブッダを含めて四人の息子たちが各地に寺院を創建したと伝えられ、この地域は現在、「トルボブッダ県」と名称が変更されている。

キティンについては後述するが、廃墟と化した王国がムィ・コーラ右岸の尾根上に残っていて、そこへつづく踏み跡もまた、かすかに残っている。

トルボブッダの生誕地シーメンカユリの基部につづく川沿いの道をたどって、私たちがシーメン村に着くころ小雨が降り出した。谷間の下方、赤褐色の突兀とした岩山に囲まれたシーメン村の佇まいが、流れ下る川の右岸の段丘に見えてくる。灌漑用水が施され、大麦畑が広がっている。至るところに植えられた柳の緑が村の印象を豊かなものにしていた。

慧海も、この柳の緑について日記で触れている。

（トルボ）山郡ニ入リテヨリ木ラシキモノヲ見ザリシニ此処ニハ柳ノ木ノ稍ヤ大ナルモノ緑葉鮮々タルヲ見ル

スネルグローブもまた、シーメン村の印象について次のように触れている。

パサンは、朝早くからテントに来てそのことを話して帰った男の家へ、肉を買い付けに出かけて行った。少し先の、柳の木陰にある小川のほとりで待っている間に、シーメンが、トルボの村々の中では最も素適な村のように思えてきた。それは、言ってみれば、沢山の木があるというだけの単純な理由でしかない。（『ヒマラヤ巡礼』）

余談だが、引用文に出てくるパサンはパサン・カンバチェ・シェルパ（故人）という。後年、ネパールでたびたび会う機会があり、私は彼の知遇を得ることができた。来日時、私の故郷の町や村を案内したこともある。言葉数の少ない謙虚な人柄だった。

話を戻すと、シーメン村は十四年前とはすっかり趣が変わっていた。街道筋に建ち並ぶチョルテン（仏塔）やマニ塚はどれも色あせ、朽ちるままに放置されていた。岩山の斜面にも、朽ちたチョルテンが見える。いずれも地元の信仰心を象徴するものばかりだが、世代ごとに人びとの仏心は薄らぎ、キティン王国に象徴される、この地方の信仰の時代は去りつつあるようだ。長年気にかけていた桃源郷は、そのじつキティン王国の授かりものだったことを私は理解した。

村の裏山の断崖にあるゴンパには、スネルグローヴが訪れた一九五六年にはチョルテンや僧房がまだ残っていたが、五十年後の二〇〇六年、私が訪ねたときは跡形もないほど倒壊していた。

シーメン村の道端には小川が流れて各種草花が咲き、なにより、風にたなびく柳の枝葉が目をひく。砦のように家屋が軒を並べて密集するツァルカ村とは異なり、各家々が大麦畑の中に点在している。以前にくらべて軒数は増えていた。人口が増加しているのだろう。

麦畑の全体の大きさは変わっていないようだ。人口が増えても、それに比例して、主食を賄うための大麦を増産させる必要がないのはツァルカ村と同様、国境を越えてチベット側から米が入ってくるようになったことと関係しているように思われる。それまでの大麦に代わって米が主食になったのである。米にかぎらず外部からの製品に依存するようになると、伝統的な自給自足体制の生活は変容せざるを得ない。

子供らの服装にしても洋服が目立っている。以前は土着のチベット語しか話さなかったのが、いまでは英語で話しかけてくる。婦人らの、既婚者であることを表示するティクプという金属製の頭飾りも見られなくなった。生活自体が環境とともに急速に変わっていくものと思われる（二〇二二年に訪れたときは一人も見かけなかった）。

大人の男たちは金銭の話で持ちきりだ。会話に出てくる金額が何十万とか何百万とか、ときには何千万という単位で話す村びともいる。東チベットのカム地方から札束を抱えて、ヤルツァゴンブ（冬虫夏草）の買いつけ人が来るのだとか。

三日前のことだが、と前置きして、村びとが語った。それによると日本円に換算して千五百万円相当の大金を持っていたチベット人が遺体となって土中から発見された。所持金は見あたらなかった。ヤルツァゴンブを買いつけに来て、殺害されたと見られている。

物騒な話を聞かされたせいか、村全体の雰囲気も、かつてのような知足按分をわきまえた清貧の輝きを失っているように見えた。人心だけでなく外観も汚れたようだ。ここでも飲んだあとのビール瓶を、若者らが岩に叩きつけて割って喜んでいる光景を目にする。中国製のビール瓶の破片が至るところに散乱し、これでは家畜や、裸足で遊ぶ子供らが怪我でもしかねない。変わりつつある素朴な人びとの身の上を私は案じた。こんど来る機会があれば、どのような変化が見られるのだろうか。

シーメン村のアマはチベットへ交易に出かけていて留守だった。再会を愉しみにしていただけに残念ではあるがやむを得ない。長男と次男の家族が十四年前の私を覚えていた。親近感に満ちたその家族のにこやかな表情は、十四年という歳月の隔たりをまるで感じさせなかった。

先日、雨の中で偶然出会った、ティンギュール村のヌルブから受けた印象も、その前のツァルカ村で出迎えたアマも、歳月の隔たりをまったく私に感じさせなかったのは、いったい、どういうことなのか。ヒマラヤの奥地にひょっこり現れた私を忘れることなく、昔と何ら変わらぬ温もりで迎い入れてくれるなどとは、現代の日本の社会でならあり得ないことである。

一九九三年にアヌーと二人でチャンタンのパヤン地方に出かけて日没を眺めたときに感じたのと同じような、不思議な感覚に私は捉われた。きっと何かが憑依したのだ。ヒマラヤの僻遠の地には、私たち近代人を支配する時間とは異質の時空が存在しているのではないかと思われた。歳月の隔たり、歳をとる、とか、年月を重ねる、といった時間にたいする観念が、私たちとはズレている。明らかに、ものごとの尺度や時間の長さにおいて相違が感じられるのだ。お伽噺の世界に似て、ここでの一日は、わが国の十年ほどに相当するのかもしれない。

そのように感じさせる変異が、私の心裡に生じたのである。私が生きた今までの過程で私を束縛してきた諸々の制約がなくなり、魂がとろけていくような開放感を体験した。まるで、少年時代に映画で見た透明人間のようだ。自我が消え、木々を吹き抜け葉をそよがせる風のように、自然に同化した心の状態である。

ヒマラヤの自然とともにあるゆったりとした時の流れは、星空を仰ぐことさえままならない私たちの日常からすれば、超俗的な異次元世界である。あえて結論づけるなら、そこは宇宙へと通じる結節点であり、それが前近代、すなわち未開の正体ではないかと私は考えた。

十四年という歳月の隔たりが、私の感覚からは完全に消え、思い出だけが現在に直結して、あたかもつい先ほどのことのように立ち現れる。アマの家の屋上で家族団欒のひととき車座になり、茹でたジャガイモの皮をむきながら岩塩をつけて食べたことや、アマが私を「魂の白い人」（善人）だと言っていたことが思い浮かぶ。

初対面の異国人に向かってそのような印象を述べる人など、日本にはいるはずもない。少なくとも私が接した人にはいなかった。私たちと外形は似ていても中身、すなわち精神が異なるのだと思われる。

当時、アマの家に、チベットから亡命した義勇兵が居候していた。彼は僧侶だったが、第十四世ダライ・ラマ法王の写真を首飾りのロケットに入れていた。若いころ、チベットに侵攻した共産中国の人民解放軍との戦闘で負傷し、その後、ダライ・ラマ一行とインドに亡命したが、各地を放浪した末、シーメン村にやって来たのだ。

チベット人は仏道に帰依した平和主義者である。慈悲、すなわち共存共生の心が身についている。とりわけ辺境においてはそれが顕著に見られ、旅人に接する態度は鷹揚である。私自身の体験でいえば、シェルパも含めてチベット文化圏に住むヒマラヤの高地民族は、相手の心意を察する直感力が発達しているようだ。その点、気配りが利いて親切である。

チベット仏教圏の住人によると、人間の死後には白い道と黒い道がある。功徳を積めば白い道、人を騙したり、不道徳な生き方をすれば黒い道に押しやられる。極楽と地獄の世界である。僧侶はもとより、信心深い人にたいしては慈悲や慈愛に満ちた態度で接し、そのことによって自らもまた極楽へ行けると信じている。アヌーを見ているとそれが肌身に沁みて理解できる。

義勇兵の僧侶はアマの家に居候し、請われるまま祭壇で読経しながら暮らしていた。その後の消息を尋ねたのだが、長男の話では、後年、チベットへ戻ったそうである。

その日、私は芥子菜の花が群れ咲く庭にテントを張って寝た。独りでいる方が開放的でくつろげる。ましてや私は、言葉による意思の疎通に不自由している。アヌーやスディルや馬方、コックは和気あいあいと家族と団欒しながら家の中で寝た。

翌朝、スズメの啼き騒ぐ声に目覚めると、テントの入り口で、子供らが集まって物珍し気に私の様子を覗き見していた。子供らのざわめきはスズメの啼き声と同様、目覚めの挨拶だ。ひとくさり子供らの相手をして遊んだのち朝食を済ませ、私たちは、この先にあるコマン・ゴンパの住持への紹介状を手渡され、アマの家族の見送りを受けて出発した。私がシーメン村に戻ってくるころには、アマもチベットから帰ってきているだろうと家族が見送りながら私に伝えた。私の真意を察して言ったものと思われる。

道中、先々で、村の有力者が私のような旅人に、次の村の有力者への手紙、すなわち紹介状を書いて持たせるのは、目には見えない信頼関係であり、人間的絆の証明に他ならない。ヒマラヤの辺境の旅にあって欠かせない、こうした文化的伝承が残されているからこそ、ありがたい旅をつづけることができるのだ。

アムチーとコマン・ゴンパの来歴

一九九二年当時、ツァルカ村から先の記述が『旅行記』では省略されているため、慧海が果たしてシェー・ゴンパを詣でたものなのかどうか、私は半信半疑だった。

しかし、二〇〇六年の今回は、日記のコピーを持参しているので大いに参考になる。日記の記述は正確であり、すぐれた案内書としても十分に役立つ内容だ。私は道中、ガイドブックとして利用した。ヤクや馬などの駄獣に頼った移動手段や、道々の状態に変更がないかぎり、一日当たりの行程は概ね、その土地に刷り込まれた暗黙裡の了解事項として定まっている。それはいまも、慧海の時代と変わってはいなかった。

ましてや慧海もまた私と同様、案内人を連れている。道中、地元を熟知した案内人に従って行動したはずである。慧海の日記が自筆であるのにたいして、『旅行記』は口述筆記されたものだけに、物語としての虚実がない交ぜなっている。慧海が越えたであろう国境の峠をめぐる九二年当時の私の判断ミスは、一つには虚実を見極められずに『旅行記』に依存し過ぎたことに起因する。

どのような判断ミスを犯して、それをどのように修正したか、その過程を明らかにする責務が私にはある。自身が蒔いたタネであるからには、何としてもその始末はつけなければならない。それには最低限、慧海の日記の行程部分は隅々まで現実に即して検証する必要がある。

今回、慧海の日記を手がかりに道中、村々で慧海が宿をとった家の所在を尋ねて歩いた。例えば、シーメン村で、慧海は医師の家に宿をとったことが日記に記されている。日付は六月二十五日。

此辺リニ、拾八戸程ノ村アリ其名ヲ（シミン）ト云フ此村ノ醫師ノ宅ニ午后二時着テ宿ル。

九二年当時、アマの家には近所の人たちが三々五々集まり、茶飲み話を愉しんでいた。アムチー（医師）もその中に混じっていた。白髭を生やして、数珠を手放さず爪繰っていたから記憶に残っている。年老いたアムチーだった。

慧海が投宿した時代には、そのアムチーは、まだ生まれてはいなかったはずである。家はアマの家のすぐ裏手にあった。私は日記が公表される以前、偶然にその家を知ったのであり、後年、日記を見て、そのことに思い当たったのだ。二〇〇六年のこの時点で、アマの家族に消息を訊くと、アムチーは亡くなっていた。

慧海はシーメン村に一泊したのちシェー・ゴンパをめざしている。途中、コマンとナムドという村名が日記に見られる。コマン村を通過して、ナムド村に泊まったのである。そして、その翌日、シェー・ゴンパに着いている。

これがいまも変わらぬ昔ながらの行程である。私たちはシーメン村で、ティンギュール村の方面から流れ下る大きな川にかかった木橋を渡り、チョルテンのある丘を越えてコマン村に入った。コマン村にはゴンパ（寺院）がある。シーメン村からの紹介状を持って訪ねると、住持のトゥルク・ドルジェ・ツェワン（三十三歳）は、十四年前、拝観に来た私とアヌーを覚えていた。その後の二〇二二年に訪ねたときも「昔、シェルパと二人で来た日本人か」と言って覚えていた。[*1] この地方のトルボブッダと呼ばれる聖者の八回目の化身であり、それだけに土地の歴史を知っていて書き残してもいる。おそらく慧海に間違いないはずの謎の日本人僧侶の話もふくめて後述するとして、ここでは話を戻そう。

　住持によると、コマン・ゴンパは近年つくられた寺院で歴史は古くない。いまは廃寺になっているが、付近のチャザン・ゴンパから遷座したのだという。住持は初代のチャザンセンゲという高僧から数えて七代目とのこと。国境を越えたチベット側のパヤン地方にあるゴヤ・ゴンパを昨年、私が訪ねたとき世話になった住持のペマ・タシはチャザン・ゴンパで修行し、中国政府にゴヤ・ゴンパの住持として認可されて戻ったのだと話す。この話は、昨年（二〇〇五年）、ペマ・タシから聞いた内容と符合する。

　のちに（二〇〇七年）、私がパヤン地方の語り部、カルマ老人から聞いたところでは、ゴヤ・ゴンパの最後のラマはシャンバ・リンポチェだ。その化身（リンカネーション）がポカラのヤンザ村のゴンパにいるという話は、カルマ老人の他にも、ツァルカ村のペマ・ヨンドンという絵師からも聞かされている。

　ペマ・ヨンドンによると、シャンバ・リンポチェはもともと東チベットのカム地方の出身で、チベットの詩聖と謳われたミラレパの生まれ故郷からトルボ地方に布教に来た、偉大な三人のラマの一人である。他の二人のラマについても詳しく知っていた。一人がカムジュン・リンポチェといって、ドゥナイという村のちかくにあるサンドル・ゴンパ、もう一人はラマ・カルザンという僧侶だが、ティンギュール村のニマプ・ゴンパに住みついた。

ペマ・ヨンドンが言うには、ゴヤ・ゴンパで亡くなったシャンバ・リンポチェの遺体は、そのとき人民解放軍の侵攻中だったため、国境を越えたトルボ地方のサルダン村に運んで荼毘に付した。他にも、さまざまな故事来歴をじつに詳しく説明してくれたが、情けないことに、私には「馬の耳に念仏」でしかなかった。激動する時代に翻弄されたチベット人の置かれた凄惨な状況を把握するには、アヌーが親身になって通訳してくれるにもかかわらず、私自身が蒙昧に過ぎた。アヌーのように聞きながら涙を流して実感することができないのである。

共産中国による偽善的で残忍な侵攻は、チベットという国家の存亡にかかわる一大事であり、倫理的にも人道的にも決して看過できるものではない。しかし二〇〇六年現在、ネパールの反政府ゲリラ・マオイストによる「人民戦争」しかり、全体主義の思想は中国の経済力や物資とともに、ヒマラヤのみならずわが国も含めて、世界の国々に浸透しつつある。

＊1　曽祖父の時代に、謎の日本人僧侶がヤクとともにチベットに行ったという、私にとって極めて重大な話をしてくれたのもトゥルク・ドルジェ・ツェワンである（第十二章参照）。

第七章　シェー・ゴンパとその周辺

シェー・ラ・ムクチュンを越える

ヒマラヤの辺境を旅するとき、道中、紹介状を持ち歩くのは、地元住民から教えられて身についた効果的な方法である。一通の手紙を持って村に着いたら、そこの家の世話になる。つぎの村へ移動するときは、世話になった家の主人の紹介状を持って、またつぎの村へ移動する。ときには途中にあるゴンパに立ち寄り、住持に挨拶かたがた、そこから情報を得てつぎの旅をつづける。

慧海もまた、一八九九年、インドのダージリンからカルカッタに出てネパールへ向かう途次、知り合ったネパール政府書記官から紹介状をもらい受け、旅をつづけるくだりが『旅行記』に出てくる。近代社会に住む私たちの通念からすれば、図々しいにもほどがあるように思われるかもしれないが、しかし余所者でありながら地元の理解を得られた証と思えば、ありがたいことである。実際、紹介状はヒマラヤ奥地にみられる辺境社会では親愛の印しであり、通行手形の役割を担っている。

こうした土地柄に根ざした、昔ながらの旅の流儀を私に教えてくれたのは、タカリー族の頭首の一人で親日家のインドラ・マン・セルチャン（故人）だった。インドラ・マンにかぎらずタカリー族が親日的であるのは「第一章」で述べたように、一九五八年の「西北ネパール学術探検隊」を組織した文化人

見晴らしのいい緩斜面につくられた寺院集落コマン村の佇まい。トルボブッダの化身が住んでいる。チベットと国境をなす岩山のつらなりが谷川をへだてた対岸に望まれる。（2006年撮影）

類学者・川喜田の尽力が大きい。川喜田は慧海の功績を広く世に紹介したことでも知られる。

インドラ・マンについては一九七〇年代初期、ヒマラヤにかかわったわが国の古い登山家なら誰しも、その名を知っているに違いない。『旅行記』に出てくる、慧海を遇したタカリー族の頭首ハルカ・マン・スッバの孫の一人である。トラチャン、ゴウチャン、バタチャン、セルチャンの四チャン氏族で構成されるタカリー族社会にあって、セルチャン氏族は慣習的に頭首の地位を占めている。タカリー族は昔から末弟相続制であり、いまでは頭首などとは言わないけれど、現在、その地位にあるのは、私の友人でもあるニルジャール・マン・セルチャンだ。

紹介状は前近代の辺境社会であればこそ極めて有効である。慧海もまた、紹介状を携えて明治三十二年（一八九九）ネパールに入り、さらに旅をつづけてヒマラヤ山中のトゥクチェ村で、ハルカ・マン・スッバの世話になった経緯が旅行記に記されている。

慧海の旅から百年余りを経た二〇〇六年の今回もまた、私はメールランナー（飛脚）さながら紹介状を携えて、村々の人情の機微に触れながら旅をつづけ、トルボ地方の山また山が波状に広がるヒマラヤの雄大な風景を歩いた。私たちの一行はコマン・ゴンパで昼食を済ませたのち、無人地帯の荒漠とした、台地状に広がる尾根に出た。目路はるかに眺望がひらける。気分爽快、休憩しながらのんびり歩くには最適である。ところが、それもつかの間、南の方から怪しげな黒雲が押し寄せ雷雨に遭遇する。

旅人の安全を祈願し、道標をも兼ねているラプツェ（積石）が峠にある。アヌーの祈禱に身の安全を守られながらその峠を越えた。落雷の危険を回避できたのでほっとしながら谷間の村ナムドゥに着くころ、遠くの雲間に、澄み切った夕べの空が広がりはじめた。じつに静かな空の色だ。眺めていると旅情が胸に込み上げてくるような、その遥かなる空の片隅に、白く傾いた半月がかかっていた。

ナムドゥは五〇〇〇メートル級の岩山に囲まれて南北に延びるナムドゥ・ツァンポーという川に沿った村である。村の手前の川原にテントを張る。村長の名はペマ・タルケ（五十五歳）。シーメン村から託された紹介状を持って挨拶に行くとバター茶を出してくれた。馬方はロキシィ（地酒）を買い求める。アヌーが言うには、この村には、チベット仏教ニンマ派のデジュン・ラブラン・ゴンパという有名な寺院がある。

共産中国の軍事侵略で破壊された、国境の向こう側のチベットの村々とは異なり、ネパールではどこへ行っても、ヒマラヤ界隈に住むチベット人の村であれば、必ず昔ながらのゴンパがある。

十四年前（一九九二年）に来たときはニマ・タルケ（当時五十四歳）という村びとの家に投宿したの

だが、挨拶に行くと留守だった。山を越えたタラップという村に出かけているという。どこの家にも、以前はあまり見かけることもなかった中国製品が溢れている。国境を越えたチベットのパヤン地方を経由して搬入しているのだ。

道中、心配していた反政府ゲリラ・マオイストの出没について村長に聞くと、とりあえず、いまのところは低地の村々へ移動していて、この近辺にはいないとのことである。これから日増しに寒くなるので低地へ移動したのではないか、というのが村の噂だった。

翌日、ナムドゥ・ツァンポーの谷筋を右手に見下ろしながら尾根の斜面を横切るようにつづく道をたどる。村を抜け出て、途中から、西南へ向って左折して延びる尾根道の登りにさしかかる。昨日もそうだったが、このあたり一帯は道端で草花が目につく。

ちいさな池のほとりに白い花が群生していたので、聞くと、チベット語でニャルと言うそうだ。シェルパ族も同じ名前で呼んでいる。彼らもチベット系の血脈だからさもありなんと思う。早い時期なら皮をむいて食べられるそうだ。染料にも使うという。

慧海もまた、シェー・ゴンパへの途次、目についたこの植物について日記（六月二十七日付）に記している。

正午發足シテ西南ニ最急ノ峻坂ヲ上ル事二里前一里間ニ於テハ（バロ）ト云ヘル香木アリテ其様（サツキ）ニ似テ其花形丁子ノ如シ一處ニ五輪開ケル白色ノ花ニシテ其香金桂花ヨリ優美ニ薫《カヲ》レリ此花ト葉トヲ干シテ打砕キテ焼香材トス

日記の記述に「西南ニ最急ノ峻坂ヲ上ル事二里」とあることから判断すれば、私はほぼ同じ場所で、バロという同じ花を見ているものと思われる。記述にあるように、これはサツキに似た白い花を咲かせる香木である。バロはチベット語だが、ネパール語ではスンパテという。タカリー族は乾燥させた花びらを煎じて飲用している。私も飲んだことはあるが、材料が花びらだけに緑茶や紅茶とは異なり、花の香りが染み込んだような味がする。慧海が述べているように線香の材料にもするそうだ。

日記には、つづいてこういう記述が見られる。

后壱里以上ハ草ナク木ナク岩ト雪ト沙《スナ》トノミ雪ニ仆レ沙ニ滑リテ上ル頂上ニ到リテ亦《マタ》西方ニ下ル

引用文の「頂上ニ到リテ」とあるのは峠の頂上に達したという意味である。峠の名前はシェー・ラ・ムクチュンという。砂礫からなる荒涼とした台地状の頂上には一望千里の眺めが広がっている。慧海が通過したとき雪が付着していたことが日記の記述から察せられる。

他方、私のときは好天に恵まれて、谷を隔てた行く手対岸の山並の向こうにひときわ高く、ヒマラヤ襞を纏いつけたカンジロバ・ヒマールの秀峰カンジェラルワ（六六一二メートル）の氷雪嶺が望まれた。登ったことがない山でも眺めて懐かしく思われるのは、山が若いころに精魂傾けた対象であったからだ。郷愁を覚えずにはいられない。遭難死した仲間を思うにつけ、忘れてはならない対象として山は私の心裡で崇高な位置を占めている。

振り向けば、チベット国境につらなる、複雑に入り組んだ茶褐色の山並が見える。シェー・ラ・ムクチュンに立つのは九二年以来、二度目である。前回とは異なり、今回は地図とGPSを持参し、さらには前年（二〇〇五）に実施したチベット側での踏査体験をふまえて、付近一帯の地勢がある程度把握できるようになっていた。

慧海が越えたチベット国境の峠は、日記にも記されていないので推測するしかないのだが、そこへ至る谷筋は二本に絞られる。クン・コーラとムィ・コーラだ。どちらかの谷筋をたどったはずである。

果たして今回の踏査で、その謎を解明できるかどうか。はるばる日本から、去年はチベット側のパヤン地方へ、そして今年、ネパール側のトルボ地方で踏査しているのだが、謎を解き明かす自信が湧き出てこないのは、谷筋を同定するための決定的な根拠を欠いているからである。

登山に譬えるなら、目指すべき頂上がいまだ五里霧中の状態にあると言っていい。眼前につらなるチベット国境の山並の中に、クン・コーラとムィ・コーラの谷筋が含まれているにもかかわらず、見分けがつかなかった。もとより、まだ踏査していないのだから、やむを得ない。

チベット国境につらなる五〇〇〇メートル級の岩山に入り組んだ谷間を眺めていると、その谷間の隅々に人びとの暮らしが息づいていることに思いが至った。芥川龍之介の『蜘蛛の糸』が連想され、地獄を見下ろす釈尊の心境とは、これと似ているかもしれないと思った。この場合の地獄とは、跋扈《ばっこ》するマオイストによって収奪される村々であり、国境の向こう側の、共産中国による軍事侵略で破壊されたチベットの村々である。

それにしても、シェー・ラ・ムクチュンはなかなか魅力的な場所である。単調で丸みを帯びた尾根上からの一望千里の広がりに、この世のものとも思えない、超俗的な霊性が感じられる。砂礫ばかりで草木が見あたらないからかもしれない。アヌーも同じような霊性に打たれたらしく、昨夜、ナムドゥ村で村長と雑談中に仕入れた情報として私に話したのだが、シェー・ラ・ムクチュンは神聖な場所であり、曰くつきの歌があるそうだ。思うに、それはシェー・ゴンパに参詣する信者の御詠歌ではなかろうか。

シェー・ラ・ムクチュンから砂礫の急斜面を下り、谷沿いの道をたどればシェー・ゴンパに着く。途中、左手から流入する谷がある。九二年にシェー・ゴンパからの帰途、この谷を通って無人地帯を二泊三日で踏破して、ツァルカ村に戻った思い出の深い谷である。

茫洋と波打つ無人の大地で、どうして方位を的確に判断できるのか不思議でならなかったが、案内者のヌルブを見ていて理解した。彼はときどき立ち止まって、太陽の位置や周囲の地形を眺めて現在位置を確認しながら歩いた。先祖代々、移牧と交易で暮らしを立ててきた地元民の一人として、ヌルブの頭脳には国境を跨いだ、トルボ地方からパヤン地方にかけての地勢が刷り込まれていたはずである。そうした土地勘のあるヌルブがいたからこそ、私たちは無人地帯をも含むトルボ地方を踏破できたのだ。もし今度来る機会があれば、是非、ヌルブを踏査に誘ってみたいと思う。

ヒマラヤの辺境で有意義な旅をするには、土地の生活に根差した知恵が必要不可欠である。「郷に入れば郷に従え」で、むやみに自分の考えを主張することは断じて慎まなければならないと私は自らに強く言い聞かせていた。さらに言えば、辺境ならではの人情味ある人びとの恩に対し、決して仇で返すような失礼をしないよう気をつけなければならない。

私にとって、トルボ地方における忘れられない人物に、これまで紹介してきた、ツァルカ村のアマ、ティンギュール村のヌルブ、シーメン村のアマがいる。この三人は一言でまとめれば、桁違いに心根がやさしく、あたかも自然界の精霊が、人の姿を借りてこの地上に現れ出たのでは、とさえ思えるほどだ。仏のような慈悲や慈愛が人徳として備わっているのである。おそらく、そのような環境にあるからこそ、汚れなき純朴な生き方ができるのではないだろうか。それがまた桃源郷と言われてきた所以でもあるような気がする。

地元のこうした人たちの人情に接しながら旅していると、人は自然から生命を授かった仮の姿である、との認識が、自ずから芽生えてくる。競争や対立を煽って格差や差別を助長する私たちの現代社会とはほど遠い、基本的には融和を求めて他人を思いやる和の心が、自給自足型の前近代社会の息づかいとして伝わってくるのだ。

聖なる岩山リィブルゥクタを廻る

シェー・ゴンパに着いてひと休みしたのち、十四年前に投宿した家を尋ねた。主人はオング・ドゥという僧侶で当時五十八歳だった。家に誰もいないので近所の住人に訊くと、オング・ドゥはすでに亡くなっていた。息子夫婦が住んでいるが、いまは交易でチベットへ出かけて留守にしているとのことだった。オング・ドゥが存命であれば当年七十二歳だ。畜糞を燃やしながらチベット茶をすすっていた顔が思い浮かぶ。

この十四年という歳月の間に、亡くなるのは不自然ではない。が、旅の空にあって、無常を感じずにはいられない。もしつぎに来る機会があれば、忘れずに線香を焚いて、行く先々の、かつて世話になった方々への供養をしたいと思う。

世代が変わるにつれ、慧海が越境した峠にかかわる探索は、今後ますます困難になっていくだろう。私が得た知見の検証や、さらなる新しい手がかりを得ることが困難になり、やがては道そのものも、チベットで見られるようにハイウェイと化し、かつての光景が人びとの記憶から消滅することはあり得る。

シェー・ゴンパから眺める聖山リィブルゥクタ。右回りで一周する。海抜5000メートル級の険路悪路の長丁場で、慧海はかなり堪えたようだ。「彼等ノ崇拝ニ嘔吐ヲ催シテ其ノ愚ヲ憐ムノ外ナカリキ」と記している。（1992年撮影）

シェー・ゴンパが観光地と化すことも、もしかすると遠くはないかもしれない。

シェー・ゴンパはツァカン・ゴンパ、シェー・スムド・ゴンパ、ゴンモチェ・ゴンパという三寺院の総称であることを、オング・ドゥが生前、教えてくれた。チベット暦で五月十日にはティダと呼ばれる大祭があるという。ちなみに、シェー・ゴンパのシェーは水晶を意味する。おそらくシェー・ラ・ムクチュンのシェーも同じだろう。ラは峠だが、ムクチュンには茶色の意味がある。山頂一帯の砂礫をさしているのか。

チベット暦の七月の満月の日、各地から参拝者が集まってきて、川の対岸に聳え立つリィブルゥクタという聖山を右回りに周回する。満月はチベットでは吉兆とされているが、信心深い人びとは、満月に関係なく周回しているようだ。

私たちが周回したのは新暦二〇〇六年九

月三日。満月の四日前である。行程は険路長丁場につき朝六時に出発する。慧海がシェー・ゴンパを出発したのは一九〇〇年六月三十日朝七時、「案内者ト共ニ大渓流ヲ渡リテ西南ノ山中ニ上ル」と日記にある。

私たちは東チベットから来た遊牧民の巡礼家族と道づれになった。国境のマリユン・ラを越えて来たという。六十四歳になる母と二十七歳の娘、その夫と妹の四人家族からなる一行だ。二十七歳の娘は妊娠六か月。道中、足を捻挫し、よろけながら夫の手にすがるようにして歩く姿は痛々しい。これが信心のなせる業なのかと、不条理感を覚えずにはいられなかった。見ているだけで、こちらの心が痛む。

ヤクの被毛で織った分厚いチベット衣服に身を包み、ときどき腰を下ろして休憩しながら、捻挫した患部に、食料のツァンパ（麦焦がし粉）をすり込んでいた。これもまた信心のゆえか。気持ちとしてはわかるが、私が考えるにそれは迷信というもので、効能があるとは思えない。しかしその一方で、「病は気から」という諺があるように、気休めにはなるのだろう。あるいは私の常識を超えた奇跡として、信仰に秘められた超現実的効果が起こり得るのかもしれない。

湿布でもあれば分けてやりたいところだが、持ち合わせがなかったので、テント場に戻ってから渡すことにした。私たちは気の毒に思い、杖代わりに使っていたストックを妊婦に与えた。少しでも役に立ってほしい、返さなくていいから、チベットへ帰る道中も使ってください、と言い添えた。

その夫婦は一度、女の子供を亡くしたことがあるので、こんど生まれてくる子供の成長と健康を祈り、来る途中の聖地や寺院を詣でながら旅をつづけてきたのだと話した。シェー・ゴンパを参詣するのははじめてだという。テントや食糧を担いで、東チベットからひと月以上に及ぶ長旅である。逞しいというより、身重の体では難行苦行に等しいのではないだろうか。

私も一九九二年、九三年に越えたことのあるマリユン・ラの、がらがらの岩場道を、家族が腰をかがめて手をとり合いながら歩く姿が、容易に察せられた。さらには、私たちが昨日越えて来たシェー・ラ・ムクチュンをも、この家族は越えて来ている。峠は二つとも五〇〇〇メートルはゆうに超えている。その愚直なまでの信仰心は私としても理解できるが、現にいま目の前で、家族が寄り添い、ストックを突きながら休み休み歩く姿は見るに忍びない。

途中、ドルマ・ラという難所の峠が、シェー・ゴンパから一気に千メートルあまりの高度差で聳え立っている。そこまでのガラ場つづきの急登はさすがに堪える。息を切らせて登り着くと、峠には何組かの巡礼がいて真言を唱えていた。

毎度のことだが、アヌーは虚空に米粒を撒き上げながら真言を叫ぶ。ケケソソ、ハーギャロー(神よ、勝利し給え)。私も合わせて叫ぶ。紺碧に晴れ上がった峠の向こうの西空に、群雄割拠のごとくそれぞれの頂上を虚空に突き上げるカンジロバ・ヒマールの氷雪嶺が眺められた。

慧海もまた、ドルマ・ラからの眺望に感激したようで、日記にこう記している。

唯ダ余ノ得タル所ハ高雪峯上ニ上リ四方ヲ臨ンテ三皈《サンキ》十戒ヲ高唱セシ一事ノミ。是レ余ノ最モ壮快ニ感ゼシ所ナリ

私たちはドルマ・ラに腰を下ろしながらカンジロバ・ヒマールを遠望した。山々の眺めは素晴らしく、疲労した心身が慰撫される。アヌーが興奮しながら、あれだ、あれだ、と声を出し、聳え立つ氷雪嶺の中の、とりわけ優美な山容を指さした。

一九七三年、アヌーがサーダー（シェルパ頭）で初登頂した北里大隊のセルク・ドルマ（六二二七メートル）だ。セルク・ドルマという山名は、銀の女神像といった意味だが、アヌーが自らも山頂を極めて命名した。聖山リィブルゥクタの峠ドルマ・ラから、自らが初登頂して命名した氷雪嶺を遠くに眺める面持ちは感無量に違いない。

いっとき山を眺めたのち、アヌーは自らを卑下するかのように、急にしょんぼりして声を低めながらこう言った。「あんな小さな山でも、私にとっては大切な宝なんです」。それは確かにそうだろうと私も思う。何をしょげているのか。

アヌーは一九八一年に私が参加したエベレスト西稜登山隊（明治大学）のサーダーである。それ以外にも、エベレストには各国の登山隊とともに何度も出かけている。エベレストという世界最高峰での大規模な登山にくらべたら、セルク・ドルマは無名峰で、六〇〇〇メートル級の小さな山でしかないことを恥ずかしく感じたのかもしれない。

顧みれば、ヒマラヤ登山の世界では、鳴り物入りの事大主義が幅を利かせていた時代が確かにあった。私もその時代に登山を実践した。八〇〇〇メートル級の巨峰を対象に大がかりな登山隊を組織して、たくさんのシェルパが雇用された。アヌーも、ヒマラヤの勇者として各国の大登山隊に雇用されて働いた。

アヌーの人生は、多くのシェルパ同様、物心がつく少年時代からヒマラヤ登山隊に従事し、糧を得ることで成り立っていた。アヌーの父パルデンもまた然りである。足が速かったパルデンは一九五三年、イギリス隊エベレスト初登頂（五月二十九日）のメールランナーとして雇用され、エリザベス女王の戴冠式（六月二日）に間に合うよう、ベースキャンプからカトマンズまで走って世紀の朗報を伝えている。

シェルパは登山という過酷な状況でひたすら働きつづけた。ときには高所で危険に身をさらし、多くの仲間を失っている。

アヌーがセルク・ドルマを指して言うように、自らの人生を振り返ったとき、小さな山でも綺羅星のごとく光輝く初登頂の体験が、私にもある。アヌーは私と苦楽を共にした長年の仲間であり、誰に話すわけでもないが、心に灯るその輝きを、私にたいして密かに打ち明けたのだと思う。

「山高きが故に尊《たっと》からず」との教訓がわが国にはある。山の標高は登高欲を刺激する一つの指標になり得ても、現代のような観光化の時代では、エベレストがそうであるように、高いだけでは登山対象としての魅力に欠ける。観光産業の目玉にはなり得ても、未知なるものへ憧れる探検精神を満たす対象にはなり得ない。

私たちがドルマ・ラからカンジロバ・ヒマールの山並に見惚れている間に、他の巡礼一行は私たちとは異なり、山々に興味を持って眺めることもなく真言を唱えたあと、峠の反対側へそそくさと下った。

帰路、奇岩奇勝が目につく険路をたどる。慧海は日記に「独鈷《トッコ》自然生等ノ岩ノ奇形アリ」と記す。アップダウンが繰り返されて相当にくたびれる。慧海の日記に「其レヨリ東ニ急坂ヲ下ル事壱里ニシテ岩窟ノ寺院ヲ見ル」とあるが、その「岩窟ノ寺院」とはツァカン・ゴンパという洞窟の寺院である。

私たちはそのツァカン・ゴンパを拝観し、お茶でもご馳走になりながら休憩しようと考えていた。ナムドゥ村の村長から紹介状を預かっていたのだ。しかし、険路悪路の長丁場であり、寄り道をすれば、テント場に戻るのが遅くなってしまう。日の出ている明るいうちに着きたかった。ツァカン・ゴンパへは明朝、出なおすことにして先を急ぐ。

後につづいて来た身重の巡礼家族は私たちと別れて、ツァカン・ゴンパに泊まることにした。妊婦を労わってのことである。そのほうがいいだろうと私も思った。決して無理をする必要はない。妊婦がヒマラヤ山中を巡礼すること自体が艱難辛苦の極みなのだ。

疲れ切って午後六時半、シェー・ゴンパのテント場にたどり着いた。十二時間あまり行動したことになる。慧海もまた、私たち同様十二時間あまりの行動を強いられて、午後七時半に戻ったことが日記に記されている。

慧海の日記を見ると、行程十里とある。これより長い行程を移動した日もあるが、いずれもそれは平坦地であり、五〇〇〇メートル前後の高地を一日中歩いたこの日の行動はよほど骨身に徹したものと思われる。そのせいか、聖山リィブルゥクタを周回するチベット人の巡礼にたいして、以下のような手厳しい評価を下している。

其ノ崇拝信仰ノ甚シキハ純真仏教ノ義ニ非ズシテ偽似仏教即チ自然崇拝教ノ意ニ依レルナリ余ハ彼等ノ崇拝ニ嘔吐ヲ催シテ其ノ愚ヲ憐ムノ外ナカリキ

純真仏教ではなく疑似仏教、すなわち自然崇拝教であり、彼らの崇拝に嘔吐を催し、その愚を憐れむほかないと述べている。教義の整った宗教というよりは、土俗的な一般民衆のアニミズムの類を指しているものと思われる。

巡礼家族と分かれてナングン・ゴンパへ

翌朝七時ごろ、朝食を済ませて、ツァカン・ゴンパへ出かけようとしているとき、昨夕別れた、妊婦を交えた四人の巡礼家族が戻って来た。昨日の疲れも回復したようで明るい表情を見せている。明日、帰路につくという。ナムドゥ村や、シーメン村を通って途中、ティンギュール村のちかくにあるクーラという聖山を周回し、往路同様、マリユン・ラを越えて東チベットにある故郷の村へ戻るのだと話した。長途の旅である。願いが成就することを、私たちも祈らずにはいられない。昨日約束したように、捻挫の治療に湿布材を分け与えた。

篤信家のアヌーは、巡礼家族の一途な信心にひどく感激していた。親近感を覚えたようだ。「私たちも明日、発ちますから、途中まで是非いっしょに行きましょう」などと話している。去る人もあれば来る人もいる。シェー・ゴンパでは、吉兆とされる満月が迫っていることでもあり、寺院詣での人びとが増えはじめた。

この朝、巡礼の一行が続々と集結し、それに合わせて人の出入りが慌ただしくなり、食堂や土産物などの出店も建ち並ぶ。景気づけに、チベットの歌謡曲が、最大限の音量でスピーカーから鳴り響く。出店では発電機をヤクの背につけて運んで来ていたので、私は撮影カメラのバッテリーの充電に、その出店の電気を使わせてもらった。

私とアヌーは、そのあとツァカン・ゴンパへウマで出かけた。テント場からツァカン・ゴンパを眺めると、急峻な岩山の崖っぷちに豆粒のようにぽつんとへばりついて建っているのが見える。ちょうどそこは私たちが昨日たどって来た参拝道の曲がり角になっていて、そこから向こう側へ道なりにつづく風景が、岩の陰に隠れて視界から忽然と消えている。このため近景はそこから断ち切れて、遠景の山並がいきなり、峡谷を隔てて大空間の向こうに見渡せるので、風景全体の構図に遠近感や広がりが出てことさら雄大なものにしていた。

チベット仏教の参拝は右回りと決まっているから、それに従って、リィブルゥクタを右回りで参拝すれば、こちらからは見えない岩の裏側の道からツァカン・ゴンパに回り出てくることになる。それだけに突如、難路から解放されて、誰もが一息つける場所である。建前としては、そこはおそらく聖域と俗域の境界をなしているのだろう。

スディルやコック、馬方はたいして興味もなさそうで、ツァカン・ゴンパに行く気がない。どちらかと言えば、私も興味や関心があるわけではないが、だからと言って、ナムドゥ村の村長から預かってきた紹介状を手渡すのに、信心深いアヌーを独りで行かせるのも、長年、苦楽をともにした仲間であれば、できない相談だ。

峩々《がが》たる岩山を背にしたツァカン・ゴンパの、猫の額ほどの前庭はジャガイモ畑に耕されている。ジャガイモで飢えをしのぎながら修行に励んでいるのかもしれない。

私たちが着くと、住持は愛想よく出迎えた。カルマ・ツォンドゥ・センゲ（四十七歳）という小太りの僧侶で、妹がイギリスにいるという。自分は十七年前、先代のリシ・テンジン・ドルジェが亡くなったので、後継者としてシッキムのルムテック・ゴンパから来た、などと、いろいろ親切に聞かせてくれるのだが、アヌーとは異なり、チベット語もわからず信心の薄い私には退屈な話である。それでもシッキムには行ったことがあるので耳を傾けないわけにもいかない。

シッキムもまた、人びとの気質も穏やかで魅力的な土地柄である。九〇年代にアヌーやスディルとともに三度訪れている。その間、ルムテック・ゴンパも見学した。そのことをアヌーが話すと、たいへん喜んで、シェー・ゴンパに纏わる故事来歴を長々と話して聞かせた。

総称してシェー・ゴンパと言われる三寺院、すなわちツァカン・ゴンパ、シェー・スムド・ゴンパ、ゴンモチェ・ゴンパのなかで最も古いのはゴンモチェ・ゴンパ。開祖はドゥプト・センゲン・イシである。九年間、洞窟で瞑想をつづけたという。

開山にまつわるドゥプト・センゲン・イシの話は慧海の日記にも記されている。

> 此《コレ》ヨリ西南ノ雪峯見レバ岩壁ニ一《ヒトツ》ノ穴アリ此《コノ》穴ハ此山名跡ノ開山ドゥプトプ・イェシー・センゲ（原文チベット語・筆者註）ノ空ヲ馳《ハシ》リテ岩壁ヲ突通シテ開ケラレシ穴ナリト

ツァカン・ゴンパの住持は他にも、どこそこには誰それの手形足形があるとか、先代のリシ・テンジン・ドルジェは生前、日記をつけていた、などという説明をしながら、その手形足形の跡だと言って、巌のくぼみを示したり、日記をわざわざとり出してきて見せたりした。

高僧のものだという巌のくぼみはツァカン・ゴンパにとどまらず、あちこちの聖地にあるようで、先年訪れたシッキムでも何ヶ所かで見た。一方、日記は模造紙のような大きな紙に書かれて束になっていた。研究者には貴重で資料価値の高いものかもしれない。アヌーはじつに有難そうに、いちいち相槌を打ち、恭しい態度で合掌しながら説明を聞いていた。

そして日記を見せられたときは、ついに感極まったようで、襟を正して読経をはじめた。とにかく、アヌーは信仰心が篤く、何かにつけて読経する習性が身に沁みついている。私は親愛なるアヌーの読経のお裾分けに預かったつもりで千二百ルピーをツァカン・ゴンパに寄進した。

アヌーに纏わるエピソードを、ここで一例つけ加えておきたい。九〇年代のことだが、トレッキング中、アンナプルナ・ヒマールの渓流で私はアスラという、ハヤに似たコイ科の小魚を釣り上げた。アヌーは傍らでもの珍しげに見物していた。エベレストの山麓にあるナムチェ・バザールで生まれ育った彼は釣りにはまったく縁がない。

釣り用語では「野絞め」と言うのだが、釣果の魚を、私はその場で小石を拾っていきなり頭部を叩いて殺した。それを見たアヌーが突然、御経を唱えあげたのでさすがに驚いた。そして思わず噴き出しそうになった。わが国の魚屋でも、活魚を料理することは多々ある。もしアヌーが居合わせたら、きっと御経をあげるのではないかと、つい連想したのだ。

あのとき私は、釣果のアスラを唐揚げにして二人で食べたのだが、なかなか美味いね、とアヌーが感心していたのを覚えている。

私たちはツァカン・ゴンパで日記を拝見したのちテント場に戻った。途中、道端にマニ車《ぐるま》が並んでいる。マニ車の回転させる動力には三種類ある。水流で回転させるものと風力で回転させるもの、それに参拝者が手で回転させるものである。水流を利用して回転させるのものはマニ・チュグル、風力で回転させるものはマニ・ルングル。チベット語でルンは風、チュは水をさす。シェー・ゴンパの堂内にあるマニ車は参拝者が歩きながら手で回す一般的なもので、よく見かける。

翌朝、帰路につく巡礼家族がテントをたたんでいた。私たちもテントをたたみ、前後して出発する。つかず離れず、巡礼家族とともにシェー・ラ・ムクチュンまで進んだ私たちは、そこから左方へ分かれてサルダン村を目指す。巡礼家族は右方、すなわちナムドゥ村へ下っていく。互いに手を振り交わしながら見送った。このときもアヌーが御経を唱えたことは言うまでもない。旅の一期一会を大切にし、互いの安全を祈願してのことである。

シェー・ゴンパからシェー・ラ・ムクチュンまでの高度差は約八百メートル。峠を越えてサルダン村への途中、海抜四五〇〇メートルあまりの地点にナングン・ゴンパがある。慧海の日記にその名が出てくる。「山腹ヲ傳ヒテ下リ行ク事二里半ニシテ渓間ニ寺院ヲ見ル（ナム・ゴン）ト云フ」

私たちは慧海が「ナム・ゴン」と日記に記したナングン・ゴンパに立ち寄った。チベット仏教ニンマ派の寺院である。テンジン・チョーキャップ（六十二歳）という住持が親切に説明しながら案内した。高度差にして百七十メートルほど下方に、タキャン・ゴンパという巌窟寺院がある。住持によると、チベット動乱のさなか、パヤン地方にあるゴヤ・ゴンパ最後の化身シャンバ・リンポチェの遺体がここに運ばれてきて一年ほど安置されたのち、私たちが昨日参拝したツァカン・ゴンパで荼毘に付された。ポカラ近郊のヤンザ村にいる現在のシャンバ・リンポチェは少年時代にここで三年、タキャン・ゴンパで二年修行したのちポカラに移住したという。

シャンバ・リンポチェに関する話はこれ以前にも、カルマ老人やツァルカ村の絵師ペマ・ヨンドンから私は聞かされている（第二章、第六章参照）。ペマ・ヨンドンはそのとき私に、このナングン・ゴンパで撮影された遺体の写真を見せた。カルマ老人によると、シャンバ・リンポチェがゴヤ・ゴンパで亡くなったのは一九五七年である。

私たちは住持の説明を拝聴しながらナングン・ゴンパを見学したのち、サルダン村に所用があるという住持とともに村へ下った。途中、チベット国境につらなる岩の山並を前方に眺めながら広大な斜面を横切り、青々とした大麦畑に囲まれたサルダン村の集落を見下ろす斜面に腰を下ろして休憩した。

共産中国の覇権主義によるチベット侵攻、動乱、そして併合という激動の時代をへて現在に至っているが、それ以前、交易にしても巡礼にしても、何の制約もなく誰もが国境を跨いで自由に行き来していた平和な時代があったのだ。ヒマラヤの辺境地帯で国境はあってないようなものだった。事実、このとき（二〇〇六年）ですら、国境標識は設置されているものの無人地帯であり、交易や巡礼はチェックされることなく自在に行き来していた。

しかし、いつまでつづくかはわからない。年々、監視体制は強化されている。それを思えば、共産中国が誕生する以前、仏道に帰依したチベットの風土の中で実践された慧海の旅は、日々、充実していたに違いない。

そうした感慨に捉われながら眺めると、眼前に広がる風景さえもが、何かなし重苦しいものに見えてくる。チベット国境につらなる氷蝕地形の岩山が、暮れなずむ夕日の光輝に赤々と照らし出されて凹凸をあらわに陰影を濃くし、まるで命をふき込まれた生きもののように浮き立ち、私を手招きしているかのようだった。あと数日もすれば、その山並に分け入って国境の峠や村々を踏査するのだ。

チベット国境の山並を眺めるサルダン村

国境を仕切ってつらなる岩山の向こうがチベットのパヤン地方だ。慧海の潜入経路の謎解きにからむ一連の旅を通じて昨年（二〇〇五年）は、その核心部ともいえる国境の峠や、チベット側の二ヶ所に位置するクン・ツォとエナン・ツォという湖、さらにそこから白巌窟に至る経路を踏査することができた（第二章参照）。

しかし、国境の峠にからむ謎が完全に解明したわけではなかった。白巌窟の場所は解明できたが、慧海が命名した三つの湖（池）については同定できなかった。慧海の日記と『旅行記』に記述された「池」

すなわち湖はクン・ツォなのかエナン・ツォなのか、このどちらかでしかないにもかかわらず決め手となる根拠が見つからないのだ。

そのため、チベット側のパヤン地方での踏査と、これから実施するネパール側との踏査を照らし合わせて検証する必要があった。これまでの踏査の過程で、自分でもわからない正体不明の謎に手こずってきたことを思えば、今後も、その正体を突き止めないかぎり、謎は残されたままになる。峠を推論する過程で、おそらく辻褄の合わない部分が必ず出てくるはずである。

正面に眺めるチベット国境の山並は、手前眼下に深く切れ落ちた大きな本流の谷川を隔てて、国境から派生する尾根筋や、そこに刻まれた谷筋もふくめて手にとるようにはっきりと細部にわたって眺められた。右手ナムドゥ村の方から左手サルダン村の方へ本流の谷川が流れている。同行しているナングン・ゴンパの住持に聞くと、キラタン・ツァンポーと教えてくれた。

先日、ここから徒歩で二時間ほどの距離だが、キラタン・ツァンポーの上流にあるナムドゥ村の村長に聞いたときはナムドゥ・ツァンポーと呼んでいた。一本の同じ谷川でありながら集落単位で呼称を使い分けているのだ。さらに言えば、ネパール政府発行の五万分の一の地形図ではナゴン・コーラと表記されている。ナゴンはナングンのことであろうし、ツァンポーは川を意味するチベット語で、コーラはネパール語だ。一本の川の呼称がチベット語とネパール語、そして集落単位で区分されているのは、私がみるに、近代化による画一化がいまだ徹底されていない土地柄ゆえである。そこには、いずれ淘汰されて歴史の中に消えてしまうかも知れない、その土地固有の地誌にかかわる文化的な事情がからんでいるに違いない。

サルダン村のテンジン・ナムギャルという村長によると、地元で集落ごとに呼称が使い分けられているこの一本の谷川は、ドラサムギュン・ツァンポーという名称で統一されている。元来、歴史的にも、この地方はチベットに属しているのだから道理といえる。

これにたいして、サルダン村の下流で右方の谷間から合流するのがドラサムギェン・ツァンポーである。二本の川は「ギュン」と「ギェン」という文言の違いがあるだけで、その発音の違いを私の聴力では聞きとれない。

親切な村びとが私の事情を察してか、私が聞く前に説明してくれた。それによると、サムギュンは小さい、サムギェンは大きいという意味である。分け方自体は簡明直截でも、チベット語を聞きとれない私には何とも複雑で混乱する。

おそらく地元住民は、もちろん混乱などするわけもないし、私のように地図を参考にする必要もないため、昔ながらの地名が使われているのだと思う。そこにはある種、生活に根ざした土地の息づかいが感じられる。

ちなみにネパール政府発行の五万分の一地形図でみると、二つの川の位置は把握できるのだが、地図にはドラサムギュン・ツァンポーがナゴン・コーラ、ドラサムギェン・ツァンポーがパンジャン・コーラと記載されている。ここで再び断わっておくが、川にしても峠にしても、本書では地元住民の呼称を尊重し、それにしたがって表記する。

サルダン村は、そのドラサムギュン・ツァンポーの左岸に延びる尾根の東向きの斜面に家屋を並べている。周囲の大麦畑は青々と畝っていた。私たちがこれまで通過してきたツァルカ村やティンギュール村の麦畑が収獲を間近に黄ばんでいたのにくらべると、やはり高度が下がっているせいかシーメン村同様、収穫には時期尚早の感がある。ツァルカ村やティンギュール村が標高四〇〇〇メートルを越えているのにたいし、シーメン村やサルダン村は四〇〇〇メートルに達していないぶん、気候が温暖で収穫が遅い。この地方では秋の収穫あとの畑に、山の移牧地から下ろした家畜を一時的に入れておく。そこでの畜糞を堆肥や燃料として活用するためである。

村長のテンジン・ナムギャルが言うには、この村には自分も含めて村長が三人いるためまとまりに欠くのだとか。それが原因で、プロジェクト事業がなかなかまとまらないと話す。一本の川の呼称が集落単位でいくつもあるのと同様、村長が複数いるというのも、私が理解できないだけで、現実にはどこかで互いに通底する部分があるのかもしれない。そのためあえて統一する必要がないのだろう。

村長は私たちを学校に案内した。フランス人のプロジェクトで建てられたとのこと。セルリン・ドクタ・ロウワ・セカンダリー・スクール（Shelrin Drukdra Lower Secondary School）という、何とも長ったらしい校名だ。六歳から十五歳までの生徒が四十五人、先生が九人いる。日本に当て嵌めれば小中一貫校ということになろうか。居合わせた先生は二十歳のグルン族。アルガート・バザール村の出身で赴任して十ヶ月になるという。後日談になるが、二〇二二年に訪れたときは、先生は九人だが、生徒数は八十人に増えていた。人口増加の傾向にあるようだ。心なしか、先生も生徒も村びともふくめて生き生きして村の全体に活気が感じられた。

先生の出身地アルガート・バザール村は一九七六年と翌七七年、私がヒマルチュリという山に出かけたときキャラバンの起点になった村である。当時、私は二十九歳、そして翌年、三十歳。登山に心血を注いでいた若かった自分と、アルガート・バザール村のマンゴーの樹々が繁る亜熱帯性の風景や、二百人ちかい荷担ぎのポーターをつらねて歩いたキャラバンの行列、そして登頂目前の土壇場で発生した遭難事故などが重なり合い、悲喜こもごも懐かしく思い出される。

サルダン村の小学校の先生は二十歳だから当時の私にくらべて遥かに若い。わが身に当て嵌めて二十歳といえば、なまくらな大学生だった。その先生は、子供らの心が健やかに育ち、社会を担う人材になってほしい、そのために自分は努力するし、子供らとともに互いに成長するのが夢だというような抱負を語った。目を輝かせ、希望に燃えているように見えた。青年の高邁《こうまい》な志に私は心を打たれ、頭の下がる思いを禁じ得なかった。

村長に、マオイストについて尋ねると、先日、無許可で入域していた外国人を捕まえて連行したという。私としては聞き捨てならない。マオイストがこの近辺にうろちょろしているとしたら、そのうち私たちの噂を聞きつけて資金強奪に来ないともかぎらない。

翌朝、村のサミヤチョリン・ゴンパという寺院で法会があった。昨日、私たちとともに来たナングン・ゴンパの住持も参列していた。所要があると言っていたのは、この法会に出席するためだったのだ。

村びとが三々五々、境内に集まって来ては拝殿に向かって五体投地礼を繰り返した。明日は満月だ。村びとの話では、そのため斎戒自新しなければならない。お茶や水は飲んでもいいが、食事は断つ。会話するのも同衾《どうきん》もいけないという。

法会のあと村びとは集団で、なかには子供を背負った婦人も交じって馬に跨り、隊列を組んでシェー・ゴンパめざして出発した。しかも、のんびり進むと思いきや、そうではなかった。気合を入れて馬の尻にムチをあてながら、かなりのスピードで飛ばした。

私はその様子を見送るようにして眺めていたのだが、婦人に背負われた子供が激しく揺れるので、何かの拍子に振り落とされはしまいかと気が気でなかった。ヒマラヤの主脈を挟んで北側に位置するこの地方は馬の文化圏であり、男女のべつなく馬を乗りこなす社会だ。シェー・ゴンパの参詣に出かけた村びとたちと、これからチベットとの国境へ向から私たちの安全を祈願して私が五百ルピー、アヌーが百ルピー、寺院に寄進した。

シェー・ゴンパを詣でたあと、ナングン・ゴンパを経てサルダン村に着いた慧海は、日記に「陋石屋《ロウセキオク》ニ着キテ宿ル」と記述している。「陋石屋」とは岩小屋を指しているのではないかと思い、村長のテンジン・ナムギャルに聞くと、ネパールとチベットが戦争した昔の時代の砦跡が村はずれに残っていて、そこにゾン・プッパと呼ばれる巌窟があると教えてくれた。ゾンは砦、プッパは巌窟を意味する。もしかすると慧海はそこに泊まったのではないかと私は推理した。

行って見ると、川べりにある崖の中腹に巌窟がある。すぐ傍を流れるドラサムヂュン・ツァンポーに支流の小川が流入し、出合付近は草地になっている。ヤクを同行させていた慧海にとって、小川の傍の草地は餌場でもあり、野営するには都合がいい。

もちろん、断言できるような手がかりはないけれど、否定する証拠もない。この一帯ではここ以外に巌窟はないのである。崩落した道をたどって馬方が中に入った。背丈くらいの高さはゆうにある大きな巌窟だ。内部はハトの糞だらけになっていた。馬方が中に入ったとたん、ハトがいっせいに羽ばたきながら何羽も飛び出した。

巌窟のあるこの場所から、ドラサムヂュン・ツァンポーに沿って道なりに下っていくと、山並を隔てた右方からドラサムヂェン・ツァンポーが合流する。ティンギュール村やシーメン村を通り抜けてくる谷川だ。二本の谷川の合流地点手前のドラサムヂュン・ツァンポーに木造のちいさな橋がかかっている。

その橋を渡った道端に、倒壊しかけたチョルテンが三基、さらに後方に六基並んでいる。合流地点から下流左岸に視線を転じると、山腹にルリという、こじんまりとした集落が見える。遠く離れたその佇

ヤンツェル・ゴンパ手前の二股付近を流れるドラムサムチェン・ツァンポーにかかる二つの橋。慧海はこの川の流れを「テンギュ河」と記している。手前にかかるのが昔ながらの橋。（2006年撮影）

いに、とめどない漂泊の心が刺激され、いつかまた来る機会があれば立ち寄ってみたいと思った。山を見れば登ってみたくなるし、村を遠くに眺めれば行ってみたいという衝動に駆られるのは、少年のころ芽生えた憧憬の心とつながっている。かつて実践した登山や、慧海の足どりをたどる長年の旅の起爆剤になっているのは、この憧憬の心に違いない。

私たちは合流地点から道なりに尾根の末端を回り込んだ。ドラサムチェン・ツァンポー左岸のすぐのところに、ネパール政府がつくった鉄製の吊り橋がかかっている。そこから谷筋は前方に大きく開けて、私たちが今日キャンプする予定のニサル村が上流右岸の台地にちいさく見える。慧海も同じ風景を眼にしたはずだが、日記にニサル村の記載は見あたらない。何故なのかと、ここでも疑問が湧き起こる。もっとも慧海はチベットの聖なる都ラサをめざしていたのであり、途中の僻村など眼中になかったかもしれない。
吊り橋に隣接して二、三メートル下流に古い木橋が残っていた。吊り橋の基部の石段には、完工年ではないかと思うが、ネパール暦で二〇六一年と刻まれている。西暦に直せば二年前の二〇〇四年。これは奇しくも、私が三年がかりで、ここから遥か上流の峠（モゥ・ラ）を越えた先にあるツァルカ村に鉄橋を完成させた年である。
吊り橋の基部の石段は手抜き工事なのか、二年しか経っていないのに表面のコンクリートの一部が剥落し、内部に詰め込まれた石ころが丸見えになっている。修復しなければ流水や雪などが入り込み、破損するのではないだろうか。私としてもツァルカ村に鉄橋をつくった手前、気になるところだ。[*1]
吊り橋を右岸に渡って間もなくの道端にある茶屋に立ち寄り、茶を飲みながら休憩した。私とアヌーとスディルの三人である。茶屋ではチベットを往来する交易の村びとを当て込んで、中国製の酒類や缶ジュースなどが売られている。商品は国境の峠を越えてチベット側から運び込まれてくるのだ。茶屋の娘に訊くと、冬虫夏草の仲買人もやってくるという。[*2]
私たちは慎ましやかにミルクティーを一杯ずつ飲んだ。一番安いし、ミルクは地元産の搾りたてであり、紅茶もネパール産である。安いだけでなく、異国であればこそ、ときにはその風味や人情に旅情を感じることがある。
以前、アヌーと二人でランタン・ヒマールからの帰途、昼時だったので、茶屋でダルバートというネパールの定食を注文した。アヌーはシェルパとして、各国の登山隊で働いているから、どこそこの村は食べ物や酒がうまい、どこそこの村には美人が多い、などといった情報をたくさん持っている。
アヌーが言うには、道中、ダルバートを食べるときは、ロキシィ（稗や粟でつくる地酒）を食前酒として一杯飲むのがヒマラヤの高地民族の習慣なのだとか。言われて思い出したのだが、登山隊で往路帰路のキャラバン中、シェルパは村々に立ち寄っては食前酒としてコップに一杯飲んでいた。

ランタン・ヒマールからの帰途、アヌーに言われ、昼食時に立ち寄ったその村のロキシィはとくに美味いというので飲んだのだが、確かにコクがあった。それよりも道中、昼食前に地酒を一杯飲むという粋な計らいに私は感心した。わが国でも、旅行先などで食事前に一杯やるのは、情趣に富んでいて、旅行に色香を添えるツマのようなものだ。

トルボ地方では、近年、中国製の物資が入ってきているが、それ以外はほとんど地元産で賄わなければならない生活環境にある。私とアヌーとスディルがミルクティーを飲んだあと、茶屋の娘に代金を払おうとしたとき、なぜか娘はアヌーとスディルのぶんは頂戴するが私の代金は要らないと言い張った。

一瞬、訳がわからず、私たちは顔を見合わせた。理由を聞くと、心の好さそうな人に見えるからだという。と言って、アヌーとスディルが悪い心の持ち主だというわけではない。不思議ではあるが、思い返してみると、登山を含むこれまでのヒマラヤ山中での道すがら、似たような体験が私には何度もある。

ときには若い女から艶のある声をかけられることもあった。アヌーはそのたびにニヤニヤ笑いながら、どこで覚えたのか知らないけれど、日本語で「むっつりスケベ、むっつりスケベ」と、オウムのもの真似のようなトーンの高い口調で私をからかう。きっと私は、チベット人が言う「魂の白い」人に見られたのだと思う。

＊1　二〇二二年に訪れたときは修復されていた。

＊2　二〇二二年には国境の峠は閉鎖されて茶屋もなくなっていた。もちろん、交易も廃止である。

第八章　クン・コーラかムィ・コーラか

道の分岐点　果たしてどちらの道か

慧海のチベット潜入経路をめぐるトルボ地方の旅を通じてもっとも標高の低い場所が、ドラサムヂュン・ツァンポーとドラサムヂェン・ツァンポーという二本の谷川の出合、つまり合流地点である。標高約三七〇〇メートル。二本の谷川は、私たちがサルダン村から下って来た右股のドラサムヂュン・ツァンポーよりも、左股のドラサムヂェン・ツァンポーの方が流程も長くて水量も多い。

ドラサムヂェン・ツァンポーの源流は、私たちがツァルカ村からモゥ・ラという峠を越えてティンギュール村へ来る途中に渡渉したドックン・コーラだ。右股と左股が合流する出合二股付近の行程について、慧海は日記に、つぎのように詳しく記述している。

朝七時出立シテ東北ニ流レ下ル大渓流ニ添フテ下リ行ク事三里余リニシテ此流《コノナガレ》ハ（テンギュ）東南ヨリ下レル大渓流ニ入ル少シク前ニ橋アリ東ニ渡リテ（テンギュ）河ノ南岸ヲ東ニ行ク事三丁余ニシテ（テンギュ）河ヲ北ニ渡ル稍ヤ危険ナラザル橋アリ幅四尺長サ八間木ヲ以テ製シテ岩ト岩トノ端ニ懸レリ渡リテ北岸ヲ東ニ上ル事弱一里ニシテ河水ニテ焼麦粉ヲ食ヒ了テ同方向ニ上リ行ク

半里ニシテ大寺アリ稍ヤ荘厳（ヤムデル）ト云フ

句読点がなく、しかもカタカナが多用されているので少々読みづらいが、文意は容易に理解できる。意訳すれば、概ね、以下のようになる。

朝七時に出発して東北へ流れ下る大渓流に沿って行くと三里余りで、ティンギュール村の東南から流れてくる大渓流に合流する。その少し手前に橋がある。橋を東へ渡ってティンギュール川の南岸を東へ三丁余り行くと対岸へ渡る、危なっかしい木橋が岩と岩の間にかけられている。幅四尺長さ八間。この橋を渡って対岸を東へ上って行くこと一里弱の河水でツァンパを食べて、そのあとさらに道なりに上って行くと半里の地点にヤンツェルという、やや荘厳な大寺がある。

ここに引用した記述は、慧海のチベット潜入経路を占う上で極めて重要である。引用文にある「ヤムデル」はヤンツェル・ゴンパという寺院をさしている。この寺院は、チベットとの国境から十数キロ手前に位置し、日記に記された、ネパール側での場所を特定できる最後の地点である。

引用文（意訳）の「東北へ流れ下る大渓流に沿って行く」と記された「大渓流」は右股のドラサムヂュン・ツァンポー（別名＝キラタン・ツァンポー／ナングン・ツァンポー）である。慧海はこの右股の川に沿い三里余り下って「東南から流れてくる大渓流」、すなわち左股のドラサムヂェン・ツァンポーとの合流地点二股の少し手前で橋を渡っている。「その少し手前に橋がある」と記された橋である。この橋は慧海から百六年後の二〇〇六年時点でも、同じ場所にかかっていて私も通過した（さらに、その後の二〇二二年にも渡っている）。川原の大きさは流程や水量、谷幅など川のスケールに比例するようで、左股のほうが明らかに大きい。慧海は二股の合流地点から左股の右岸に沿ってつづく道を選んでいる。地図を参考にすると記述の正確さがよくわかる。

ちなみにスネルグローヴの『ヒマラヤ巡礼』にあるバンザン川は、ネパール政府発行の地図に記載されたパンジャン・コーラであり、土地のチベット人が私に教えたドラサムチェン・ツァンポーをさしている。この川沿いにある、慧海が日記に「ヤムデル」と記した寺院、すなわち地図に表記されたヤンツェル・ゴンパのある場所は、慧海のチベット越境の峠を推論する上で重要な位置にある。

慧海がヤンツェル・ゴンパを通過したことは間違いない。一九〇〇年七月三日のことである。この日は山中に野宿し、翌四日、国境の峠を越えている。日記に、峠名は記されていない。峠のむこう、すなわちチベット側に二つ並んだ「池」と、さらにそこから下ったところにもう一つちいさな「池」のあることが書き記されている。そしてこの日、峠を越えた慧海は、ネーユという場所にある移牧の集落に宿をとっている。

ネーユは地名だから、土地の遊牧民に訊けば場所はわかるはずである。実際、私は地元の僧侶と同地を訪ねて同定することができた（第二章参照）。日記にはこうある。「此部落ノ字ヲ（子《ネ》ーユ）ト云フ」。字（あざ）であり、地区をさしている。

一方、ネーユにたどり着く手前の、国境の峠を越えたところにある三つの「池」に、先述したように慧海はそれぞれ名前をつけている。二つ並んである湖について『旅行記』を再び引用する。「周囲二里位の池と周囲一里位の池がある。その池がちゃんと並んで居る。その一つの池は長方形で一つは円い池」「長方形の池には『慧海池』それからまた円い池には私が別名の『仁広《じんこう》池』という名を命《つ》けたです」

さらに、その下方にあるちいさな湖については「ちょうど瓢《ひさご》の形をして居る池がある。それはその形によって『瓢池《ひさごいけ》』と名を命けて置いた」。

すなわち、長方形の湖と円い湖と瓢の形をした湖があることが察せられる。当初、私はこの湖の形状に着目した。このような形状をした湖はどこか。それがわかれば準じて峠も判明するはずである。ところが現実は、そうは問屋が卸さなかった。

慧海の日記が世に出る以前、踏査の参考資料にしていた『旅行記』には「独り旅ですからな」と書かれてある。それで、慧海はてっきり一人旅をしたものとばかり思っていたのだ。これがまず、判断を誤る元だった。

後年、公表された日記から、一人旅でないことが判明した。日記の随所に散見するヤク、すなわち「犛牛」という文字によって、慧海はヤクを連れていたことがわかる。ということは、ヤク使いが同行していなければならない。おそらく、道案内を兼ねて雇ったのではないだろうか。

湖の形状については『旅行記』と日記では若干の食い違いが見られる。長方形と瓢の形をした湖については、日記でもそのように記されているが、「円い池」については、日記では「焔魔ノ顔面ノ如シ」とある。焔魔は俗にいう閻魔大王のことだろうし、それが円いのかどうか、私には判断がつかない。

とまれ、湖の形状に拘っていた私は、後年、衛星画像を見て検討した。東の方からマリユン・ツォ、エナン・ツォ、クン・ツォという具合に、大小二つずつ並んだ湖が国境に沿ってチベット側の三ヶ所に位置している。そして、「円い」、もしくは「焔魔ノ顔面ノ如シ」と記された湖はエナン・ツォに違いない、と判断した。

マリユン・ツォに関する、二〇〇四年に公表された日記を見て知った私の判断ミスについては先述の通りである（第六章参照）。残る二つの湖、クン・ツォとエナン・ツォについてはどちらが円いか。衛星画像を見れば、誰の目にも、エナン・ツォの方が丸いと映るに違いない。問題はその湖の下方に、瓢の形をした湖があるかどうかである。

二〇〇五年、チベット側の踏査に出かけた私は、クン・ツォとエナン・ツォの岸辺にテントを張って泊まり、その形状を確認した（第二章参照）。慧海が命名した瓢池と思われる小さな湖も、クン・ツォとエナン・ツォ双方の下方にそれぞれ位置している。これでは、峠を推論するための基準を双方とも概ね満たしていることになる。

つぎに、慧海が日記に記した距離を判断の参考にするのはどうかと考えた。慧海は毎日の行程を尺貫法で記述している。ところが一里あたりの距離を割り出しても、日によって一定していないのである。

総じていえば、湖の形状や、日記に記された距離が、実際の地形と齟齬をきたし、判断の決定打につながらないことを実感した。おそらく私は、それとは別の決定的な根拠となる情報、もしくは材料をいまだ入手していないのだろう。

慧海が書き記した湖は、クン・ツォかエナン・ツォか、そのどちらかであることは間違いない。しかし現地に足を運んで目の当たりにしながら、なお判断できないのだから如何ともし難い。

いずれにせよ、慧海はヤンツェル・ゴンパから国境の峠を越えて問題の池（湖）を経由してネーユに泊まり、翌七月五日には、自ら命名した白巌窟に達している。二〇〇五年の私の踏査によると、白巌窟は地元ではリッサンと呼ぶ岩山にある巌窟群をさす。

ヤンツェル・ゴンパから国境を越えて、この白巌窟までの行程こそ、慧海のチベット潜入経路を探索する私にとってもっとも興味深い謎の部分だった。私の踏査の目的も、その解明にある。それは一九九二年、ネパール政府による特段の配慮でトルボ地方に入域して以来の、私が解決しなければならない課題でもあった。

核心部分の謎に迫る

ヤンツェル・ゴンパから先の行程は日記にこう記されている。

大寺アリ稍ヤ荘厳ヤムデルト云フ其レヨリ上リテ下ル事半里余ニシテ北方少シク東ヨリ下レル急流ニ添フテ北少シク東ニ上ル事五里。行路（以下八行、墨で塗りつぶされている・筆者註）后直《タダチ》ニ草上ニ毛布ヲ敷イテ臥ス

墨で塗りつぶされた部分があるのだ。ところどころ、かすかに文字が垣間見られるが、文意は判読不能。読みとれる部分からかろうじて察せられるのは、ヤンツェル・ゴンパから上り下りして半里あまりで、「北方少シク東ヨリ」の急流に沿って「北少シク東ニ」進み、七月三日は草原に毛布を敷いて寝た、ということである。

ここで注意を要するのは、「半里余」と記述された行程についてだ。この「半里余」の捉え方によって、想定される進路が二通りに分かれる。すなわち、ヤンツェル・ゴンパのすぐ先にあるクン・コーラ沿いの道をたどったのか、それともその先にある尾根を一本回り込んだムィ・コーラなのか。さらに、ここには文脈から判断して誰もが陥る判断ミスが隠されている。これについては後述する（第十三章参

照)。

慧海は一九〇〇年三月十日、ムスタン地方のツァラン村を出発した翌日から、詳細にその日の行程を日記に記録している。地図上の距離から割り出した沿面距離、一里あたりの距離には日々ばらつきが見られ、一定していない。ただし、決定的な判断基準にはならなくても参考資料にはなり得ると思う。ヤンツェル・ゴンパから白巌窟までの行程を、尺貫法からメートル法に換算して割り出すと一里あたりの平均値は約二・八キロになる。この平均値をヤンツェル・ゴンパの先「半里余」と記された行程、つまり一・四キロと換算して、ネパール政府発行の五万分の一地形図に当て嵌めてみるとクン・コーラの出合付近に達する。

この点だけを考慮すれば、慧海はクン・コーラ沿いの道を遡ったと考えるのが妥当である。この道をたどって国境の峠クン・ラを越えればクン・ツォに至る。地元チベットの遊牧民はクン・ツォをツォニパルと呼ぶ。二つの湖(池)という意味である。

他方、誰が見ても、慧海が日記に述べてある形状に相応しいと思える湖、すなわち長方形と丸い湖が二つ並んだエナン・ツォへ通じるムィ・コーラへ行くには、地図を見ても明らかなようにクン・コーラの出合から二キロちかくも遠すぎる。

もしムィ・コーラを遡ったとすれば、そこへ行く途中、クン・コーラを横切るはずなのだが、日記に記述されていない点も腑に落ちない。もっとも私の判断は五万分の一の地形図を見てのことである。慧海の時代にはこのような地図などなかったのだから、判断基準が私とは異なる点に留意しなければならない。

もう一つ不可解なのは、ヤンツェル・ゴンパから先、クン・コーラへ向かう手前にあるニサル村も日記に記述されていないのだ。ニサル村の集落はヤンツェル・ゴンパから距離にして五百メートル足らずの、すぐ目と鼻の先にあるにもかかわらず、である。これは何を意味するのか。

もしかすると、考えにくいことだが、慧海の時代には集落がなかったのだろうか。ちなみに慧海が通過した五十六年後、ヤンツェル・ゴンパをはじめ、この地方一帯を調査したスネルグローヴ『ヒマラヤ巡礼』にはニサル村（ニセール）が出てくる。なのになぜか、そこにはクン・コーラについて一切記述がない。ムィ・コーラへ向ったスネルグローヴの一行は、クン・コーラの出合を通過したはずなのだが。

何か、訳があってのことではあるまいか。当たり前で単純な推論になるが、記述するには及ばなかったからかもしれない。事実、『ヒマラヤ巡礼』は、ニサル村界隈については詳細に記録している。スネルグローヴの一行はヤンツェル・ゴンパの庭に設営したテントに滞在しながら調査をつづけたのち、ニサル村を通過せずに下道を通ってムィ・コーラに抜けた。そしてムィ・コーラの道を遡り、ムィ村に出て、そこから東へ尾根を越えてシーメン村に達している。

以下、『ヒマラヤ巡礼』から、ムィ・コーラのムィ村をへてシーメン村への途上、尾根の頂から眺めた描写を引用する。

北側を眺め渡すと、いま私たちの目の前には、モェ村の谷の奥の源流域の全景が開け、そのかなたには、憧れのチベット高原まで顔をのぞかせているではないか。ヒマラヤの主脈を越え、なんとはるばるやってきたことか。（中略）道中出会った多くの人たちのことが、走馬灯のように私の心に浮かび、胸がつまる思いだった。国境までほんの一投足だが、私たちはここで我慢せねばならない。少なくとも、私たちはそのチベットの縁に触れることはできたのである。

引用文にある「モェ村」はムィ村である。この文章からはチベットへの憧憬の念を察することができる。ムィ村からムィ・コーラを遡れば国境の峠を越えてチベットだ。その峠の向こう側には、『旅行記』の記述にみられる長方形の湖と円い湖が二つ並んであることは、昨年（二〇〇五年）現地踏査で確認している。もう一つのちいさな湖も下方に見えていた（第二章参照）。

私は『ヒマラヤ巡礼』を読んで疑問に思うことがあった。この地方の人びとが家畜を連れて、国境を越えたチャンタンへ移牧に出かけていることに触れていながら、その経路についてはまったく触れられていない点だ。どの谷を通って、どこの峠を越えたのか、といった事柄について関心がなかったといえばそれまでだが、チベットとの交易や移牧は、トルボ地方の人びとの生活基盤にかかわる重要な営みであるだけに、私にとっては残念な気がした。

ここで私の大胆な仮説を述べれば、慧海の時代にもスネルグローヴの時代にも、何らかの事情で現在のような、ニサル村を通過してクン・コーラからクン・ラへ抜ける交易路は使われていなかったのではないか。だとすれば、慧海はスネルグローヴ同様、ニサル村の下道を通過したことになり、あえてニサル村を書き記す必要もない。ここにこそ、慧海のチベット国境越えの謎を解くカギがあるように思われる。

とまれ、日記によると、慧海はヤンツェル・ゴンパから先「半里余」の地点で谷沿いにつづく道を進んでいる。その谷道がどこなのか、クン・コーラかムィ・コーラか、この点が最大の謎である。慧海のそれまでの行程から割り出した平均値一里を二・八キロに換算して地図に照合すると、該当する谷筋はたしかにクン・コーラ以外にあり得ない。昔の尺貫法から現在のメートル法に換算した距離を判断基準にする方法によれば、慧海がクン・コーラをたどったと考えるのは理の当然である。[*1]

それともう一点、慧海の記述によると、出合二股から三丁＋一里弱（ツァンパを食べる）＋半里の地点がヤンツェル・ゴンパということになる。ネパール政府発行の五万分の一地形図に照合すると、この間、約三キロだから慧海の一里は概ね二キロと判断していいだろう。

この点から判断しても、慧海がたどった谷はクン・コーラである。しかし、こうした見方に対して、それとは異なる独自の観点とその論拠を指摘しておきたい。

まず、地図のなかった時代、さまざまな情報の中から、慧海は何を行動の基準としていたのか。思い当たるのは、『旅行記』でさかんに述べられているように間道の詮索である。慧海は道中、そのことに腐心していたと考えられる。

といって、ことさら夜陰に乗じて人目を避けることではなかった。もし、そんなことでもしたらかえって怪しまれるだけである。途中の村々で民家に投宿したことなどからも、それを窺い知ることができる。現に、慧海の越境は第三章で述べたように、百年余りをへた近年まで謎の越境者として土地の人びとの語り草になっているのであり、ことさらに人目を避けたわけでもなかったように思われる。

ただし、国境の峠越えの前日、前々日は村内を避けて宿泊している。私が思うに、それは人目を避けるためではなく、ヤクを同行させていたからに他ならない。ヤクには餌となる草地が必要である。おそらく同行していたはずのヤク使いの指示に従い、ヤクの泊り場である草地に泊まったものと思われる。

国境の峠に通じる谷を推論するにあたっては、そのような場所の有無が決め手になるはずである。ムィ・コーラの上流域はムィ村の移牧地に利用されている。これにたいし、クン・コーラは村もなければ移牧地も谷筋にはない。

ヒマラヤを長年歩いて気づかされるのは、ヤクやウマ、カッツァルなど駄獣や家畜の泊り場が、道中の行程に合わせてほぼ一定している、ということだ。村があっても草地がなければ飼料を買い与えなければならない。交易の経路では道々、駄獣や家畜が草をはむ場所は決まっている。要するに、駄獣や家畜とともに移牧や交易で生きるこの地方の人びとが移動する際に、草地を泊り場にするのは必然であり、慣例になっているのだ。

慧海はクン・コーラの道をたどったのか、それともムィ・コーラの道なのか。それを考える判断材料として草地の有無は重要である。

＊1　後述するが、ここにこそ最大の判断ミスがある。

行程に関する不確実性

上記のほかにもう一点、私が気づいたのは、行程に関することである。ヤンツェル・ゴンパからではなく、それより手前にある二つの谷川の出合地点、つまり二股からの距離を測るとどうなるか。「此流ハ（テンギュ）東南ヨリ下レル大渓流ニ入ル」と日記に記された地点、すなわちドラサムヂェン・ツァンポーとドラサムヂュン・ツァンポーの出合二股からの距離である。

まず、日記に記された行程を書き出すとこうである。「三丁余」「弱一里」「半里」「半里余」これを合計すると、少なく見積もっても二里以上の距離になる。慧海の平均値一里を二・八キロに換算して当て嵌めると距離は六キロちかくある。つまり、慧海は二股地点から六キロちかくの地点で国境へ向かう谷道に入ったことになる。

これを地図と照合するとどうなるか。二股から六キロ進むとクン・コーラを過ぎてムィ・コーラの入り口付近まで達する。となれば、ムィ・コーラの道をたどったのではないかとの推論もまた成り立つことになる。

しかし地図を参考にすると、この間の距離は四キロ余りであり、一里あたりに換算すると二キロ余りということになる。この点で、くだんの一里あたりの平均値二・八キロは整合性に欠ける。

ここで日記の記述を、もう少し細かく区切って地図と照合しながら再検討してみよう。

慧海はドラサムヂュン・ツァンポーがドラサムヂェン・ツァンポーに合流する二股の手前にかかったちいさな木橋を左岸から右岸へ渡っている。渡ってすぐに二股合流地点の尾根を道なりに右へ回り込むのだが、曲がり角の手前に、朽ちかけたチョルテン（仏塔）が建ち並んでいる（二〇〇六年踏査時）。

この曲がり角から左股、すなわちドラサムヂェン・ツァンポー、慧海が「此流ハ（テンギュ）東南ヨリ下レル大渓流ニ入ル」と日記に記した谷川の左岸に出て三丁余り進んだ地点で橋を対岸に渡る。二〇〇六年、私が通過したときはネパール政府によって建設された鉄製の吊り橋がかかっていた。この橋は地図に表記されている。その下流二、三メートルの地点に隣接して、昔ながらの木橋があった。慧海はこの木橋を対岸に渡ったとみられる。

橋の付近から眺めると行手前方、上流右岸の台地に、こんもりとボテピーパル（チベット菩提樹）の繁ったニサル村が望まれる。その少し手前に「大寺アリ稍ヤ荘厳（ヤムデル）ト云フ」と慧海が日記に記したヤンツェル・ゴンパがある。

問題は橋を渡って北岸、つまり右岸になるが、一里弱進んだ地点で「河水ニテ焼麦粉ヲ食ヒ了テ」と記された地点はどこか、ということである。「焼麦粉」、つまりツァンパを食べている。通常はバター茶を沸かして注ぎ、素手でこねくって食べるのだが、この記述から判断すれば、河水をそのまま混ぜ込んだようである。

この地点はどこなのか。橋を渡って一里弱、つまり私が算出した距離を充てれば二・八キロ弱、ということはヤンツェル・ゴンパの付近にまで達してしまう。日記に従えば、さらに半里、つまり一・四キロでヤンツェル・ゴンパに着く。これだとクン・コーラか、クン・コーラを過ぎた地点に相当する。慧海が遡った谷筋までは、さらに「半里余」とあるから、こうなるとムィ・コーラに達してしまう。慧海がムィ・コーラに沿ってチベット国境を目指したとの判断が、ここでは架空の推論ではなく現実味を帯びてくる。

つまり、ヤンツェル・ゴンパの位置は、慧海が日記に記した地点と現実の位置が符合しないことになる。私がGPSで測定した、二股出合からニサル村の村長宅までの距離は三・五五キロ。これはその位置を地図と照合しても概ね符合する。慧海の日記に記されたヤンツェル・ゴンパまでの行程は「三丁」「弱一里」「半里」の合計であり、それは現実には、ニサル村の手前に位置するわけだから、私がGPSで測定した距離、三・五五キロ以内でなければならない。ところが合計の距離はメートル法に換算して一里を二・八キロにした場合、四キロを越えることになり符合しない。

私はヤンツェル・ゴンパの位置を測定していないが、二股から三キロ余りという距離になろうか。地図を参考にしてもヤンツェル・ゴンパまでは直線で三キロ弱である。ということは、大雑把にみて一里半を三キロとみるのが妥当ではないか。[*2]

ここで便宜上、ヤンツェル・ゴンパまでの行程を一里半に割り切って三キロとした場合、慧海の行程の一里はメートル法に換算して二キロにしなければ辻褄が合わなくなる。そこで大雑把に、一里を二キロと換算すれば、ヤンツェル・ゴンパから先、慧海がたどった谷までの「半里余ニシテ」「急流ニ添フテ」と記された行程も一キロ余りとなり、クン・コーラとほぼ符合する。

このように、慧海がたどったと思われる谷川を推論するにあたって、日記に記された行程と現実の距離を参考に勘案すれば、一里は二キロとなる。[*3]

他方、二股出合からムィ・コーラまでは地図を見てもわかるようにほぼ六キロある。慧海の日記に記された行程では「三丁」「弱一里」「半里」「半里余」の合計だから、これを二里にしてメートル法に換算すれば一里あたりが三キロでなければ符合しない。

つまり、一里を二キロに換算すれば、二股から四キロ地点のクン・コーラ、三キロに換算すれば六キロ地点のムィ・コーラが、慧海のたどった谷筋ということになる。私が提示している平均値は前述したように二・八キロだ。ただし、この距離を採用しても地図上の距離とは符合しない。

さらに述べれば、慧海が歩いた一日当たりの行程の平均値は日によってばらつきがあり一定していない。同様に、メートル法に換算した一里あたりの距離にしても、それに準じてばらつきがある。

現に、三月十三日の「一里」の距離は四・一六キロであり、六月十八日の「一里」は一・六八キロになる。これだと、慧海が歩いた行程の平均値をとって距離を算出し、その距離で、慧海がたどった谷筋を推論するには正確性に難がある。加えて、日々の行程も一定していないことを勘案すれば、平均値をとって判断基準にするのは妥当ではないと思われる。

要するに、一里あたりをメートル法に換算した場合の距離によって、慧海がたどったと思われる谷の位置が異なるわけである。これは何を意味するのか。一里あたり＝二・八キロという数値は、あくまでも平均でしかなく、慧海がたどった谷を占う判断の尺度として適正ではないということだろう。

ここでもう一つの捉え方として、日記に記された行程の比率から、慧海がたどった谷を割り出す方法がある。つまり、二股出合から、慧海がたどった谷の地点までは「三丁」「弱一里」「半里」「半里余」の合計だから、ヤンツェル・ゴンパから先の行程との比率は「三丁」「弱一里」「半里」対「半里余」で、おおむね三対一ということになる。この比率を現実のクン・コーラまでと、ムィ・コーラまでの距離を地図で照合すると一目瞭然である。誰が見てもクン・コーラに軍配が上がる。

ともあれ現段階で、慧海がたどった谷をクン・コーラであると断定するのは早計である。理由は、再三述べるように峠からの実景が慧海の記述と符合しないからだ。日記に記された行程は、一つの目安として参考にはなっても、それをもって決めつけるわけにはいかない。

断定できるのは、慧海がたどった谷はクン・コーラかムィ・コーラか、支流も含めて、このどちらかに限られるということである。それ以外に選択肢はあり得ない。直感でしかないのだが、慧海のたどったと思われる経路は、ヤンツェル・ゴンパから先、スネルグローヴが通過したのと同じに違いない。すなわち、ニサル村の下道である。慧海がこの下道を通ったのだとすれば、すでに述べたように村名が日記に記載されない理由も理解できなくはない。

いずれにせよ、慧海が記述した日々の距離や地図に拘るだけでは、経路を判断するうえで決定打を得るには至らないことがわかった。地図や距離からでは得られない判断基準が現実にはきっと伏在するはずなのである。

＊2　ヤンツェル・ゴンパは上部と下部に分かれて位置しており、慧海の記述にあるのは下部のゴンパである。

第十二章参照。

＊3　高山龍三『河口慧海』には、慧海の歩いた時間から距離を割り出した記述がある。それによると「一時間に平均〇・八五里（三・三四キロ）という数字が出た」とある。この高山説は『チベット旅行記（下）』でも紹介されている。これを一里あたりに換算にすると約三・九キロとなり、私が提示している、慧海の経路を占う場合の一里が約二・八キロ、あるいは入渓した谷を割り出すときに採用した約二キロとはだいぶ異なる。

これはどういうことかといえば、算出基準が異なるのだから結果が異なるのも道理である。「一時間に平均〇・八五里（三・三四キロ）」は慧海の歩行速度であって、行程を基準にした距離ではない。この平均値を判断基準にすれば、ヤンツェル・ゴンパを起点にした入渓地点までは「半里余」だから慧海は半時間足らず、つまり三十分弱で達したことになる。クン・コーラまで実際の距離は地図を見てもわかるように一・五キロほどだから妥当なのかもしれない。

ニサル村で雹に降られる

ニサル村に着いたのち、私たちはサルダン村の村長から紹介されていたドルジェという村長をたずねた。ドルジェ村長は国境を越えたチャンタンへ交易に出かけて留守にしていた。妻もトォーン（移牧地・ネパール語ではカルカ）に出かけていなかった。夫はチベットへ、妻は移牧の夏村で家畜の世話をしているのだから、日々の生活は何かと忙しそうである。

私たちは百ルピーを村に寄進して、村長の畑の片隅にテントを設営した。思わぬ闖入者に、村びとがもの珍しげに集まってくる。退屈しのぎには格好の材料なのだろう。マオイストについて聞くと、ときどきやって来ては、ナーという野生のヒツジの仲間を殺して食べているという。

マオイストにたいして批判するふうもなかった。「馬耳東風」といった感じである。元来、トルボ地方の人びとは国境を越えたチベットとのつながりが歴史的に緊密であり、言うなればヒマラヤの向こうから来た低地のマオイストとは容貌も宗教も文化も異なる。その点、マオイストは異邦人である。加えて、共産中国の人民解放軍とは異なり、殺戮を伴う軍事侵略をするわけでもないし、たんにコソ泥が来た、という程度の認識なのではないかと思う。

チベットとの交易状況について聞くと、昔は生産した穀類（マッカイ、タウェイなど）をチベットへ運んで売りさばいていたが、いまは逆で、米や缶ジュース、酒類、衣類、お茶に油類など中国製の生活用品がチベットから入ってきて買うものばかりだと、顔をしかめて嘆息を洩らしながら話す。

チベットでは自動車道路が国境ちかくにまで延びている。そこから中国製の物資が、峠を越えてどんどん搬入してくる。流通過程とともに、生活様式は変化して歯止めはかからない。

その一方で、目につくのは衛生事情である。昔と変わらぬ排泄様式が繰り返されている。便所もないのにテレビやラジオやビデオが普及してゆく。もちろん、洗顔はしない。風呂もない。昔はゴミなど出ようもなかったが、いまでは処分されることもなく溢れ出ている。

かつて行われていた鳥葬も、いまでは廃止になった。葬儀形態にも変化が生じつつあるのだ。以前、私は鳥葬も水葬も見たことがある。そのとき、人もまた鳥獣虫魚や草木と変わらぬ自然の一部として大地に還元されるという「生きとし生ける」ものの無常を感じ入ったものである。再生と循環からなるさまざまな命の結びつきを考えながら、そうした気持になれるのも、ヒマラヤに見られる圧倒的に純度の高い自然背景があればこそそのように思われた。

生活上の混乱やちぐはぐな面は、近代と前近代という時代のせめぎ合いとも見てとれる。旧態依然とした住民生活に葛藤が生じるのは止むを得ない。共産中国によるチベットの近代化は、歴史を紐解けば察せられるように、自然界に根ざした命を貴ぶ秩序や倫理とは異なる、軍事侵略や覇権主義による残虐な破壊の上に成り立っている。独裁国家の体質が憚ることなく拡散し、民族自決権はないがしろにされ、その勢力分子は世界制覇を掲げて、いまでは国境を越えてヒマラヤの村々や首都のカトマンズにも進出している。私がはじめてネパールを訪ねた一九七〇年代初頭にはまったく見かけなかった風潮である。

この先、いったいどうなるのか。こうした感慨に捉われると不安を覚えずにはいられないのだが、自分でどうにかなるわけでもない。

私たちはテントを張り終えてからヤンツェル・ゴンパへ足を運んだ。敬虔なアヌーは、不心得者の私とは異なり、参拝に行かないわけにはいかない。

私たちが村内を歩いていると、あっという間に暗雲が押し寄せてきて空を覆い尽くし、雷鳴がとどろき渡り、雹《ひょう》が降りだした。雹は激しく地面を叩きつけ、勢い余って、まるで飛沫のように跳ね返っている。私たちは慌てて民家の小屋に逃げ込んだ。村の広場では年老いた村びと男女十数人が雹を気にするふうもなく、酒を飲んだり菓子を食べたりしながらのんびり集会を開いていた。明日は満月で、しかも月蝕、そのための集会のようである。私が見るに、こうした寄合もまたある種、自然にたいする崇拝行為に違いない。

集会を見ながら、ふと思ったのだが、果たして酒を飲んだりしていいのだろうか。サルダン村では寺院の境内で拝殿に向かって五体投地礼を繰り返し、この日は斎戒自新しなければならないと話していたのに、ここではその戒律が守られてはいないようだ。谷川の呼名が地域によって異なるように、戒律にもそれぞれ地域差があるのかもしれない。

雹が雨に変わると、それまで和気あいあいとした雰囲気のなかで集会を開いていた村びとたちもこぞって軒下に避難した。二階の窓から半身を乗り出し、その様子を見物していた胡麻塩頭の婦人が、なにやら私に向って大声で叫ぶように話しかけている。話しかけられる理由もないし、チベット語はさっぱりわからない。スディルもチベット語は解せない。アヌーはシェルパだから、もちろん理解できる。

胡麻塩頭の婦人は嬉々とした声を発して威勢がいい。周囲の村びとたちも彼女に調子を合わせて一斉に声を上げて大笑いした。私をからかっているようなのだ。アヌーのギョッとした驚きの表情と、その場の雰囲気から察するに卑猥な言葉であるらしい。アヌーは驚きながらも、その意味するところを私に伝えようとはしない。恥ずかしそうに顔を伏せて困惑するばかりだ。

それでも私が聞きたがるものだから言わずにはいられなくなり、私の耳元で囁くようにちいさな声で話した。要約すればこうである。

「デカブツのようだから一週間ぐらい家に泊まっていってョ。亭主を追い出すからサ」

あまりの露骨さにアヌーは、言うに言われず躊躇していたのである。私はそれを聞いて吹き出してしまった。登山を通じて寝食をともにし、ときには命の危険に晒された長いつき合いの中で、アヌーの慎み深い、それでいながら陽気で誠実な人柄の面目躍如たるものを感じたのである。私は思わず、拍手喝采したい気持になった。何を言うか、親愛なるアヌーよ。恥じらうことなど何もない。

アヌーは若いころ「夜這いのアヌー」の異名をとるほど、故郷の村ではその道の達人として知られていた。虚実はともかく、十指に余る艶笑譚の数々を私も聞かされた。話は面白おかしく潤色されて笑い話として聞けるように仕立てられている。昔のわが国と同様、若者の間では夜這いが盛んだったようである。

慧海の『旅行記』には、ムスタン地方のツァラン村での話として村びとの娯楽について述べた箇所がある。「ところでこの辺の人々の無上の楽しみはなんであるかといえば、女に戯れ肉を喰い酒を飲むことであります」。さらにまた、カン・リンポチェを詣でてラサへの途次、ハルジェという、渡し船のある町でのことだが「その日は私共の同行者は実に獣慾的快楽を極めて居りましたがその有様はいかにもいうに忍びないから止《よ》します」との記述も見られる。他にも、例えば西川一三の『秘境西域八年の潜行』にも、チベットの風紀紊乱《びんらん》甚だしき様子が記載されている。

チベット人は自然の中で育ち、気性がおおらかだから猥談はもとより男女の仲も緩んでいるのかもしれない。雨宿りをしている村びとの中で、一人だけ、やけににやけた顔をしながら聞いている男が、もしかすると、私をからかっている婦人の亭主なのかもしれないと思った。婦人は私が日本人であることなど知らないようで、言葉が通じない私を見ながら怪訝な顔をした。少し間をおいてから私は、アヌーとスディル以外には理解できない日本語で婦人に言葉を返した。

「なかなかいい話だね、感激したよ。極楽、極楽、ありがとう」それを聞いて、アヌーとスディルは抱腹絶倒した。怪しげな言葉を使うとでも思ったのか、日本語を解せない婦人はキョトンとした顔になっていた。

雨が止むと、暗澹とした東の空に鮮やかな虹がかかった。ヒマラヤの奥地の村まで遥々やって来て偶然に眺める虹の、入陽を受けてことさらに輝くさまは、天地自然の妙そのもので神々しくあった。

国境の峠について村びとが教えてくれたのだが、それによるとクン・ラ越えは道もいいし、チベットへ近いのでヤクの隊商にもっとも多く踏まれている。ピジョールやポェという、ここからさらに西方の村々の隊商もクン・ラを越えている。他方、ムィ・コーラの峠越えは、現在、ムィの村びと以外にはほとんど利用されていない。

ネパール政府発行の地図にはドラサムヂェン・ツァンポー沿いに、シーメン村への道が表記されている。それが現実にはないのである。谷沿いに道があれば、遠回りして山々を越えることなくシーメン村に行けるのだが、険悪な峡谷がつづいていて無理なのだという。それで山越えの道が使われている。

先述の『ヒマラヤ巡礼』にも、谷沿いには道が通じていないことが記されている。そして同書によれば、ムィ村は山を越えたシーメン村と密接な関係にあるようだ。ニサル村からムィ村へはムィ・コーラの谷道が通じているのに、わざわざ山を越えたむこうのシーメン村とのつながりが深いというのも妙な話である。[*4]

＊4　二〇二二年の踏査でわかったことだが、かつて、この地に存在したキティン王国において、二つの集落は姻戚関係にあった（第十三章参照）。

道の分岐点　二つの谷川

翌朝、アヌーと二人、雨で昨日行けなかったヤンツェル・ゴンパへ向かう。ヤンツェル・ゴンパのダワ・テンジンという住持に渡す手紙をサルダン村の僧侶から預かっていたのだ。スディルやコック、馬方は休養する。

ヤンツェル・ゴンパは周辺にチョルテン（仏塔）やマニ塚（経文塚）を廻らせ、外観はいかにも堂々

慧海が日記に「大寺アリ稍ヤ荘厳（ヤムデル）ト云フ」と記したヤンツェル・ゴンパ。屋内にはたくさんのチョルテン（仏塔）や仏像が奉安されている。眉間に皺の刻まれた仏像もある。（2022年撮影）

としている。内部の様子などは前掲の『ヒマラヤ巡礼』に図解入りで詳細に報告されている。このヤンツェル・ゴンパについて慧海は「大寺アリ稍ヤ荘厳」と記すに留めている。

慧海がこの地を通過して一世紀あまり、その後のスネルグローヴから半世紀をへて現在、ヤンツェル・ゴンパは周囲に広がる岩礫の山肌と同じような茶褐色の、どことなく精彩を欠いた色調を帯びている。全体がすすけた状態で張りがない。もはや腐朽《ふきゅう》しつつあるようだ。石を積み重ね、泥で塗り固めたような家が集まっているニサル村もゴンパ同様、どこかすたれた感じは否めない。

私たちが訪ねたときダワ・テンジンは瞑想中につき面会謝絶とのことだった。瞑想は何日間にも亘ってつづく。すぐ傍に家のあるプンゾー（五十二歳）という名前の男がそう話していた。この男は僧侶の序列で言えばタワと呼ばれる格の低い僧侶だった。事情を話し、預かってきた手紙を手渡す。

プンゾーによると、現在、ヤンツェル・ゴンパは村の寺男が管理している。昔のような徳の高い僧侶は、現在はいないという。とりもなおさず、それは仏教の衰微を意味している。

これもプンゾーから聞いたのだが、ムィ・コーラ（チベット語ではムィ・ツァンポー）の源流は二股に分かれていて、それぞれに峠がある。右股はマンゲン・ラ、左股はゴップカル・ラという。このゴップカル・ラは地図にはラル・ラと表記されている。こういう場合、私は土地の呼名を尊重することにしている。

この日（二〇〇六年九月七日）、ヤンツェル・ゴンパから戻った私たちはクン・ラを目指した。今宵は満月、月蝕でもある。アヌーが大切に所持している「ルナカレンダー」というチベット暦によれば、午後十一時四十五分から月蝕がはじまると書き記されている。この暦には天気予報なども書かれてあり、アヌーの占いのネタ本になっている。

ニサル村を抜けると、ほぼ南北に流れる小沢（カグマ・コーラ）を道は横切り、すぐに二手に分かれる。そこは、よほど注意しなければ見逃してしまいそうな分岐点である。右手の道はあまり踏まれていない。先年、フィンランドの援助で作製された五万分の一の地形図を確認しながら私は歩いていたのだが、分岐点はそれにも表記されていない。

こうした誤差はネパールではざらにある。道のない土地に道が表記されていたり、立派な氷雪嶺がつらなっているのに地図にはなかったりして驚いたことがある。要するに正確性を欠くのである。とはいえ、それすらなかった昔の時代にくらべれば、現在位置の確認や判断の参考にはなるから大いにありがたい。

道の分岐点に立ち、私は疑問を感じた。不正確な地図の誤差以上に、この分岐点にかぎっては、慧海のたどった道にかかわる重大な問題が潜んでいるように思われた。すなわち、左の道をすすめばクン・コーラで、右の道をたどれば本流のドラサムチェン・ツァンポーに下って行き、クン・コーラの出合の小さな流れを渡渉し、尾根を回り込んでむこう側の、もう一つ奥地にある支流のムィ・コーラ（ムィ・ツァンポー）へつづいている。

私は地図を見ながら逡巡し、つぎのような推論に達した。もし現場を踏査せず地図だけを参考にすれば、そこに表記されていない分岐点を見落としてしまう。地図上に赤い破線として表記された道はニサル村からクン・コーラへつづき、クン・コーラの対岸で二手に分かれて、一つはクン・コーラの上流、一つは尾根を回り込んでムィ・コーラへと延びている。

これでは地図を見て判断すれば、誰しも、手前にあるクン・コーラを慧海がたどったものと判断する。現実にはない、地図上の道を判断材料にしているのだから、自らの判断ミス、つまり机上の空論であることにも気づかない。

私も当初そのように、慧海はクン・コーラをたどったものとばかり推論していた。しかし実際の道の分岐点に立ったとき、地図上の表記とのズレに一瞬、戸惑ったのだ。私は前年、チベット側からクン・コーラに上がったときの印象から、慧海はクン・コーラではなくムィ・コーラをたどったのではないかとの思いも捨て切れずにいた。

慧海がムィ・コーラをたどったとすれば、敢えて遠回りをしなければならない理由が必ずあるはずである。地図では読みとれない、私の知らない理由がどこかに伏在しているはずなのだが、いまのところ見当すらつかない。かたや、慧海の日記にある行程から判断するとクン・コーラをたどったことになるのだが、どうしても引っかかるものがあって腑に落ちなかった。どこかで私は判断ミスを犯しているという疑念が消えなかった。

前年、チベット側からクン・ラに上がったとき、慧海の日記にある記述と現実の風景とが符合しないことに違和感を禁じ得なかった。慧海が越えたのはこの峠、すなわちクン・ラでないとすればどこなのか。それは一九九二年、翌九三年にマリユン・ラやマリユン・ツォで感じた疑問と同質のものである。

慧海のチベット潜入経路を解明するには、私の内面でくすぶりつづけるその疑問の正体を突き止めることが肝要だった。とは言っても、それを裏づける決定的な材料が見つからないのだから隔靴掻痒《かっかそうよう》の感は否めない。いずれにしても、辺境の地にあって地図という近代的な物差しに拘るのは、慧海が越境した峠を見誤る気がした。むしろ、その時代における道の実態を知る必要がある。

慧海の時代、人びとは旅先で出会う人びとと情報交換しながら旅をつづけたはずである。私たちがごく簡単に得られるような地勢に関する俯瞰図的な概念は、持ち得ようがなかった。

地図もガイドブックもない代わりに、土地の人びととの生活習慣や人間関係、さらには信仰のもたらす情報が旅人の意識を占めていたのではなかろうか。それは私が考えるに、現代の私たちの想像を遥かに越えて、旅の重大な指針になっていたかもしれないのだ。つまり地図には表記されない、目には見えない生活に基づく伝聞情報を頼りに慧海は旅をつづけたのではあるまいか。慧海の日記や『旅行記』から、その片鱗が読みとれるのだ。

クン・コーラで月蝕を仰ぐ

村はずれの分岐点から山腹を縫うようにして尾根を回り込み、クン・コーラへ入る途中の道端で、バラ（ロサ・セルケア）の根を掘り起こしている二人の少年に出会った。ヒマラヤの乾燥地帯で目につく白い花を咲かせるバラである。ハマナスに似た赤い実をつけていて、これまでにもパキスタンやシッキム、ブータンをふくむ広い意味でのヒマラヤ地域の各地で、子供らが摘みとって食べたりするのを見かけた。

掘り起こした根は、暖房や煮炊きなどの焚きつけに使われる。掘り集めるのは、畜糞を拾い集めるのと同様、子供らの労働である。山肌の土砂崩壊など環境破壊につながりかねない問題だとしても、現実のところ、暮らしと直結した生活手段であり、避けては通れない。

クン・コーラは澄み切った瀬音をひびかせながら清浄な流れを見せている。流れだけを見れば、イワナやヤマメが棲息する日本の山地渓流に似ていて、渓流釣りの好きな私は思わず、渓魚《けいぎょ》が潜んでいそうな場所に視線が吸い寄せられてしまう。山を見て、登れそうなルートを眼で追うようなもので（登山用語でルートファインディングという）、渓流の場合も即、釣りに結びつけて流れを読んでしまう習性が身についているのだ。要するに、釣りキチ、山キチの類なのである。

道中、子供を抱いた若い母親が薬をもらいに来た。登山隊を組んでヒマラヤに通いつづけていた時代からよくあることなので経験上、土地の住民に分け与える分量を考慮し、若干多めに持参している。様子を聞くと、三日前から子供の下痢が止まらないそうである。通常の半分程度の分量を服用するように指示して、栄養剤とともに数日分の下痢止めの錠剤を分け与えた。

私はこのとき、クン・コーラからムィ・コーラへ抜ける間道があるかどうかを母親に聞いた。母親によると、ムィ村へ通じる道はあるが、人が歩ける程度の道であり、ウマやヤクは通れないという。『旅行記』には、慧海が間道に拘ったことが記されている。その可能性のあるところは、一つ一つ足を運んで自分で確認して判断しなければならない。

往々にして、その場で判断がつかない場合でも、何年か後に、天啓のように判断が突如ひらめくこともある。そのためにも参考資料として調べ返せるように、私は自らの足どりを毎日メモしながらGPSで記録した。一例を挙げれば、この日のクン・コーラでの昼食は午前十一時四十五分〜十二時三十分、場所は北緯29度31分562秒、東経83度7分27秒、三八八〇メートル、といった具合だ。

この日（九月七日）、私たちはクン・コーラ上部にテントを設営した。カレッという場所である。そのすぐ上流に、ナーというシカの仲間が集まっていたので、水を飲みに来たのかと思ったが、そうではなかった。そこには塩分が湧き出ており、それが岩塩となるので、動物が嘗めにときどき来るのだという。と、近くにある茶屋の女主人が教えてくれた。茶屋ではタバコや酒類、その他小間物を並べて、チベット交易で行き交う隊商を相手に商いをしている。

私たちがテント場に着いたとき、女主人は、娘と思われる少女と二人、目の前の流れをこちらへ向かって渡渉していた。水量はさほどでもなかった。しかし、それでも膝下程度はあった。清冽な急流である。その危なっかしい動作に、アヌーとスディルが素早く靴を脱いで流れに立ち入り、手助けをした。女主人も娘も、二人に支えられて渡りきるとほっとしたらしく、安堵の表情がありありと見える。

私は何十年にもわたって二人とヒマラヤを歩き回っているが、ともに機転が利き、動作が機敏である。加えて、心根が親切で正直だ。私にとって縁の下の力持ちであり、ヒマラヤでの私の旅は二人がいないと成り立たない。

夕食後、茶屋の女主人にムィ村へ行く道を尋ねる。踏み跡程度の道で、土地の村びとが日帰りで往復していることがわかった。誰か案内してくれる人はいないか尋ねると、いるにはいるが案内料を二千ルピーは貰うという。

アヌーやスディルの賃金にくらべて法外な料金である。私の記憶に刷り込まれたかつての、登山に傾注していた時代の賃金とは異なり、ヒマラヤ辺境の住民も金欲にほだされて足元を見るようになったに違いない。思うに、国境を越えてチベットから搬入する中国製品とともに金銭的ながめつさも身に備わったのだろう。

明日はクン・ラへ行く予定なので明後日、案内してもらうことにした。夜、月蝕がはじまる。左端から次第に欠けていき三日月のようになり、それから元に戻った。私は一部始終を眺めていたのだが、妙なことに、何ら感銘を受けることもなかった。アヌーやスディル、それに茶屋の家族や馬方、コックに至っては興味がないらしく、外に出てきて仰ぎ見ることもしなかった。無関心のようである。

私の場合、満天の星空を仰ぎ見ながら宇宙の神秘性と対面する機会など滅多にない。ひとり、月蝕を眺めた。超俗的な宇宙や自然と対面していると、無窮の静寂に吸い込まれて行くような一体感が生じてくる。

清純な開放感と言っていいかもしれない。ヒマラヤの凜とした星月夜を眺めていると、それまで思い出すことのなかった子供のころの、哀切きわまりないとある情景が、埋もれた記憶の襞からふつふつと蘇ってきた。

私は近所の洟垂れ小僧の仲良しと二人で、晴れ渡った星空を見上げていた。「お母さんは星になったんだ。星になって天から見守っているんだ。どの星かな」。仲良しは泣きべそをかいてちいさくしゃっくりしながら、自分でもどれなのか見当すらつかない星を探していた。夜空には探しようもないほど無数の星が輝いていた。

彼は私より二つほど年下だった。母が病気で亡くなり、狂乱状態で泣き暴れたのち何日かして、私と二人で星空を眺めたのだ。星になった母の霊魂が自分を見守ってくれているのだと信じていた。彼にとって、美しい星空は母の形見なのである。

人が死ねば星になるという話など、それまで聞いたこともなかっただけに、私は子供心にそういうものなのかと不思議な気持で、誰がそういう話をしたのか、と聞いてみた。婆バが教えてくれたと言って洟をすすった。無窮の星空を仰ぎ見ながら、叶えることのできない究極の憧れを子供心に感じとったのだと思う。

私の子供のころは、大人も子供も空っ腹を抱えて暮らした、敗戦後の疲弊した時代だった。ヒマラヤで仰ぎみる月蝕の星空が、一時的ではあっても、私に清純無垢な魂を思い起こさせたのである。

クン・ラでの疑問

慧海の日記一九〇〇年七月三日付に「其レヨリ上リテ下ル事半里余ニシテ北方少シク東ヨリ下レル急流ニ添フテ北少シク東ニ上ル事五里」(以下八行、墨で塗りつぶされて判読不可・筆者註)とある。この日の行程は十里余り。チベット仏教の聖地シェー・ゴンパを詣でた慧海は、その足でこの日、サルダン村にある陋石屋、そこは私の調査によると「ゾン・プッパ」と呼ぶ砦跡なのだが、七月一日、この陋石屋に泊まって一日休養した翌三日の朝、出発した。ヤンツェル・ゴンパを経由し、クン・コーラか、もしくはムィ・コーラの、どちらかの谷沿いの道をたどって、四日にはチベット国境の峠に達している。

ここでは、まずクン・コーラから検証するとしよう。日記によると、七月三日の行程十里余りのうち谷沿いに五里上って草地で毛布を敷いて寝た、とある。翌日四日付の日記に記された行程によれば、出発して二里半で国境に達している。

この記述を基に推論すれば、谷の入口から上がること五里、国境の峠から下ること二里半の地点が宿泊地ということになる。つまり、谷の入口から国境の峠までは七里半である。地図を参考に割り出すと、流程はクン・コーラとムィ・コーラ左股の場合概ね十五キロ、ムィ・コーラ右股はそれより短くて十三キロほどである。

これを慧海の行程一里あたりに換算するとクン・コーラとムィ・コーラ左股の場合が二キロ、ムィ・コーラ右股はそれ以下になる。ということは、慧海がたどった谷は、この点だけにかぎってみればクン・コーラとムィ・コーラ左股が該当する。この二本の谷筋を地図と照合してみれば、慧海が泊ったと推測されるおおよその場所はそれぞれ見当がつく。しかし問題は、そのあたりの地勢の様相が日記の記述と符合するかどうかである。

その日（二〇〇六年九月八日）、私たちはクン・コーラのカレッという場所のテント場からクン・ラを目指した。カレッには上部と下部がある。私たちは下部にテントを張った。出発時にGPSで測定すると標高四五八四メートル。昨日到着した時点では四五八六メートルの数値を示していたから誤差を考慮して四五〇〇～六〇〇メートルと判断するのが妥当だろう。地図と照合すれば現在位置は概ね推定できる。

出発後、上部は岩のごろごろした段差のある流れがつづく。流れはスムドと呼ばれる場所から伏流し、そこから上部はだだっ広い、ガラ場の斜面が峠まで広がる。

途中、七月四日の日記に書き記されている「金沙ノ多ク流ル、雪間ノ渓流」を彷彿させるような場所は私には見出せなかった。日記から割り出した、クン・コーラ上部の二里半という行程は、私たちがテントを張ったカレッという場所から峠までの距離に概ね相当する。

カレッは慧海の日記の記述が示唆するような、ヤクが草を食む場所ではなかった。ただし、日記の場所とは関連性はないと思われるが、下流域には谷筋から離れた、タンナック（黒い山）と呼ばれる移牧地がある。

クン・ラまで、テント場から私たちの足で二時間ほどかかった。クン・ラは広々とした台地状の峠である。ネパール側とチベット側にタルチョ（五色の小旗）が張られていて、それぞれにラプツェ（積石）がある。その中間に、コンクリートを固めて設置された国境標識の、それぞれの側に「ネパール14 2019」「中国14 1962」と銘が刻まれている。「14」は標識番号であり、私が一九九二年と翌九三年に達したマリユン・ラは「15」になっている。ネパールの標識に刻まれた「2019」はネパール暦の年号で、西暦になおすと一九六二年。チベット側の標識も、同様に「1962」は設置された年号、すなわち西暦を表している。つまり、二つの国境標識は同じ年に設置されたことを意味する。

サルダン村で聞いたのだが、クン・ラに設置された国境標識はルナカレンダー（チベット暦）の五月、チベット側とネパール側から合わせて百人ほどが集まり、現場で砂やセメントを混ぜ合わせて工事したという。

クン・ラはマリユン・ラ同様、トルボ地方とチベットのパヤン地方をつなぐ交易路の中ではもっとも頻繁に利用されている峠である。私たちが峠で休憩している小一時間ほどの間にも、ヤクの隊商が三隊、首につけた鈴の音を風にひびかせながらチベットへ越えていった。ヤク使いに聞くと、遠くジュムラから来たというので私は一瞬驚いた。ジュムラは西ネパールの中心地であり、ここから一週間ほどかかるのである。

驚いたあとで、時間や距離にたいする近代的な観念や感覚が自分の根底にあることを知った。この地方の風土にあっては、驚くほうが異端なのだ。所詮、私は日本という近代社会に住む異国人の感覚でしか事象を捉えることができない。そして、こうした観念や感覚、認識のずれは、慧海のチベット越境経路を探索する私の、目には見えないもどかしさと同調するもののように思われる。

だがその一方、そうした近代の観念や感覚とは別次元の、悠々としたヤクの歩調に合わせて風に乗る鈴音のひびきが、広大無辺なヒマラヤの時空と相俟って、私のロマンを駆り立てる。私はヤクの隊商を眺め、その鈴音を聞きながら、昨年、チベット側からクン・ラに立ったときと同じような疑問に捉えられていた。

日記や『旅行記』の記述と、眼前に開けた、クン・ラから眺める現実の風景が符合しないのだ。日記には、眼下に見える湖（池）が記述されていない。それに反して、見えもしない川の流れが、こう記述されている。

北ハ西蔵土高原ニシテ処々ニ稍ヤ高キ岡阜《カウフ》ヲ見ル此高原ヲ西蔵土語ニ（チャン・タン）ト云フ処々ニ河水ノ流ルヽヲ見ル

かたや、『旅行記』にはこうある。

チベット高原の山々が波を打ったごとくに見えて居るです。その間には蜿蜒《えんえん》たる川が幾筋か流れて居りましてそのよって遠く来る所を知らずまたその去る所をも見ることが出来ない。

これらの記述を基にした私の事前の予想では、クン・ラに立つと、チベット特有の岩石砂漠地帯の山々のつらなりの狭間に蛇行する川が眺められるはずだった。ところが、現実の風景には川の流れがないのである。結果、慧海が越えた峠はクン・ラではないと推論するのが、判断としては妥当ではないだろうか。それとも、慧海の記述が誤っているのか。

ここまでの踏査の過程で、客観的な事実として判明しているのは、慧海がヤンツェル・ゴンパを通過したという一点だけである。ヤンツェル・ゴンパの先にあるニサル村は日記には記載されていない。この点についても、通過したのに記さなかったのか、それともスネルグローヴも通った、集落を外れた下道を通過したから村名を記さなかったのか。目下のところ謎である。

慧海が、もしスネルグローヴ同様、下道を通ったのだと仮定すれば、それなりの理由がなければならない。考えられる理由としては、慧海の時代には、現代の地図に表記されているようなニサル村を通過するクン・コーラの谷道は採用されていなかった。そのため必然的に下道を通らなければならなかった。つまり、あえて遠回りしてムィ・コーラの谷道をたどるしかなかったということになる。

では、如何なる理由でクン・コーラ沿いの道は採用されていなかったのか。地元住民はかつて谷をどのように利用していたのか。その利用のあり方は、時代によって異なるはずだから、実態を理解しなければならないが、現時点ではわからない。もう一つの選択肢として想定されるムィ・コーラに、その謎解きの手がかりを期待するほかなさそうである。

第九章　ムィ村からマンゲン・ラへ

未開の桃源郷トルボ

慧海がチベット潜入の過程で間道に拘っていたことは『旅行記』に記述されている。拘っていたからこそ、ムスタン地方にある逗留先のツァラン村で、そこから北上すれば二、三日でチベットへ抜け出る経路を敬遠し、困難を伴うトルボ地方の道を敢えて選んだものと思われる。

一九九二年夏、慧海を遇したハルカ・マン・スッバの末裔、ニルジャール・マン・セルチャンと二人で、私はムスタン地方の古都ロー・マンタンからウマでチベットとの国境付近の村々を訪ね歩いた。濃緑の大麦や黄に咲きみちた芥子菜の花が大地を彩り、それらの穂先が乾燥地帯特有の明るく乾いた風に波打つ美しい季節だった。

ムスタン地方は第三章で述べたように、一九五九年冬、カルマ老人が一家の大黒柱としてまだ若かった当時、家族や家畜とともにネパールへ亡命した経路にあたる。チベット動乱以後も、共産中国と戦う義勇兵の戦闘訓練や避難場所に使われた地域でもあった。トルボ地方同様、ヒマラヤ氷雪嶺の北側に位置し、チベット高原の南端を占めることから、地政学的にはチベットに属す。

現在、国土はネパール西北地方の一部ではあるが、昔、チベットとの戦争でネパールが勝利する以前はチベットの領土だった。戦争で勝利し版図を拡大した結果、ネパール側に組み込まれたという歴史的な経緯がある。

ムスタン地方の旅はトルボ地方にくらべれば、険しい山々や谷も少なく格段に楽である。それは昔もいまも変わらない。チベットをつなぐメインルートとして二〇一〇年代に車道が通じ、近年（二〇二〇年）、共産中国によるチェックポストが国境に建造された。

ムスタン地方を流れるカリ・ガンダキ（ムスタン・チュー）を挟んで対岸西側に峩々《がが》と聳える六〇〇〇メートル級の岩山の向こう側がトルボ地方だ。ヒマラヤ屈指の僻遠の地であり、自然の要害によって、政教一致のチベット固有の文化が侵害されることなく長らく息づいていた。

私がネパール政府の特別許可で入域した一九九二年当時でさえ、近隣のネパール人から、どこか遠い国の桃源郷、すなわち野蛮な異郷として扱われていた。当時、トルボ地方から踏査を終えて出て来た私の珍奇な話を、タッコーラ地方のネパール人は眉をひそめながら聞きたがった。地勢の険しさゆえ、辺境の地で野蛮にしか生きざるを得ない人びとの素朴な心情に接して、かつ世話にもなることで敬愛し、その後も、私は現在に至るまでトルボ地方の旅を繰り返しつづけている。

私がみるに、野蛮などと言われる所以の一つは、かつて行われていた鳥葬にあるのではないだろうか。九二年当時、鳥葬はすでに廃止されていた。もともと、素朴な葬儀形態のひとつであり、私もチベットで見たことはあるが、野蛮という印象は受けなかった。心根のやさしい、仏教に帰依した人たちによる営みに見えた。

前述のように『鳥葬の国』の「まえがき」で著者の川喜田は、トルボ地方での体験を「これほど感銘の深かった日々を、私たちは一生のうちに、そう何度も味わうことはできないだろう」と感想を書き記

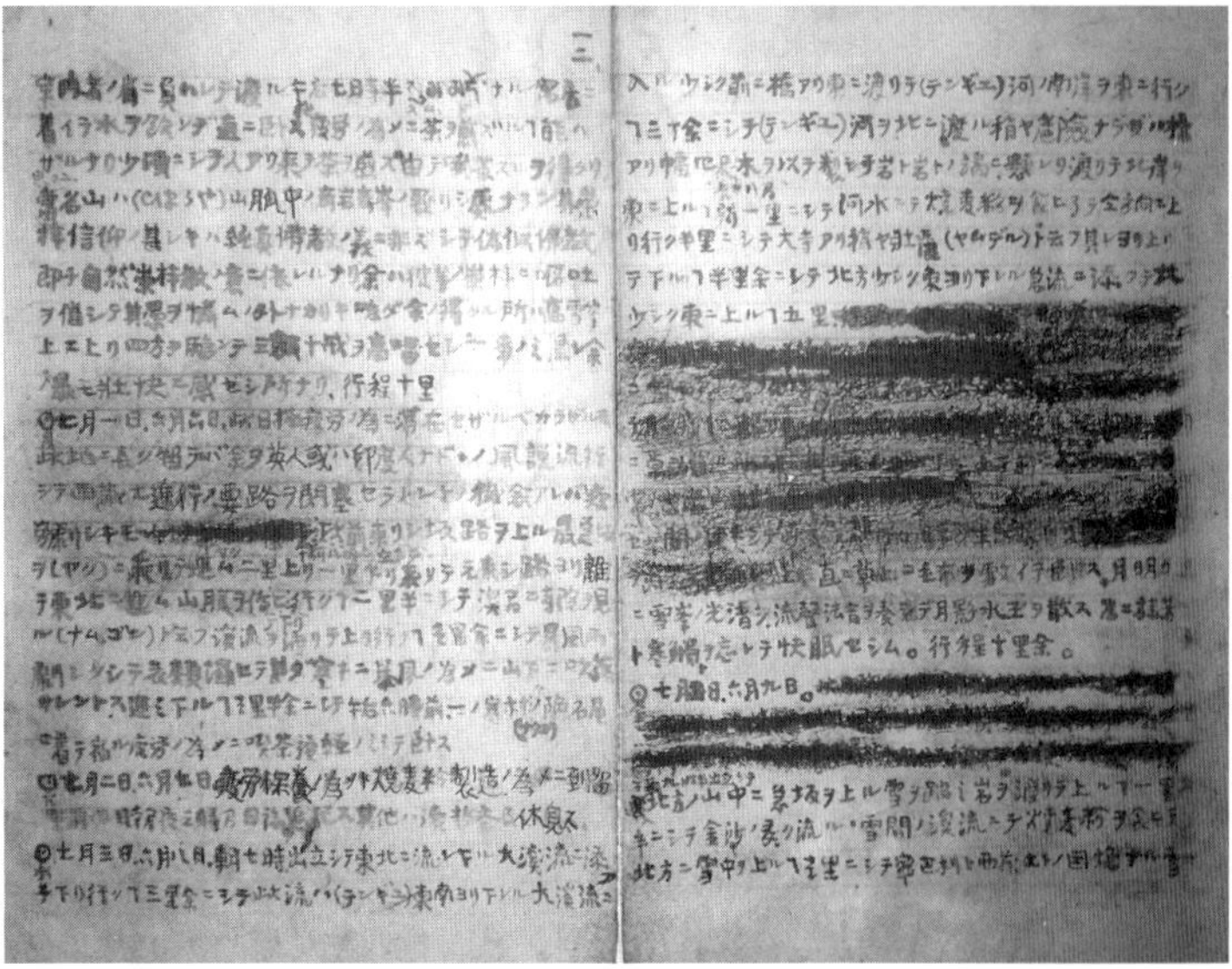

慧海直筆の日記。ヤクとともに国境を越えてチベットに潜入した行程の記述は、墨が塗られていて判読不能。何故そのようにしたのか理由はわからない。（2004年撮影）

している。私もまた、川喜田の感想に共鳴し、首肯せざるを得ない。それほどまでにトルボ地方にみられる暮らしぶりは、私たち部外者を、異郷の桃源郷として魅了するのである。

慧海の『旅行記』にも「仙人の国すなわち桃源郷」とか「ドーラギリーの山中にある桃源郷」などと、桃源郷という言葉が散見する。慧海は間道に拘って詮索した結果、チベットへ向かう経路として、桃源郷と目されていたトルボ地方の道を採用したのだ。後世の識者のなかには、慧海がトルボ地方でもことさら間道に拘っていたようなことを指摘するむきもあるが、そうではなかった。拘って詮索したのは、出発前のツァラン村でのことで、現地を踏査した私の体験に照らし合わせて考えれば、ごく通常の道をたどっている。

トルボ地方は僻遠の地であり、間道に拘る必要などなかった。

にもかかわらず、『旅行記』ではトルボ地方の行程を省略し、さらにまた後年公表された日記でも、峠越えに関する行程の一部が、墨で塗りつぶして抹消されている。なぜ、省略したり抹消したりしなければならなかったのか。抹消された部分に、越境した峠を推論する手がかりが隠されているのではないかと思えば残念でならない。

峠に達する前日の七月三日、つづいて峠に達した翌四日の日付に、墨で塗りつぶされてほとんど判読不能の箇所がある（写真参照）。日記を書いた慧海自身が塗りつぶしたのかどうかは定かではない。穿った見方をすれば、別人によって消されたのではないかとの疑惑も否定できない。[*1]

ただし、省略や抹消に関する謎は解明できずとも、峠を推論することは不可能ではない。なぜなら、慧海が越境した事実を紐解く手がかりは、これまでも縷々述べてきたように、現地情報と併せて推論できる部分があるからだ。試行錯誤しながら、その手がかりを一つ一つ丹念に探って行けば、たとえ、一九九二、九三年のマリユン・ラ踏査のような判断ミスを犯したとしても謎は、いずれ結論へと導かれるはずである。

「後悔先に立たず」とはいえ、当時の判断ミスは、時代状況を考えれば致し方なかった面もある。地図もなかった時代であり、慧海の日記も公表されてはいなかった。『旅行記』以外に、手がかりを得られるのは土地の情報しかなかったのだ。

九二年以来、現在までの一連の踏査を顧みるにつけ、最初の踏査で得た疑問から自らの働きかけで日記の公表を導き出し、判断ミスを確認できた事実は、踏査の前進を示す里程標である。マリユン・ラという仮説を検証した結果、新たな仮説が生まれ、それを検証する踏査にまた出かける。こうした繰り返しが、潜入経路の探索をめぐる謎解きの道筋であった。

反省も含めて、これまでの現地踏査を総括すれば、地図に頼り過ぎて判断してはいけない、ということを実感した。視覚化された地図からは、その土地の実態、すなわち生活や文化、人情の機微にかかわる情報は汲みとれない。そのため慧海のチベット潜入経路を占う思考や判断にも、血の通った含蓄が生まれないのだと思う。

地図を基準に判断するのは、極端な言い方をすれば、人を外見で判断するようなもので、そこにはあさましさが感じられる。GPSや衛星画像などをふくめて、近代の利器を駆使しても見えてこないものの中にこそ、峠をめぐる謎解きのカギが潜んでいるのではないか。

私たちが馴染みやすいのは科学的で数値化された定量的な情報の世界である。これに反して、トルボ地方のような野性味あふれる世界では、ほとんどの判断が定性的な情報で賄われている。

トルボ地方に見られるように、半農半牧、政教一致のチベット社会は、断崖絶壁にタルチョ（祈禱旗）が立ち、仏画が描き出され、修行僧の巌窟や寺院があり、道端のマニ塚や仏門、仏塔に至るまで、さながら曼荼羅を象《かたど》るような信仰世界と化している。ここでは私たちの現代社会を覆う、支配を伴う非人間的な差別性が感じられないのである。思うに、それこそ、かつてトルボ地方が桃源郷と目された所以ではないのか。

ここでは現存する自然の地勢は、地図に表記された記号とは異なり、それぞれの土地の人びとの暮らしや文化、そして古代の宇宙観や他界観とも分かち難く結びついている。その結びつきは極めて密接、かつ不可分で、生活の隅々にまで体臭が染み込むように浸透している。徒歩以外の移動手段となる乗り物はウマやカッツァル、ヤク以外にはない。遠隔地との通信手段も手紙と風聞にかぎられる。地図もなかった慧海の時代であれば、人びとのもたらすそうした情報だけが旅の指針として重要だったと思われる。

それゆえ、慧海のチベット潜入経路を探索する私としても、地元の情報にこそ耳を傾けなければならないのである。私が知りたがっている謎解きのカギを地元の人びとは、当然のごとくに知っているに違いないのだ。如何なる方法でそれを聞き出すか、あるいは導き出すか、その道筋が、余所者だけに私にはわかっていなかった。

ニサル村のはずれにある分岐点からクン・コーラ沿いにチベットへ向かう道と、尾根を一つ越えたその奥地にあるムィ・コーラから峠を越えてチベットへ通じる道は、土地の人びとの生活と重ね合わせて見くらべたとき、どんな差異があるのか。

私が何人かの村びとに吟味して得た回答では、クン・コーラの道は本道（メインルート）、ムィ・コーラの道は間道ということだ。私自身が踏査した事実からもこれは疑念を差し挟む余地がない。しかし、はたして百年余り昔はどうだったのか。道に関するひとつでも多くの情報を集め、それらに基づいて、踏み跡程度の道であったとしても、実際にたどってみるしかない。

＊1　日記の抹消部分における慧海の行動に関する資料を二〇二二年の踏査で発見した（第十二章参照）。

クン・コーラから間道を通ってムィ村へ

私はクン・コーラの茶屋の女主人から聞いた、尾根越えの間道をたどってムィ村へ行くことにした。

もしかしたら慧海がたどったかもしれないとの予断を捨て切れないでいたからだ。クン・コーラとムィ・コーラをつなぐこの間道は、本流のドラサムチェン・ツァンポーが増水して、支流との出合が渡れなくなった場合に使われるという。言うなれば、緊急時の迂回路を兼ねているということなのだ。道は峠付近が険しく、人は歩けても馬やヤクなど駄獣の通行は無理という。

もし駄獣の通行が無理なのであれば、慧海は日記に記されているようにヤクを同行させていたのだから、この間道は使えないことになる。そのことを確認するためにも私はアヌーと二人、村びとを案内人に雇って出かけた。

他方、スディルは別動隊として、馬方や荷物とともにクン・コーラ沿いに下って本流のドラサムチェン・ツァンポーの出合から、下流の尾根をへだてたムィ・コーラ沿いの道を遡り、ムィ村で私たちと合流する。

茶屋のあるカレッ（地名）から、私とアヌーは村びとの案内で出発し、クン・コーラ左岸の尾根の、移牧地に利用されている草地の斜面につづく踏み跡をたどった。それで納得したのだが、間道と言うにも及ばず、まるで一般的でない。まさしくやむに已まれぬ緊急時の踏み跡である。ただし、これは私の感覚であり、地元で暮らす人びととは認識が異なるかもしれない。

近代社会で暮らし、身体感覚の退化した私たちと、ヒマラヤの奥地で暮らす住民を同等に考えてはいけない。土地の人びとは、野性動物並みに発達した身体機能を備えていると見ていいだろう。ましてや高所においては、その差異が顕著に表れる。

案内人によれば、付近一帯はヒマラヤの秘薬で知られる冬虫夏草の自生地になっている。ということは、それを採取する村びとにも踏み跡は利用されているわけだ。冬虫夏草の採取は、外国へ出稼ぎに行くより高収入が見込めるという。夏のシーズンともなれば、国境を越えてチベットから仲買人が大金を持ってトルボ地方の村々へ買いあさりに来る。

踏み跡は斜面を横切り、ちいさな氷蝕谷の底へとつづく。氷蝕谷の底はスルンコグマと呼ばれている。案内人が、スルンコグマの左岸に広がる草地の斜面を指さし、冬虫夏草がこの一帯に自生していると話した。案内人は私たちをムィ村まで案内したのち帰路は、このスルンコグマから氷蝕谷の谷筋に沿ってまっすぐ下るという。

見るからに転げ落ちそうな、かなりの急斜面である。これを下っていくとなれば、とても人間業とは思えず、そのすぐれた身体能力の高さに、聞いただけでも感服せざるを得ない。

めざす峠が、前方に峙《そばだ》つ側壁に纏わりついて流れる雲の中に浮かび上がって見えていた。峠というより急峻な岩山である。アヌーがサウスコル（七九〇六メートル）のようだと、昔を思い出しながら言った。数多くの登山隊で働いたアヌーの最高到達点が、エベレストのサウスコルだった。一九七三年のイタリア隊に雇われて、無酸素で荷揚げに従事したときのことだ。

私の知人でもあるアン・ツェリン（故人）と二人で荷揚げに従事した話を、以前、聞かされていた。アン・ツェリンは一九七六年と翌七七年の、私たちヒマルチュリ登山隊のサーダー（シェルパ頭）であり、七五年、日本女子エベレスト登山隊のサーダーとして頂上に立ったことでも知られている。

私たちは頭上に峙つ峠をめざしてスルンコグマから上りはじめた。峠につづく側壁はガラガラの急峻な岩場からなっている。岩壁登攀にのめり込んでいた若いころならいざ知らず、へっぴり腰で内心怖《お》じ怖じしながら、草つきの危なっかしい斜面を四つん這いで切り抜け、やっとの思いで峠に達した。

途中、駄獣が歩けるような細々とした踏み跡があるのではないかと周辺を注意深く見回したが、どこにもなかった。やはり、村びとが話していたように駄獣の通行は無理なのだ。

そうした私の心意のほどを察知したかのように、ここは人しか歩くことができないんだよ、と案内人が言った。いつも感心せざるを得ないのだが、ヒマラヤの辺境に暮らす住民は読心術にたけているようだ。これもまた野性味として備わった能力の一端かもしれない。

ヒマラヤには、「人の道」と、駄獣を連れて歩く「家畜の道」とに分かれている事例があることは前述したが（第五章参照）、その伝で言えば、スルンコグマにつづく道は「人の道」である。その点で、このスルンコグマの道は慧海のチベット潜入経路には該当しない、との結論になる。それを確認できただけでも、小さいながら成果の一つである。

私たちが上りつめた峠は眺望のすぐれた場所で、スルンコグマ・ラと呼ばれている。ラはチベット語で峠だからスルンコグマの峠といった意味である（スルンコグマの意味は聞き忘れた）。峠の頂にあるラプツェ（積石）は、地元の村びとが通行している証であり標識をかねている。

峠から南側へ少し下った場所に水が湧き出ている岩間があり、私たちはそこで休憩した。アヌーは頭髪のほとんどなくなった頭頂部を、流れ落ちる湧き水に浸しながら、冷たい、冷たいと声を張り上げてはしゃいだ。日差しがきつく身体が熱している。私はシャツを脱ぎ、濡らしたタオルで体を拭いた。肌がひんやり引き締まって気分が落ちつく。

そのあと両手で掬って喉を潤した。美味い水である。風が肌をかすめて吹き渡り、私の叙情を刺激する。乾燥した岩礫の斜面に、私たちは三人で腰を下ろして、重なり合うように眼前に広がり波打つ岩山のつらなりを眺めた。

おそらく、ヒマラヤでのこうした憩いのひとときが、私にとっての幸せであり、忘れ難い生涯の思い出になるのだろうという気がした。さわやかな開放感で心が満たされた。GPSで確認すると、海抜五〇八七メートルを示している。こんな高い場所で湧き水を飲んだことはなかったように思う。まさに生新の水である。

ガラ場を下っていくと小川の流れる草地に出た。付近一帯は移牧地で、思い思いに草を食むヤクの姿があちこちに見られる。さらに下ると、トォーン（移牧の夏村）があり、ムィ村の村長プンゾーと偶然出会った。プンゾーは一人でチャンをすすりながら草地の斜面に腰を下ろして糸を紡いでいた。これからクン・コーラ経由で、クン・ラを越えてチャンタンへ向かうのだという。

それを聞いて感動した。糸を紡いでチビチビやりながら、隣町へでも行くような気軽さで国境を跨いで暮らしを立てているのだ。何というのんびりした生活ぶりなのか。私たちがたどってきた経路を逆戻りするようにして行く。ムィ村の住民にとって、この道は昔から「人の道」として利用されていた間道なのだろう。私が恐怖心に駆られて上ってきた急斜面さえ、屁とも思わないに違いない。

プンゾーは私たちにもチャンを勧めた。私たちはプンゾー宛ての手紙、すなわち紹介状をニサル村から預かって来ていた。ニサル村の村長がチャンタンへ出かけて留守中のため、家人が代わりに書いて託したのだ。

プンゾーは手紙を読んだのち、私たちとともにわざわざ村へ引き返した。そして家族に紹介し、翌朝、改めてチベットへ出かけた。私がニサル村の村長宅から預かってきた手紙に、便宜を図ってくれるようにとの旨がやはり書かれてあったのだろう。

私は異国の旅人として、行く先々で土地の厚情を賜り、感謝しながら旅をつづけてきた。それはまた私にとって、ヒマラヤの辺境の旅を特徴づける価値であり魅力でもある。いずれ、こうした厚誼《こうぎ》も衰退し、金銭の授受だけがそれにとって代わる時代が到来するのだろう。

プンゾーの話では、ムィ・コーラは源流部で二手に分かれている。谷筋は右股がマンゲン・ラ、左股がゴップカル・ラという峠につづいている。これはヤンツェル・ゴンパで得た情報と同じである。峠に名前がつけられているのは、その峠が利用されているということの証でもある。二つの谷筋の間には、タクラコという蟹の鋏のような形状の岩山が聳え立ち、その独特な岩山の形状は、国境を越えたチベット側のパヤン地方からも目につく。

しかし、プンゾーはチベットへ行くのに、何故、マンゲン・ラもしくはゴップカル・ラを越える道を使わないのか。これにはそれなりの事情があるはずであるが、そのような疑問が浮かんだのは、何年も経ってからだった。

おそらく慧海の時代には、マンゲン・ラとゴップカル・ラ、それぞれ二つの峠越えの道は充分に機能をはたして利用されていたのではないか。だとすれば、それがなぜ、利用されなくなったのか。時代の趨勢と言ってしまえばそれまでだが、そこには仏教の盛衰も関連していると思われる。

私とアヌーはプンゾーに導かれて、ムィ村を見下ろす峠を越えてムィ村に着いた。この日、八時間半ほど行動し、その間に、八百メートル上って千百メートル下っている。

ムィ村はムィ・コーラの左岸の斜面に、石を積み重ねてできた家屋が散らばるようにして狭い範囲に建ち並んでいる。この時点（二〇〇六年）で住民六十三人、十三世帯が暮らしていた。川向いの斜面に、サムデン・プッパという巌窟寺院跡が残っていて、昔、チベットから来た高僧が住んだと伝えられる。倒壊したその寺院の跡地を目の当たりにするにつけ、仏教の衰退が感じられて忍びない気持になる。

ムィ村にかぎらず道中、寺院をはじめ、仏門、仏塔、マニ塚に至るまで、放置されたままの倒壊や破損が目につく。翻って慧海の時代には、政教一致のチベットにおいて仏教は社会的にも強力に機能していたのだ。それは仏道修行を目的に、わが国から遥々チベットをめざした明治時代の慧海の期待に沿うものだったに違いない。

現在、当地では仏教の衰退とはうらはらに、村びとの収入は冬虫夏草で潤っている。住民の話によれば、良質のものはチャンタンへ売りに行く。キロ当たり、本数にすれば二千から二千五百本ほどだが、数十万ルピーの高値で取引される。残りは、国境を越えて仲買人が買いつけに来る。家庭用のわずかな分を保存し、それ以外はすべて換金している。

現金収入は、かつての桃源郷に狂いを生じさせた。村の周囲に放置された麦畑が虫喰い状態に広がっているさまは、自給自足型生活の崩壊を暗示している。

こうした現象はムィ村だけでなく、私たちが通ってきたトルボ地方の村々で一様に起きていた。加えて、王制打倒を掲げる反政府ゲリラ・マオイストが定期的にやって来て、金品を収奪していく。いやが上にも、冬虫夏草は反政府武装闘争の資金源にならざるを得なかった。

ネパールでマオイストが反政府武装闘争（人民戦争）を開始したのは一九九六年。この年で十年が経過し、そろそろ収束段階に向いつつあった。実際、私たちがトルボ地方に滞在していた二ヶ月後に武装闘争が終結し、その二年後の二〇〇八年、それまで二百四十年つづいた王制は崩壊して連邦民主共和制国家が誕生した。

マオイストの勝利である。将来、この国の社会はどのように改変されるのか、私には予測もつかないが、新しい国づくりの過程で、トルボ地方に息づく前近代の桃源郷たる所以は、チベットに見られる仏教の没落とともに、消滅はしないまでも衰微するのは間違いのないことだろう。

ムィ・コーラを検証する

ムィ村に泊まった翌日、私とアヌーは二人で馬を連れてムィ・コーラ沿いに下り、本流のドラサムヂェン・ツァンポーに出て、そこから尾根を一つ回り込んだ下流にあるクン・コーラの出合まで往復した。ムィ・コーラの下流域は、茶褐色の岩山が倒れかからんばかりの迫力で両岸に屹立し、流れに沿ってヤナギの老樹が葉を茂らせている。その少し上方の斜面には、風にそよぐドゥビー（ヒノキの仲間）やバラの仲間の樹々が見られる。この点、先日のクン・コーラとは様子が異なる。水量も豊富だ。ところどころ急湍《きゅうたん》をなし、峡谷に瀬音をひびかせている。私は馬の背に揺られながら周囲の景観を堪能した。

道は左岸から右岸に渡り、次第に流れから離れて山腹を縫うようにしながらつづく。乾燥地帯の砂礫からなる荒涼とした道である。途中、倒壊したチョルテン[*2]や、道の崩落した箇所が目につく。寂れた感じで、クン・コーラの道とは対照的である。クン・コーラではチョルテンや、ムィ村の対岸にあったような寺院跡は見かけなかった。

ということは、クン・コーラの道は歴史的に見て、信仰につながるものではなかったのかもしれない。実際、仏教にかかわる遺構がまったくない。もしそうだとすれば、この違いにこそ、慧海が越境した峠の推論にからむ謎を解くカギが隠されていそうだ。

村びとによると、昔は、ムィ村の対岸にあるサムデン・プッパという巌窟寺院のほかにもう一つ、寺院があった。場所は本流のドラサムヂェン・ツァンポーと支流のムィ・コーラの出合ちかく、右岸の山腹で、キティン・ゴンパという。そこにはキティン・ラジャという王の一族が住んで一帯を治めていた。ゴンパの創建はヤンツェル・ゴンパより古く、十二、三世紀に繁栄した。その後、降雪による山崩れで壊滅し、ラマ（高僧）が一人死んだ。そのことがきっかけで廃寺と化し、重要な文物はヤンツェル・ゴンパに運び移されたそうである。

私たちが道すがら目にした、崩落したチョルテンは、キティン・ゴンパやムィ村にある廃墟と化した巌窟寺院と同様、仏教が繁栄していた往時の遺構なのである。かつては、多数の巡礼や家畜や駄獣が往来し、賑わっていたに違いない。

その道もまた、時代の変遷とともに、踏まれることなく忘れ去られつつあるようだ。さらには、この先、知っていた人びとも死に絶えて、やがては寺院の存在すらもが、この地上から消滅してしまう惧れがある。

ムィ・コーラの道が、古い時代の巡礼や交易に使われていたことは容易に察せられる。それがいまではすっかり見放され、クン・コーラの道にくらべると廃れ果ててしまった。何が原因で、いつごろそうなったのか。

ムィ村からたどるムィ・コーラの道は、左手に本流のドラサムヂェン・ツァンポーとの出合付近の流れを見下しながら右手の尾根を回り込んでクン・コーラの出合へと下っていく。回り込む地点からクン・コーラの出合の間には二百メートル余りの高度差がある。この高度差には、測定した私自身が驚いた。ニサル村からクン・コーラへつづく道とは異なり、登高が実感されるのである。

ここで、慧海の日記の記述を参考に、クン・コーラとムィ・コーラを比較してみよう。

慧海は谷筋の向きについて「北方少シク東ヨリ下レル急流」と記している。私はクン・コーラの出合とムィ・コーラの出合ともに方位を確認したのだが、前者が北北北東、後者が北北東から流れて来ている。言うなれば、クン・コーラもムィ・コーラも、出合付近の向きにはほとんど差異がない。

　ところが慧海の日記にある「其レヨリ登リテ下ル事半里余ニシテ」との記述から判断すると、まず「登リテ下ル」それに「半里余」という記述がここでの要点だ。慧海はヤンツェル・ゴンパの先で、そのような谷筋の道をたどったことになる。

　実際に歩いてクン・コーラに入渓すると、「登リテ下ル」というような上下の感覚が生じるような場所はなかった。緩やかな上り道には違いないのだが、歩行者にとってほとんど上りを感じさせないうちに、村はずれにあるカグマ・コーラを渡って尾根を左方へ回り込み、谷筋への下りにさしかかる。どこに上りがあるのか、と、あっけにとられたほどだった。この点に関して言えば、記述はクン・コーラ入口付近の地勢とは符合しない。

　これにたいしてムィ・コーラへの道は本流沿いに右岸を進み、クン・コーラ出合で流れを渡渉する。そこは岩場がコの字型状にくり抜かれているのだが、渡渉地点の対岸から顕著な上り坂となる。尾根を左方に回り込んでムィ・コーラの谷筋への下り坂になる地点までＧＰＳ[*3]で測定したのだが、前述のように高度差二百メートルを越えている。

　これだと、私ならずとも、この道をたどる人びとの運動機能は十分に刺激され、登高が印象づけられるのではないだろうか。つまり、慧海の記述に符合する。ところが一方、ヤンツェル・ゴンパの先、「半里余」と記された距離については、地図からもわかるように現実には三キロ余りもある。該当するためには、「半里余」が三キロ、一里に換算すれば六キロ余りということになってしまう。

　ここまで推論をすすめてきて、なお見つけ出せないでいる、べつの判断材料が伏在しているような気がしてならなかった。チベット側からもネパール側からも踏査したにもかかわらず、その決定的な手がかりを依然として摑みきれていない。そのため宙ぶらりんの状態で、餌を求める野良犬のようにあてどなくさまよっているのだ。

私はムィ・コーラ出合の右岸につづく高巻き道をたどりながら、慧海はムィ・コーラをたどったのではないか、との選択肢を捨て切れずにいた。慧海から半世紀余りのち、ヤンツェル・ゴンパを訪れたスネルグローヴがたどった同じ道を、慧海もたどっていたのではないか。もとより、直感でしかない。どうにも割り切れない気持ちを抱えながらアヌーと二人、私は馬に乗ってムィ村へ引き返す。

途中、二ヶ所で、道の谷側が陥没していた。アヌーはすぐさま馬から降りて自発的に修復作業にとりかかった。一抱えほどもある岩を何個も運んで詰め込み、穴を埋め立てた。呼吸を荒げて汗をかき、懸命になって作業をつづけるアヌーの姿を、腰痛持ちの私は、アヌーが腰を痛めはしないかと心配しながら、手伝うこともできずに眺めるしかなかった。大丈夫か、と聞くと、何とかなる、とアヌーは答える。

地元民でもないアヌーが、なぜ素通りせずに道の修復作業をはじめるのか。私たちの通常の感覚からすれば不可解な気もするが、長年のつき合いを通じて私は彼の善行の意味を重々承知している。アヌーは敬虔なチベット仏教徒であり、慈悲深い心の持ち主なのだ。現世で功徳を積めば、来世において「白い道」を歩むことができると信じて疑わない。つまり、極楽浄土に行けるという信心に支えられた奉仕活動なのだ。

もちろん、自分でも手に負えないような陥没箇所であれば素通りせざるを得ない。しかし、可能であると判断したからには、かりに結果的に無理だったとしても試みる。私はこれまでにも似たような事例に何度か立ち会った。アヌーは他人思いで信仰心が篤く、真にありがたい仲間である。

ヒマラヤの辺境地帯では、生活に必要な物資の輸送にしても情報の伝達にしても、駄獣や人力で道を利用する以外に手段はない。かりに地域社会を人体に譬えれば、そこには血脈のように、各地域をつなぐネットワークとしての重要な役割を担う道が網羅されている。

アヌーは崩壊箇所の穴を塞いだあと何事もなかったかのように、衣服に付着した汚れを手で払い落とし、ぶつぶつ経を口ずさみながら馬に乗って歩みはじめた。そして何やら陽気な歌をうたい、そのあと馬上から私を振り返って手を振り、嬉しそうに白い歯を見せて笑いながら大声でこう言った。

「ああ、素晴らしい気分だ。今日は好き日だ。善行を積むことができた」

概ね、こうした意味のことを叫んだ。「素晴らしいことだ。よかった、よかった」私もまた、相槌を打つより言いようがない。篤信家としてのアヌーの善行を私は心底から嬉しく思った。アヌーの善行によるご利益で、私もまた精神の高揚を感じずにはいられなかった。そのせいか、ムィ・コーラの峡谷が大きく開けるムィ村付近の風景が、桃源郷とはまさに、こうした清冽な川の流れる谷間のことなのではないかという気がして、妙に親しみ深く私の目に映った。ムィ村は南北東西、十字路のように道が交差している。地勢的にも谷が深く、隔絶された神仙世界として、チベットにおける仏教信仰の盛衰に左右されながら存在したように思われる。

私たちがムィ村へ向かうこの同じ道を、ちょうど五十年前に通過したスネルグローヴの一行は、ヤンツェル・ゴンパを出発したのちニサル村は通らずに下道をたどっている。

私たちは、ニセールの村の下を通ってゴルジュに下った。荒々しい岩壁にとり囲まれた場所で、そこから高捲きして、モェの村に登る谷に入った。この谷はいくらか穏やかな谷であったが、それでも両岸には、灰褐色の草一本もない急斜面が続いている。やがて、村の先触れとなるチョルテンを通り過ぎると、間もなく、流れの両側に十五軒ほどの家が散在するモェ村が見えてくる。(『ヒマラヤ巡礼』)

右の引用文で私が注目したのは「高捲き」と「チョルテン」である。「高捲き」は慧海の日記にある「上リテ下ル」の起点ではないのか。かりに慧海がムィ・コーラをたどったとすれば、スネルグローヴ同様、ヤンツェル・ゴンパからニサル村は通らずに、引用文にある下道を通ったことになる。そうだとすれば日記にニサル村の記述がないのは肯けるが、ムィ村に関する記述がないのが引っかかる。何故、記述しなかったのか。通過しなかったからなのか。疑問が残る。

午後遅く、私とアヌーはムィ村のテント場にたどり着いた。そのあと私たちと入れ替わるように、スディルと馬方のペンバの二人が私の指示に従って、カメラのバッテリーを充電しに、尾根越えの道を馬でシーメン村のアマの家へ向かった。この道は、スネルグローヴがシーメン村へ向かったのと同じ道である。私たちも帰路、この道をたどった。

＊2　このチョルテンは廃墟の王国キティンへの登り口になっている。

＊3　クン・コーラ出合(北緯29度29分176秒、東経83度06分462秒、三七四五メートル)ムィ・コーラ左岸高巻き道最高地点(北緯29度28分591秒、東経83度07分414秒、三九七二メートル)。二百二十メートル余りの高度差がある。二〇二二年の踏査時、GPSの機種は異なるが、高度は三八四〇メートルであり、誤差が百三十メートルもある。

マオイスト出現、現金強奪

翌朝（九月十一日）、寒々とした細雨が煙るように降っていた。国境付近の山々は閉ざされて見えない。この日はムィ・コーラの源頭にある二つの峠、すなわち右股のマンゲン・ラと、左股のゴップカル・ラの踏査に向かう予定だ。空模様に気をとられながら天気待ちをしていると、雨が止むころ、シーメン村へバッテリーの充電に昨日から出かけていたスディルと馬方の二人が戻ってきた。

困ったことに、ここで問題が発生した。スディルと馬方が、偶然にもマオイストに見つかったのだ。二人のマオイストが私たちから金銭を巻き上げようと後方からつづいて来ているという。スディルが言うには、こうである。

昨日、スディルと馬方の二人がアマの家に着くと、四人のマオイストが何やら打ち合わせをしていた。スディルが充電器やバッテリーをとり出すのを見て、外国人がいることを察知したようだ。スディルは詰問され、山の向こうのムィ村に日本人がいることを話さないわけにはいかなくなった。

私たちはここへ来る途中、アマの家に立ち寄っていたので、家族は私がこの界隈にいることを知っていたのだが、マオイストにはもちろん口をつぐんでいた。聞かれもしないのに言う必要などさらさらないからだ。アマの家族の心情を察すれば、たぶん、知られずにいてほしいと願ったに違いない。

先年、ツァルカ村で鉄橋の建設にとりかかっていたときも、マオイストが来るとの情報が入った。実際には、私が一時的に村を離れていたときに現れた。それでも私がいたことを察知されないように、張りっぱなしにしていた私のテントやトイレテントを村びとは機転を利かせて撤収し、すぐに隠したのだ。

しかし今回は、充電器やバッテリーを見られてしまい、詰問されては隠し立てもできない。スディルは申し訳なさそうに「すみませんでした」と私に謝ったが、彼が謝るような筋の話ではない。スディルはすぐにつづけてこう言った。

「アマがチベットから戻っています。会いたそうにしていましたよ」

「アマ、元気だったか」

「いつ戻ってくるか、って聞いていましたよ。愉しみに待っているみたいです」

私には決して忘れてはいけない一宿一飯の恩義がある。一九九二年、アヌーとシェー・ゴンパへ向かう途次、その朝、別れ際にアマの家族が見送ってくれた様子を拙著『遥かなるチベット』から引用しよう。


私たちがシーメンを立ち去るとき、アマの家族が見送ってくれた。庭で荷物を梱包し、馬の背にくくりつける作業を、アマと息子のハワンと、その妻と娘と、それに使用人が逐一見守っていた。アマは私たちにヤクの乾燥肉とチーズをコッフェル（登山用の鍋）に山盛り一杯くれた。そして私とアヌーの首にカタ（縁起物の白布）を巻きつけてくれ、チベット人が親愛の意を示す額頭礼をしたのだった。みずからの額を私とアヌーの額にそれぞれ押しあてた。「たいへんお世話になりました。みなさんの親切心は忘れません」と私は謝辞を述べた。

ハワンは白い歯を見せて照れ臭そうに笑いながら、そんなことはないと言わんばかりに何度か首を横に振った。彼は「いつか必ずまた遊びに来てください」と言った。

別れ際、私とアヌーは金属製のカップになみなみとつがれたチャンを飲み干した。

あのとき以来、十四年が経っている。それなのに忘れることなく思い出し、話題にしてくれているとは。アマや家族の心根が柔和で澄み透っているからこそ記憶しているのだと思わざるを得ない。私としては嬉しいかぎりで冥利に尽きる。

チベット仏教に帰依する人びとの心の在り方を、その対極にあるマオイストや、ひいては共産中国の指導者に、妙薬として煎じて飲ませたいものだと勝手ながら思う。

スディルが言うには、マオイストは私たちに待っているようにと指示したという。要するに強奪である。ふざけ腐った共産主義者ではないか、と憤りを禁じ得なかったが、ネパールは内戦状態にあるのであり、すでに一万数千人もの犠牲者が出ていた。それに比べれば、私は微細な被害者の一人でしかない。逃げ出すわけにもいかず、気分を害しつつも待つほかなかった。スディルと馬方は馬に乗っていたから先に着いたのだが、後から遅れて追い駆けてくるマオイストの二人は徒歩である。峠を越えて駆け下ってくるその二人の姿が遠くに見えた。

私はそれを眺めていて思わず、噴き出しそうになった。息を切らせて汗水たらしながら、五〇〇〇メートルあまりの峠を越えてくるマオイストは、果たして革命に燃えた闘士なのか、それとも金欲にほだされた俗悪人なのか、そのようなことを逡巡しながら自分で確かめるためにも待っていた。テントをたたんで荷物をカッツァル（ウマとロバの一代雑種）につけて先行させたあと、私たちは雨宿りをかねて民家の軒先で待機した。

二人のマオイストは私たちのところに来ると、先に着いていたスディルと馬方に、一言二言挨拶しながら握手した。よほど走ってきたと見えて汗を顔面ににじませている。何しろ、ひと山越えて来たのだから尋常でない。シーメン村から、ムィ村にある私たちのテント場まで、高度差千メートルあまりを登って八百メートルあまりを下って来たことになる。

二人は呼吸を整えて落ちつくと、私たちに一人当たり百五十ドル、四人いるから占めて六百ドルを要求した。私とアヌーとスディルと馬方の、併せて四人分である。私は五百ドルしか持ち合わせがなかった。そのことを伝えると、兄貴分と思われる方の一人がいきなり暑いと言い出し、着ていた革ジャンパーのチャックを引き下げ、観音開きにはだけてみせて粋がった。態度がいかにも横柄である。日本でいえばヤクザふうのにやけ顔をしていて、貧相きわまりない。

まるでチンピラみたいだな、と奇異に思いつつ私は見ていた。ヒマラヤの辺境をうろついている類だから、どうせ下っ端に違いない。ムイ村は標高四〇〇〇メートルを越えた高地にあり、しかも細雨に煙っている。暑いわけはなかった。

革命戦士を気どった熱意からなのか、それともゆすりたかりの味を占めてのことなのかと逡巡していると、はたしてジャンパーをはだけた胸のあたりに一丁の拳銃が、ショルダーホルスターに納まっていた。脅迫である。が、弾丸が込められているかどうかわかったものではない。

下っ端風情のマオイストにしては役者だなと感服した。悪役さながらのにやけ顔で、兄貴分のマオイストは勝ち誇ったように静かに言った。

「領収証はある。足りない分の百ドルはルピーで払ってもらいたい」

私は腹立たしい気持ちで、もし空手の心得でもあれば、ここで一発、顔面に直撃を加えて気絶させるのはどうかと思いながら下っ端のマオイストを見ていた。すると用意周到なことに、胸の内ポケットから素早く電算機をとり出して計算した。残りの百ドルは七千五百ルピーだという。はっきりしたレイトはわからないが、かなり多めにごまかしているのは確かだ。雇っているコックや馬方の給料は一日三百ルピー（日本円換算三百円相当）だから二十日分以上はゆうにある。貧乏所帯の私を脅して金銭を巻き上げるとは、なかなかの雲助だな、と私は怒りも忘れ、妙に感心した。

マオイストの二人は現金を受けとると、私に紙切れ同然の領収証を手渡した。しわくしゃになったその紙切れには、五人の革命家の似顔絵が印刷されてある。マルクス、レーニン、スターリン、毛沢東、それにプラチャンダ。

プラチャンダは「燃える炎の革命闘士」という意味だが、本名はプスパ・カマル・ダハル。マオイストのリーダーである。彼らは反政府武装闘争を「人民戦争」と呼んでいた。それが終結したのちの二〇一〇年、王制を打倒して、一国の政権を掌中に収めたプラチャンダ首相を私は党本部に訪ねた。民衆や議会政党をも巻き込み、共産主義革命を成し遂げた、言うなれば英雄である。

私はプラチャンダにいくつか質問した。拙著『ヒマラヤのドン・キホーテ』から当該箇所の一部を引用する。

——王制を打倒しましたが、社会変革はなされていないように思います。今後のビジョンを聞かせてください。

「王制を打倒し、それまでのヒンドゥー教の宗教国家から世俗国家にしました。そして共和制と連邦制を取り入れました。これからは新憲法を決めて我々は前進していきます」

——前進とは具体的にはどういうことでしょう。

「水資源、観光、農業の三本柱を基本に経済を発展させ、豊かな国造りをめざします。第二次大戦で敗戦し、復興を遂げた日本に学びたいと思っています」

農民出身の革命家は、王制を打倒して国家を転覆させることに成功した。私との対談で「復興を遂げた日本に学びたいと思っています」というのは、日本人である私にたいするリップサービスではないかと思う。

それとは別に、参考までに述べると、ネパールが近代化の過程で最初に海外へ留学生を派遣した国が日本である。一九〇二年（明治三十五）、「第一章」で触れた宰相チャンドラ・シャムシェル・ラナの時代である。当時、慧海はチベットにいた。チベットで偽っていた身分が露見し、インドのダージリン経由でネパールに逃れたのち宰相との親交を得て、帰国時に留学生と対面している。余談ながら、最初の留学生八人の写真が『A Century of Encounters Between Japan & Nepal』（在ネパール日本大使館発行、一九九七）という書に掲載されている。

ネパールを訪れた最初の日本人・慧海と親交を結んだチャンドラ・シャムシェル・ラナを含むラナ一族の宰相がネパールの実権を掌握したのは遡ること一八四六年である。その後の一九五一年、百五年間つづいたラナ体制は民主化勢力によって打倒され、王政復古を遂げて開国する。さらに毛沢東主義を標榜するマオイストによる「人民戦争」で二〇〇八年、王制廃止、連邦民主共和制に移行する。

革命を成し遂げたマオイストの被害者である私からすれば、現金を巻き上げたマオイストは追剝同然である。のちに私が「人民戦争」の革命闘士プラチャンダにインタビューしたのは、この追剝事件から四年後（二〇一〇年）のことだが、このようなごろつき分子が底辺を支えているからこそ革命は成功するのだと思わずにはいられなかった。有象無象こそ覇権主義国家の基盤をなす。内心不快に思いながらもその現実を認めざるをえず、マオイストに現金を手渡した。

「あちこちから集めた金銭は何に使うのか」私は腹いせに聞いた。

この地域の住民は橋がなくて困っているので、その建設に使うのだという。呆れるばかりの答えに開いた口が塞がらない。傍にいたアヌーが私にこうささやいた。

「ツァルカ村に鉄橋をつくったのは、この日本人だって言ってやりましょうか」

「言わなくていい」と私は制した。

追剥連中に話すこと自体が無駄と思ったからだ。無駄どころか、もしかしたら、さらなる金品を要求されかねない。私たちとは社会の倫理や規範、秩序が異なる教育を受けているのだ。二人のマオイストは現金を受けとると、サルダン村へ向かうと言い残し、来たのとは逆方向へそそくさと谷沿いの道を下って行った。

慧海の記述と符合しない風景

その後、マオイストの立ち去る姿を見届けてから、私たちは上流をめざして進み、ニンレッというムィ村の移牧地にテントを設営した。ちいさな湖をとり囲むように広がる穏やかな草地に移牧の、石を積み重ねてつくられた簡素な小屋がいくつかみられる。湖は「ツォ・ギャ」という名前だそうだ。「ツォ」は池や湖をさす。「ギャ」は知らなかったので聞くと魚を意味するという。こんな山奥に魚がいるとも思えないが、もしかしたらテーチス海に棲息していた残留魚の子孫が陸封されているのかもしれない（二〇二二年の踏査で魚種はいないことを確認した）。

ニンレッは二股の出合付近にある。地図で見ると右股のマンゲン・ラまでは五キロ余り、左股のゴップカル・ラまでは六キロ余りある。慧海の日記によれば、二里半で国境に着いたとあるから、もし慧海がニンレッ付近に泊まったと仮定すれば、私の推定した一里約二・八キロで換算すると、距離としてはゴップカル・ラが妥当である。ただし、下流域にあるクン・コーラの出合を推論するときに割り出した一里あたりを二キロに換算すると、慧海が泊った場所は左股にしても右股にしても、ニンレッから上流でなければならない。

地図には双方の谷筋に道を表す点線が延びている。それぞれの峠に名前がつけられているのだから移牧や交易、あるいは巡礼につかわれた道がつづいているはずである。ところが移牧地の住人に聞くと、ゴップカル・ラには行けないとのことだった。であればやむを得ない。地元の住人の意見は尊重しなければならないだろう。私たちはその住人に千ルピー払って馬でマンゲン・ラを案内してもらった。

マンゲン・ラは峠の手前にちいさな湖が二つある。峠にもちいさな湖がある。ちなみに前者はレッツァワ・ツォ、後者はランゴ・ツォと呼ばれている。

峠で私たちは一時、激しい風雪に見舞われた。驟雪《しゅうせつ》である。チベットやヒマラヤではよくあることだ。案内の村びとは長居をしたくないようだ。心配しなくていい、大丈夫帰れるからと伝えて先に帰した。風雪はすぐに止み、のどかな青空が広がった。

峠にはラプツェ(積石)がある。峠はクン・ラにくらべてさらにだだっ広く、かつ両端が尾根に遮られていて、慧海の日記の記述から連想されるような渺々《びょうびょう》たる展望は得られない。つまり、日記の描写とは符合しないのだ。期待して来ただけに、私は内心落胆した。ここから下れば、慧海が記した通りの、円い湖と長方形の湖が二つ並んである場所へ行くはずなのだが、峠から眺めた風景が記述と異なるのだから話にならない。マンゲン・ラに託した望みは捨てざるを得なかった。クン・ラもおかしい、マンゲン・ラもおかしい、何処におかしくない本当の峠があるのか。

私とアヌーは峠から馬で、緩やかにつづく岩礫の車道を、前年、チベット側から車で上がって来た付近まで下った。どうやら、ここは慧海がたどった経路ではなさそうだ。そう判断するしかない。未練がましく、谷間を見回しながら馬の手綱を引いて引き返そうとすると、穏やかに開けた氷蝕谷を一尾のオオカミが私たちの傍から逃げて行った。

そういえば前回、アヌーとカン・リンポチェに行ったとき（一九九三年）もオオカミを見かけた。自然が豊かで餌になる動物が豊富なのかもしれない。たぶん、雪男と騒がれたチベットヒグマ同様、土中に巣穴をつくるマーモットの仲間を食べているのだと思う。

私たちはオオカミを見かけた地点、すなわち去年、たどり着いた付近から引き返したのだが、私はこの時点で、またしても、探索の行く手を塞ぐ、目には見えない壁に突き当たった。間違いないと思ってやって来た峠が外れていた。

慧海の日記には他にも手がかりとなる記述として、「金沙ノ多ク流ルヽ」谷筋を上がったとある。クン・コーラの上部では流れが伏流したガラ場に道がつづいているので、「金沙ノ多ク流ルヽ」という記述から連想される流れは見あたらない。他方、ムィ・コーラは移牧地に利用されているだけあって、緩やかな草地の台地が随所で見られ、そこでは流れも穏やかである。流れの底の砂地がキラキラ光っている場所が何ヶ所かにあった。

後年、返す返すも残念に思えて仕方がないのだが、左股のゴップカル・ラを踏査すべきだったのだ。私は移牧地の住人の「行けない」という一言に、何ら訝ることなく額面通りに受け止めて判断し、右股のマンゲン・ラへ向かった。しかし、クン・ラもマンゲン・ラも該当しない、となれば、もはや踏査の対象はゴップカル・ラへ延びる谷筋しかないはずである。

にもかかわらず、そのとき私は思考が停止していたのか、せっかく、遥々やって来たわりには諦めが早すぎたようだった。あっさりと、別の谷へ転進したのである。

急遽、ウーティ・チューに転進して峠に上がる

私は前年に踏査したチベット側の、円い湖（池）と長方形の湖の二つ並んである形状が頭から離れなかった。二つ併せてエナン・ツォと呼ぶ湖である。クン・ツォよりエナン・ツォの方が慧海の記述に符合するので、あくまでも、エナン・ツォへ通じる経路に拘っていた。

エナン・ツォへ通じる道で、チャンタンを流れる川を眺められる峠があるのかどうか。マンゲン・ラ越えの道が外れたからには別の経路をさがす必要がある。地図にはムィ・コーラに隣接する支流のウーティ・チューという谷にも道の記号が表記されている。このウーティ・チューに移牧地を持つムィ村の村長の話では、ウーティ・チューからチベットへ通じる峠道はない。

しかし、地図を参考にすると、道がつづいているかどうかはともかく、峠はいくつかある。となれば、自分で確認して判断するしかない。この時点で、ゴップカル・ラは私の念頭から完全に消えていた。なぜ、ゴップカル・ラをいとも簡単に諦めたのか、いまだに不思議でならない。

私とアヌーはマンゲン・ラから二股の移牧地ニンレッのテント場に戻った翌日、ムィ村へは戻らずに、村びとから聞いた、ムィ・コーラ左岸の尾根を横切る間道をたどってウーティ・チューへ向かうことにした。地元の村びとは、さすがにあらゆる間道を熟知している。

もっとも、それは辺境の地にあって当たり前のことである。生まれ育った土地の地勢に関して何もかも知っているからこそ生きてゆくことができる。逆にいえば、知らなければ生きてゆくことができないだろう。異郷にあって、私たちはそれを理解していないからこそ、右往左往しながら踏査を繰り返しているのだ。かりに私が地元民と同程度の、地元の地勢に関する知識を身につけていたら、慧海が越えた峠はたちどころにして想像がつくはずである。

私とアヌー、それにスディルと馬方二人をふくむ五人は、馬二頭を引き連れて空身でウーティ・チュー へ出発した。峠を踏査したのち、その日はムィ村に戻って一泊し、翌日、シーメン村へむかう予定でいた。コックとキッチンの二人は別動隊として私たちと別れたのち、食糧やテントの類をカッツァルにつけて、途中、ムィ村の村長宅に立ち寄って私たちのシュラフとテントを預かってもらい、それから峠越えの道をたどって一足先にシーメン村へ向かうことにした。

峠越えの道は、先日、スディルと馬方の二人がアマの家へバッテリーの充電に出かけたときの道である。後日、アマの家で落ち合う手はずにして別動隊と分かれた私たち五人は、移牧の村びとから教えられた間道をたどった。尾根の斜面を横切りながら進み、ムィ・コーラとウーティ・チューを分かつ峠に出ると、開豁《かいかつ》な氷蝕谷の底にウーティ・トォーンという移牧の夏村が下方にみえる。かたや、谷の最奥部には、チベットとの国境をなす岩山がつらなっていて、その二ヶ所に、越えて行けそうな鞍部、つまり峠がある。二つとも、ぜひ、確認しなければならない。

移牧の夏村では、煮炊きでもしているのか、あちこちのテントから炊煙がのどかに立ち昇っていた。いかにも桃源郷らしい平和な佇まいである。峠に腰を下ろし、その夏村を眺め下ろしていると、日本の秋を思わせる陽気のせいか、気分がふくよかになり、仁徳天皇の逸話が思い浮かぶ。「高き屋に登りてみれば煙立つ民の竈《かまど》は賑ひにけり」遥かな古代を彷彿させる清新の気が漂う情景である。

夏村に下りて行くと、子供らが数人遊んでいた。私がカメラを向けると、大声を上げながら慌てて逃げ惑う。期せずして出会った子供らの素朴な姿に私は感激した。はじめてトルボ地方を訪れた九二年当時は、私のような闖入者がむけるカメラに逃げ惑う子供らを村々で見かけた。以来、すっかり見かけなくなったが、そのときの情景とオーバーラップして、思わず、嬉しさが込み上げたのだ。

家畜の世話をしている村長の家族に聞くと、峠には誰も行ったことがない、名前もついていないという。村びとの往来には利用されていないのだ。それでも確認しないことには、慧海がチベットへ越境した峠なのか占う判断材料にもならないし、納得もいかない。あるいは、現在は使われていないが、昔は利用されていたことも考えられる。

谷筋は東へ延びて、国境稜線に突き当たる付近で大きく開けて北方へ折れ曲がる。道らしきものはそこから先、何ひとつないのだが、地図には赤い破線が延びている。昼食後、とりあえず、国境のその峠まで上がってみた。岩屑だらけの緩やかな台地がつづき、チベット側へ傾斜する谷筋の向こうに岩山が波状に広がっている。明らかに、慧海の日記の描写とは異なる風景だ。

日が暮れるころ、周辺に放牧されているヤギや羊の群れが、誰に指図されたわけでもないのにいっせいに戻る様子を不思議に思って眺めながら、私たちはウーティ・トォーンに戻った。ヤギや羊の群れは、日が落ちるころにはトォーンに帰るように学習されているのだろうか。トォーンはチベット語だが、ネパール語ではカルカといって移牧の村をさす。

私たちがムィ村に戻ろうとするころ、日没まぎわの澄み切った碧空に星々が瞬きはじめた。予定を大幅に遅れてしまい、ムィ村まで戻るのは時間的にもはや無理である。ウーティ・トォーンに泊まる予定ではなかったのだが、村長の家族が滞在しているこの夏村に、テントもシュラフもなく着の身着のまま泊めてもらうしかない。食糧も食い尽くしていた。

私とアヌーとスディルと馬方二人を併せた五人は、村長の家族から分け与えてもらったツァンパ（麦焦がし粉）とミルクを混ぜ合わせ、素手で練って食べた。これは移牧村で暮らす人びとの常食である。慧海の日記や『旅行記』にも、ツァンパを練って食べる描写が出てくる。

食べ終えてから、アヌーとスディルと馬方二人は、馬の鞍をクッションがわりに敷いて、ヤクの被毛で織ったごわごわした毛布をかぶり、そのまま野外で寝た。吹きさらしの野外にくらべて風もなく少しは暖かいだろう、ということで私一人が、家族とともに夏小屋の中に寝ることにした。

竪穴住居の夏小屋

夏小屋といっても、地面を一メートル余り掘り下げ、内側から地上一メートルほどの高さまで石積みをして、その上にシートを張っただけの、骨組みもない粗末な竪穴住居である。内部の広さは三畳間ほどもあるだろうか。若干の荷物が置かれている。たぶん、食器類や食糧の類だと思う。腰をかがめて内部に下りて行くのだが、地面の中央に五徳が置かれ、焚火の跡の熾《おき》が消え残っていた。きっと、私たちに分け与えた質素な食事の煮炊きを済ませたあとなのだろう。

村長はチベットへ出かけて留守であり、幼い娘ら三人と母親の家族四人で、移牧の夏村に寝泊まりしながら家畜の世話をしているという。五徳の置かれた竪穴住居で、四人の母娘は毛布にくるまって抱き合うようにして寝た。五徳を挟んで片方の場所を私が占有してしまっているので、母娘はそうしなければ身を横たえることができないのだ。私もまた、与えられたヤギの毛皮にくるまって身を縮めて寝た。

それにしても窮屈きわまりない竪穴住居である。せめて私がいなければ、焚火跡の燠や五徳を隅の方に片づけて、もう少し広く使えるだろう。明かりのない、地底のような真っ暗闇から母娘の歌がか細く聞こえてくる。さながら、それは私にたいする子守歌のようでもあった。奥深い静けさの中で疲れ切っていたせいもあるが、私は思念が停止したような安らぎに包まれて不思議な鎮静状態を体験した。

異国人の私に遠慮しているのか、声をひそめて歌う娘ら三人の歌声はチベット語であり、歌詞の意味が理解できない私には、秋に啼く弱々しい虫の音にも似ていた。娘らがときどき歌詞を間違えるらしく、添い寝している母が、そのたびに娘らを労わるように正しく歌って聞かせた。私はそのやりとりを聞きながら、日本ではもはや失われて久しい情愛のやさしさをしみじみ感じとった。私の記憶の奥底に揺らぎたつ遠い昔の、捉えどころのない郷愁である。

このときの深い安らぎを、過去にも何処かで体験したような気がしてならない、と後年考えたのだが、長い間、どうしても思い出せずにいた。通り過ぎて来た人生をたぐり寄せるようにしてようやく思い当たったのは、この世に出生する以前の世界である。母の胎内で羊水に浮かんで平安に過ごしていた自分の命だった。たとえ想像にすぎないとしても、そこに思いが至ったことで私は不思議に納得した。

ヒマラヤの奥地で細々と営まれる移牧生活の、粗末な竪穴住居で子守唄を聞きながら眠った暗闇は、母の胎内にも似て、私の命に刷り込まれていた原初の安らぎを引き出したのだろう。私は桃源郷と謳われたトルボ地方の魅力の何たるかを摑んだような気がした。

早朝、目覚めたとき、母娘はすでに仕事に出かけたようで見あたらなかった。私たちは腹をすかせたまま水を飲むことで空腹を満たしながら、昨日到達できなかったもう一つの峠をめざした。峠の直下にはちいさな湖がある。風が吹くと漣《さざなみ》が立ち、岸辺を打つ波音が辺りにひびき渡った。馬方の一人はその波音に恐怖を感じて、すぐ傍の湧き水を飲むことができなかった。湖に吸い込まれそうになるのだとか。

空腹で誰もが疲れ切っていた。ここは慧海がたどった経路ではないことを知りつつも、せっかくだから峠に上がって確認しなければと思い、私はスディルと二人で峠をめざした。三点支持を要する初歩的な岩登りを強いられた。

峠の頂からはチベット側に波打ちつらなる岩山の広がりが眺められた。GPSは北緯29度31分441秒、東経83度15分541秒、五五五四メートルを示していた。私は疲労困憊のあまり呼吸を乱し、大の字に寝て深呼吸を繰り返した。百メートルほど北寄りの地点からチベット側へ派生した支尾根が邪魔で向こう側の風景は見えなかった。そこから向こう側にエナン・ツォが俯瞰されるはずだった。私がそこまで行くのはとても無理なので、スディルにその旨を伝えて代わりに行かせた。

さすがに私より二十歳ほど若いスディルは元気だ。すたすたと大股で歩いて行き、おう、見える、見える、と大声で叫ぶ。戻ってくると、湖が二つ、長いのと丸いのが並んでいたという。「去年、あの湖の岸辺にテントを張っていたんだ」と私は、息を切らしながら言った。「チベットに行ってみたいな」とスディルは言う。

スディルは私とずいぶんあちこちヒマラヤを歩き回っていたが、アヌーとは異なり、チベットには行ったことがなかった。理由はチベット語を話すことができないのと、低級所得者の私はいつも資金が乏しく、スディルを同行させるほどの余裕がなかったからだ。

私とスディルが国境稜線からチベットとネパールの山並を眺め渡している間、アヌーと馬方は岩場の基部で待っていた。アヌーは私より一つ年長であり、さすがにくたびれ果てたようだ。

私たちは昨日今日と、食事もろくにとらずに歩きつづけた結果、ここは慧海がたどった経路ではないことを確認したに過ぎなかった。しかし、それでも私にとっては確実な成果のひとつである。消去法で潰して範囲を狭めて行けば、いつかは納得できる結論に達するはずだと考えていた。

ムィ村へ戻る途中、ウーティ・トォーンを過ぎたあたりで、下方から上がってくる娘ら三人と出会った。年齢は日本で言えば、小学校低学年といったところか。娘らは生活物資を運び上げるのにムィ村へ下った帰り道である。自分の身体がすっぽり入りそうなほど大きなドーコ（竹籠）を背負っている。険路であり、村との高度差は六百メートルほどある。荷を背負っての往復は、愛くるしい笑顔には不似合いな重労働に違いない。感心と言って褒めるには異次元の生活環境であり、ほとほと頭の下がる思いがした。非常食でもあれば、神々に捧げる感謝の念とともに分け与えてやるのだが、もとよりあるはずもない。

私たちはムィ村へ下り、娘らの家に泊まった。村長プンゾーの家である。数日前、私たちと出会ったときプンゾーは親切にも家まで案内し、それからチベットへ改めて出かけたのだが、まだ戻ってはいなかった。娘らの母と弟夫妻がいた。娘らはいなかった、ということは三人ともトォーン（移牧小屋）に泊っているのだ。

プンゾーの家は日本の昔の土蔵のようにぶ厚い白壁で覆われている。居間は二階にあり、畜糞を燃料にしたストーブが焚かれていた。電気など通じているわけもないが、トォーンとは比較にならないほど居心地がいい。

夜、灯油ランプの暗がりで、米飯に、トウガラシで味つけしたジャガイモ汁をかけて家族とともに食べた。粗食きわまりないが、それでもトォーンでツァンパを食べたのにくらべると、じつに有難みのある食事だった。ジャガイモの皮切れや砂粒が入り混じっているのを、一人私だけが、口中からつまみ出していた。家族もアヌーもスディルも馬方も、いっこうに気に留めるふうもなく黙々と素手で食べている。私は口から砂粒を指先でつまみ出しながら、そのたびに感謝の念を覚えずにはいられなかった。家族の温情が私の胸にしみわたるようだった。

夜は私だけがひとり、居間で暖かく寝ることができた。アヌーやスディル、それに馬方は屋外でテントを張って寝た。家族はチベットから買ってきたという中国製の、ヤギの毛皮の模造品をマット代わりに敷いてくれた。私はシュラフに入って寝ていたのだが、それでも私にたいして寒いと思ったのか、家族がヤギの毛皮の模造品を一枚、シュラフの上からかけてくれた。その献身的な対応に私は返す言葉もなかった。

懐かしい、シーメン村のアマとの再会

帰路、私たちはムィ村の東側につらなる五〇〇〇メートル級の山並を越えてシーメン村をめざした。先日、スディルと馬方が、カメラのバッテリーを充電しにシーメン村のアマの家を往復した道である。コックとキッチンが率いる別働隊がたどった道でもあった。そしてまた、マオイストが現金を巻き上げに来たのもこの道である。さらには、スネルグローヴの一行がシーメン村へ向かったのも同じ道だった。険路ではあるが、シーメン村とをむすぶ、かつてこの地に繁栄したキティン王国の時代からの由緒ある道である。

ラ・ラという峠に立つと、南南東の晴れ渡った空にダウラ・ヒマールの白銀の氷雪嶺が望見される。Ⅱ峰、Ⅲ峰、Ⅳ峰、Ⅴ峰を確認しながら、七〇〇〇メートル級の壮麗なヒマラヤの美しさに爽快感を覚えずにはいられない。

と同時に、百年あまりの昔、このヒマラヤの地を旅した慧海の仏道修行の日々に思いを馳せる。ヒマラヤの人びとの仏教に根ざした慈悲慈愛にみちた信仰心は、いまよりもっと充実した深遠な精神文化を築き上げていたはずである。そうした人びとの信仰心に接しながら、強靭な意志によって苦難を乗り越えた慧海の旅の軌跡は、とりもなおさず自己変革の過程であり、自らの仏道信心の飛躍につながったであろうことは想像に難くない。

それにくらべて先日の、現金強奪をねらって、私たちのところへ汗を噴き出しながら走って来た革命分子の姿を思い浮かべると、あまりにグロテスクで卑小、かつ滑稽に思われた。

峠からヒマラヤの山岳風景を眺望したのち、私たちは二股に下った。そこから先、シーメン村への途中、スネルグローヴが『ヒマラヤ巡礼』で述べている寺院がある。五十年後の現在はどうなっているのか、その佇まいを確認したくて、アヌーと馬方を先行させ、スディルと二人で立ち寄った。

川の左岸の非常に高いところに寺があり、その夜はそこに泊まることになった。この寺までの最後の登りの私たちの足取りはたどたどしくて、思うように足が進まなかった。狭い台地まで登りつくと、目の前に、小さな僧室と、庭と、数多くのチョルテンがあり、その付近に、テントを張ることができそうだった。(略)背後の寺の本堂から、おごそかな読経の声が洩れてきた。中に入ってみると、六人の村人たちが、濃い赤色の自家製の衣をまとって、《般若経》を読み上げている最中であった。(『ヒマラヤ巡礼』)

崩れ落ちた瓦礫が残っているだけの、廃墟と化した寺院跡は、引用文に記された僧室やチョルテンはもとより、仏教を感じさせる抹香臭い面影の片鱗すら見あたらなかった。まるで最初からなかったかのようだった。

五十年の間に、こうも変わってしまうものか。命あるもの形あるものが消えていく、これが神の摂理なのかと無常を感じずにはいられなかった。疲れた体に風がさわやかな感触を残しながら吹き過ぎていく。

眼下には、断崖に囲まれたシーメン村の、点在する家々や柳の並木、周囲に広がる黄金色の麦畑がみえる。箱庭を見下ろすような感じで眺めていると、家の裏手に立ち、ひとり額に手のひらをかざしてこちらを見上げている人影があった。あとでわかったのだが、その人影はアマだった。先に下ったアヌーから、私が寺院跡に立ち寄っていることを知らされ、外に出て、私の姿を探し求めながら眺めていたのだ。

断崖にへばりついた寺院跡から降りて、麦畑につづく小路を歩いているとき気づいたのだが、前方の、芥子菜の花が咲きみちた庭先の岩に腰かけながらアマが私を待っていた。映画に出てくる逢瀬のシーンのようで、年甲斐もなく、じつに照れ臭かった。

このときアマは、この地方の婦人が既婚者であることを表す真鍮製のティクプという頭飾りをつけていなかった。どうしたのかと聞くと、五年前に夫を亡くしたときから外したのだという。髪型も変わっていた。以前は、いかにもヒマラヤの柔和な貴婦人といった感じで腰まで垂らしていた黒髪も、いまは短くなっていた。孫をあやす姿が私には萎れてみえた。七十一歳になったという。体調がすぐれないとのことだった。以前のような、揺らぎたつような艶やかな気品は失われつつあった。

それでも微笑には、往時の余韻が感じられた。アマは村一番の大宅の一人娘で婿入り婚をしている。身分の高い家柄なのだと思う。前回、それを裏づけるような財宝を拝見した。サンゴやトルコ石がふんだんに散りばめられた刀剣、鞍、容器などだ。


先祖がチベットから持ってきたものだと話していたが、その中に、革製の容器に収まった白磁の器があった。器の底には「乾」の一字が記されていた。後年、私は台湾国立故宮博物院で似た形状の器を見て驚いた。私の想像だが、清の時代の乾隆《けんりゅう》帝と関係があるやも知れないと思った。

十四年前、私は通りすがりに一泊しただけだったのだが、あのときアマは私を最初見たとき、チベットの高僧リンポチェを連想したという。それで私をリンポチェと呼んでいた。私だけがひとり空身で馬に跨り、アヌーをはじめ、他は荷を背負ってかしずくようにして歩いていたから偉そうに見えたのだと思う。

十四年後のいまも、アマは私に関心があるらしく、傍で私を観察していた。スディルが話していたように会いたかったのだろうと思う。気品あるアマの慈愛にみちた眼差しは、聖母を感じさせる穏やかな無限の美しさを秘めているようである。若いころは清婉《せいえん》な美女だったのではないかと想像される。

私は庭先の水場で頭を洗い、川で洗濯して川風に吹かれた。吹き渡るヒマラヤの涼風に心が和んでくる。アマに訊きたいことがあった。はじめて訪れたとき、ずいぶん親切に対応してくれたわけを知りたかった。すると、日本人が珍しかった、とアマは答えた。外国人の入域が禁じられていた一九九二年当時、ネパール政府の特段の配慮で入域したのだから、見慣れない日本人はたしかに珍しかったに違いない。

私はいまも、昔と変わらぬ豊かな包容力、ないしは慈愛の念をアマに感じた。それは相手の心に働きかける、人としての血の通った霊力に違いない。

翌朝、アマとの別れは、昔ほど厳粛なものではなかった。体調がすぐれないからではないかと私は案じた。長男のハワンはチベットへ交易に出かけていて留守だった。彼の妻と娘は草刈りに出ていた。アマはひとり、玄関先で私を見送った。

私は金属製の皿に山盛り一杯のチュルピをもらい受けた。チュルピはナク（牝ヤク）の乳からつくられたチーズである。石ころのように硬くて、口に含んでいると時間が経つにつれて柔らかくなる。こんど、いつ来ることができるか予想もつかないが、私は再会を願った。と同時に、もしかしたら、つぎに来たとき、アマはもうこの世にはいないかもしれないと一瞬、哀切な思いに捉われた。

糸を紡ぐ手を休め、庭先で私を見送るシーメン村のアマ。この時の別れが最後となった。後年、日本にいた私は、アヌーを介して訃報を知らされた。（2006年撮影）

シーメン村を抜けると、道は南東方向へ、谷間の流れに沿ってつづく。道沿いに延々と、マニ塚とチョルテンが立ち並ぶ。チベットとの国境の峠エナン・ラから流れ下ってくる谷川にかかった簡素な木橋を渡り、瓦礫の台地を越えると、本流の谷川沿いの大岩に「オンマニペメフム」というチベット仏教の真言六字の刻まれた場所がある。

ここで馬から降りて休憩したのち、さらに緩やかな上り道をすすみ、シーメン村から四時間余りでティンギュール村につく。村の入口には、ハプツォと呼ばれる神聖な場所がある。小高い丘の上にある祭壇から祈禱旗が張りめぐらされている。例によって、アヌーは虚空に米粒を振り撒き、読経した。

私たちは往路約束したように、ティンギュール村でヌルブを訪ねた。弟にも再会できた。弟は新しい妻を迎えて独立していた。足踏みしながら動かす旧式のミシンを入手し、馬具やテントをつくっていた。ミシンの台座の部分は中国製でチベットから、縫合する針のついたインド製の機械の部分はカトマンズで購入し、運んできたという。繁盛しているようだ。昔にくらべて太って血色もよく、子供が一人いると嬉しそうに話した。

兄のヌルブと共有していた妻との間には八人の子供がいた。ヌルブはその八人の子供のめんどうを見ながら、昔と変わらぬ移牧と交易の生活に明け暮れていた。ヌルブに誘われて移牧地に行き、チベット茶とミルクをご馳走になった。苦労したかつての旅で世話になった人びとと現地で再会でき、その元気な姿に接することは私にとって、充実感のともなう無上の喜びである。

ヌルブに年齢を聞くと、はっきりしたことはわからないが、たぶん五十二歳ではないかとの答が返ってきた。私と旅をともにした一九九二年、九三年は、逆算すれば三十代も終わりのころだった、ということになる。

この十四年の間に、ティンギュール村も様変わりした。四年前に、学校ができたという。先生が五人、六歳から十五歳までの生徒が五十数人。村内で見かける子供らも、以前のチベット語とは異なり、ネパール語を話すようになっていた。国境を越えたチャンタンから去年運んできたというオートバイも一台見かけた。

昔のように夜な夜な、体をゆすってダムニェンを弾き奏でながら歌ったり踊ったりしているのだろうか。聞くと、たまにはやっているとのことだ。私にたいして気を利かせたのか、今夜、披露するという。その夜実際、星空の下に若い男女が大勢集まり、ダムニェンを弾きながら、歌い、踊ってみせた。

しかし昔とは異なり、所詮、私へのサービス、つまり見世物でしかなかった。大地に根ざした、地霊が湧きたつようなエネルギーがまったく伝わってこない。若者の髪型や衣服も変化し、チベットの伝統的なものではなくなっていた。時代の潮流は何処へむかっているのかと、私は不安を覚えた。近代化とは言葉を換えれば、固有種を駆逐する外来種のような存在である。もとより私もまた、その一分子ということになる。

一帯はヒマラヤの辺境の村だけに、夜は昔と変わらぬ、チミモウリョウが潜んでいるような怪しげな気配がひしひしと肌に伝わってくる。それは夜空にきらめく無数の星々が織りなす闇本来の無垢な姿である。

深遠な静寂につつまれ、ひとり星空を眺めていると、遥か古代人の研ぎ澄まされた感覚に連れ戻されたような錯覚に陥る。私は古代のさらなる先、人類が登場する以前の世界にも広がっていたはずの夜空を想像してしまう。そしてその挙句、生命の起源は宇宙に存する、との結論に達した。すなわち、私たちの故郷は宇宙にある。ヒマラヤの未開の辺境地帯にあって、こうした認識はけっして不自然なものではなかった。ごく素直に、心の奥底を流れる郷愁に相通じるものがあった。

二〇〇六年のこのときの踏査から、私が再びチベットに出かけたのは、二〇一六年だった。それまで十年間、慧海のチベット潜入経路にかかわる踏査からは遠ざかってしまった。もちろん諦めていたわけではなく、それなりに理由があってのことだ。

マオイストによる「人民戦争」が終結したのが二〇〇六年、私が踏査を終えてトルボ地方から出てきたふた月後の十一月のことだ。そして王制が崩壊し、連邦民主共和制に移行したのが二〇〇八年、それ以降もネパールでは混乱がつづいた。デモ隊の赤旗が街路に林立し、警官隊と対峙したりなど、闘争が日常的に繰り返された。

その後、マオイストの武装解除が完了したのが二〇一二年。さらに三年後の一五年、大地震によりネパール国内は甚大な被害に見舞われた。昔ながらの日干しレンガでつくられた建造物は倒壊し、復旧作業は遅々として進まず、各地で洪水や地滑りを誘発した。対策は脆弱で、さまざまな公共機能がマヒした。卑近な例を述べれば、郵便物が郵便局で受理されなかった。もちろん、発送されるわけもない。

この間も、私は毎年のようにネパールに出かけてはいたが、混乱した社会状況のなかではトルボ地方やチベットに赴く余裕がなかった。ネパール王制の再興を夢見て自らネパール人に帰化し、政党を立ち上げ、国政に打って出た日本人・宮原巍《たかし》の選挙活動に私は同行していた。このあたりの経緯は前掲『ヒマラヤのドン・キホーテ』に書いた。本人の意向もあって、続編を企画していたのだが、頓挫した。

となれば、その後にやるべきことはただ一つしかない。ライフワークとも言うべき慧海のチベット潜入経路探索を続行することだ。

第Ⅲ部　そして国境付近の峠へ

第十章　チャンタン観光旅行

変貌するチベット

ネパールの社会状況が依然として不安定だった二〇一六年、カトマンズから空路ラサへ向かった。十一年前の二〇〇五年の踏査で果たせなかった白巌窟、すなわちリッサンと呼ばれる巌窟群と、慧海が日記に「レーツァン・ニーパ」と記した巌窟群へ行くための入域が可能であるかどうか、改めて確認する必要があった。念には念を入れて、踏査をより確実なものにするためラサを訪れたのである。

それが功を奏してか、帰国後、国境付近の入域許可証を取得したとの知らせを受けた。再び、カトマンズ経由でラサに飛んだのは二〇一九年のことだ。

ラサは海抜三六五〇メートルの高地にある。空路、カトマンズから着いたばかりの私はその夜、目眩や吐き気、頭痛で安眠できなかった。それでもカトマンズを発つ前に高所順応を図るつもりで、ヒマラヤ山中の四〇〇〇メートル付近の村（ムクチナート）に一泊していたから、軽症であり、この程度の不調なら、朝食をとれば回復するだろうことは体験的に知っている。

案の定、朝食後、高度障害による症状は薄れていった。この二〇一九年七月十日、チベット暦の五月八日はチベット仏教では縁起のいい日である。そのせいか、チベット仏教ゲルク派のラサにある三大僧院の一つセラ寺は多くの参拝者で賑わっていた。

駐車場は車で満杯だ。ほとんどがマイカーで持ち主は公務員。つまり共産党員が経済的に恵まれていて社会的にもエリートなのだという。通訳兼案内役のダワ・ツェリンがいろいろ細かなことを説明してくれる（以下、ダワと記す）。

ダワは来日経験はないが日本語を流暢に話し、読み書きもできる。大学時代に日本語を勉強したそうで、その後、カトマンズに出て、日本の旅行会社で働いた経験がある。私とは二〇〇五年の踏査で（第二章参照）はじめて知り合った。そのときはフリーランスだったが、十一年後（二〇一六年）、再びラサで会ったときは、得意の日本語を活かして仲間と二人で旅行会社を立ち上げていた。ネパールにくらべてチベットでは日本人旅行者が少ないそうだ。それはそうだろうと思う。なにしろ政府による制約が厳しくて経費も高すぎる。

今回私は、二〇〇五年に踏査した地域を再踏査するつもりでいた。そのためにはネパールとの国境付近に入域しなければならない。二〇一六年の確認では、国境付近の入域は大丈夫とのことだった。事実、その三年後の今回（二〇一九）、私はチベット自治区政府と軍から国境付近の入域許可証を取得している。

三年ぶりのラサは前回にも増して近代的なビルや自動車が目立ち、都会化していた。なかでも大人がスマホ片手に街を歩いているさまは、私には真新しい光景だった。私の記憶には、大人であれば男女を問わず、マニ車を片手に持って回しながら歩く、敬虔な仏教徒の姿が刷り込まれている。マニ車がスマホにとって代わられたのである。

チベットにかぎらず、情報通信技術の発達は世界の潮流である。この点について私自身はじつに疎いのだが、それでも必要に応じて最低限、ラサ在住のダワとインターネットで連絡をとり合っていた。とは言うものの、往年のヒマラヤ登山でメールランナーに頼っていた時代の古典的な感覚から抜け切っていないところが私には多分にある。この点、現実との乖離が甚だしく、ラサの変貌ぶりを眼前に戸惑いを隠しきれなかった。これではまるでお伽噺に出てくる、浦島太郎が玉手箱を開けたときの心境ではないか、と内心思わずにはいられない。

私がラサをはじめて訪れたのは、遡ること三十三年前の一九八六年である。当時、三十九歳、まだ若かった。パキスタンで登山を終えて隊が解散後、現地の中国大使館でビザを取得して、単身、東トルキスタンは新疆ウイグル自治区を列車とバスを乗り継ぎながら旅行した。人権弾圧や民族浄化の元となった、中国共産党による一九九六年の「七号文件」が発布される以前だったから、いまから考えると街は雑然としていたが、それでもチベットの伝統的な雰囲気を醸し出していたように思われる。パキスタンから陸路、ウイグル自治区の首府ウルムチ経由でラサをめざした。ラサからさらにギャンツェ、シガツエ、サキャ、ティンリに宿泊しながらヒマラヤを越えてネパールの首都カトマンズへ抜けたのである（このときの紀行は『風の冥想ヒマラヤ』に詳述）。パキスタンで取得した、中国に入国するためのビザ代は日本円で六百円。思いのほか安かったので嬉しさ余って興奮したのを覚えている。加えて、現在とは異なり、道中、自由に行動することができた。三ヶ月ほど旅行して、この間、ウルムチ・カシュガル間を、引き返すように飛行機で往復したのだが、その経費も含めて費用は十数万円だった。

チベットでは、当時、ラサ市内の至るところで目にした、文革で破壊された跡の生々しさが印象深く残っている。無残に破壊されたのは建造物だけではなかった。物乞いするチベット人巡礼が、街のいたるところで目についた。貧しい身なりの彼ら彼女らは餌に群がる野良犬同然に、物を投げつけられ蹴散らされていた。

この三十三年の間に、中国での旅行事情は驚くほど変化している。かつてのような自由な個人旅行がチベットではできなくなっていた。私が今回の旅行でダワの旅行代理店に払った金額は百万円。この金額は知り合いのよしみで二十万円をねぎった料金だ。それでも低級所得者のわが身には大金である。しかも、これから述べるように最終的には目的地に入域できなかったのだ。これでは踏んだり蹴ったりもいいところ、挙句に滞在期間は十二日間でしかなかった。信じがたいことだが、それもこれも共産中国ならではの実情であり、仕方ないと言うほかない。

今回のチベットは私にとって十回目だが、ことほど左様に、以前とは何もかも様子が違っていた。率直に言うと、監視や規制が著しく厳しくなっている。一方、街並は見違えるばかりだ。マルポリの丘に建つポタラ宮の威容も、周囲の近代的な建造物に取り囲まれて精彩を欠き、目立たなくなり、もはやチベットの象徴的存在ではあり得なくなっていた。

代わって、共産中国の五星紅旗がポタラ宮の最上部に掲揚されている。五星紅旗は街に建ち並ぶ各商店の軒先にまで林立し、見るからに強制的で目障りだ。美観を損ねるだけでなく、支配の象徴としか映らない。

一九八六年当時、セラ寺のちかくを流れる川の傍に鳥葬場があった。運ばれてくる遺体は、大岩の上で解体されてミンチ状に打ち砕かれ、集まってきたハゲワシに餌として与えられる。私は解体作業の一部始終を見学した。旅行者の多くが私同様、好奇心に駆られて出かけて行くのだが、追い払われて見学させてもらえずにいた。それなのに、どういうわけか、私は遺族に手招きされて、お茶やリンゴをご馳走になりながら存分に見学できたのだ。

鳥葬について、慧海は『旅行記』で詳細に述べている。

まずその死人の腹を截《た》ち割るです。そうして腸を出してしまう。それから首、両手、両足を順々に切り落して、皆別々になると其屍《それ》を取り扱う多くの人達（その中には僧侶もあり）が料理を始めるです。（略）手には死骸の肉や骨砕《ほねくず》や脳味噌などが沢山ついておるけれども、一向平気なもので（略）手を洗いもせず、ただバチバチと拍《う》って払ったきりで茶を喫《の》むです。その脳味噌や肉の端切のついて居る汚い手でじきに麦焦しの粉を引っ摑んで、自分の椀の中に入れてその手で捏《こ》ねるです。

戦時中、わが国による大東亜共栄圏を建設すべく諜報員として挺身したロブサン・サンボウこと西川一三（一九一八〜二〇〇八）もまた鳥葬について、著書『秘境西域八年の潜行』で述べている。私は西川と面識があった。西川が働いていた、インドの西ベンガル州カリンポンにあるチベットミラープレス社という新聞社に備えつけられた輪転機の写真を撮って送ったことがある。西川は私とは親子ほど歳の開きがあり、私が会ったころは老齢に入っていた。誠実で温厚な人柄に私は感銘を受けた。西川の『秘境西域八年の潜行』はその内容のスケールといい質といい、前代未聞の名著である。その中から以下に、鳥葬に関する部分を抜粋する。

一応肉が骨から全部切り離されると、隠亡《おんぼう》はその骨を、こんどは大きな石で粉々につき砕いて粉末にし、その粉末を脳味噌と血とでまぜて肉団子にし、飛び回っている禿鷹に投げ与える。犬はなおあき足らないように盤上の血をなめ、たちまちのうちに彼等によって一片一塊の骨肉も残さず食

ラサ郊外にある鳥葬場。トラクターやトラックで搬送されてくる遺体を鳥葬台の大岩で手際よく解体し、ハゲワシに食べさせせる。遺族が見守るなか祈禱師が読経する。手招きされて私もその場に同席した。（1986年撮影）

い尽され、人間饗宴が終る。

チベットではこれを「チャトル（鳥に撒き与える）」と云っている。すなわち鳥葬で、チベットでは最も広く行われている葬法であり、このように死骸が一物も残らずに無に帰したことを、死人の後生がよかったと喜んでいる。

まったく眼を覆わせる、想像を絶する残忍奇抜な葬法ではあるが、彼等は仏教を通じて、すべての物質は地水火風空よりない。崩壊すれば元に還るもので、人間の死は死の訪れと共に、その霊魂は死体から遊離し、死体はひとつのぬけがらで、単なる物質に過ぎず、結局は地水火風空の、いずれかに復帰するものであるという思想から、この方法を選んでいるのである。

引用した慧海の記述には「手を洗いもせ

ず」とあるが、私が鳥葬を見物したときは、作業を終えた解体人は容器に入った水で手を洗っていた。慧海も西川も述べているように確かに不潔で残忍奇抜な面はあるのだが、私にはこの世の因果にかかわる神聖な儀式として感じられた。

ところが不思議なことに、その七年後の一九九三年に見たときは印象が変わった。以前のように神聖さを演出するような、祈禱を捧げる僧侶や見守る遺族の姿はなく、遺体はたんに、蝟集《いしゅう》するハゲワシの餌でしかなかった。解体人による遺体のとり扱いはゴミも同然だった。鳥葬の行われる大岩のある周辺一帯の景観も、荒野だった以前とは異なり、近代的な建造物が建ち並び、鳥葬の環境としては不似合いに思われた。まるで、都会のゴミ処理場さながらの印象を受けたのだ。

おそらく、私がここで感じたのは、昔ながらの伝統的な文化との断絶した近代化の実態ではないのか。それを裏づけるものとして、鳥葬は、部外者を警戒するような排他的な厳しい監視のもとで行われていた。私はアヌーと二人で遠くから見物したのだが、見てはいけないものを見ているような後味の悪さが心裡に残った。傍にいたアヌーの解説によれば、悪人の遺体をハゲワシは食べないのだという。私には決して、そのようなことはないと思われるのだが、そこはさすが、アヌーだ、わが親愛なる同朋はいいことを言うと感心しながら聞いていた。

九三年のこの時点でも、チベットの都ラサではすでに共産中国ふうの様式が色濃く生活に浸透していた。宿泊先のホテルのディスコでは、「敬愛的毛主席」という歌が流され、大勢の若者男女がその音曲に合わせて激しく身体をゆすって汗ばみながら踊っていた。

それから二十六年後、鳥葬についてダワに聞くと、現在は廃止されたという。国境を越えたネパールのトルボ地方やムスタン地方の村々でも、かつて行われていたが、いまでは廃止になっている。トルボ地方やムスタン地方は、国境を隔てていても歴史的にはチベットと親縁関係にある。共産中国の侵略併合で破壊されなかったぶんだけ、チベットにくらべて、まだまだ私たちの郷愁をそそるような伝統文化の香りが生活様式の中に残っているが、それも歳月とともに変容する現実は否めない。

セラ寺で僧侶から御守りをもらう

セラ寺は一四一九年創建。ガンデン寺、デブン寺と並ぶラサの三大僧院のなかではもっとも新しい。ちなみにガンデン寺の創建は一四〇九年、デブン寺が一四一六年である。セラ寺には馬頭観音がご本尊として祀られ、往時は五千五百人の学僧がいたそうだが、いまは三百人ほどしかいない。以上はダワの説明の受け売りである。

薄暗い堂内にはヤクのバターでつくった造花が供され、灯明が焚かれている。参拝者はお布施をしたのち祈禱してもらう。堂内はいくつもの部屋に分かれているが、その一室の片隅に、慧海の遺影を飾った仏塔が一基ある。一九九六年、関係団体によって奉安されたもので「河口慧海師修学塔」と呼ぶ。

三年前（二〇一六）、セラ寺に来たときお布施をして「修学塔」の写真を撮らせてもらった。本来は堂内での撮影は禁じられているのだが、日本人であることを話すと了承してくれたのだ。今回も、事情を話すと快諾が得られた。

傍で読経していた年配の僧侶が、私を見て相好を崩したところをみると、三年前の私に見覚えがあったようだ。もしかすると、私を関係者の日本人とでも勘違いしたのかもしれない。いずれにせよ、言外に私の気持が通じたものと思われる。

それを裏づけるかのように、堂内から出て境内を歩いていると、若い僧侶が急ぎ足で追い駆けてきて私の手をとり、御守り袋を握らせた。私の旅の安全と目的達成を祈願して、先ほどの年配の僧侶が指示したのだろう。

このセラ寺では、明治から大正にかけて多田等観（一八九〇〜一九六七）が十年間、仏教を学び、「ゲシ」という博士号を授与されている。秋田市の出身だが、岩手県花巻市の蔵脩館には、多田が持ち帰った仏画や経典など数々の蒐集《しゅうしゅう》品が保存されている。

セラ寺の堂内で読経している僧侶に、多田等観を知っているかどうか尋ねると、知らないとのことだった。文化大革命で歴史までもが抹殺されたのかもしれない。慧海については「修学塔」が奉安されていることもあり知っていた。

セラ寺の僧侶から御守り袋を授かったあと、境内を歩いていると、修復中の建築現場で懐かしい光景が目に留まった。娘らが横並びに隊列を組んで歌を歌い、足踏みしながら行進し、それぞれが手にした長い柄のついた木槌で床の土を打ち固めているのだ。特別に選んで山から運んできたその土には、細かく打ち砕いた岩石を芥子菜油で混ぜ込んである。それが娘らの足踏みと歌のリズムに合わせて木槌で力強く打ちつけられてコンクリート化するのだ。

これはチベットの伝統的な工法で「アルカ」と呼ぶ。以前にも一九九三年、アヌーと二人でカン・リンポチェからの帰途、再建工事中のチョカン（トゥルナン寺・大昭寺）を訪ねたとき見かけた。アヌーは「ハルシェ」と教えてくれたのだが、シェルパとチベット人では、呼名に多少の違いがあるのかもしれない。

この工事作業を見ていると、そこにはたんに土を打ち固めてコンクリート化するという機能以外に、おそらく信心深いチベット人のことだから、地霊を呼び起こす祈願が籠められているのではないかと察せられる。歌声やその足踏みのリズムから、風にはためくタルチョ同様、異界の神々と交信するチベット人の仏教精神が感じられてならない。

私は「アルカ」を見物しながら、協力し合い、一致団結することの人間的な意志の尊厳に触れたような気がした。ここでは労働と合唱が分かち難く結びついている。同様に、ヒマラヤに残された前近代の村々では、歌や踊りが労働と一体化し、日々の生活に溶け込んでいた。つまり、各自が古代の芸能人なのである。

かつて七〇年代から八〇年代にかけて、私がまだ若かったころネパールでのことだが、ヒマラヤ登山のキャラバン中、男女のポーターが坂道にさしかかると、歩きながらいっせいに歌を歌ったりすることがたびたびあった。そうすることで団結し、魂を奮起させ、延いては神々に祈りを捧げていたのではないかと、私は眺めながら感じ入ったものである。

当時、稲作地帯の村々では、田植え祭りといって、水の張った泥田に何人もが入って苗をかざし、笛や太鼓のリズムに合わせて泥まみれで踊った。これは明らかに神々への儀式である。私は畔道で見学していたのだが、中腰で泥田の中を練り歩くその踊り姿は、わが国の阿波踊りに似ている。農作業中、必ずと言っていいほど儀式として執り行われた。

前近代では歌も踊りも呪術的である。しかし、現在では労働と分離し、美しい芸能遺産は観光化されている。セラ寺の境内で「アルカ」を目前にして、そのような感慨に浸りながら私は魂の昂揚を覚えずにはいられなかった。心の奥底に眠っていた自らの存在感が呼び覚まされたような刺激を受けたのだ。

チャム・チェン寺の弥勒菩薩像

パヤン地方へ向かうのは二〇〇五年以来、じつに十四年ぶりである。出発の朝、ラサの街並が霧雨に煙り、視界は閉ざされている。八時、ダワが運転手と二人、私をホテルに迎えに来た。以前のようにトラックやランクルで行くものとばかり思っていた私は、二人が一台の乗用車で来たのを見て拍子抜けした。その車で大丈夫なのか。

「昔とは違いますよ。いまはハイウェイが通っています。大丈夫です」ダワは笑いながら流暢な日本語でそう言った。私は自分が体験した、探検精神を満たしてくれるようなかつてのチャンタンが記憶にこびりついていた。それが現在はまったく異なる様相をしているとは想像すらできなかった。

他方、天安門事件が勃発した一九八九年、チョモランマ東壁の偵察隊で来たときの北京や成都、ラサのおどろおどろしいイメージもまた、残像として私の心裡に焼きついている。ラサでは戒厳令が敷かれ、第十四世ダライ・ラマ法王がノーベル平和賞を受賞した年だったが、共産中国ではニュースにならなかった。それがいかにも独裁国家らしく思われた。

この日の目的地シガツェは、チベット自治区政府があるラサから二百八十キロほど西へ離れたチベット第二の都市である。ダワの説明によると、人口は五十六万で、四十二万のラサより多い。チベットは日本とは異なり、市の下部組織として区と県がある。ラサもシガツェも市であり、ラサの三区五県にたいし、シガツェは十区十七県。ラサの倍以上もある。もしかしたら政治権力も、それに見合ったものなのかもしれない。

というのは、ラサにある自治区政府と軍で取得した私の国境付近にかかわる入域許可証が、シガツェの公安局では認められなかったのだ。

これについては後述するが、私はシガツェに向う途中で、見学したい寺院が一つあった。「チャム・チェン寺」といって七世紀創建、セラ寺と同じくチベット仏教ゲルク派の寺院である。弥勒菩薩が御本尊に祀られている。チベット語で「チャム」は「チャンバ」とも言うが、弥勒菩薩をさす。「チェン」は大きいという意味。これは案内兼通訳人ダワの受け売りである。

岩山の麓を流れる川の左岸の台地に村がある。ネパールからヒマラヤを越えてチベットに潜入した慧海はカン・リンポチェを参詣したのち、一九〇〇年の暮れ、この村にあるチャム・チェン寺に着いている。日記から一部抜粋する。

十二月二十一日（中略）田野ヲ南ニ行ク事一里半余ニ小流岸ノ岩山ニ在ル（チャム・チェン）大寺ニ着ク（シカチェ）府ヨリ（ラハサ）府ニ至ル行路中ノ最大寺ナリ先ヅ僧ノ案内ニテ本尊弥勒菩薩ヲ拝スルニ三丈五尺余ノ金色ノ坐像光輝赫々タリ

慧海が記述した当時のチャム・チェン寺は、のちに文革で破壊されて、私が見学したのはその後に再建したものではないかと思う。境内では、いまだに再建工事がつづけられていた。いずれ、工事が終了した暁には、ラサのセラ寺などと同様、観光の目玉として取り扱われるのだろう。

奉安されてある弥勒菩薩像も寺院と同様、文革で破壊され、その後に修復されたものではあるまいか。そう思いながら堂内を拝観したのだが、弥勒菩薩像は慧海の記述にあるように「金色ノ坐像光輝赫々タリ」として、幽暗な雰囲気のなかで燦然と輝いていた。

ものの本によると、釈迦が入滅後五十六億七千万年を経て弥勒菩薩となって現世に現れ、衆生を救済するという。その宇宙規模の歳月に私は恐れ入ってしまい、目の前にある弥勒菩薩像の輝きが途轍もない威厳をもった神々しいものに感じられた。

記念に写真を撮ろうとすると、堂内の壁に貼られた「撮影禁止」と書かれた紙が目につく。一瞬、戸惑う。ダメでもともと、傍にいた僧侶に聞いてみる。「写真を撮っていいですか」僧侶はニタッと笑みを浮かべて、どうぞ、と言う。その笑いには、「撮影禁止」の貼り紙を見ながら敢えて聞くとは、なかなかやるじゃねぇか、との含蓄があるように受けとれた。それとも私をチベット人とでも思ったのだろうか。

寺院を出るころ、疎らに雨が降っていた。昼時であり、寺院前にある食堂に入ると巡礼のチベット人で込み合っていた。チベット風うどん（トゥクパ）とチベット風ギョーザ（モモ）を注文する。うどんには肉と各種野菜が入っている。ギョウザも水餃子で、味覚は日本と変わらない。ネパールでも私は、チベット寺院街のボードナートへ行ったときなど、亡命チベット人の店でちょくちょく食べている。

食後、シガツェに向けて出発する。以前は、慧海がたどった経路と同じように、道中、ギャンツェやサキャという名刹のある村々に立ち寄りながら極めて個人的な旅行を愉しめたのだが、近代化以降の現在では、新しくつくられたハイウェイが以前とは異なるコースを走っている。昔の道を通行するには改めて許可が必要とのことだ。

ちなみに慧海は年が明けた一九〇一年、チャム・チェン寺に詣でた足で谷沿いに山越えしてヤムドゥユム・ツォ（ヤムドク湖）に抜け、そこから下ってラサへ向かっている。

シガツェの公安局で国境付近の入域を拒否される

私たちはシガツェ市に着いて公安局に出向いた。この先、旅行中のコースについて改めて承認を得なければならない。コースにはネパールとの国境付近の未開放地区が含まれている。そのため日本を出発する事前の準備段階で、私はラサ在住のダワを介してチベット自治区政府と軍から入域許可を得ていた。その許可証を提示して、公安局のチェックを受ける必要があった。

シガツェ市公安局の担当服務員は黒縁メガネをかけた痩身で小柄な、一本髪を結った若い女性である。意地が強そうで、薄情な感じがした。年のころ三十歳前後だろうか。私から見れば息子や娘のような世代である。小難しそうな顔で許可証を手にとって眺めていたが、結果、チベット自治区政府と軍が発行した二つの許可証を提示しているにもかかわらず、私の入域を認めようとはしなかった。

私は入域許可を取得したからこそチベットへ来ているのであり、担当服務員の私へのこうした対応は正規のルールに違反している。以前にも行ったことがあると話しても、聞く耳を持ち合わせてはいなかった。どう考えても腑に落ちない。妨害としか言いようがない。挙句に、認証写真まで撮られた。

担当服務員は、私の入域を拒否する正当な理由を示すこともなく意固地な態度を崩さなかった。頑として、私たちの言い分を受けつけようとはしない。

「あなたにもしものことがあれば私が責任をとらなければなりません」

呆れるような返答だった。責任などとってもらいたくないし、頼んでもいない。わが国にも往々にして、組織に翻弄され自らの判断力を失った、こうした事なかれ主義の分からず屋はいるが、ある種の弱い者いじめに違いない。

今回のチベット旅行の最大の目的は、ネパールとの国境付近の再踏査にあった。前回二〇〇五年の踏査（第二章参照）で白巌窟の位置は確認したのだが、遠くから眺めただけで終わっている。そのため是が非でも自分の手足で現場に触れてみたかったのだ。

白巌窟は国境の峠と並んで、どうしても欠かすことのできない重要なポイントである。これまでの長い歳月をかけた踏査の総ざらいとして今回、そのどちらにも行くつもりでいた。前述したようにクン・ラとマンゲン・ラには上がっているが、峠からの現実の風景が慧海の描写と符合しない。そのためもう一つ残された、クン・ラとマンゲン・ラの中間に位置するゴップカル・ラという峠に上ってみる必要があった。

慧海が国境の峠に達したのは、日本を出発して三年目の、一九〇〇年七月四日である。

午前九時半出立シテ北方ノ山中ニ急坂ヲ上ル雪ヲ踏ミ岩ヲ渡リテ上ル事一里半ニシテ（中略）寧巴利ト西蔵土トノ国境ナル雪峯ニ上ル北ハ西蔵土高原ニシテ処々ニ稍ヤ高キ岡阜《カウフ》ヲ見ル此高原ヲ西蔵土語ニ（チャン・タン）ト云フ処々ニ河水ノ流ルヽヲ見ル（日記）

国境の峠に達した慧海は「處々ニ河水ノ流ルヽヲ見ル」と記している。私はこの記述と符合する峠をいまだに見つけてはいない。「河水ノ流ルヽヲ」とあるからには文字通り、川の流れを意味しているのだろう。慧海の記述から判断すれば、ところどころに川が流れるチャンタンの風景を遠望しているのである。

マンゲン・ラからはチベット特有の岩山しか見えない。他方、クン・ラからは、二つ並んだ湖が眼下に見える。私はマンゲン・ラとクン・ラという二つの峠を、チベット側とネパール側の両方からすでに踏査している。しかしながら慧海が日記に記したような河水、すなわち川は見えなかった。見えもしないのに、慧海は湖を眺めて、「處々ニ河水ノ流ル、ヲ見ル」と書いたのだろうか。

他にも、近辺にある峠を踏査したのだが、そのたびに落胆し、慧海の描写は誤りではないかとさえ思った。ところが一ヶ所だけ、ゴップカル・ラという未確認の峠がまだ残っていた。歳月が経つにつれ、益々、その峠が怪しいものに思えてきて仕方がなかった。なぜ、あのとき踏査しなかったのかと悔やまれてならない。

二〇〇六年、ネパール側でムィ・コーラを踏査したときのことだ。二股になった谷間のニンレッという移牧地で、そこから左股を通ってゴップカル・ラ経由でチベットへ行けるかどうかを村びとに聞いた。行けないとの答えが返ってきた。そのため右股のマンゲン・ラを踏査したものの、左股はいまもって未踏査のままなのである（第九章参照）。

いまにして思えば、村びとの答えはじつに曖昧だった。道があるのに行けないのか、それとも道がないから行けないのか。峠にゴップカル・ラという名前があるからには道は通っているはずで、行けないとすれば、何かしらの事情があるだろう。それを聞き出さなかったのは私の不覚であり怠慢だった。どうして踏み込んだ質問をして事実を確認しなかったのか。

しかし、後の祭りでしかない。あれから十数年を経て、ランドサットの衛星画像で調べてみると、細々とした道が一筋、途切れ途切れに国境の峠ゴップカル・ラに延びている。もしかしたら、慧海の描写と符合する現実の風景がそこから眺められるのではないか。

そう思って、今回、日本を出発する前にラサ在住のダワに連絡し、チベット側に道が通じているかどうか、ゴヤ・ゴンパの僧侶トラシチョに問い合わせてもらったのだ。それによると、ヤクの通れる道がつづいているとのことだった。慧海の日記にはヤクを伴っていたことが記述されている。このことを考え併せると、慧海のチベット潜入経路を占う上でもっとも有力な選択肢としてゴップカル・ラが浮上してくる。

今回はそれを確認しなければならない。そのためにも国境付近の再踏査は欠かせなかった。最大の問題は、国境まで行けるかどうかだ。現に、チベット自治区政府と軍からの入域許可を取得しているにもかかわらず、私はシガツェ市公安局で担当官の理解を得られずに困惑した。ダワは明後日、この先にあるドンバ県の公安局で再び交渉してみるという。

「大丈夫ですよ。何とかなりますよ、大丈夫、大丈夫。心配しないでください」

ダワは私を安心させようとしてか、そう言うのだが、私はダメだろうと思った。望みはない。なにしろ、ここは覇権国家の共産中国である。以前にも、不当な扱いを受けた腹立たしい体験があった。

一九八九年、三月にラサに戒厳令が敷かれ、六月に天安門事件が起きた年の秋である。私たち五人からなる偵察隊はチョモランマの東面に特別許可で入域した。聳え立つ大氷壁に登路を見出すのが目的だった。その偵察活動のさなかに、嵐が接近しているとの理由で下山を命ぜられたのだ。

登山活動にかかわる判断の権限は隊長にある。外部からとやかく言われる筋合いのものではない、というのが私たちに備わった良識、かつ常識である。それに反して、頭ごなしに一方的に下山を命じられたのだからたまったものではない。意見は述べたものの、道理が通用するはずもなかった。

挙句の果て、入国前にすべての費用は入金していたのに「都市滞在費」なる名目で、突然、帰国時に追加料金を請求されたのだ。ホテル代とか食事代とかであれば理解できるが、空気代を請求されたも同然である。払えないと言っても通じなかった。たしか六百万円相当の金額と記憶しているが、そのような大金の持ち合わせはなく、帰国後、関係者とも相談して送金せざるを得なかった。盗人猛々しいにもほどがある。

こうした非常識な憂き目を体験していたせいか、今回、未開放地区への入域の件で許可を取得していたにもかかわらず現地で認められなかったことについても、私は事前に最悪の事態を想定し、万が一の場合の対応策を用意していた。結果を述べれば、ダワと運転手のピンゾーのチベット人二人に現地へ行ってもらうことで、かろうじて白巌窟を撮影することはできたのだ。

デジタル化社会の到来

シガツェから先のラヅェ（ハルツェ）という村のはずれに、サキャへ向かう道との分岐点がある。そこには観光用のゲイト（門）が設置され、「歓迎古都サキャ」という意味の文字が中国語と英語で書かれている。一九〇〇年十一月、ネパールのトルボ地方から国境の峠を越えて聖山カン・リンポチェを参詣し、ラサへ向かう途次、慧海はサキャに立ち寄っている。

ダワが気を利かせて車を停め、こちらの道がサキャへ通じている道だと説明した。「慧海さんもこの道を通ってサキャへ向かったんですね」とダワが言う。ダワは私とのつき合いから慧海を知り、自分でもインターネットで調べて知識を得ていた。スマホで慧海の日記を私に見せたりもした。そうした情報がネットで拡散している現実を知らなかった私は、それを見て驚愕した。

「慧海さんはスパイだったのですか」ダワが私に質問した。たしかにそのような憶測をする人もかつてはいた。しかし事実とは異なる。

ダワの話では、彼を訊ねてラサまで来て、白巌窟への案内を依頼した日本人がいたそうである。ダワは「白巌窟は根深さんが見つけた場所であり、案内はできません」ときっぱり断ったという。

ダワは憤慨しながら話をつづけた。「あの人たちは悪い連中ですよ。根深さんが苦労して突き止めた場所をこっそり盗み取ろうとしたんです」たしかに、私を出し抜こうとする意図が感じられる。私が二〇〇五年に白巌窟の位置を確認した経緯は山岳雑誌に発表したことでもあり、そのとき現場までは達しなかったことを知っていて来たのだと思う。せこい連中だ。他人の後追いをするのはみっともない。

ダワはラサに訊ねてきた日本人の名前まで私に知らせた。慧海がチベット潜入時に越えた国境の峠や白巌窟の位置を解明しようとする試みは、再三述べるように、私自身の発想に基づく計画であり、たとえ他人が同様のことを試みたとして、私が関知すべきものではない。

私たちがラサから通ってきた道と、サキャへ向かう道との分岐点から直線的に舗装された道が、眼前に開けた広々とした谷間に延びている。この谷間の道を通って慧海も、その後の西川も徒歩でサキャへ向かったのである。私も単身、一九八六年秋、はじめてチベットを訪れたときと、その後の九三年、アヌーとともにカン・リンポチェからの途次、ランクル車に乗ってサキャに立ち寄った。西川の『秘境西域八年の潜行』からサキャ詣でのくだりの一部を以下に抜粋する。


ラマ教は大別してゲルクパ（新教、黄帽派）とニンマワ（旧教、紅帽派）とに別れている。新教とは十四世紀、ツォンカパ（宗喀巴）によって大改革が施されたラマ教を指し、それ以前のものを旧教と称している。ツォンカパによるラマ教の改革以来、淫蕩頽廃の迷夢を貪っていた旧教の勢力は、しだいに新教派に圧倒され、現ラマ教の八割は新教派で占められている状態である。

現在チベットで、旧教派の盛んな地方といえば、ブータン及びネパール国境に近い、西部チベット及び東部西康省方面で、サチャ寺はこれ等旧教派のラマ廟中、最も勢力を有する寺である。

引用文の「ラマ教」はチベット仏教であり、「サチャ」はサキャである。

サキャ派の大本山でもあるこの僧院の大僧正は、禁酒・禁肉食・不婬を誓った慧海からすれば生臭な俗人の範疇に入るので、礼拝しなかったことが『旅行記』に記されている。

もちろん俗人の事ですから肉食《にくじき》、妻帯、飲酒《おんじゅ》もして居るのですけれども、チベットは妙な所で純粋の僧侶がやはりその方の所に行くと礼拝するのです。しかし釈迦牟尼如来の教えとは全く違って居るのですから私はそこに行った時分に敬《うやま》いはしましたけれど三礼はしなかった。

西川はこのくだりに触れて、前掲書の中でつぎのように述べている。

かつて明治の末年、この地を訪れられた河口慧海先生は、僧侶がラマといっても俗人と同じ生活をするサチャハンゼンに三礼する必要はないと云って、ハンゼンにも三礼されず、僧侶としての本領を示されたそうだが、昭和の生臭坊主の私はハンゼンはもとより、このチベットの婆さん〔老尼〕にも、なんの恥かし気もなく、頭を地につけたのであった。

私は西川が言う「昭和の生臭坊主」のさらに下の下、そのまた下の俗物である。生前の西川に拙著『遥かなるチベット』を謹呈した際、西川は「とてもとても慧海さんには及びもつきません」と話していた。私は西川の謙虚な態度に頭の下がる思いを禁じ得なかった。

その西川が著した『秘境西域八年の潜行』に「ハンゼン」は「班禅」と記されている。大僧正といった意味であろう。同書によると、シガツェにあるタシルンポ僧院のハンゼンは阿弥陀如来の化身とされている。当該箇所を以下に引用する。

ダライは観音菩薩の化身、ハンゼンは阿弥陀如来の化身と信じられている。阿弥陀如来は、観音菩薩の精神上の父として、仏教では神聖さにおいて、高いものとなっている。しかし、ラマ教の黄帽派を代表する二大法王として、全ラマ教徒の尊信を受けている点では両者には優劣はなかった。ただ、政治的にはダライがチベットの国王であり、彼の政治勢力はチベット十三州五十三県行政区分の中、そのほとんどに及んでいた。シカゼ付近の三県だけがハンゼンの寺領として彼に直属し、ダライの中央政府の力も及ばないことになっていた。

私が所持していたラサで発行された国境付近の入域許可証がシガツェの公安で認められなかったのは、上記のような政治勢力の因縁によるものかもしれなかった。ラサにある中央政府の許可がシガツェで通用しなかったのは事実であり、その背景として考えられないことではない。

ラヅェの街はずれを流れる川には鉄筋コンクリート製の橋がかかっている。ちょうど三十年前の一九八九年、私が参加したチョモランマ東壁の偵察隊で通過したとき、橋はなく渡船《わたしぶね》があった。それよりさらに遡ること八十九年前の一九〇〇年十一月、慧海も渡船で川を渡ったことが『旅行記』、並びに日記に記されている。ここでは『旅行記』からその一部を紹介する。

> その川には渡船がありますがその渡船はインド風の四角な船なんです。底は平面の長方形で舳《へさき》の真中に蛇の頭がぬるっと首を出して居るところの彫刻物が食い付いて居る。で其《それ》船には馬も二十疋、人も三、四十人位乗れる位の大きさのもので、向こう岸に渡りますとその岸がハルジェというチベットでは第三の都会の地です。

チョモランマ東壁の偵察隊で私たちが通過したときの渡船も、引用文にあるような「底は平面の長方形で」艀《はしけ》だった。私たちはその艀にランクル車を載せて渡った。

現在はハイウェイが通っている。私は車から降りて、ハイウェイにかかった橋のたもとから川の流れを眺め渡したのだが、どうも川の様相が昔とは異なるように思えて仕方がない。記憶にある流れの曲がり具合や対岸の風景とは異なるようだ。帰国後、衛星画像で位置を確認したところ、私がかつて渡船で渡った場所は、街の位置関係からしてもっと下流にかかった橋のある場所のようだった。

渡船に乗って七年後の一九九六年、再びカン・リンポチェに出かけたとき渡船はなく、現在のような立派なものではなかったが、橋はすでにできていた。私たちは街はずれにある、その橋のたもとにテントを張った。

文革で破壊されたあとのラヴェの街並は埃にまみれ、バラックのようで、整然とした佇まいではなかった。殺戮や破壊が繰り返されたチベットの悲劇を連想させるようなおどろおどろしい雰囲気が感じられた。公安の係員はよほど退屈しているらしく、焦点が定まらなくなるほど飲んだくれていた。それだけでなく、酒を飲んだあと憂さ晴らしにか、空瓶を並べて射撃の的にして撃ちまくった。まるで西部劇に出てくる無法地帯の悪徳保安官さながらである。

帰路、現地のチベット人とともに私たちはトラックの荷台に乗ってラヅェを通過した。それを見た極道公安が私たちを標的に拳銃を何発も撃ち放ち、パンパンという音がした。かりに威嚇射撃だとしても危険きわまりない。挙句の果て、トラックを停止させ、人がトラックの荷台に乗るのは違法だと抜かして、私たちから罰金を奪い取った。

私が罰金を払いに公安の事務所に行くと、当の本人は椅子にふんぞり返って酒を飲んでいた。眼の縁がどす黒く、隈ができていて、不健康で艶のない皮膚のたるんだ形相をしている。その顔を私の目の前に突き出して罰金を要求した。不快きわまりないが払うしかない。

罰金は二百元。この当時、一般人の月給が千元ほどである。それにくらべて罰金は高いように思われた。あとでトラックの運転手が言うには、罰金を千元、二千元と、そのときの気分しだいで釣り上げて取ったりするから二百元は安いとのことだった。

一九九六年当時のことである。不愉快な過去の記憶さえなければ、現在、新しい橋の周囲に広がる、昔変わらぬ芥子菜の黄色の花が群れ咲く田園風景は、絵葉書を見るようで晴れ晴れと映ったに違いない。

ラヅェから先は道中、雨による崖崩れが何ヶ所かで起きていた。以前とは異なり、沿道で植林事業がすすめられている。高速鉄道も敷かれ、飛行場も見える。ダワの説明によると、飛行機を利用して、現在はラサから日帰りでカイラス観光ができるとのこと。私は観光旅行に来たわけではないから、すっかり様変わりした風物を眺めるにつけ隔世の感を禁じ得ない。

私の記憶にあるのは、茫漠たる原野の果てまでつづく轍の道と、そこかしこで家畜の群れを追い立てる遊牧民、さらには点在するチベットの伝統的な意匠を凝らした家屋など、古代への郷愁が揺らぎたつ牧歌的な風物。それらが、いまは過去のものとなった。

原野には灌漑用水路が網羅され、農地として改造されつつあった。新しい町づくりが推進されているのだ。そこには、これまでの伝統的な遊牧民を農民化して定着させる狙いがあるという。家屋は中国風に新しく建て替えられ、馬に替わってトラックやオートバイが疾駆している。

一党独裁の全体主義国家にふさわしく日常生活の隅々までが管理統制下に置かれている。食堂や宿の支払いも、ダワはすべてスマホで処理し、現金を必要としない。徹底したデジタル監視社会の実現と言うべきか。

「凄いね、驚いたね。めざましい発展だ」私が驚嘆すると、ダワは「日本は十年遅れてるね」と、聞いたような台詞を得意然として言う。さすがに中国は凄い。独裁者に都合のいいような近未来社会をつくり出すことに邁進しているように映る。

車窓を眺めていて、茫漠とした風景の中で、遊牧民の若者がズボンを下げてしゃがみ込み、スマホ片手に野グソしながら話し込んでいるのを見かけ、思わず苦笑した。わが国でも、野グソではないが、トイレで便器に腰かけ、排便中にスマホで会話する男女が職場にいるという話を聞かされるにつけ、洋の東西を問わず排便中の会話という括りで言えば、基本的には似たり寄ったりのように思われる。

前者の野外での場合、チベットでたびたび目にした事例によると、ペーパーで拭きとったりはしないでそのまま立ち上がる。そのため、ペーパーが風で飛ばされたり、ひらひらなびいたりすることもない。野性的で簡潔だと、ときに感心したりする。

チベットをはじめて訪れた一九八六年当時、偶然見かけたのだが、チベット人特有の、分厚い外套を着た巡礼が数人、ヤルン・ツァンポー大河の川べりで横一列に並んでしゃがみ込み、何やら話し込んでいた。立ち上がると、その場に人数分だけ人糞が地面にこんもり盛り上がって残った。洗いもせず拭きもせず、巡礼は平然と話し込みながらその場を立ち去った。

岩に腰かけて見ていた私は最初、まさか野グソをしていたとは思わなかったので、人糞を見て驚いた。半ば唖然とし、なかなかやるな、と感心した。不潔と言えば不潔、しかし、それが慣習とあれば如何ともしがたい。チベットは高度が高く冷涼、かつ乾燥しているので、温帯モンスーン気候の湿潤な私たちの生活環境にくらべて、気にするほどの不潔感はないのかもしれない。生涯、手足を洗わない、風呂にも入らないからといって、とくに病気になるわけでもない。

私自身、少年のころ、下校中や、野外で遊びに夢中になっていたときなど耐え切れずに野グソをしたことを思い出す。大学時代の山岳部在籍中はもとよりヒマラヤでも、人目につかなければ周囲の風景を愉しみながら、平気で細流を跨いで排便していた。ペーパーを必要としない原始的な水洗便所である。昔の山好きの間では、それが雉を撃つときの猟師の姿に似ていることから、「キジ撃ち」と言ったりもする。

社会と自然との関係が混然として、その境界が曖昧だった前近代では、排泄も自然の営みの一環として捉えられ、汚らしさにたいして鈍感、もしくは比較的鷹揚だったように、自分の過去と照らし合わせてみて思う。糞尿も農作物に必要な肥料として使われていた。

さらにはまた、バーチャル時代の今日、社会の管理者が意図的に、人間が自然と交わることのないような秩序や倫理を独断でつくり出している事例も日常的に多々ある。それは社会を統制するための方策だとしても、度がすぎれば欺瞞・偽善行為として裏が透けて見えてくる。以前、私が発案した標語をこの機会に紹介しよう。

「自然保護が自分保護、エコがエゴ、慈善が偽善であってはいけません」

今回チベットに来て、わずか数日で、共産中国という国家の権力による管理・統制の凄さが身に沁みた。事実、私たちの乗用車にはGPSやマイクが内蔵されている。指定されたコースを外れると罰金が科せられる。車内での発言にも気をつけなければならない。この社会に見られるのは、自由と独立の精神とは無縁の画一的な教条主義の息苦しさである。かつて読んだジョージ・オーウェルの『一九八四年』を思い起こさせた。

このような、徹底した監視社会では、自由奔放な旅行などできようはずもない。目には見えない束縛や窮屈さをひしひしと感じる。かつて私がパヤン村の夕景の中で体験した、宇宙にもつながるような広大無辺な仏心とは対極に位置する価値観だ。パヤン村をはじめて訪れた一九九三年当時、村びとの話では、パヤン地方には誰一人として中国人はいなかった。

国境近辺の現実　スマホでトラシチョと再会

シガツェ市公安局で入域を認められなかった翌々日、その先にあるドンバ県の公安局に出向いた。一縷の望みを捨て切れずにはいたのだが、シガツェ市公安局から指示が回っていて、私の国境付近への入域はけんもほろろに断られた。担当係員の若い男性は、落胆する私を見て、上から目線の高飛車な態度でうすら笑いを浮かべた。この専制的な対応がいかにも共産中国を象徴しているようだ。許可を与えていながらそれを反故にする、その身勝手ぶりに呆れ果てて舌を巻くしかない。

しかし、おめおめと引き返すわけにはいかない。入域を認められなかったのは外国人の私だけで、自国のチベット人にたいしてではなかった。私は予め考えていた方法に出た。それは昔の登山で採用していた極地法という古典的な登山形式である。隊長がベースキャンプで陣頭指揮をして、最後はアタック隊が頂上をめざす。いまの場合、アタック隊は二人、ダワと運転手のピンゾーだ。迷惑をかけてはいけないと判断し、大丈夫かと念を押して聞くと、チベット人だから問題ないという。

二〇〇五年、私は国境付近にあるゴヤ・ゴンパの僧侶トラシチョと二人で馬に乗って出かけて踏査し、今回予定していた、慧海が白巌窟と名づけた場所の位置は確認している（第二章参照）。慧海が白巌窟に着いたのは一九〇〇年七月五日。「西蔵土半国ノ一大高僧（ゲロン・リンボチェ）ノ棲メル巌窟ノアル所ノ一随僧ノ住メル窟ノ中ニ午后六時就テ宿ル」と日記にある。ゲロン・リンポチェは当時、西チベットでもっとも高名な巌窟修行僧として知られていた。慧海が訪ねた巌窟はリッサンという岩山にある。リッサンは直訳すると吉祥山。これは前回の踏査で得た知識である。

今回、私はダワとピンゾーの二人に、道中、折に触れて踏査の目的は伝えてあった。二人はラサ在住のチベット人である。外国人の私とは異なり、当該地域に入域できる。その目的は主に二つある。①リッサンに行き、映像記録を撮ること。それにはまず、リッサンに行く途中、ゴヤ・ゴンパに立ち寄り、十四年前に私と二人でリッサンを確認したトラシチョに再会して案内してもらうこと。そのあと余裕があればネーユを通過し、②「長方形の池」「円い池」「瓢池」、そしてネパール国境の峠ゴップカル・ラに足を運んで確認すること。GPSでその全行程の軌跡を記録すること、などだ。

これ以外に、善後策はもはやあり得ない。私は二人に目的を託し、パヤンで待つしかなかった。この地方の中心的な街である。ダワの話では、チベット語で野生のヒツジを意味する。ハイウェイの両側にコンクリートで固められたような中国風の建造物が雑然と建ち並んでいて、その無機質な街の全体は、四周に開けた圧倒的な自然景観の中では不釣り合いな違和感を醸し出す。一ヶ所、街中の道路わきにある、小さな、いかにも見すぼらしく、くすぼけた寺院だけが記憶に残る昔日の面影をとどめていた。「ほら、この寺院を知っているでしょう。昔来たときもありましたよ」十四年前の踏査にも同行したダワに教えられてわかったのだが、消滅した集落の跡地を示すものとして、この寺院だけが確かに残っていた。

翌朝、日の出前に二人はパヤンを出発した。二人に頼んだ踏査内容を考えれば二、三日は戻って来ないだろうと思われた。自分たちが戻ってくるまでの間、支払いはあとにして私に三食を出してくれるよう、ダワが近くのレストランに話をつけていた。二人が出発したあとの昼時、そのレストランに入ると、観光客と思われる複数の若者男女の口論しているような荒々しい声に辟易した。意味はまったく理解できないものの、喧々諤々、威勢のいい中国語が飛び交っていた。

男の一人は耳に紙巻きたばこを挟み、口角泡を飛ばして、恐ろしい剣幕でまくしたてる。相手の女も負けてはいない。怒声を裏返らせて髪を振り乱し、テーブルを叩き、気勢を発して応戦する。周囲の男女も囃し立てるばかりで、仲裁に入ろうとはしない。そのうち、注文もしないで怒鳴り合いながら全員出て行った。一行は男性三人女性三人の六人である。

店の女主人が呆れた様子で、私には意味のよくとれないチベット語で言うには、どうやらカイラス観光のツアー客であるらしい。女主人はチベット語を話すからチベット人のようである。私が日本人で、チベット語を話せないことをダワから知らされていたせいなのか、愛想が好かった。若者一行がいなくなると、ただちに笑顔を見せて、セルフサービスの麦茶を茶碗に注いで運んできてくれた。

私がパヤンを訪れるのは一九九三年以来、これが四度目だ。当時は民家が数件、離れ離れに点在しているに過ぎなかった。毎回、彼方に沈む夕日を眺めながら、遠い、地の果てのようなところまで来たという孤独感を味わった。平原のあちこちでキャン（野馬）の群れが走っていたのを覚えている。

ところが、いまではもはや、風景は孤独や旅情を感じさせる要素を失ったようだ。ずいぶん目についたキャンの姿も見かけない。南側に広がる原野の向こうに眺められる、ネパールとの国境につらなる山並の風景は、見た目には昔と変わっていないはずなのに、どこか生気を失っていた。先ほどレストランで騒いでいた中国人若者男女の傍若無人な態度のせいかもしれなかった。興ざめした私には、雄大な風景を眺めても、街中の電線や建物、舗装道路など人工物のほうが目につき、かつて感じたような自然に宿るはずの霊験が感じられなくなっていた。

ダワと運転手のピンゾーの二人がめざした目的地のゴヤ・ゴンパやリッサンは、国境の山並の手前に位置し、ここから目と鼻の先にある。以前は大きく迂回しながら山々の峠をいくつも越えてつづいていた道も、いまはヤルン・ツァンポー大河の、幾筋もの支流が張り巡らされた湿原地帯を突っ切って直線的に舗装されて延びている。

慧海の日記に記述された、国境の峠から眺めた風景描写で「處々ニ河水ノ流ルヽヲ見ル」とあるが、慧海はこの湿原地帯の一隅を眺めたのではあるまいか、と私は推論するようになっていた。『旅行記』にはこうある。

チベット高原の山々が波を打ったごとくに見えて居るです。その間には蜿蜿《えんえん》たる川が幾筋か流れて居りましてそのよって遠く来る所を知らずまたその去る所をも見ることが出来ない。

まるで仏教の無始無終の世界を示唆するようなこの描写から想像されるのは、幾筋もの川が流れる雄大な風景である。しかしそのような峠に私はいまだに達していない。もし現実に眺められるとすれば、それは未踏査のゴップカル・ラからとしか考えられない。

私は峠の確認も含めて、ダワとピンゾーの二人が予定の計画をこなすものと期待していた。ところが豈図《あに》らんや、出発したその日の午後七時ごろ戻ってきたのだ。この地で日が沈むのは午後九時過ぎで、まだ紺碧の空が広がっていた。一瞬、不安がよぎる。目的を果たせなかったのではないか。ダワの表情も緊張していた。

しかし実際は、最低限の仕事はしてくれていた。公安の検問・監視が予想外に厳しく、トラシチョの案内でリッサンを撮影しただけで引き返して来たという。リッサンを撮影できたと聞いて私は安堵した。

ダワの報告によると、道脇に監視カメラが林立して途中では尋問もあり、国境まで行くのはとても無理とのこと。地元のドクパ（遊牧民）でさえ恐ろしくて国境には近寄れないという。ましてや、ラサから来た車にはGPSやマイクが内蔵されている。怪しまれないようにトラシチョの配慮で遊牧民からトラックを借り受け、往路と帰路はコースを変えて白巌窟、すなわちリッサンに案内してもらったのだ。

それにしても、その日のうちに戻ってくるとは予想だにしなかった。私が国境付近を歩き回っていた十三、四年前でさえヤクの隊商が自由に往来していた。それがいまでは監視体制が厳しくなり、もはや交易も立ち行かなくなっているのではあるまいか。

チベットでは駐村・駐寺といって公安による検問・監視が徹底的に厳しく行われている。ゴヤ・ゴンパには公安が四人常駐していたとのことだ。

何はともあれ、ダワがトラシチョと再会できたのは幸運というほかない。監視の中、実家の母に会いに行くとの理由をつけてトラシチョは外出許可を得た。道々、私と二人で白巌窟を探し求めた思い出話を懐かしそうにダワに語ったそうである。

二〇〇五年、私にトラシチョを案内人として紹介したゴヤ・ゴンパの住持ペマ・タシは数年前に亡くなったという。死期が迫ったころ、ゲロン・リンポチェの巌窟に、仏像をはじめたくさんの仏教文物が残されているとの託宣があった。トラシチョをはじめ、寺院の僧侶たちが近隣の巌窟群を限なく探索した結果、リッサンの巌窟群から、仏像や石板に刻まれた金文字の経典、仏画が多数発見された。その一部は、現在、住持ペマ・タシの遺影とともにゴヤ・ゴンパの一室に奉安されている。

残されたその仏教文物は、チベット社会を壊滅させようとした共産中国による侵攻や、その後の文化大革命までの間に実施された一連の破壊活動からも免れたものと思われる。

ダワはトラシチョに案内されたリッサンの巌窟群を、私から託されたカメラで撮影した。私は予備のメモリーを持参していたので、カメラのメモリーは使い果たしても構わないからできるだけたくさんの写真を撮ってほしい旨を伝えてあった。撮影後、速やかに引き返したのは、それがもっとも安全だからである。もし村に泊ったりなどすれば、公安にあらぬ嫌疑をかけられないとも限らない。そうなったらカメラを没収されることもあり得る。

私としては最低限、白巌窟、すなわちリッサンの巌窟群をカメラに収めたことで矛を収めるしかなかった。これが与えられた状況で許された精一杯の成果だった。

リッサンから引き返す途中、トラシチョはパヤンで待機している私に是非会いたいので連れて行って

巌窟群からなるリッサンと呼ばれる岩山。ゴヤ・ゴンパの住持ペマ・タシに死期が迫ったころ託宣があり、弟子の僧侶たちが探してみると各種仏教文物が出てきたという。ここが慧海が記した白巌窟と推察される。立っているのはトラシチョと運転手のピンゾー。（2019年、ダワ・ツェリン撮影）

ほしいとダワに願い出たそうである。しかし、それはどう考えても危険に過ぎる。外国人、つまり私に接触した事実が発覚すれば、公安から咎めを受けるのは必至だろう。言いがかりをつけられ、恐ろしい事態を招くことにもなりかねない。そう判断したダワは、パヤンに戻ってから私とスマホで連絡をつける約束をして別れた。

実際、私はスマホを介してトラシチョと再会できたのだ。それまでスマホなど無縁であり、眼中になかった私は、トラシチョと二人で歩き回ったころと比較して格段に発展した情報化時代の現実を実感しないわけにはいかなかった。私がスマホで会話したのは、生まれて以来、このときがはじめてである。

スマホに見るトラシチョは見違えるばかりにでっぷり太って風格が備わっていた。現在四十一歳というから、私の記憶にある十四年前は、二十七歳だった。二人で川原にテントを張って泊まった翌朝、地面に敷いた絨毯に座して背筋を伸ばし読経するトラシチョの凜々しい姿が脳裏に浮かぶ。

私はテントの入口からその姿をこっそり覗き見した。チャンタンの荒涼とした風景の真っ只中、読経は音吐朗々と、何の違和感もなく流れるように響き渡って、その広がりの中に溶け入っていく。「天地同根万物一体」あるいはまた「梵我一如」これぞまさに仏教精神の神髄に違いない、との敬虔な思いが湧き起こり、私は求道の旅をつづけた慧海の心魂に触れたような気がした。

トラシチョは当時、独身だった。いまは結婚していて、男女二人の子どもがいるとのことだ。スマホで子どもたちや奥さんを私に紹介した。村や寺院の様子も写し出して見せた。

「昔にくらべて村も寺院も新しくなったでしょう。大きく立派になったでしょう」

再建にとり組んでいるという。その一方で、トラシチョは私を見て驚いた。

「頭がずいぶん白くなりましたね。何歳になりましたか」

「七十二歳になったよ」

トラシチョは私の顔をまじまじと見ながら、

「長生きしてくださいよ」と言った。

その意味するところが私にはわかっていた。トラシチョは十五歳で父を失っている。存命であれば私と同年代である。その父を思い出したのだろう。

トラシチョは父を亡くしたのち、ゴヤ・ゴンパに引きとられて修行をつづけた。母はちかくにある塩湖のほとりで、ヤクや羊などの家畜を世話しながら暮している。

「必ず、また来てくださいよ。待っています」

これには返す言葉がなかった。トラシチョの言葉のありがたさに感謝する反面、辛い思いが胸に込み上げた。現に私はチベット自治区政府と軍が発行した許可証を取得しているにもかかわらず、パヤンまで来て、その先の入域を禁じられているのだ。いつかまた、国境付近を歩き回りたいとの願望はある。しかし年々、国境警備が厳重になり、地元の遊牧民でさえ監視対象にされ、自由には歩き回れない状況を考えれば不安にならざるを得なかった。全体主義が世界に蔓延《はびこ》りつつある現状だが、平和の風が吹き渡る時代は果たして来るのか。

「トラシチョ、元気でな。ありがとう」

「さようなら」

私たちの会話が途絶えたところでダワがスマホのスイッチを切った。

マパムユム・ツォへ向かう

リッサンから戻ったダワとピンゾーの二人とともに翌日、パヤンから西へむかって車を走らせた。途中、慧海の日記に出てくるクンギュ・ツォという湖に立ち寄る。前回来たときは遠くから眺めただけだったが、現在は湖岸まで行けるようになったとダワが言うので、せっかくだから行くことにした。

ハイウェイから外れて、湖へ下っていく未舗装の道がつづいている。雨がこぼれ落ちる中、湖岸の手前で車が泥濘《ぬかるみ》に嵌って動かなくなった。ダワとピンゾーは付近から拾い集めた石を敷き詰めて脱出を試みる。私も手伝うが、客に手伝わせてはいけないとでも判断したのか、傘を私に手渡し、湖岸まで行って湖を眺めながら待っていてくださいという。

煙雨であり、傘は必要ではなかった。湖岸までは百メートルあるかないかだ。泥濘を回避しながら波打ち際に達して、私は湖面を眺めた。国境付近に行けなかったことで胸の内は沈んでいた。どうにか資金を工面して、遥々やってきたが、結果は満足いくものではなかった。対岸が煙雨のむこうにうっすらと見えている。

慧海はカン・リンポチェを参詣したのちラサへの途次、クンギュ・ツォ付近を通過している。日記と『旅行記』にその記述が見られる。一九〇〇年九月二十一日付から当該部分を引用しよう。

（クンギュツォ湖）ナルモノ是レナリ周囲凡《オヨ》ソ十五、六里ニシテ東南ヨリ西北ニ長ク東北ヨリ西南ニ短クシテ其形恰《アタカ》モ龍ノ玉ヲ弄スルガ如シ其周囲ニハ薄ク雪ヲ被レル低キ山脈ノ周《メグ》レリ其湖面ノ西南部ヲ東南ニ行ク事壱里ニ彼等ハ朝飯ヲ喫ス余ハ朝飯ト昼飯ト同時ナリ正午前出立シテ湖辺ヲ東南ニ進ム事五里半ニシテ湖水面ヲ離レテ同方向ヲ湖原ヲ行ク事壱里ニシテ午后七時草原中ニ宿ル

慧海は道中、知り合いになった、ヤクを連れた一行と行動をともにしている。日記にある「湖面ノ西南部ヲ東南ニ行ク事」「正午前出立シテ湖辺ヲ東南ニ進ム事」との記述からも湖に沿って進んだことがわかる。さらに『旅行記』にはこうある。

「それからその池を左にして東南に進んで行くこと七里ばかりにしてその湖の端へ着きました」

二つの引用文から察するに、慧海はクンギュ・ツォの南岸を進んだようだ。私は北岸から眺めていた。道は時代の流れとともに、その位置も変わる。昔使われていた道も廃道に帰して使われなくなる。私が探し求める慧海の国境越えの経路にも、この事実は当て嵌まるかもしれない。つまり、いまでは廃道と

なった経路を慧海はたどったのかもしれない、ということである。

「慧海はクンギュ・ツォの対岸の道を通ってレーツァン・ニーパに行ったんだ」

車に戻った私は、霞むクンギュ・ツォの対岸を指さしながらダワに説明した。ダワはリッサンが白巌窟であることや、その対岸にあるクトンレが、慧海の日記に出てくるレーツァン・ニーパであることを私から知らされていたし、かつ今回、現場に行って写真を撮影してきたのだ。私の言葉を聞いて、現実の風景が脳裏に浮かび上がったことだろう。

私たちは聖なる湖マパムユム・ツォ（マナサロワール）の岸辺に出た。晴れた季節であれば、聖山カン・リンポチェ（カイラス）が眺められるのだが、纏わりつく雲に閉ざされていた。チベット仏教徒にとって、聖なる湖マパムユム・ツォと聖山カン・リンポチェが視界に収まるこの地は補陀落浄土の神地である。私のような俗物にあっても風景は眺望絶佳、神々しいまでに美しい。

マパムユム・ツォの湖岸に「チャンゼー・カン」というカン・リンポチェを遥拝する丘がある。「チャンゼー」は五体投地礼であり「カン」は山や丘を意味する。来る者はこの丘で聖山を遥拝し、去る者はこの丘で聖山に別辞を告げる。チベット仏教徒は思い思い、この丘で虚空にむかって真言を叫ぶのだ。「ケケソソ、ハーギャロー」（神よ！　勝利し給え）。ときには、アヌーがそうだったように米粒を撒き上げながら叫ぶ教徒もいる。

しかし、いまでは観光産業の発展とともに、信仰に根ざした、こうした心打たれる深遠な情景も見られなくなった。それとともに道路事情が改善され、ヒッチハイクをはじめ自転車やバイクで旅行する若者の姿が目につく。

チャンゼー・カンの丘には、五色の小旗をつらねたチベット仏教の祈禱旗が幾重にも張り巡らされて風になびいていた。以前は見かけなかったのだが、巡礼や観光客を当て込んだ、魚の干物売りもいた。中国語で「銅魚」という、以前、私が釣ったことのある魚の干物である（第一章参照）。捕まえ方は釣ったり生け捕りにしたりするのではなく、水が出たとき逃げ遅れて、干上がった場所で死んだ魚を拾い集め干物にして売っているそうだ。

ダワとピンゾーは、魚は貴重な健康食品だからと言って、さかんに値切りながら土産に買い込んでいた。元来、魚を食べる習慣はチャンタンの遊牧民にはなかった。第一章で述べたようにチベット動乱の一九五八年、突如パヤン村にやって来た中国人民解放軍の分遣隊によるパーティの席上で魚料理を出されたときの住民の、化け物でも見るような驚愕からもそのことを窺い知ることができる。その後の共産中国による近代化で食生活にも変化が見られるようになったのだと思う。

ダワとピンゾーが魚の干物を試食したり値切ったりなどして買っている間、私はマパムユム・ツォの茫漠とした湖面を眺めた。雲が垂れ込めていた。カン・リンポチェもナムナニも望見できない。晴れていれば、碧水を湛えたマパムユム・ツォの右方にカン・リンポチェ、左方にナムナニの白雪を戴く山容が望まれるのだ。

ネパールのトルボ地方から国境の峠を越えた慧海は、白巌窟にゲロン・リンポチェを訪ねたあと、マパムユム・ツォの湖岸に出た。一九〇〇年八月六日、ヤクに乗って来たことが日記に記されている。つづいて「四大河ノ源ナリトセル名跡ニ大日本ノ僧慧海カ始メテ着キセシ事ハ実ニ自ラ壮快ノ感ニ勝《タ》ヘズ」と、その昂揚した喜びを書きつづる。「四大河」は、インドを流れるガンジス川、インダス川、ブラマプトラ（ヤルン・ツァンポー）川、サトレジ川をさす。

他方『旅行記』では、その雄大な美しさを讃えている。

その景色の素晴らしさは実に今眼に見るがごとく豪壮雄大にして清浄霊妙《しょうじょうれいみょう》の有様が躍々として湖辺に現れて居る。池の形八葉蓮華《はちようれんげ》の花の開いたごとく八咫《やた》の鏡のうねうねとうねって居るがごとく、そうして湖中の水は澄み返って空の碧々《へきへき》たる色と相映じ全く浄玻璃《じょうはり》のごとき光を放って居る。

慧海が到達してから百五年後の二〇〇五年九月のことだが、湖に流入する付近の小川の岸辺にキャンプした私たちは、慧海と同じように右回りで湖岸をたどった。慧海の記述にもあるツェゴ・ゴンパにもこのとき立ち寄った。文革で破壊されたが、その後、再建されている。湖の対岸にカン・リンポチェを見晴るかす湖岸には芥子菜の花が咲いていて、寺院のすぐ傍に湧き水があった。湖面には水鳥の群れが浮かんでいた。

以前私は、白巌窟からカン・リンポチェまで慧海の記述を頼りに徒歩でたどってみたいものだと切実に考えていた時期があった。当時、タッコーラ地方の交易に従事した村びとたちからカイラス巡礼について話には聞かされていたし、その話に出てくる川の名前は、慧海の日記や『旅行記』に出てくるものと同じであり、経路もさほど違わなかった。

衛星画像を見ながら慧海の経路を、あれこれ想像してたどってみたことが何度もある。そこには昔、国土地理院の五万図を見て夢を膨らませながら、行ったことのない山々を愉しんでいたのと同じような充実感があった。

しかし、今回のように国境付近への入域が厳しい状況では、望みを断たれたも同然である。せめて、以前のようにマパムユム・ツォの対岸にあるツェゴ・ゴンパを含む湖岸を周回できないものかと思いながら、ダワに聞くと、許可がないと通行できないという。もはや、これでは指定された既存の観光コースをたどるしかない。

私たちはチャンゼー・カンからマパムユム・ツォの湖岸に沿って左回りに観光コースを進み、この日はプランという、この地方の中心地になっている街のホテルに宿泊した。そして翌日、さらに南下して、ネパールとの国境にほど近いコチャという村の寺院に出かけた。

途中から遠望する、サトレジ河の対岸に延びている荒涼とした谷沿いの国境地帯につらなる山並は、ネパールと中国、インドの三国が領有権を争う紛争地域である。昭和初期（一九二七）、慧海についでカン・リンポチェを詣でた長谷川伝次郎（一八九四〜一九七六）が越えたリプレク峠とクングリビング峠もそこに含まれる。そのリプレク峠からわずか東方に逸れたネパール国内にあるティンカル峠が、私の記憶に深く刻まれているのは、アメリカの支援を受けて最後まで共産中国の人民解放軍と戦ったギャト・ウォンディ率いるゲリラ部隊が殲滅された場所だからだ。

一九七三年から翌七四年かけてカトマンズに滞在していた私は、七二年のニクソン大統領訪中による対中融和政策でチベット・ゲリラへの支援が打ち切られ、ギャト・ウォンディのゲリラ部隊が、国境沿いにインドへ敗走する途次のティンカル峠で殲滅された噂を耳にしていた。

想像するに、争いごとは絶えることなく人類の間で繰り返されてきた。だからこそ、人類は常に、仏教をはじめとする宗教による平和を必要としてきたのではないのか。

コチャの寺院の本堂には釈迦牟尼仏が奉安されている。以前は、そこに雪男の剝製も吊るされてあった。私がはじめてこの地を訪れたのは一九九三年、つぎが二〇〇六年、そして今回（二〇一九年）だ。

文革で破壊されて廃墟と化した寺院も、いまではチベット特有の極彩色の壁画や装飾が堂内に施され、各種仏像も奉安されている。破壊された堂内に壁画も仏像もなかった以前とは見違えるばかりだ。

再建がはじまったのは九四年、私がはじめて訪れた年の翌年である。今回、住持と立ち話をしたのだが、もし再建以前の写真を持っていたらそれは貴重なものであり、できれば送ってほしいとのことだった。私は快諾した。ネット社会の現代では簡単なことだった。帰国後、探し出した写真をデジタル化して、ダワを介して送れば済むことである。しかしその後、チベットへは入国が難しくなった。ネットによるダワとの連絡もとれなくなった。

コチャの村では寺院も含めて、昔の面影などどこにもないほど変容していた。家々の屋根にはチベット仏教の五色の祈禱旗に替わって五星紅旗が林立している。

本堂に吊るされてあった雪男の毛皮はなくなっていた。「この場所にあったのですがどうしたのですか」と住持に聞くと、この壁の中に埋めたとのことだ。壁面には仏画が描かれてあった。残念に思われたが、壁に埋め込むのは、これもまた奇習と見られる鳥葬同様、チベットの葬送儀礼のひとつである。

私はかつてヒマラヤの雪男を調査していた当時、わが子の遺体を壁に埋葬する話を各地の村々でいろいろ聞いている。仏教には三世《さんぜ》という教えがあり、それによれば、深層心理に潜む霊の世界と現世はつながっていて、霊魂はいつか甦ると信じられている。昔は日本にも似たような儀礼があったことが知られている。

小泉八雲の「伯耆《ほうき》から隠岐《おき》へ」（『明治日本の面影』）に、それと類似した、生と死の連鎖の話が出てくるので紹介しよう。

最初の子どもをなくした母親は、その子が、夢の中に現れるだけではなく、生まれ変わって、死の夜から自分のところに戻ってくるように祈るのである。少なくともそう祈りながら、小さな遺体の掌に死んだかわいい子の名の頭文字を書く。

何か月か過ぎて、また彼女が母親になる時が来る。生まれたばかりの幼な児の花びらのような柔らかい掌をよく調べてみると、何と、そこにはばら色のあざとなって、同じ文字が見えるではないか。よみがえってきた魂が、生まれたばかりの眼を通して、前世のまなざしを母の上にそそいでいるのである。

雪男の正体はチベットヒグマなのだが、その遺体を壁に埋めるのは、チベット人がチベットヒグマをクマではなくサルの仲間と信じていることと関連があるようだ。私はこの事実を何度となく確かめている。いずれにしても、ヒマラヤの雪男の剝製、つまり遺体と言っていいかもしれないが、壁に埋め込む事例は、コチャ村の寺院ではじめて聞いた。

私がコチャ村を訪ねた日、村はチャコールという収穫祭のさなかにあった。村びとが経典を各自背負って、隊列を組みながら畑をめぐり歩くのだ。収穫祭は四日間行われ、この間に、酒を飲んで歌い踊るのはもちろんだが、石を持ち上げる力くらべや綱引き、日本でも見る流鏑馬《やぶさめ》の競技が行われる。現在の日本とは異なり、余所者の観光客を対象とした商業的な見世物ではないだけに、この地域社会に脈々と根ざした、収穫を祝う文化的所産として見物することができる。私の素人考えだが、仏教の伝来とともに、こうした祭事もまた日本へ伝播したのではないだろうか。

雨の中、経典を背負った村びとの手に五星紅旗の小旗が握らされているのが異様に映った。いくら何でも不自然で、共産中国の抑圧を感じずにはいられない。

釈尊の誕生以来、二千数百年にわたる仏教の歴史にくらべれば、共産主義はたかが百年程度の歴史でしかない。いずれ「淀みに浮かぶうたかた」のように消えてしまうに違いない。

キロン　幸福の谷間

「一日、テントを張って泊ったらどうですか」

私に気を使ってのことだと思うが、ダワがそう提案した。共産中国一色の近代化で変容した風景や社会の様相に困惑した私の心裡を察したらしい。前回テントを張った原野には新しい街ができ、以前は至るところで目についた野生鳥獣もすっかり姿を潜めていた。身辺には、叙情を揺らぎたたせるような自然の息吹が感じられなかった。

帰路、パヤンの街並を過ぎて、ネパールとの国境の山並が見渡せる原野にある、直径十数メートルのちいさな池の脇にテントを張った。山並は私が見慣れたトルボ地方の奥地につらなる山々で、慧海が越境した峠もそこに含まれている。たぶん、あのあたりだと目星はつくのだが、その峠を私はまだ確認できていない。

日記や『旅行記』に見られる慧海の記述が事実とすれば、峠からはおそらくパヤン地方の川の流れる風景が望見されるはずである。いまのところ漠然とした推測でしかないが、慧海の記述と符合する風景は、仮にあるとすればゴップカル・ラという峠からの眺望以外にはあり得ない。

これが長年の踏査をへて私がたどり着いた推論である。今回の踏査で、そのゴップカル・ラに上がるつもりでいたのだが、すでに述べたような事情で実現しなかった。第九章で述べたように、前回（二〇〇六年）の踏査でも実現しなかったことを考えると、ゴップカル・ラの踏査は二度失敗したことになる。果たして三度目はどうなるものか、予断を許さない。

　もしゴップカル・ラからの眺望が慧海の描写と符合しないとすれば、それは明らかに記述の間違いということになる。他方、符合するとしても、それだけでは決め手にはならない。なぜ慧海はゴップカル・ラを越えねばならなかったかが説明されなければ片手落ちである。たんに風景が記述と符合するだけでは、決定的とは言えない。直接証拠となり得る必然性が何であるか。ここにこそ、慧海のチベット国境の峠越えにかかわる謎の核心が潜んでいるように思われる。

　胸にもやもやとした謎を抱えたまま、私は国境につらなる山並を眺めた。視界の果てから果てまでつらなるその山並を背景に、目の前にある池の周りではヤクの群れが思い思いに草を食んでいる。そのすぐ傍で、秋にはヒマラヤを越えていくため、いまは待機しているひと番《つが》いのアネハヅルも見られる。

　しかし、眼前に開けた風景には、かつて体験した圧倒的な威圧感や壮大さはなく、自然そのものが萎縮しているように感じられてならなかった。はじめて訪れたときの私の記憶に残るパヤン地方の自然とは、風趣を異にしているようだった。

　それでも、夜になると広がる星空は否応なしに宇宙を実感させる。そこを移動していく人工衛星が肉眼で見え、現代を象徴するものとして、私に慧海の時代との隔たりを感じさせた。しかしその隔たりは、宇宙の瞬きにも及ばないほど短かい。

　地上の万物同様、宇宙の塵に等しい地球という存在も、いずれは消滅する。そして、想像を絶する遠い未来において、弥勒菩薩のようにやがて再び姿を現す。それが宇宙の摂理、輪廻転生なのか——などと、日ごろ考えもしない空想をしながら星空を眺めた。

翌日、慧海の日記や『旅行記』に記載されているタヅン寺を見学した。慧海はラサへの途次、一九〇〇年十一月一日に立ち寄っている。「小山ノ精舎《しょうじゃ》ニ上リ着ク」との記述にもあるように、見晴らしのいい岩礫からなる小高い丘の斜面にあった。

私たちが行くと住持が出てきて、親切にいろいろ説明してくれた。一九八三年に亡命先から戻り、文革で破壊されていた寺院の再建にとり組んだという。一九八三年といえば、パヤン地方にあるゴヤ・ゴンパの住持が亡命先から戻ってきて再建にとり組んだのと同年である。この年、共産中国から一斉に再建が認可されたのではないだろうか。

タヅン寺には文革の破壊を免れた僧房も残っていた。何戸かのベランダや屋上にソーラーパネルが設置されているのを見ると、僧侶が何人か住んでいるようだ。往時は六十人ほどの僧侶が修学のため生活していたという。

住持の話では、本堂には監視カメラが設置されている。それを聞いて内部の見学を遠慮した。ダワが住持に聞きながら、奉安された仏像についていろいろ説明してくれるのだが、どうも浅学な私の頭脳では消化しきれない。宗派については、昔はカギュー派だったが、ダライ・ラマ法王第五世の時代にゲルク派に改宗したそうである。

私たちはタヅン寺を辞去し、帰路、ラサへ通じる幹線道路から外れて、ネパールへ向う支線に入った。「グンタン・ラ」という五二三六メートルの岩礫の峠を越えると谷沿いにどんどん下っていく。大峡谷である。芥子菜の黄色の花で彩られた村々をつぎつぎに通過した。

やがて森林地帯が現れ、それが針葉樹から広葉樹に変化して、しだいに緑が濃くなるにつれ、大気中の酸素も徐々に濃くなる様子が実感される。高所から下ってきたのだから当然ではあるが、かつて体験したヒマラヤ登山で、高所キャンプの氷雪世界から、緑の萌え出るベースキャンプに降りたときのような開放感につつまれた。

ネパールとの国境の街は「キロン」という。直訳すると「幸福の谷」。ネパールを結ぶ、ヒマラヤ山中のこの街が外国人に開放されたのは二年前である。それよりずっと以前、『チベットの七年』（H・ハラー）を読んで、この街の名を知ったのは大学生のころだった。そのころから、いつか行ってみたい、と念じていた。

読み終えて長い間、疑問がくすぶりつづけていた。なにが幸福なのか。如何なる理由によるものなのか。そこが知りたかった。

現地に来て、幸福感をもたらす理由として感じたことが二つあった。一つはすでに述べたように、五〇〇〇メートル以上もの高地から下った身でなければ体験できない酸素の濃さである。ちなみに、キロンは海抜二七九六メートル。高地の低酸素状態から高度が下がるにつれて酸素が濃くなり、譬えれば「水を得た魚」のように心身ともに活気づく。

もう一つは、チベットに仏教を持ち込んだ密教行者パドマサンババがネパールから入って来て最初に冥想した洞窟が、キロンのこの地にあることだ。パドマサンババは蓮華から生まれたと言い伝えられていて、漢字では蓮華生《れんげしょう》と書く。

キロンはまた七世紀、チベットを統一したソンツェンガンポ大王が、ネパールの王女ブリクティを后《きさき》としてラサから迎えに来た場所でもある。チベット人にとってはきっと祝福に値する土地なのだろう。パドマサンババについて慧海が『旅行記』で批判的に捉えていることは第二章で述べたが、二食生活、禁酒、禁肉食、不婬を貫き、自らの精進に徹した慧海とは対極にある、堕落した破戒僧の権化たる存在がパドマサンババである。

キロンに滞在中、そのパドマサンババの洞窟に足を運んだ。ホテルから五キロ余り離れていて、途中に吊り橋のかかっている場所がある。谷幅は目測で三十メートルほどだ。大地がひび割れしたように深くて谷底が見えない。私はここで自分でも信じ難いことに、恐怖感から尻込みして立ち往生してしまった。腰が引けて、類人猿のようなガニ股の姿勢になっていた。

軽トラックが渡れるほどの幅広い吊り橋である。それなのに両側のケーブルを握ったまま足が前に出ない。「下を見ないで前方を見て」「怖くない、怖くない」ダワに励まされて、繰り返し立ち止まりながら冷汗三斗、やっとの思いで渡ることができた。

こうした事態は我ながら解せないことだった。吊り橋はさまざまな場所で危険を感じながらも、数えきれないほど渡っていた。登山ではもっと危険な事態に遭遇したり、九死に一生を得たような体験も何度かしている。吊り橋程度で、恐怖心に縛られて身動きができなくなることなどあり得なかった。

おそらく、この症状は老化ゆえに違いなかった。私は自分が全身、老化という病気に侵されていることを確信した。じつのところ帰国後、通院しなければならなかったが、老化ゆえの失調障害だから、原因も何もあったものではない。「老化ですね」と医師に言われても、どこかまだ腑に落ちなかった。若い昔がとうに過ぎていたのを忘れていたようだった。

よろけた足どりで帰途もまた、恐怖心に耐えて顔を引きつらせながら吊り橋を渡った。渡りきった袂《たもと》で、精魂尽き果てて動けずにへたり込んでしまった。そこへ通りかかった老夫婦の軽トラが停まり、乗りなさいと勧めてくれた。厚意に甘んじて、ダワと二人でホテルまで送ってもらう。老夫婦は一日で、どうにもならない私の体調不良を察知したものと思われる。

先ほどのパドマサンババの洞窟でも、丸太を組んだ階段を下りるときよろけた私に、傍にいた巡礼の婦人が咄嗟に手を差し伸べたのである。私は思わずその手にすがって、自分を支えることができた。このような親切が仏教精神に根ざした慈愛の精神なのかと私は感激した。旅の道中、いやな目に遭ったりもするが、人びとの善意に安らぐことも少なからずある。

ネパールのタッコーラ地方にあるトゥクチェ村の古老から以前聞かされた話によれば、ラサ・チョウ、プラン・チョウ、キロン・チョウという女神を祀った三ヶ所の地で懺悔すれば罪過が消えるとされている。チョウは女神の意である。

期せずして私は、今回の旅を通じて、三大女神を祀ったそれぞれの場所に足を運んだことになる。女神のもたらす恩恵にでも浴することができれば嬉しいが、信心の足りない身では無理かもしれない。それにしても、いましがた、吊り橋で恐怖感を覚えるほどの体たらくだから、今後はせめて、そうしたことのないようにと願わずにはいられなかった。併せて、ライフワークとして取り組んでいる慧海のチベット潜入経路の判明を切に願った。

翌朝、キロンの街からネパール国境をめざし、峡谷沿いに曲がりくねって延びるアスファルト道路をひたすら下った。ヒマラヤの主脈を突き抜ける峡谷だけに、首筋が痛くなるほどの仰角で両岸に岩山が屹立していて迫力がある。やがて、行く手に立ちはだかる、ダムのように巨大で威圧的な建造物が見えてくる。チベット側の出入国管理事務所だ。

出国手つづきは、ごく簡単に済ませることができた。シガツェ市公安局で受けた拒絶的な対応にくらべたら月と鼈《すっぽん》ほどの違いがある。窓口にパスポートを提出し、すぐ傍でダワが見守るなか、ぼんやり突っ立っていると窓口の係員に、どうぞ、という仕草をされた。パスポートを受けとり、ダワと別れの挨拶を交わして、その場を通り抜けた。

驚いたことに、私が前日、ダワを介して頼んだタクシーの運転手が、管理事務所の建物の中まで迎えに来て、私の目の前に突っ立っていた。カトマンズから来たのだ。運転手は私の荷物を持って管理事務所を出ると、国境を流れる川の橋を渡ったネパール側の出入国管理事務所に行き、私から受けとったパスポートを提示しながら入国手続きを私に代わって手際よく済ませた。

傍から見ていて、素通りするようなその素早さに私は唖然とした。同時に、目には見えない重荷から解放されて、一挙に気分が軽快になるのを感じた。チベット滞在中、デジタル監視社会の抑圧を無意識裡に感じていたのだと思う。

先ほどまで滞在していたキロンの街にしても、監視カメラが通りに面して林立しているのを立ち止まって物珍し気に見たりなどしてはいけない、とダワから注意を受けていた。

何事においても、他者にたいして抑圧・不快感を与えるのは感心しないが、わが国もまた、尖閣諸島の事例から察せられるように、膨張しつづける全体主義国家の威圧を日々受けつづけている。優柔不断な態度でいれば、いずれは一党独裁覇権主義の餌食として、チベットの二の舞になるかも知れない。私は日本人としてそのことを危惧せざるを得ない。

国境の出入国管理事務所の前には、これからチベットへ向かうトラックが長蛇の列をなして並んでいた。インドとチベットをつなぐ交易のヒマラヤ越えは、かつて見られたヤクの隊商にとって代わり、いまではトラック輸送が流通経済を支える要になっている。

いまも昔も、ヒマラヤの峡谷はそのための唯一無二の回廊である。かつて交通の要衝として開かれた宿場町のような繁華街が、そのうちここにも出現するのではないだろうか。

チベット側とは打って変わり、泥だらけで水溜りのでこぼこ道が峡谷の川沿いに延びている。川の流れは同一でも、チベットではキロン・ツァンポー、それがネパールに入るとボテコシ、さらにトリスリ河をへてナラヤニ河に呼名が変わり、インドに出てガンジス河へと吸収されていく。

私はガンジス河の源流地帯をチベット高原から下ってきたことになる。周囲の自然が気候の垂直分布に合わせて変化する様子が手にとるようにわかる。その変化は景観にとどまらず、それぞれの環境で営まれる動植物の生態や、人間社会の政治や経済や歴史や文化にまで影響を及ぼす。思うに、その変化を図式化すれば、チベット仏教のマンダラ絵図のような分布になるのではあるまいか。

旅をしていると、ごく自然に五感を通してそれら諸々の変化が感じられるのだ。それがまた、旅の隠れた魅力であり意義ではないかと思う。

私は酸素の希薄なチベットで、高度障害や監視社会からうける抑圧感、そして踏査の目的が達成されなかったことも加わり、気分がすっきりしなかった。この時節の雨季の空のように淀んでいた。

にもかかわらず、肩の荷を下ろしたような開放感につつまれていたのは、とりあえずネパールに出てきたからである。カトマンズに戻って仕切り直し、新たな踏査をつづけなければならない。慧海のチベット潜入経路の探索をめぐる私の旅は、自分が納得するまで、この先、何年かかるか知らないが、終わってはいない。

第十一章　タッコーラ地方

タクシーで一路、カトマンズへ

チベットからの出国時、当初の予定では、ネパール側のもよりの村まで歩いて行き、その村でとりあえず一泊し、宿から電話を借りてスディルに連絡するつもりでいた。連絡を受けたスディルがカトマンズからバスで私を迎えに来る。チベットへむかう前に、カトマンズでスディルとそのように打ち合わせていたのだ。

ところが私自身の体調不良から、やむなく予定は変更せざるを得なかった。一刻もはやくカトマンズの定宿に戻り、くつろぎたい気持になっていた。それでチベットを出国する前日、ダワに頼んで、カトマンズ在住のネパール人の同業者を介して、迎えのタクシーを手配したのだ。同業者はダワの知人である。私はその同業者に、チベットに入国する際も事前の手続きで世話になっていた。

というのは、チベットに私が入国する事前の段階で、ダワが作成しラサからカトマンズの同業者にメールで送信した、私の入国手続きに関する書類に不備が見つかり、急遽、訂正する必要に迫られたのだ。カトマンズの中国大使館に提出すべきその書類では、私の国籍がネパールになっていた。これはいくら何でもまずい。

書類をただちに作成し直さなければならないため、私はカトマンズ滞在中、何度か、ダワの同業者の旅行代理店に足を運んだ。この間、スディルは常に同行し、私が代理店に出向かないときも代理として、スマホで事務手つづきの細部に亘ってやりとりをした。

後日談になるが、チベットからの出国時、私がダワを介してタクシーを依頼したことも、スディルはカトマンズのその旅行代理店から連絡を受けて知っていた。スマホがあれば、どこからでも連絡は可能だ。そうとは知らずに手配のタクシーに乗っていた私は、国境からカトマンズに向って走行中、運転手にかかってきたスマホを、あなたにですよと手渡されたとき、耳を疑うほど驚いた。なぜ、私に電話がかかってくるのか。いったい誰からなのか。

不審に思いながら受けとったスマホに出ると、スディルの威勢のいい声が聞こえてきた。「お帰りなさい。チベットはどうでしたか」。カトマンズの旅行代理店から連絡を受けて、予定を変更した私の行動をスディルは逐一知っていたのだ。期せずしてスディルと連絡がとれたことを私は大いに喜んだ。この先、スディルが私の手足となって働いてくれるからだ。

それにしても、宇宙飛行士が活躍し、人口衛星が宇宙を飛び回り、AIやITを駆使した通信網が私たちの日常生活にまで浸透している現代の情報社会にあって、スマホを持っていない私はそれとは無縁だった。聞こえてくるスディルの声に私は興奮して、彼を褒め称えた。

「さすがスディルだ、たいしたもんだぞ、立派、立派」

やはり持つべきは仲間であると私はスディルに感謝しながら、チベットでは得られなかった安堵感に浸ることができた。ネパールに来ると、信頼できる何人かの仲間がいて毎回手助けされている。私が自在に行動できるのも、かつて若かりし頃のヒマラヤ登山を介して知り得た仲間がいるからである。

タクシーの車窓に見る山間部の風景は、私の安堵感をさらに落ちつかせるかのようにしっとりとした雨にくすぶっていた。雨季のさなかである。チベット高原に源を発してインドへ流れ下る川は濁流と化して増水し、途中、ヒマラヤ山中の大峡谷で、川岸の断崖絶壁に幾筋もの長大な滝をかけていた。雨季がもたらす降雨は、ときに山の斜面を崩壊させて、人や家屋はもとより、牛や豚など家畜も含めて村ごと巻き込む大災害を引き起こす原因にもなりかねない。

走行中、ランタン谷の出合にあるシャブルベンシという村を過ぎたあたりで、立ち往生している空車のタクシーに出遭った。どろどろ状態のでこぼこ道で、運転手一人ではどうにもならないようだ。私を乗せたタクシーの運転手が車を停めて手伝いはじめた。助っ人が登場したのだから幸運である。相手のタクシーはほどなくして動き出す。

「知り合いなんですか」と聞くと、チベットの国境とカトマンズの間を走行するタクシーの運転手は全員が顔見知りなのだとか。国境が開放されたことで、私のような外国人旅行者に利用されるようになり高収入が見込まれている。ちなみに私が支払ったタクシー料金は二百ドル、日本円に換算すれば二万円強。現地の乗り合いバスだとおそらく千円もしないだろう。参考までに述べれば、当時、カトマンズ・ポカラ間の直行バスの運賃が七百円余りだった。

大峡谷を通過しながら、ヒマラヤの主脈を挟んで北側から南側へ抜け出ると、山間部に開けた車窓の風景はのどかで緑豊かな田園風景に変化する。ここでは近代的な開発からとり残された昔ながらの、人や家畜を動力にして耕す牧歌的な光景が見られる。

おそらく、と私は考えた。人間同士の結びつきもまた、こうした有機的な環境に見合っているに違いない。ここにあるのは、日本でも過疎地と言われるような田舎の、古老の間でかろうじて見られるような相互扶助のやすらぎである。都会の無機質な合理性とは異質の、自然界の摂理に則した息づかいである。

私は先ほどまでのチベットとは異なり、心の隅々まで癒される、ゆったりとした開放感を全身に感じていた。後頭部に根を張っていた、それまでの硬直感もなくなった。道中、街道筋のレストランで昼食を済ませたのち、おりおり車を停めてもらい、写真を撮りながら夕方、定宿にしているカトマンズのホテル・サンセットビューに着いた。この何十年来、世話になっているホテルだ。

「戻って来ると自分の家にいるような感じになるでしょう」スディルがそう言いながら出迎えた。私の寝泊りする部屋も決まっている。ホテルには長年の登山用具類が倉庫に保管されてあるので、今回、滞在中に整理することにした。まだ使える道具はスディルの家に移す。というより、スディルが使えるものは勝手に選んで使えばいい。

スディルはニルギリ・ヒマールという七〇〇〇メートル級の氷雪嶺を仰ぎ見るヒマラヤ山中のジョムソン村に住んでいる。カトマンズの定宿にデポしてある私の荷物は、今回は半分ほど運び、残りはつぎに来たとき運び移すことにした。

荷物を整理してから観光局に出向いて、明日からジョムソン村へ行くためのトレッキング許可証を取得する。スディルは公認のトレッキングガイドでもあるから、このあたりの手続きを手際よく処理する。

乗り合いバスでジョムソン村へ

翌朝、迎えに来たスディルと二人で、乗り合いバスの屋根の荷台に荷物を積み上げてポカラへ向う。

バスの車内はまことに以って騒々しい。前後左右そこいら中、男も女もスマホ片手に大声で喋りまくっている。加えて、ひび割れした音質のネパール歌謡が最大限のボリュームで車内に鳴り響く。耳をつんざくばかりだ。一言でいえば無秩序。それでも昔にくらべるとだいぶ改善されつつある。

ポカラに着いて、ペワタールという湖のほとりにある旧知のホテルに一泊した。スディルに知らされたのだが、昨年主人が亡くなった。愛執断ち難く哀しみに暮れる夫人は、古い友人を見ると泣き出すというのである。

「根深さんにも、きっと泣くと思いますよ」案の定、私の顔を見るなり言葉を詰まらせて涙を流した。慰める言葉もない。

思い起こせば、一九七三年から翌七四年にかけての冬、二十代の私はヒマラヤ山中のトゥクチェ村に滞在していた。当時、村の小中学校の先生をしていた夫人は、もちろんまだ若くて独身だったが、彼女から歌を教わった。いまでは歌うこともないが忘れてはいない。自ら作詞作曲した、夢を見るような若い娘の恋歌である。若いころ、彼女は聡明な女性だった。

翌朝、ジョムソン行きの航空便は雨天欠航。おんぼろバスで、荷棚に頭を打ちつけられそうになるほど激しく揺られてバウンドしながら、ヒマラヤ屈指の大峡谷カリ・ガンダキの断崖絶壁につづく未舗装の道を走る。珍しいことに、欧米人の母娘が乗り合わせていた。ガイドも同行している。八〇〇〇メートル級のヒマラヤの主脈を真っ二つに断ち切ったような大峡谷につづく、想像を絶する悪路だから、できれば敬遠したくても、フライトが欠航する雨季には今回のようなやむを得ない事情もある。

もしかしたら、その母娘も私たち同様、フライトが欠航したのでバスに変更したのかもしれない。このコースを走るバスの苦痛は、初体験の旅行者には耐え難いはずである。それほどの苦痛を敢えて味わってみたいと思う外国人旅行者も、いないわけではない。とくに若者であれば、そうした体験も、人生の忘れ難い思い出づくりに寄与することにはなるだろう。

しかし、母と思われる女性は見たところ若くもない。それでも強がりなのか、やせ我慢なのか、ハンマーパンチのような衝撃にも、最初のうちは笑顔を見せていた。やがて悲痛な顔になり、これはもはや冗談なんかではない、という状況を身に沁みて理解したようだ。母娘はバウンドするたびに顔面を歪め、足腰が痛いと訴えはじめた。見ていて気の毒だが、どうにもなるものでもない。

途中の村で昼食をとったとき、母娘は歩いたほうがましだと言ってガイドに相談して乗車を放棄した。それを聞いて、大丈夫なのかと私は心配になった。なにしろ、この先、おんぼろバスで六時間、徒歩だと三日はかかる。もちろん、ガイドも同行していることだし、スマホで車を手配する手段はある。

ポカラを朝七時に出発した私たちを乗せたおんぼろバスは、途中でお茶を飲んだり食事を済ませたり、はたまた道路が寸断した箇所では代替え用のバスに乗り換えしたりしながら走りつづけて、星々がきらめく夜八時過ぎにジョムソン村に着いた。ニルギリ・ヒマールの北壁が、冴えわたるその星空を背景に浮かび立つような銀色の輝きを放っていた。

ニルギリ・ヒマールの移牧地へ

スティルの林檎園から眺めて南側に、見上げるような仰角でそそり立つ七〇〇〇メートル級の氷雪嶺ニルギリ・ヒマール北壁の麓にある移牧地（サウジュン・カルカ）で、毎年、雨季のさなか、ヤクの生血を飲む祭事が行われる。小雨が断続的に降りつづく中、村の少年を一人ポーターに雇って、その祭事を見物にスディルと二人で出かけた。

ジョムソン村に着いて一日休養した翌日である。途中、道端では、野生のモモやグミが実をつけていた。採って食べようなどとは誰も考えないようだ。野生だから美味しくはないのかもしれない。果物として食べられるように改良して、余分なものはジャムの材料にでもしたらどうかと私はスディルに提案した。

スディルは自分の屋敷の林檎園にリゾートホテルを目下建設中（二〇二〇年完成）だ。「ジョムソン・エコ・リゾート」という瀟洒《しょうしゃ》なホテルだが、完成した暁に、そのジャムを客に提供すれば受けるかもしれない。これは我ながらなかなかの発案であり、試みる価値はありそうだ。

近い将来、ジョムソンを流れるカリ・ガンダキの源流地帯からムスタン経由でチベットをつなぐかつての交易路が開放されるだろうから、そうなればヒマラヤ山中の一大リゾート地としてジョムソン一帯が注目を浴びるのは間違いない。

「リンゴもアンズもあるし、積極的に栽培して生産量を増やす。さらに改良して、もっともっと栽培を増やすのがいいのではないか」

私はついでに日本の在来魚イワナ・ヤマメを養殖することも提案した。ヤマメをヒマラヤの渓流に移植放流する計画は生物学者・今西錦司（故人）の発案である。日本淡水魚保護協会（理事長・木村英造［故人］）がそれを受けて、昔、三十代の私が派遣されて河川調査を実施した（一九八三年）。その夢を叶えたいものだといまだに私は願っている。

それには前段としてまず、プールをつくって養殖することからはじめなければならない。歩きながらスディルにその話を持ちかけると、ここはどうかと言う。湧き水があり、平坦な草地にウマが放牧されていた。

「この湧水は人も飲めるほど質がいいですよ。日本の魚も大丈夫でしょう」そう言って、スディルは両手で掬って飲んでみせた。

ここは私とは旧知のニルジャールの土地だという。それなら話がはやい。問題は資金集めである。じつのところ、私にはそれが不得手なのだ。そのため、放流計画はとりあえず夢の段階に留め置かざるを得ない。

私たちはそうした夢を見るような会話を交わしながら、ジョムソン村に隣接する、カリ・ガンダキ河の対岸にあるティニ村を通り抜けて、村はずれを流れる川に出た。ギュンキュ・コーラといってカリ・ガンダキ河の支流にあたる。その川の対岸にはガラップ・ゾンと呼ばれる、旧ティニ村の城塞の跡地がある。現在、付近の斜面は畑地に耕作されている。

以前、スディルと二人で、旧ティニ村の跡地をうろついたことがあった。タカリー族の起源伝説によれば、ティニ村には昔、王国だったころニマ・ラニという王女がいた。ニマ・ラニは西ネパールのジュムラ・シンジャという王国から、戦いに敗れて逃れてきたホングソ・ラジャという王子と結婚したのだが、その二人の間に生まれたのがタカリー族の先祖なのだ、と言い伝えられている。

ギュンキュ・コーラの流れは幅数メートル。乾季には清冽な小川も、雨季のいまは水量が増し、墨汁を溶かし込んだような濁流と化している。水深は膝下程度でたいしたことはないが急流であり、おまけに足元が見えないので、老化で足腰の衰えた私が自力で渡渉するには無理がある。

そこで、杖がわりになるような木の枝でも落ちてはいないかと周辺を探してみるが見あたらない。荒涼とした乾燥地帯特有の岩礫の河原が広がっているだけだ。適当な場所を見つけて、まずスディルが対岸に渡ってザックを置いてから引き返し、空身の私を支えながら渡渉した。若いころだったら私も、いとも簡単に渡渉できたはずだった。ポーターの少年は荷物を背負ったまま、靴を濡らすのが嫌なので素足で渡った。

私たちは渡渉したのち靴や靴下を脱いで乾かした。まだほんの少ししか歩いていないのに著しく疲労を感じた。意識がぼんやりして気が遠のきそうになる。血圧が低下しているのかもしれないと、いささか不安に思いながら歩いた。どうにも気合が入らない。

スディルは私の不調に気づいたようだ。

「どうしたのですか。歩き方が、昔とはぜんぜん違いますね。やっぱり、老人になったんですね。ゆっくり、のんびり行きましょう」

寄る年波には誰も逆らえない。私は立ち止まって深呼吸を繰り返しながら歩いた。道端に、散りはじめたバラの仲間（ロサ・セルケア）が実をつけていた。花は白だが、実は赤くハマナスに似ている。

ヒマラヤの細々とした、ひと筋の曲がりくねって山腹につづく道は、道としてはもっとも素朴で原初的なものである。村があるわけでもないのにつづいているのは、移牧地へ家畜を移動させるためであったり、聖地への巡礼のためであったり、昔であれば国境を越えてチベットの交易にも利用されたりしていたからだ。

そこでは徒歩もしくはウマ、ヤクなどの駄獣に乗って移動するのが基本である。ヒマラヤにかぎらず、自然を体験するには徒歩がいちばん適している。五感を全開させて自然を味わうことができるからだ。

今回、チベットではハイウェイを車で移動しただけであり、要するに観光ドライブだった。全身で自然を体感するというわけにはいかなかった。そのため周囲の風景は、私との一体感を欠き、絵葉書のように映っていた。

しかしそうは言っても、ネパールに来て、ヒマラヤの、昔ながらの山道を歩くのも楽ではない。弾力性を失った私の身体は悲鳴を上げた。喘ぎながらのらりくらり歩き、休憩しているときでも、乱れた心臓の鼓動はすぐには治まらない。こまめに水分を補給して、草地に大の字で身体を投げ出し、破れかぶれの放心状態でハナ歌を歌う。このだらしのない体よ、どうにでもなれ、といった心境だ。

スディルは気を利かせて、食用になる木の実や葉を採ってきてくれる。甘味があったり酸味があったりするが、腹の足しになるようなものではなかった。青空が広がっていて周囲の景観が見渡せたら、いくらか気分も楽になるのかもしれないが、生憎、霧雨につつまれた見通しの利かない一本道である。汗だくになりながら数歩歩いては深呼吸を繰り返して、ともかく進むしかない。

途中、地元の村びとたちと出会う。家畜の群れを移動させていく村びと、ヤクの生血を泊りがけで飲んで帰る村びと。私とは異なり一様に元気がいい。会話の声にも張りがある。それに反して私は、酔ってもいないのにチドリ足で呼吸を乱している。

「もう少しですよ。傾斜がゆるくなりました」

スディルに励まされながらのろのろ歩いていると、確かに斜面の傾斜が緩くなり、一帯に張りめぐらされた、五色の小旗からなるチベット仏教の祈禱旗が視界に入ってくる。小川が流れる草地で、ヤクの群れがあちこちで草を食む姿も見える。

移牧地での酒宴

移牧地にはテントがいくつも張られてあった。ヤクの生血を飲みに来る村びとたちのテントだ。ひときわ大きなテントが一張りあるのは、スディルの親戚筋にあたる移牧地の主人のものだ。代々、チベットとの交易で生計を立ててきたが、いまでは交易が成り立たなくなり、百頭ほどのヤクを移牧しながら慎ましく暮している。

大テントでは、地元の若者男女十数人が寝泊りしていた。食事や酒、タバコなどの嗜好品も販売している。言うなれば、ここは臨時の、売店をかねた簡易宿泊所である。

私は移牧地に着くころには疲労困憊《こんぱい》し、ノックアウト寸前のボクサーよろしく、ふらふらの棒立ち状態になっていた。スディルがテントを張っている間、大テントの片隅でへたり込みながらチベット茶を飲む。チベット茶は茶葉を蒸し固めた磚茶《たんちゃ》にヤクのミルクと、そのミルクから製造したバター、それに岩塩を混ぜ入れて煮込んである。私の場合、これを飲むと、岩塩が含むミネラルによるものなのか、それともヤクの栄養豊富なミルクやバターによるものなのか、あるいはたんなる気持の問題なのか、その点ははっきりしないが、活力が湧き出るような気がして、昔から好んで飲んでいた。

ポーターの少年は荷物を置いて、大テントで腹ごしらえをしたのち下山した。三時間弱で村に着くそうである。四日後、私たちの下山に合わせて迎えに来る予定だ。

私はスディルが張ってくれたテントに移動して、そそくさとシュラフにもぐり込む。身を横たえて、テントの布地をたたく小雨の音を聞いているとひとり心が落ちつく。スディルは隣にテントを張った。そのあとすぐに大テントに戻って行き、地元の面々に交じって興じた。カセットテープから響き出るネパール歌謡に合わせて手拍子をとり、酒を飲みながら歌ったり踊ったりしている様子が伝わってくる。

その間にも、スディルはときどき飲みものを運びながら私の様子を窺いにくる。

「気分はよくなりましたか。みなさんのところに来てはどうですか。ちょっとだけでも顔を出すのがいいでしょう」

一人だけテントに籠っているのも不自然である。私は大テントに出向いて隅っこに座った。地元の面々は私を気にかけるふうもなく、自らの感興の赴くまま乗りに乗って大騒ぎだ。主役は移牧地の主人で、両手をかざして腰をくねらせ、前後左右に踊りながら歌っていた。

ネパールダンスを披露しているのだが、どう見てもぎこちない。周りの若い男女も、手拍子を打ちながら調子を合わせて歌う。誰に聞かせる歌でもなく、誰に見せる踊りでもない。自発的な、この酒宴のバカ騒ぎは、私がみるみるに自然にたいする崇拝の発露である。ヒマラヤの闇夜の祝祭、畏怖すべき神々への饗宴とでも言うべきか。

それにしても、移牧地の主人が音頭をとって張り切っているのはなぜなのか。スディルに聞くと、若い人たちに囲まれて嬉しいのでしょうとの答えが返ってくる。飲んで威勢をつけて、若者から元気をもらい受けているのだろう。

そういえば、今回、ジョムソン村にある高校のキャンプ教室で来ているはずの知り合いの女子高生グループの姿が見あたらない。山間部から出てきて、スディルの家で自炊しながら通学している、私と顔見知りになった女子が四人いる。スディルが言うには、丘の向こう側でキャンプしているそうだ。先ほど私を訪ねて来たのだが、体調を崩して寝込んでいるので、明日また来なさい、と言って帰したという。

私は早々と、酒宴の大テントから退散した。自分のテントに戻って寝ていると、すぐ傍から、テントの布地を隔ててヤクの鼾や寝息が聞こえてくる。雪崩の音響もひっきりなしに伝わってくる。遠雷にも似て、それを聞いていると、大学山岳部時代の厳しかった合宿山行が思い出されて心が落ちつく。大テントからは男女混声の歌が絶えない。

慧海のチベット潜入経路をめぐる謎の核心

翌日、雨がやんだ朝方、シュラフから出ようとして上半身を起こすといきなり目眩に襲われた。冷汗がにじむ。これは只事ではない。

昨日、ここまで来るのにがんばり過ぎたからだろうか。海抜二七〇〇メートルのジョムソン村から四二〇〇メートルの移牧地まで一五〇〇メートルほどの高度差を八時間かけて登ってきたが、この程度で無理が祟ったとしたらまったくもって情けない。何という軟弱な身体なのか。

七十二歳のこの夏、期せずして身体能力の限界を思い知らされたようでショックを受ける。いくらなんでも、もう少しピリッとしなければならないのだが、考えてみると、日々、安逸な生活を繰り返してきたのだから自業自得ともいえる。帰国後、立て直しを図らなければならない。

テントで独り悶々としていると、外から聞こえてくる若々しい歓声とともに姿を見せたのは四人の女子高生だ。私がテントで伸びて寝ているのをスディルから聞かされたのだろう。三人の教師に引率されてロバに荷を積み、総勢三十人ほどで来たのだという。毎年、恒例になっているキャンプ教室である。

「休養してはやく元気になってくださいね。明日、また来ます」

そう言って帰った。そのすぐあとに移牧地の主人が顔を覗かせた。女子高生たちともども、体調不良の私を案じてのことのようだ。移牧地の主人は今朝方、ヤクの群れを見回りに高地へ行ったとき咲いていたと言って、一輪のブルーポピー（メコノプシス・ホリデュラ）を摘んできた。夏場に咲く、ヒマラヤを代表する名花である。ヒマラヤを歩いているとガラ場で見かけることがある。スディルと話したのだが、移牧地から下山したのちジョムソン村で休養し、そのあとブルーポピーを見に行くことにしていた。

移牧地の主人は代々、チベット交易で暮らしてきたジョムソン村在住のタカリー族でブッピン・ドラ・セルチャン（六十歳）という。十三年前の二〇〇六年、アヌーやスディルとともにトルボ地方に出かけて、シーメン村のアマの家に滞在していたとき庭先で偶然出会ったことがある。チベットでの商売を終えたブッピンは、荷を積んだ何頭ものカッツァル（ウマとロバの一代雑種）を引きつれてジョムソン村へ戻る途中だった。スディルは同じ村の人なので親しげに立ち話をしていた。

私はその時点で、国境付近にかかわる現地情報を聞くべきだったのだが、残念なことに質問できるほどの十分な知見を持ち合わせてはいなかった。というより、毎度のことながら何年も後になって気づくことが多い。

私がネパール側から国境の峠を踏査したのは、ブッピンと出会った数日後である。その結果、慧海のチベット越境経路に関する疑問、すなわち慧海はクン・コーラをたどったのか、それともムィ・コーラをたどったのか、判断するための手がかりを探し出せなかった。

再三述べてきたように、地図やＧＰＳや衛星画像などによる定量化された資料からは、謎を解くための手がかりは得られないことが、これまでの踏査ではっきりしている。現にそれが証拠に、私は峠や湖に足を運んで確認したにもかかわらず納得できていないのだ。手がかりは必ずあるはずなのだが、それを掴み切れていない。パズルゲームに譬えれば、最後の一ピースを見つけられないでいるようなもので、隔靴掻痒の感が否めない。

私には慧海がクン・コーラをたどってクン・ラを越えたとは、どうしても思えなかった。かといって、マンゲン・ラも該当しない。慧海の日記や『旅行記』に記された峠からの描写が現実の風景と符合しないからだ。

もし慧海の描写と符合する峠があるとすれば、唯一、私が未踏査のゴップカル・ラという、ムィ・コーラ左股の峠しかないのである。かりに慧海がゴップカル・ラを越えたとすれば、当然、その必然性が明らかにされなければならない。

逆に、慧海がクン・コーラをたどっていないとすれば何故なのか。それを証明する論拠もまたマンゲン・ラ同様、峠からの風景が慧海の描写と符合しないという理由以外には見つからない。他に説明のしようがないのである。要するに、言い方を換えれば、峠を決定するための確証が得られていないということなのだ。

それが長い間、私が抱え込んできた悩みのタネでもあった。やり場のない、その疑問を私はブッピンにそれとなく投げかけてみた。ブッピンは慧海について何の知識もない。もちろん、解答が得られるなどと、私は思ってもいなかった。「犬も歩けば棒に当たる」式の、まるで科学的でない方法だが、これまでも誰彼となく、行き当たりばったり、失礼のないように問いかけてきた。

「河口慧海という日本人の僧侶が、百年あまりの昔ですが、カン・リンポチェに向かったときクン・コーラをたどってクン・ラを越えたとはどうしても思えないのです。ヤンツェル・ゴンパを通ったのははっきりしています。クン・ラを越えると距離的に近いのだが、越えていないとすれば、その納得できる理由が見つからないのです。慧海にはヤクとヤク使いが同行していたようです。きっと何か、私にはわかっていない理由があるはずなのです」

概ね、こうした内容の質問だった。ブッピンは私のテントの入口に腰を下ろして、糸を紡ぐ作業をしながら半身を乗り入れ、いとも簡単に応えた。その答えは、誰もが納得する、余りにもあたり前なものだった。要約するとこうである。

クン・コーラの道は昔、岩がごろごろしていて、人は通行できても、ヤクに荷を積んで運搬させたり、家畜を連れたりして移動することはできなかった。言うなれば、駄獣や家畜には通行不能な道だった、ということである。その場合は、遠回りには違いないが、昔からムィ・コーラの道が利用されていた。ムィ・コーラは草地も随所にたくさんあるのだという。

これを聞いた私は、度肝を抜かれた。

私自身、クン・コーラをたどった経験から、上部の様相が登山用語でいうゴーロ状になっていることを知っている。それなのに長い間、気づかなかったばかりか、悩みのタネになっていた。

まるで不細工な手品の種明かしのようなものである。これほど明快で単純な解答もない。クン・コーラは「人の道」、ムィ・コーラは「家畜の道」として使い分けられていた、ということなのだ。思わず、唸らずにはいられなかった。

探し求めていた謎解きのカギはこれだったのか。最後までとり残されていた謎がようやく解けたことで、つっかえ棒が外れたように、べつの謎の解明につながる道筋も見えてくるようだ。ブッピンの話に嘘偽りがないとすれば、ここに至って、私が長年悩まされつづけてきた疑問の本筋は解決したことになる。川の流れに譬えれば、本流の謎が解き明かされたことで、そこから枝分かれした支流の謎も準じて判明するに違いない。

地図やGPSや衛星画像など現代の利器を反映した情報源ではない、クン・コーラとムィ・コーラにまつわる歴史的、かつ文化史的な背景を知り得たわけである。ヤクやカッツァルなどの駄獣をつれてクン・コーラが通行できないとすれば、慧海も、その後のスネルグローヴも、ヤンツェル・ゴンパからニサル村は通過しないで下道を通ったことは肯ける。

当然のことながら、ここで一つの推論が浮かんでくる。慧海がムィ・コーラをたどったとすれば、これまでの踏査結果と照らし合わせて選択肢は一つしかない。それはムィ・コーラの左股の峠、すなわちゴップカル・ラだ。

今後、是非とも、踏査に出かけて検証しなければならない。果たして、慧海の描写と現実の風景が符合するかどうか。

顧みれば、慧海のチベット潜入経路の探索にかかわる長かった私の旅も、どうやら最終段階を迎えつつあった。若いころ私が実践した古い形式の極地法登山でいえば、めざす頂上がようやく姿を現したのである。ここにきて、登頂へ向けてのアタック態勢が整ったと見るべきだろう。

アタックには最大限、慎重を期さなければならない。詰めの甘さから、これまでの登山では失敗した苦々しい体験が一度ならずある。登頂失敗に加えて遭難し、仲間を失った痛恨の極みは、いまなお忘れ難い思い出として私の心裡に刻まれている。

ブッピンは私の質問に答えて、さらに詳しい内容を縷々話した。

それによると、クン・コーラの道はチベットへ行くには近いが、駄獣や家畜が通行できないほど荒れていて隊商には使われていなかった。その後、地元サルダン地区の村びとたちが総出で整備工事を実施した結果、駄獣や家畜が荷を積んで通行できるようになった。

工事が行われたのは二十数年前ということだから逆算すれば概ね、一九九〇年以降である。ということはごく近年であり、これには真偽を疑うほど驚いた。ブッピンの話は記憶によるものであり、年代に多少のズレがあったとしても、九〇年代初頭ということになる。

当時、カッツァルを使ってチベット交易に従事していたブッピンは、整備工事に一万五千ルピーを協力金として出資し、地元から感謝されたという。クン・コーラの道が整備されて、駄獣や家畜が通行できるようになればブッピンにとっても交易の商売上、都合がよかった。加えて、地域の発展にもつながる。

ブッピンは少年のころ父に連れられてトルボ地方へ行くようになった。独立してからでも毎年つづけて、引退するまで二十五回はチベットへ交易に出かけたという。整備事業が終わったのちのクン・ラを越えて、ジョムソン村から十八日間でカイラス（カン・リンポチェ）を往復したこともあったそうだ。

しかし、いまでは交易は成り立たない。ブッピンは代々、受け継いできた交易の仕事が自分の代で途絶えたことに一抹の寂しさを感じていた。

「時代も変わったし、交易の仕事はなくなったが、それでもトルボにはまた行ってみたい。お世話になった親切な人たちばかりだ」

ブッピンはひと通り話し終わると、外では村びとたちがヤクの生血を飲んでいるので見に来ないかと言い残して、私のテントから立ち去った。

ブッピンの話を聞いて、私を悩ませてきた最大の謎は氷解した。しかし、解決しなければならない謎がもう一つ残されている。前述したように（第八章参照）、慧海の日記に記された行程の比率から割り出されたクン・コーラ説だ。一方が正しければ一方が間違っているのは確かだが、現段階では、どちらにも揺るがし難い論拠があって否定できないのだ。

直感では、おそらくクン・コーラ説に判断ミスが隠されているように思われる。次回の踏査では、その原因を突きとめなければならない。

ブッピンの話によれば、開削工事の結果、それまでの「人の道」が「家畜の道」としても利用できるようになったのは一九九〇年代初頭である。もし事実だとすれば、それ以前の六二年、峠に設置されたコンクリート製の塊からなる国境標識を、人力で運搬したとは到底考えられないから、セメントや砂や砂利などの材料を現場で配合して設置したことになる。

ブッピンの話の真偽を裏づけるものとしてこの件は確認する必要があった。といって、それがまた、遠い昔のことだけに難しい。私がブッピンからこの話を聞いたのは二〇一九年である。しかも、確認の必要性を感じたのは、私がブッピンと別れて帰国後のことである。自分でも嫌になるほど私には何かと抜けている面がある。いつもそうなのだが、その場ですぐには気づけない。

自責の念に駆られつつも思い起こせば、私がクン・ラの国境標識を確認したのは、二〇〇五年にチベット側から上がったときと翌〇六年、ネパール側から上がったときの二回である。運搬方法については確認していなかった。ただし、〇六年の踏査時、現地のサルダン村で村長（テンジン・ナムギャル）に、クン・ラの国境標識について私は話を伺ってはいた。それによると、チベット側とネパール側から合わせて百人ほどの住民が集まり、設置工事にとり組んだという（第八章参照）。

ニルギリ・ヒマールの移牧地で寝そべるヤクの親子。チベット仏教の祈禱旗が張られ、氷雪嶺を背景にのどかなひと時だ。この移牧地で、ヤクの生血を飲む祭事が毎年行われる。(2019年撮影)

ヤクの生血を飲む村びとたち

昨日までのぐずついた天気とは打って変わり、冷ややかで清新な肌ざわりの朝を迎えた。氷雪嶺ニルギリ・ヒマールの基部にあって芝草の斜面が広がり、小川の流れる移牧地に朝霧が流れて青空が透けて見える。村びとたちがヤクをとり囲むように一塊に集まって談笑しながら生血を飲んでいた。

話には聞いていたが、興味津々たるものがある。わが国でクマ撃ち猟師が、射獲したクマの解体作業中に血を生のまま飲むことは、何度かその場に居合わせたので知っていた。これにたいしてヒマラヤのヤクの場合は、解体するのではなく、生きているヤクの首筋に刃物で傷をつけて、そこから噴出する生血をコップに受けて飲む。

ヤクはウシ科の動物だが、ヒマラヤに暮らすチベット系高地民族にとって、信仰も含めて生活上の基盤を成す神聖な存在である。家畜として飼育されて以来、一切の無駄なく衣食住に役立ってきた。ヤクがいなければ生活が成り立たないほど、その有用性は高い。肉や内臓は食用となり、血液も飲むだけでなく腸詰の材料になる。ミルクはバターやチーズに加工される。糞ですら乾燥させて燃料に使われる。尻尾も、交易でキャラバンの先頭を歩く駄獣の頭飾りや、宗教用の払子《ほっす》の材料として利用される。

被毛から紡いだ糸は、毛織物やテントの布地の材料になる。先ほど、ブッピンがテントに顔を覗かせて会話しながら糸を紡ぐ作業をつづけていたように、両手が空いているときは、たとえ歩行中でも、彼らはその手を休めたりはしない。

ヤクはまた、生存中は荷役として、荷物の運搬だけでなく大河を渡渉するさいの船の代用にもなる。死んでからも、角は仏具用品に利用され、頭骨は信仰の対象として聖なる場所に祀られる。野に死ねば野生鳥獣の餌食として他者の命を育む。

ヤクの有用性について慧海は『第二回チベット旅行記』で次のように述べている。

犛牛《ヤク》はチベット人の宝牛なりというべし。その毛は暖かき天幕となり、その糞は薪となり、その尾は払子となり、シャゴマとなり、その肉は滋味ある食料となり、その皮は靴となり、その骨は肥《こえ》となり、その乳は酸乳となり、乾乳《チーズ》となり、バターとなって人を養う。

慧海はさらに「何にしても犛牛は、チベット高原人の第二の生命というべきなりと、旅窓のつれづれに感じぬ」と同書で述べている。また『素朴と文明』(川喜田二郎)には、次のような考察がみられるので紹介しよう。

なるほどヤクは、だいたいにおいてチベット高原にしか産しないのだから、ヤクの家畜化によそのマネを持ちこむわけにはいかない。しかし今のチベット人が旅好きで珍しいものが好きであることも考えあわせると、クローバー（引用者註：アルフレッド・L・クローバー、一八七六〜一九六〇、アメリカの文化人類学者）の臆説もありそうな話である。つまりチベット人が周辺の文明地域に旅して、牛がうまく利用されているのを見聞して感心し、チベットに戻って牛に似たヤクを家畜化し始めたというわけである。

私は、このようなヤクをめぐる文化の成熟が、チベットの文明化の重要な条件をなしたと思う。しかしこれだけでは足りない、後に第二部の騎馬民族倭人連合南方渡来説でのべるように、鉄器革命の波及と、山岳地に適した小形馬による第二次騎馬民族化が、チベット文化をして文明化へ歩ましめた、他の重要な要因ではないかと見ておく。

川喜田は生前、私にも語っていたが、中国文明ともインド文明とも異なる独自の文明としてチベットを捉えていた。前述したように、一九九二年当時、外国人が入域できなかったトルボ地方に私が入域できたのは、ネパール政府にたいする川喜田の働きかけによるものである。それ以前、ネパールの河川にわが国の在来魚を移植放流する、淡水魚保護協会の計画を後押ししたのも川喜田である。

生々流転の自然界の摂理に従い、私たち人間は文明の申し子として生存する中で万物に祈りをささげることを忘れてはいけない。祈りは人間としての証でもある。こうした考え方は長い間、ヒマラヤの自然とともに暮らす住民とつき合う過程で身についた私自身の哲理でもある。

地元住民はヤクの生血を飲むときでさえ祈りを欠かさない。あらゆる場面で何かしら祈りの仕草をしなければ気が済まないようなのだ。片手合掌でもいい。傍で見ていて思うのだが、祈りは宇宙をも含む自然界に存在する万物の神々にたいする儀礼である。酒を飲むときも行なう。薬指に軽く浸して虚空に撒き散らすような仕草をするのだ。祈りといえば聞こえもいいが、つまり、御呪《おまじな》いなのだと思う。

私の滞在中、テント場付近の移牧地では、いずれも長い被毛で覆われたヤクが思い思いに草を食んでいた。この季節、その被毛を刈りとるそうだが、それとは別に、いまは採血しやすいように首の部分の被毛だけを刈りとる。刈りとったヤクは、逃げ出さないように数人がかりで取り押さえてロープで首を縛りつける。これはさながら、看護師が病院で採血するとき相手の腕に駆血帯を巻いて血管を怒張させるのと似ている。

一人がヤクの首を縛ると、一人がちいさな刃物で瞬時にして頸動脈を傷つけて出血させる。一合ほど入るコップを傷口につぎつぎとあてがい、噴出する一筋の鮮血を三、四杯採ったところで、首を縛っていたロープを解いて放免する。採りすぎるとヤクが貧血を起こすことにもなりかねない。一回に二、三頭のヤクから採血する。

採血したあとは血止めに、ヤクの糞を傷口にこすりつけるのが習わしだ。これも御呪いと思えば納得がいく。

こうして朝昼夕と日に三回、何頭ものヤクから採血して、村びとたちはコップに満たされた生血をつぎつぎと飲み干す。あおるようにして一気飲みする若者もいる。口元を鮮血で染めながら、一人で二杯、三杯と立てつづけに飲む豪傑もいる。

「たいしたもんだな。私も一杯飲んでみようかな。元気をつけたいな」興味本位で私が言うと、スディルがやめてくださいという。

「もし、それで病気にでもなったら、日本のマスコミが面白がって飛びついて大騒ぎするかもしれませんよ」

確かにそうだ。日本人がヒマラヤ山中でヤクの生血を飲んで発病、などとなれば、平和ボケしたわが国では、作為的かつ面白おかしく報じられかねない。以前、私の知人の猟師がクマの血を生で飲んだり刺し身を食べたりして、わが国初の旋毛虫症を発症した事件があった。本人は死ぬ思いの苦しみを味わったと私に話した。

そのことを思い出しながら私は、飲むか飲まないか逡巡し、結果、多少の未練は残ったが、スディルの意見に従い、飲まなかった。

ヤクの生血を飲む祭事は一週間ほどつづく。なぜ、雨季の時期に行われるのかといえば、幻の秘薬として世界中で珍重される冬虫夏草がこの季節に生える。それをヤクが食べるから、その生血を飲むと滋養強壮につながり効力満点なのだとか。

以前、私は冬虫夏草を持ち帰り、不治の病を宣告された友人知人の何人かにプレゼントした。なかには完治した患者もいて、たいへん感謝されたことがある。煎じて服用したり、そのまま食べたり、焼酎に漬けたり、利用の仕方はさまざまだ。ところが、いまでは高価すぎて、低級所得者の私が入手するのはきわめて難しい。

トルボ地方は良質の冬虫夏草の産地で知られている。一九九二年、ツァルカ村でコッヘル一杯、土産にもらい受けた。死期の迫った老人が村にいて、もう助からないと涙しながら嘆き悲しむ家族に、私が救急用に持参していた薬を提供した返礼にもらったのだ。

チベットの「アムチー」と呼ぶ伝統医が、薬の中から一個一個とり出して匂いを嗅ぎながら、これが欲しいと言って手にしたのは小瓶に入った「正露丸」だった。他にも、消毒液や絆創膏や包帯などを分け与えた。

当時、冬虫夏草がカネになるとは誰も思っていなかった。チベット語で「ヤルツァゴンブ」、直訳すれば「夏草冬虫」である。私はそのとき頂戴した冬虫夏草を、帰国後、コッヘルに入れて、自宅の物置小屋に放置したまま忘れてしまっていた。

何年かしてとり出して見ると、白くカビが生えていたので、捨てざるを得なかった。「豚に真珠、猫に小判」の類である。思い出すにつけ、現地住民の感謝の意を反故にしたことが悔やまれる。

キャンプ教室の女子高生

移牧地には目の覚めるような澄明な青空が広がっていた。眼前に立ちはだかるニルギリ・ヒマールの氷雪嶺。ヒマラヤ襞を纏ったその北壁は青白い光を放ち、神々しく見える。ヤクの群れが思い思いに朝露にぬれた草を食み、村びとたちはヤクの生血を飲み、ロキシー（焼酎）を酌み交わし、サイコロ賭博に興じている。夜になると歌ったり踊ったり、笑いが絶えない。ときには享楽の勢い余った出来心で若い女性に触ったりするらしい。

キャンプ教室の高校生には教育上好ましからぬとの判断からだと思うが、一行は、少し離れた丘の向こう側にキャンプしている。丘の上でギターを弾き鳴らしたり歌ったり踊ったりしている様子が遠くに見える。

四人の女子高生が、また遊びに来た。私に親近感を抱いたのは、スディルの家で共同生活をしている様子を私が見学したり、カトマンズのホテルの倉庫で登山用具類を整理したとき出てきた文具類一式をプレゼントしたりしたせいもあるだろう。

スディルが私を、ネパールには一九七三年以来、毎年のように訪れているといって紹介すると、目を丸くして驚きながら矢継ぎ早に、屈託のない質問を浴びせてくる。

「いま何歳ですか」「ネパールと日本とではどっちが好きですか」「ネパールの食べもので好きなものはありますか」「ネパールに住みたいとは思いませんか」「ネパールで嫌いなところはありますか」

いずれも純真素朴な性格が表れたものばかりだ。しかし、それは私の勘違いで、相手は私の貧弱な会話力に合わせて単純な質問をしたのかもしれない。

四人の女子高生はヒマラヤ山中の僻村から、この地方の中心地ジョムソン村に出てきて、スディルの家に寄宿しながら通学していた。スディルは自分の家の一部を寄宿舎として提供している。スディルの父は生前、村長をしていた。村内を流れるカリ・ガンダキの川沿いに、現在も残っているが、柳を植樹したり橋をつくったりして地域社会の発展に寄与している。

そうした善行を重ねる生き方がスディルにも継承されているのだろう。スディルがはじめてトルボ地方に出かけたのは一九九九年、ツァルカ村で行われたボン教の祭典を私とアヌーとともに見学に行ったのだが、そのとき自分の父の名声を村びとから聞かされている。すでに亡くなった父の名を、ヒマラヤの辺境にあるツァルカ村の人びとが知っていたことにスディルは喜びと驚きを隠せないでいた。「お父さんのことを、ツァルカの人たちが知っていた」と、さながら子供のように興奮して私に話した。

スディルもまた、その父の意思を継いでか、故郷の地域社会に貢献しようとカトマンズからジョムソン村に戻ってホテルを開業し、その傍ら、生徒たちに寄宿舎として母屋を提供しているのだ。ヒマラヤ山中の恵まれた自然環境にあって、生徒たちを見ていると、じつにのびやかで、私には眩しく映る。

生徒たちは今日一日休養して明日、五千数百メートルの峠を越えた向こう側にある湖まで行って来るのだという。それを聞いて驚いた。私ならずとも、たいていの日本人なら驚くに違いない。そこは「ティリ・ツォ」という、ヒマラヤの奥地に佇む神秘的な湖である。私も十年ほど前、べつのコースから行ったことがある。高校生のキャンプ教室でそこへ行くのだから、さすがヒマラヤの高地民族というべきか。しかも日帰りするというのだから、画一的な受験勉強で尻を叩かれるわが国の高校生とくらべてみると、是非はともかく「月とスッポン」の違いがある。どう見ても、ここの奥地で学ぶ高校生のほうが潑溂としている。

その高校生たちのキャンプ場をのぞきに行くと、先生の指導のもと、ヤギの解体作業をしていた。キャンプ教室で、連れてきたヤギを畜殺して解体するのだから、野趣を感じずにはいられない。日本でなら、計画を口にしただけで奇人変人扱いされかねない。

高校生のグループと別れた翌日、私たちは下山の途についた。ポーターの少年が昼ちかくに迎えに来て、テントやシュラフなど私たち二人分の荷物を背負い、一足先にさっさと下っていく。ヨタヨタ歩きの私にかまっていたら迷惑を被るだけである。

スディルは出発間際、ヤクの生血を立てつづけにコップで二杯飲んだ。美味しいのかと聞くと、鮮血のついた口元を手の甲で拭いながらにっこり笑い、パワーが湧いてくるのだという。昨年結婚したのだが、以前にくらべて体格が一回り大きくなり頑丈になったように見える。奥さんとはいまのところ別居生活中だ。奥さんはインド国境の街で銀行員をしている。退職するつもりはなく、ちかいうちにジョムソン村の支店に転勤になるらしい。

スディルは私と行動をともにしているときも、頻繁にスマホを通じてのろけ話に花を咲かせている。見られると照れ隠しに笑ってごまかす。ヤクの生血をがぶ飲みするくらいだから濃厚な血液があり余っているに違いない。それでなくても、ときには鼻血を出すほど血圧が高いのだから食事に注意しろと私は口うるさく言っている。以前、日本から血圧計を持参してプレゼントしたことがあった。

下山の日も好天にめぐまれた。青空に一点の雲も見あたらない。ときおり雪崩の轟音を発する氷河を見上げながら花畑につづく道を下ってゆく。風薫る、ロマンチックな下り道である。海抜四〇〇〇メートル付近が森林限界のようだ。森林地帯には池が点在している。その池をめぐりながら下山の途中、ティニ村の茶屋でミルクティーを飲んで休憩したのちジョムソン村に戻った。

スディルの家で体重を量ってみると六十八キロ。六キロ減っている。できれば、このままの体重を維持したいところだが、帰国すれば「元の木阿弥」で、ときにはそれを上回ることさえある。

ハルカ・マン・スッバの末裔、ニルジャール・マン・セルチャン

ジョムソン村に滞在中、旧知のニルジャールが挨拶がてらにやって来た。下流域のトゥクチェ村に住んでいる大地主だ。インド国境からチベット国境に至るまであちこちに土地を所有している。ニルジャールは家族ともどもカトマンズで生活していたが、最近、村に戻ってきた。

「カトマンズの家にお母さんを呼んだのですが、都会の暮らしは嫌だというので私たちが村へ戻ってき

ました」

老いた母を独りにするわけにはいかなかったという。村ではアップルブランデーの工場を経営している。ニルジャールがカトマンズに出てからは母が女手ひとつで切り盛りしていた。

タッコーラ地方で最初にリンゴを栽培したのがニルジャールの父である。ニルジャールはその遺志を継いでアップルブランデーの工場を立ち上げた。当時、私は彼に案内されて工場を見学したことがある。

ニルジャールは若いころ、叔父二人がロンドンで医者をしていたこともあり、自らも医学を志した。タカリー族は末弟相続制である。末っ子のニルジャールは医師の道を諦めて村へ戻った。ちなみに、ニルジャールといとこ関係にあるヨゲン・ドラ・トラチャン（故人）はわが国に留学して医師になった。私とは一九七〇年代初頭から知友関係にあった。

私はニルジャールに質問したことがある。なぜ、政治家にならなかったのかと。地縁血縁関係で申し分ないほど地盤は固められている。国会議員になるのも何ら難しいことではなかったはずだ。それにたいするニルジャールの答は一刀両断、かつ高貴なものだった。政治家になれば心が汚れる。そういう人にはなりたくない。

その言葉は、私の心に響いた。ニルジャールは英邁な人物に違いない。しかしだからこそ、人のため世のためにリーダーとして活躍できないものか、そう願わずにはいられなかった。

ネパールが王制から、マオイストによる「人民戦争」の結果、連邦民主共和制に移行したときも現状について質問したことがある。きわめて理性的な答が返ってきた。ジョージ・オーウェル（一九〇三〜一九五〇）の『動物農場』と同じだと言うのだ。いきなり『動物農場』を引き合いに出す唐突さに驚いた。私が知らなかったら困るじゃないか、と一瞬焦慮したが、幸い、私はインド生まれのこの作家の作品を三冊読んでいた。

オーウェルの『動物農場』は、スターリンを最高指導者にしたソヴィエト社会主義共和国連邦の専制政治をアイロニー化した作品である。人民のためと言いながら独裁主義に走る政治状況は、ソヴィエトが崩壊したあともロシアや共産中国に継承され、世界を現在進行形で席巻しつつある。

この点も併せて、『動物農場』は先見の明があるようだ。全体主義社会は近代中国の歴史そのものであり、第一章で述べたカルマ老人の証言からも、専横的で一貫した人権無視の政策を知ることができる。

ニルジャールはタカリー族四チャン氏族のセルチャン氏族に属していて、慧海を遇したことで知られるハルカ・マン・スッバの曽孫に当たる。タカリー族四チャン氏族とはセルチャン、ゴウチャン、バタチャン、トラチャンの各氏族をさす。ちなみに私の片腕となっているスディルはバタチャン氏族に属す。

一八九九年（明治三十二）、慧海はトゥクチェ村に着いたのち、ムスタン地方にあるツァラン村へ旅立つまでの間、ハルカ・マン宅にひと月半ほど滞在している。


ヒマラヤ山中のツクジェという村に着きました。そこにはハルカマン・スッバという知事が居りますがその知事の宅へギャア・ラマの紹介で泊ることになりました。（『旅行記』）

引用文にあるギャア・ラマをニルジャールはチニア・ラマと呼んでいる。チニアはチャイナ（中国人）である。『旅行記』には、そのあたりの事情がこう記述されている。

ギャア・ラマすなわちシナの国の上人《しょうにん》と言われて居る。というのはこの人の阿父《おとっ》さんはシナ人でネパールへ来て妻君を貰うてこの大塔《だいとう》のラマになったのです。

大塔は、カトマンズ郊外のボードナートにある目玉寺をさす。ギャア・ラマの住居の外壁には、日本人の登山家で医師でもあった住吉薫（故人）による慧海の顕彰レリーフが一九九七年に設置されている。慧海は一八九九年、カトマンズに着いてギャア・ラマ、すなわちチニア・ラマ宅に四週間ほど滞在したのちトゥクチェ村へ向かったのである。『旅行記』には「紹介で泊ることになりました」とあるが、おそらく紹介状を携えて来たものと思われる。それがヒマラヤでの伝統的な旅の流儀でもあるからだ。

一九九二年、外国人に開放されたムスタン藩王国へ、ニルジャールの母が藩王当てに認めた親書を携えてニルジャールと二人で馬に乗って行き、私は藩王に拝謁した。ニルジャール家と藩王家は、前述したように義兄弟姉妹の契りを結んでいる。慧海の旅の足どりを探索する私が、その過程でハルカ・マンの末裔ニルジャールをはじめ、スディル然り、他にもタカリー族の知友との交流を得るに至った経緯に、何かしら慧海との因縁を覚えずにはいられない。

後年、ニルジャールは来日して、私の故郷の弘前に長期滞在し、そこから日々、板柳町のリンゴ研修センターに通いつづけた。それは文化人類学者の川喜田二郎（故人）が創設したヒマラヤ保全協会の計らいで実施された研修だった。私は若いころ、川喜田が開発したＫＪ法を研鑽した関係で、地元でニルジャールの身元引受人になっていた。

ヒマラヤにかかわって半世紀ちかくになるが、この間、政治状況のみならず、自然も含めて人びとの生活環境は著しく変容した。道一つ例にとっても目を見張るものがある。かつて馬や徒歩で往来した道も、いまでは車道に変わったところが少なくない。人びとはスマホ片手に至るところで日常的に、海外

重荷を背負い、カリ・ガンダキの河原をムスタンへ帰る地元女性の一行。背景をなす氷雪嶺はダウラギリⅠ峰（8167メートル）。当時、外国人はムスタンへの入域が禁じられていた。（1973年撮影）

をも含めて連絡をとり合っている。高齢者の私などがついて行けないほど時代は発展し便利になった。

思い起こせば、私がはじめてヒマラヤを探訪し、ジョムソン村を訪れたのは一九七三年から翌七四年にかけてである。当時二十六歳のひとり旅だった。

電話すら普及していなかった時代である。カトマンズで世話になった知人（モハンシン・トラチャン）の紹介を頼りに、ポカラまでバスを利用して、そこから徒歩でトゥクチェ村まで数日かかった。トゥクチェ村はタッコーラ地方の中心地で、アンナプルナとダウラギリという八〇〇〇メートル級の巨峰に挟まれた大峡谷カリ・ガンダキの谷間に息づくちいさな集落だ。

そのトゥクチェ村の知人宅で、毎晩のように近隣の村びとが三々五々集まってきては地酒を酌み交わし、歌を歌いながら過ごした。電気もなく、灯油に浸した布切れの芯に火をつけた炎で灯りを点していた。乾燥させた畜糞を燃やして暖をとり、ほろ酔い気分で炎の灯りに照らし出された村人たちの赤ら顔が思い出される。

トゥクチェ村でタカリー族の知人宅に滞在していた当時、空港のあるジョムソン村から先のムスタン地方は外国人の入域がまだ禁じられていた。私はトゥクチェ村から歩いてジョムソン村まで行き、村はずれから、ムスタンへつづく荒漠として開けたカリ・ガンダキの岩石砂漠地帯を眺めた。ジョムソン村を流れるカリ・ガンダキには真新しい木橋がかかっていたが、スディルの父がつくった橋だった。それを思えば、スディルとの関係もまた奇縁というほかない。

その橋を渡って道なりに進むと村はずれに出る。冬であり、強風地帯で知られる、このあたりの広漠とした河原は唸り音を立てて砂塵が濛々と舞い立っていた。吹き荒ぶ、その砂塵を眺めながら、一人荷物を背負い、チベットを目指してその中に消えて行った慧海の旅姿をイメージし、私は惹きつけられた。幻影を見たと言っていいかもしれない。いつかチャンスがあれば、その足どりを自分でたどってみたいと、漠然とだが、具体化する当てもなく夢に描いた。

そのときから十八年後、夢が現実のものとして動き出した経過は、これまで述べてきた通りだが、その端緒となったのは一九九二年の、ムスタン藩王国とトルボ地方への入域である。さらに、それから二十七年後の二〇一九年現在、私はチベットからの帰途、ジョムソン村に立ち寄っていた。

バスでジャルコット村へ

スディルは行動中も、スマホで撮った写真を海外の友人知人にその場からインターネットで発信する。すると、私と面識のある友人知人から即座に返信がある、といった具合だ。日ごろ、インターネットに疎遠な私はIT社会の発達とその利便性に驚嘆せざるを得ない。

その一方で、ポンコツのバスが黒煙を噴き出しながら村々の未舗装のでこぼこ道を、騒音を立てて走り回る、といった現状は、農山村の風景とは不似合いに感じられた。発展途上の狭間で消化不良を起こして、ちぐはぐな不協和音をつくり出しているように思えてならない。違和感が絶えず、気分が落ち着かないのは所詮、私自身が外国人旅行者であり、その土地に居を据えて生きていないせいもあるだろう。私の記憶には、ネパールの昔ながらの農山村風景が横たわり、愛すべきメルヘンとして心の一隅を占めていた。そこにはある種、懐古の情を感じることは確かにあるようだ。昔を知っていればこそ、柔軟性を失った老人性の干からびた思考が心身に深く根を張り、ともすれば現状否定にもつながりかねない。

老齢にして思い出されるのは、七〇年代のひとり旅である。カルカッタの雑踏や、カトマンズの旧市街地の無秩序な混雑ぶりに刺激を受けて興奮状態に陥った、あのころの若いエネルギーや好奇心は、もはや私に備わってはいない。いずれ、私も人生の旅をつづけて歳月の経過とともに収まるところに落ちつくわけである。

ジョムソン村で休養したのち、再び、私はスディルと二人でヒマラヤの高地に出かけた。雨季はブルーポピーの開花期でもある。バスで聖地ムクチナートまで行き、そこから徒歩で、ブルーポピーの咲いている場所を往復しようというのだ。言うなれば、気ままなハイキングである。

道中、車窓の風景は雲に閉ざされ、小雨が降りつづいていた。カリ・ガンダキ河に沿って延びるでこぼこ道の途中で、バス同士の接触事故が発生した。狭い崖道で互いに我を張って譲り合おうとしないからこうしたことになる。上り優先、下り優先などと、どちらでも構わないがルールを定めて、それに従えば済むことだが、そうした場面には滅多にお目にかかった試しがない。

乗り合いバスでの移動は、利用客のほとんどが地元住民だけに、のんびりした土地の風土に馴染むには都合がいい。以前、走行中、野焼きに行く手を阻まれた。国道でのことだったが、そこは片方が川で、片方に丘陵が延びている。丘陵を移動しながら風に煽られ燃え立つ炎が迫ってきて、乗客は慌てて降車した。川岸にある、ちかくの茶屋に逃げ込み、お茶をすすりながら炎が去るのを待つしかなかった。

いまの場合も、乗客はバスを降り、小用を足したり一服したりしながら見物している。しかし、いっこうに埒が明かないので見るに見かねて、スディルと私も混じって乗客全員で押してみたりするが、やはりどうにもならない。

幸いに雨が上がり、双方の乗客が、そこいらに転がっている道端の石ころを集めて、タイヤの下の泥濘に押し込めた結果、どうにか動き出す。すぐさま歓声が上がり、皆がホッとした表情で車内に乗り込むと、待っていましたとばかり、再び、ひび割れしたネパール歌謡が耳をつんざくばかりに鳴り響き、狭苦しい車内は、あたりを引っ掻き回すような混沌矛盾世界の坩堝《るつぼ》と化した。

バスはカリ・ガンダキ河沿いの道を離れて、オアシスの村々が点在する、乾燥地帯の岩礫の尾根道を走る。晴れていれば車窓からの眺めはよく、南はニルギリ・ヒマールの氷雪嶺、北はチベット高原へとつづく荒涼とした岩石砂漠地帯の山並が望めるはずなのだ。しかし雨季のさなかであり、山並は相変わらず雲に閉ざされていた。

私たちは途中のジャルコット村で降車する。映画監督兼製作者をしている友人の実家があるので、付近に出かけたときは立ち寄ってほしいと以前から言われていた。本人は今回、私がネパールに来たときすれ違いでニューヨークに行き、会えなかったのだが、スディルとスマホで連絡をとり、是非とも泊まってほしいと言っている。

ピーパル（菩提樹）の緑に囲まれたオアシスの村の、昔ながらのチベット風の家である。宿泊中に電話がかかってきて、宿泊代や食事代などいっさい払ってはいけないと強く要望されている。そうとあれば厚意に感謝して、払うわけにもいかないだろう。

ジャルコット村は風光の美しい土地柄である。近くにあるムクチナートのようには観光化されていないので付近の寺院や、住民の農作業を見たりして村内を散策しながら、この地方の風土をのんびり愉しむことができる。

友人はラジェンドラ・タクリという。慧海がトルボ地方へ向かう途次、ダンガルゾン村の村長宅に二泊した記述が日記にあるが、そこに記された「ダワ・チョンペル」という村長の曽孫に当たる。ダンガルゾン村はラジェンドラの実家のあるジャルコット村から見て、カリ・ガンダキ河を挟んだ対岸にある。先年、私はチョンペルの孫娘の家に投宿したおり、少し離れた場所にある、慧海が宿泊した当時の家を見学した。

家は空家になっていた。私はそのときアヌーと二人で見学したのだが、チョンペルの娘、といっても老婆だったが、茶飲み話をしていたとき、友人のラジェンドラが甥であることを偶然知ったのだ。

私は驚いて、後日、ラジェンドラに確かめると、ああ、そうだよ、といとも簡単に答えていた。当人にとってはごく当たり前の事実に、私だけが新発見したように驚いているに過ぎないのだ。

慧海のチベット越境経路にまつわる謎解きについても、前述のように、身近なところに隠れたごく当たり前の事実が解決の糸口になっている。そうした当たり前の事実を探し求めて何十年もの間、右往左往していた自らの人生を顧みれば、決まりが悪すぎて思わず無口にならざるを得ない。それなのに飽きもせず、さらに踏査をつづけようとしているのだ。

観光化がすすむ聖地ムクチナート

私たちはラジェンドラの実家に一泊した翌日、徒歩でムクチナートへの道をたどった。この地方はヒマラヤの氷雪嶺に沿った北側、すなわちチベット高原の南端に位置している。カリ・ガンダキの大峡谷を通って吹き上げてくるモンスーンの影響も、この日は弱まっているせいか快晴である。

清々しい風が吹き渡り、ムクチナートはインド方面から来たヒンドゥー教徒の巡礼で賑わっていた。老若男女を問わず誰もが歩かねばならなかった以前とは異なり、いまは団体でバスを利用する巡礼がほとんどだ。急激に高所に上るので高山病は避けられない。頭痛やめまい、吐き気、倦怠感、症状はさまざまで生きた心地がしない。稀には死亡例もある。信心深い巡礼の中には、悪魔にとりつかれたと勘違いする人もいる。はたまた、天に召されたと考えて喜ぶ人もいる。

誰もが歩いた、昔ながらの砂埃のでこぼこ道が車道に代わると、周辺部の生活環境も一変する。家庭用ガスが運搬されて、かつてのように薪や蓄糞を拾い集めて背負い、娘らが家路につく情景はない。道沿いに電柱が立ち並び、電灯が灯され、電話が通じ、テレビが普及する。

以前、ムクチナートは馬産地で知られていた。付近の丘陵地帯に放牧されていた馬の姿を、いまはまったく見ることがない。馬は農耕用の動力として、もはや必要とされなくなったのだ。人びとが馬で移動することもなくなった。それればかりか、建ち並ぶホテルのビルが目につく。

ヒマラヤのさらに奥地ですら車道の開通に伴い、人びとの生活は便利になった。数年前になるが、片手に小枝を持ち、ヤギやヒツジの群れを追い立てながら、ボロをまとい、素足にゴム草履を履いた老婦がケータイで会話しているのを見かけたときは少なからぬショックを受けた。

そのとき私は菩提樹の木陰で昼寝を決め込みながら見ていたのだが、最初、なぜショックを受けたのか、自分でもはっきりとはわからなかった。一瞬戸惑いながら考えてみた。老婦はケータイの利便性を喜ぶことはあっても、ショックなど受けるはずもない。私が一方的に、現実認識ができていなかっただけである。

スディルは相変わらずスマホから、イギリスやアメリカへ出稼ぎに行っている親戚に写真を添付し、私と一緒にいることを伝えていた。私とは馴染みの人たちで、折り返し返事がくる。

村びとたちは最新の情報機器を使ってはいるものの、昔と変わらず話し声が馬鹿でかい。話し声というよりは、私からみると、男女ともども抑揚やリズムがあるので歌っているようにも聞こえる。口喧嘩などで、ときに感情を荒立てると、ヨーデルのように声色《こわいろ》が裏返ったりするので、傍で聞いていて愉快になる。

村々では朝方がとくに騒々しく、大声で話す男女の会話が飛び交う。自然の中で日ごろから発声練習がなされているせいか、声音《こわね》に艶があり、会話全体の調子が歌のように滑らかである。門外漢の私からすれば、それはオペラの原型ではないかと思えたりする。

私たちはバスから降り、曲がりくねって細々とつづく昔ながらの、車道から外れた道を歩いた。ここでは道沿いにつくられた灌漑用水路の水が低い方から高い方へと緩やかに流れている。先年、スディルに教えられたのだが、この自然現象が面白くて、付近に来たときは決まってこの道を歩くことにしている。ヒマラヤの高所からの水圧で押し出されるようにして高い方へ向かって流れているのだろうと思われる。

スディルは自分の生まれ育った地域だけにいろいろ知っていて、私が喜びそうな場所を案内してくれる。長年、苦楽をともにしてきた私の胸中を察しているようだ。一昨年、ここからひと山離れた谷沿いにある「ルプラ」という村に案内されて行ったことがある。ヒマラヤ山中に見られるチベットの村々同様、大麦畑に囲まれて、村内の小路には菩提樹が影を落とし、滞在してみたくなるような平和な佇まいだった。

そのルプラ村の茶屋で昼食をとったとき、チベット料理の「トゥクパ」に「ダニア（香菜）」をたくさん入れて食べた。「トゥクパ」はわが国で言えばうどんに似ている。主人に村の宗派を尋ねると「ボンポ」という答えが返ってきた。ボンポは慧海の日記や『旅行記』にも出てくるが、インドから仏教が伝播する以前、チベットに広まっていたとされる古代宗教である。アメリカ人の学者が独り、毎年、調査に来るという。欧米人の卓越したフィールドワークには感服する。さらに言えば、独りで来るというのがいい。日本人は何事においても徒党を組んで事大主義に走る傾向が強いようだ。

ルプラ村の対岸の懸崖には、僧侶が冥想する巌窟寺院がある。そこに張り巡らされた五色の祈禱旗が風にはためいていた。信仰がこの村の生活に浸透し、息づいている証である。「静かで、なかなかいい感じの村だな」と感想を述べると、スディルは透かさず「そうでしょう、やっぱり。ちょっと暮してみたらどうですか」という。

ムクチナートへの道中、そのときの思い出話をしながら、こんど来たとき「ルプラ」に泊まり掛けで行ってみよう、と私はスディルに話した。どうせまた、トルボ地方にはゴップカル・ラを検証するために行かなければならないのだから、その行き帰りにでも立ち寄るチャンスはある。

「今度来るときはトルボだ。ツァルカのアマも、シーメンのアマも、ティンギュールのヌルブも元気かな。アヌーと三人でまた行こう」何ら具体性のない話である。

私たちは呼吸を荒げて話し、休んでは、また歩いて汗をかきながら尾根道に出た。展望がひらけて、涼風が吹き渡っていた。南側に八〇〇〇メートル級の氷雪嶺ダウラギリI峰、北側には荒涼として波うちつづくチベット高原が目路はるかに広がっている。

「ツァルカへ行く道が見えますよ。ほら、あのいちばん向こうに見える峠がトゥジェ・ラですね」スディルが指さしながら言った。

カリ・ガンダキ河対岸の、屏風のようにそそり立つ岩の山並の狭間を縫うように一条の小路が延びている。入り組んで幾重にもつらなるその山並の最奥に見える峠がトゥジェ・ラだ。海抜五〇〇〇メートル以上はある。厳密にいえば、その奥にもうひとつ、ケワル・ラという五六〇〇メートルほどのもう少し高い峠があるのだが、その向こう側がトルボ地方だ。

ジョムソン村からウマやカッツァルなどの駄獣に荷物を積んでキャラバンを組み、険路、いくつもの峠を越えて川を渡渉しながら、順調に進んでツァルカ村まで五日はかかる。

「あの山を越えてまた行きたいな。いろいろ辛いこともあったけど、やるときやらない奴は男じゃないって、あのころ言ってましたね。気合を入れろって」

何を言い出すかと思ったら、すっかり忘れていた根性論だった。そのころのスディルは弱音を吐いて、私に喝を入れられたことがしばしばあった。

「たしかにそうだな。スディルの言う通りだ」

ただし、いまの私は、その弱音すら吐けないほど情けない体たらくだ。遠くに見えるツァルカ村への道を、この先、たどるのは無理かもしれないという不安が走った。

だが、先日、ブッピンが移牧地で語った内容を検証しなければならなかった。そのためには、何としてもトルボ地方へ行く必要がある。慧海のチベット国境越えをめぐる探索の旅は自らが蒔いたタネであり、それを実らせて刈りとらないことには立つ瀬がない。

「いま見えている範囲だけでも、あっちこっち連れて行ってもらいましたね。ムクチナート（ラニパワー村）から馬で峠を越えて、ムスタンへ行ったこともありましたね」

夏、乾燥地帯のオアシスの村々では牧畜のかたわら灌漑農業が営まれている。しかし、半農半牧の生活手段も近年、ムクチナートのあるラニパワー村ではホテルが林立し、観光産業がとって代わりつつある。

観光資源の目玉は聖地ムクチナートである。仏教とヒンドゥー教の一大聖地で知られるムクチナートは、ヒマラヤの風光明媚な展望地でもあることから目下、開発が進行中だ。行き交う巡礼に混じって、シバ神の化身とされるヒンドゥー教の聖者「サドゥ」の姿が見える。「サドゥ」は片手をかざし、真言を唱える。「オムナマシバイ」これが挨拶だ。その仕草がどことなくナチスの「ハイル、ヒトラー」という敬礼を連想させる。

一八九九年五月、慧海はトゥクチェ村でハルカ・マン宅に逗留したのちツァラン村へ向かう途次、ムクチナートに参詣している。

> ツァーラン指して参ることにしました。その途中のチュミク・ギャーツァ（百の泉という意味）すなわちサンスクリット語にいわゆるムクテナートと言って居る霊跡に参詣致しました。※MukuTinath ムクテナートというのは首の蔵《おさ》め所という意味、すなわちマハーデーバの首を蔵めた所であるといって今インド教では名高い霊跡としインド教徒も仏教徒も共に霊跡として尊崇して居

ります。百の泉というのは申すまでもなく百の泉から百条の水が流れ出るというところからそういう名を付けたので、なおその百泉という所にはサーラ・メーバル（土に火が燃る）、チュラ・メーバル（水に火が燃る）、ドーラ・メーバル（石に火が燃る）という名所があってなかなか名高い。

（『旅行記』）

ムクチナートには慧海の記述にもあるように、百ヶ所（百八）の出口から湧き出ている流水があり、巡礼が手のひらで掬いとって口に含んだり、額につけたりして斎戒する。ちかくの三菩薩（観音、文殊、金剛）を祀ったチベット仏教寺院では、床下の地下から湧き出すガスが燃える青白い炎を覗き見ることができる。

ムクチナートの湧き水と、天然ガスが燃え出る炎に関する記述が、スネルグローヴの『ヒマラヤ巡礼』にも見られる。詳細でわかりやすいので以下に引用する。

たんに、上の方の一本の水流から導かれた水が、百八つの、小さな真鍮の龍頭の蛇口を通って、流れ出しているにすぎないのである。巡礼たちは、蛇口の一つ一つから、一口ずつ飲んでまわり、もっと熱心なものは、さらに一つ一つの水で水浴をする。高度が三六〇〇メートルくらいなので、水は非常に冷たい。奇跡の火のある御堂は、ニンマ派のもので、形は大きいが、あまり美しくないテラコッタ造りの無量光（阿弥陀仏）、観世音、蓮華生の仏像が納めてあった。天然ガスの炎は、堂内の土間の右手の奥の方、小さな岩の間から出ていた。一つは、確かに土が燃えているように見え、一つは小さな湧水の横から出て、水が燃えるように見える。「石が燃える」というほうは、いまはもう燃えてはおらず、二年前に燃え尽きてしまったらしく、土地の人びとは心配顔でそのことを訴えていた。

天然ガスの炎は現在、一ヶ所でしか燃えていない。三菩薩も私が聞いたのとスネルグローヴの記述とでは異なる。どちらが正しいのか、私には判断しかねる。

私とスディルはラニパワー村に着いて、以前にも何度か泊ったことのある、スディルの異母兄弟が経営するロッジに投宿するつもりでいたが、生憎、改築工事中だった。そのため隣の真新しいロッジに宿をとった。村は大型ホテルの建設ラッシュで湧き立っていた。ホテルのオーナーはだいたいが、アメリカで稼いで資金を貯めるのだとスディルは話す。

車道が通じて、いよいよ本格的な観光化を見込んでのことなのだろう。一昨年来たとき工事中だった大仏像も完成していた。

私たちが投宿したロッジの女主人は、家族を挙げてアメリカで稼いでいて、現在、四十部屋からなる新しいホテルを、ロッジの隣に建築中だ。そのホテルが完成したら、半年ぐらいずつ、アメリカと故郷を行き来しながら生活したいと抱負を語った。

私たちは翌日、ラニパワー村からさらに上部まで足を延ばし、岩礫の斜面でブルーポピーを見つけた。ちょうど見ごろで、青色透明の花びらが、流れる雲の水滴を受けて濡れていた。他にも、群生する草花が色とりどりにヒマラヤの短い夏を彩り、私の心を和ませた。スディルも喜んでスマホで撮影していた。

私たちは撮影後、一気にラニパワー村へと引き返した。

ラニパワー村のはずれで、きらびやかな衣装をまとい、馬に乗って隊列を組み、ムクチナートへ向かって行進する婚礼の一行と出会った。晴れ姿に着飾った若者が三十人ほどいる。雄叫びを上げているのか、めでたい歌を歌っているのか、スディルに訊くと、嬉しさあまって叫んでいるのでしょう、とのことだが、それにしても威勢よく賑やかである。

先年、トルボ地方へ行く途次のダンガルゾン村でも、婚礼の行進に出会ったが、そのときもきらびやかで賑やかだった。馬上にいる着飾った若者は周囲の村びとたちからやたらと酒を飲まされていた。若者は下方にあるパラック村へ、隊列を組んで行進しながら嫁を迎えに行く。

隊列の先頭で、村びとが子牛を二頭連れているのは、わが国の婚礼に譬えれば、さながら結納品に相当するのだろう。昔懐かしい、人生の哀歓が心底に揺らぎたつような情景だった。

第十二章　クン・ラかゴップカル・ラか

背反する二つの推論

ここで改めて、これまでの推論を整理してみる。

慧海がチベット潜入時に越えた国境の峠はどこなのか。クン・コーラとムィ・コーラ、どちらかの谷をたどったのは間違いない。かりにクン・コーラをたどったとすればクン・ラ、ムィ・コーラをたどったとすればゴップカル・ラを越えたことになる。

ところが、そのどちらにも揺るがし難い論拠がある。そして、それぞれの論拠が、私の中で相反しながら判断のつかない状態をつくり出している。

まずクン・コーラから焦点を当ててみたい。慧海がクン・コーラをたどったのではないかと私が推論する論拠はただ一点。第七章で述べたように、二股出合からヤンツェル・ゴンパまでと、その先、国境へ向かってたどった谷の出合までの、日記に記された行程から割り出した比率にある。

ヤンツェル・ゴンパは二股出合から、慧海がたどった谷との中間に位置している。その場所は慧海の時代も現在も変わらない。その一定の場所を起点に算出した行程の比率を地図に当て嵌めて判断すれば、慧海がたどった谷がクン・コーラなのかムィ・コーラなのか、答えは自ずから明らかになると私は考えた。

この方法だと、行程をメートル法にいちいち換算する必要もない。加えて、換算することで生じる誤差も省かれ手間もかからない。

日記によると、二股出合からヤンツェル・ゴンパまでは「三丁」「弱一里」「半里」の合計である。そこから先、「北方少シク東ヨリ下レル急流ニ添フテ」と記された谷まで「半里余」とある。二股出合からヤンツェル・ゴンパを基点にした、この間の行程の比率は三対一強である。私はこの比率に着目して、以下のように推理した。

ネパール政府発行の五万分の一地形図にこの比率を当て嵌めれば、慧海がたどった谷の位置は一目瞭然。二股出合からヤンツェル・ゴンパを挟んで三対一強の比率で位置する谷はクン・コーラ以外にない。

この場合の、メートル法に換算した一里あたりの距離は概ね二キロになる。この距離は、あくまでも二股出合からクン・コーラまでの行程を基準に割り出された距離である。慧海がたどった経路の、他の場所や地域でも該当するとは限らない。慧海自身の体調や天候状態、行程の険しさなどに日々ばらつきがあり、一定していない以上、メートル法に換算するたびに生じる、予測できない誤差が加わって不規則に変動するからだ。

ちなみに、行程の比率から割り出す方法を、ネパール政府発行の五万分の一地形図でムィ・コーラに当て嵌めると三対三の比率になる。これは日記の行程から算出した比率、すなわち三対一強とは明らかに異なる。よって、ムィ・コーラは該当しない——私が導き出した、行程の比率を基準にしたこのような方法は、慧海がたどった谷を推論する上で理論的には非の打ちどころがないように思われる。[*1]

他方、私が導き出した方法で得たこの結論に私自身が納得し切れないでいるのは、否定的なもう一つの推論が私の心裡に根づいているからだ。それを裏づける根拠はこれまでにも述べてきたようにいくつかあるが、ここでは二つに絞って掲げるとしよう。

一つは、峠からの現実の風景が慧海の描写と符合しないことである。もう一つは、ブッピンの証言に基づく(第十一章参照)。この証言は、もし事実だとすればクン・コーラが否定される強力な論拠となる。この証言を得たことによって私は、混沌とした迷妄状態から抜け出すことができたのである。

証言によると、チベットをつなぐ経路として、かつてはクン・コーラが「人の道」、ムィ・コーラが「家畜の道」として使い分けられていた。その後、「人の道」は地元住民による整備工事で、安全が確保されるようになったことから「家畜の道」としても利用されるに至った。

地勢の険しさや安全性の度合いによって、道が「人の道」と「家畜の道」とに使い分けられている事例として他に、私の体験ではクン・コーラとムィ・コーラをつなぐ山越えの道がある(第八章参照)。この道は人の歩行は可能だが、家畜を連れては通行不能である。同様に、トルボ地方の入口にあたるシャロンタンの大峡谷(第五章参照)も家畜の通行は無理である。その場合は、大きく高巻く、トゥジェ・ラという峠越えの道が「家畜の道」として使われている。

ヒマラヤでは地域にもよるが、「夏村」「冬村」の事例からも察せられるように、自然条件から受ける制約によって道の利用もまた使い分けられている。このことは峻嶮な地勢に沿った、地元住民の厳しい生活環境から生まれた知恵の産物として見ることができる。

私はブッピンの証言を得て、交易に不可欠な「家畜の道」がムィ・コーラからクン・コーラに移行したことが原因で、ムィ・コーラにつづく昔ながらの道が廃れたのではないかと推理した。

慧海のチベット潜入経路を長年に亘って踏査しつづけてきた私にとって、ブッピンの証言は、検証しなければならない最も重要な案件である。もし、証言が事実とすれば、日記にもあるように慧海はヤクを伴って行動していたのだから「家畜の道」つまりムィ・コーラをたどったことになる。そして仮にムィ・コーラだとして、これまでの踏査結果に鑑みると、ゴップカル・ラ以外に推論できる経路はあり得ないのである。

他方、前述のクン・ラにしても、行程から割り出した論拠は盤石に思われて、ゴップカル・ラと比較して甲乙つけがたい。しかし、ここで言えるのは、どちらの峠を越えたとしても、慧海の日記や『旅行記』に記されたネーユや白巌窟へ向かうにはクン・ツォを経由しなければならない、ということだ。

ゴップカル・ラを越えてクン・ツォへつづく道があることは、チベット側にある古刹ゴヤ・ゴンパの僧侶トラシチョから聞いていた。二〇一九年の踏査時に自分の足で何としてもそれを確認したかったのだが、すでに述べたように、私は許可を取得していたにもかかわらず入域を断られている（第十章参照）。

慧海はクン・ラもしくはゴップカル・ラを越えてクン・ツォ（慧海池、仁広池）、さらに瓢池を通過してネーユ、そして白巌窟へ向かったことは間違いないと思われる。問題はクン・ラかゴップカル・ラか。私の踏査行はようやくここまで漕ぎつけて行き詰まり、足踏みしている。

それは、まだ私の知らない何かがあるからである。その何かが判明すれば謎のすべてが解決する。はっきりしている事実は、慧海が越えた峠はひとつしかないということだ。そのひとつしかない事実を証明する答を求めて、いまの場合行くべき現場は、私がこれまで達していない、ムィ・コーラ左股の源頭に位置するゴップカル・ラである。

ここでゴップカル・ラからの眺望について述べておかなければならない。かりに慧海がゴップカル・ラを越えたとして、必ずしも川の流れる風景を眺望できるとは限らないということである。このことは

カンパ・ラ（慧海はゲンパラと記す）から南側に眺めるヤムドゥユム・ツォ（ヤムドク湖）。山峡に延びる碧水の向こう右寄りに聳える氷雪嶺はニンジンカンサ（7252メートル）。（1986年撮影）

クン・ラについても当て嵌まる。現に、クン・ラでは川の眺望は得られなかった（口絵参照）。いまの時点では、ゴップカル・ラからの眺望を私はまだ確認していないが、かりにクン・ラ同様、眺望が違ったとしても、ただちに否定要因にはならない。

というのは、川が眺められもしないのに眺められたように記述したかもしれないからだ。これはあり得ないことではない。その懸念を抱かせる理由は以下の通りである。

慧海は旅の目的地ラサのちかくで、ヤムドゥユム・ツォ（ヤムドク湖）の湖岸にあるゲンパ・ラ（カンパ・ラ）という峠を通過しているが、その峠からラサの市街地にあるポタラ宮の眺望は得られないのに、あたかも得られたかのように事実とは異なる記述をしている。

引用は割愛するが、日記と『旅行記』にその記述がある。この点に触れて江本嘉伸は

『西蔵漂泊』(下)でこう述べている。

人は、まちがい、勘違いをおかすものである。それは、河口自身の『チベット旅行記』にも現れている。ラサからはるかに離れたゲンパ・ラからラサ市内は望めないこと、河口は実は「問答」を正確には知らなかったこと、などについてはすでにふれたとおりである。

問答については、私自身何ら知識もなく、論じることはできないが、ゲンパ・ラという峠に関して私は自分の足で確認している。確かに、峠からラサの街並は望めない。これについては拙著『遥かなるチベット』に述べてあるので参照されたい。

要は、ゴップカル・ラからも見えないのではないかという懸念が私の心裡につきまとっているのだ。もし見えたとすれば、慧海が越えたチベット国境の峠にかかわる有力な判断材料のひとつに見なすことができる。見えなければ、クン・ラから川の眺められる風景が見えなかったように、どっちつかずの宙ぶらりん状態に陥り、慧海の記述からべつの証拠を洗い出して検証する必要に迫られる。果たしてどうなるか、ゴップカル・ラに達するまでは何とも言えない。

＊1　比率の出し方で、二股出合からヤンツェル・ゴンパまでの行程と、その先、慧海のたどった谷までの行程の起点をヤンツェル・ゴンパにすると間違いを犯す。これについては後述する(第十三章参照)。

難航する入域許可取得手つづき

何としてもゴップカル・ラに行き、その眺望を確認しなければ、慧海のチベット潜入経路の探索は画竜点睛を欠くことになる。年齢も年齢だし、体力・気力が衰えていく現実を考えれば、できるだけ早い時期に行かなければならない。

二〇一九年のチベット・ネパールでの踏査から三年が過ぎていた。この間、コロナウイルスが世界的に猛威をふるい、わが国では海外旅行の自粛が求められ、ネパールへの渡航が難しかった。前回の踏査で老化を感じて体力的に自信を失くしていた私は、日々できる範囲で、体力維持を図りながら渡航の機会を待つしかなかった。

以前とは異なり、その間に、私もスマホでネパールの仲間と連絡をとって情報が入手できるようになっていた。トルボ地方も様変わりし、オートバイが走行しているという話も聞こえてきた。アヌーからの知らせでは、ツァルカ村のアマ、それにシーメン村のアマ、長男のハワンが亡くなったという。ティンギュール村のヌルブについては、どうしているものか、消息は伝わってこなかった。スディルは子供が生まれていた。可愛らしい女の子の赤ちゃんの写真や動画が送られてくる。

海外旅行の自粛が解かれて、私がネパールに出かけたのは二〇二二年の夏であり、秋にかけて滞在した。もとより低級所得者の身であれば、できるかぎり倹約しなければならない。カトマンズの空港も内部の様子が変わっていた。小雨降る中、旧友のビギャンが出迎えた。コロナ禍で閉業している定宿のホテル・サンセットビューに向かう。スディルも三歳になる長女を連れて出迎えた。日本びいきのスディルは娘にツバキと名づけていた。椿はわが国の特産種である。私は土産に椿のタネを持参した。

夕方、定宿の女主人の計らいで、私の歓迎をかねて、ちかくのタカリー料理のレストランに行って、ビギャンやスディルと娘も交えて食事した。定宿は閉業中につき食事ができない。それで私の滞在中、朝食だけはつくって頂いた。感謝の念に堪えない。こうした善意があればこそ私も、それに応えなければならないのであり、苦難を乗り越える活力となる。

カトマンズでやらなければならないことは、何はさておいてもトルボ地方に入域するための手つづきである。通常、そのためには業者を介して行う。もちろん手つづきは有料であり、その他、ネパール政府の規定に基づいた入域料を払う。しかも、規定によれば単独での入域は認められていない。二人以上でないと認められないということだが、ここには裏事情があって、単独でも業者を介して二人分の金額を払えば許可証を取得できるらしい。

入域料は一人につき一日五十ドル。単独の場合は二人分払わなければならない。つまり、一日につき百ドルはかかることになる。私が予定している踏査日数は四十日余り。低級所得者の私がそうした金額を払って入域することなど最初から考えていなかった。

一九九二年以来、トルボ地方へ行くのは今回九度目になるが、私は一度も入域料は払っていない。こちらの事情を伝えて、ネパール政府の理解と協力を得ていた。今回も過去に倣って、この手法で行くしかない。そのための煩雑な手つづきは、日本を発つ前からビギャンにお願いしていた。

ここで、手短にビギャンを紹介しておこう。ビギャン・プラダハンといってバグルン村出身のネワール族である。バグルン村はカリ・ガンダキ下流域の中心地で亜熱帯性気候に属す。中心部は都市化しているが、周辺部の村は至ってのびやかで、ピーパル（菩提樹）の巨木の生えた、昔ながらの人びとの憩いの場を見ることができる。日が穏やかであれば、村びとたちはその根元の木陰に集い、雑談する。

ビギャンの父は哲学者だ。何度か拝顔したが、夏場はいつもふんどし一丁で過ごしていた。私を気に入っていたようで、日本人は元気か、とビギャンに聞いたりするそうだ。何年か前に亡くなったが、英語で書かれた遺書をビギャンが見せてくれた。哲学者らしい、サンスクリット世界の高邁な思想について書かれてあったように記憶している。生前、私は何冊か著作を頂戴した。だが、ネパール語で書かれてあり、読めないのだ。

ヒマラヤ保全協会のカトマンズ事務所があったころ、ビギャンは現地スタッフとして働いていた。研究顧問という立場で協会の活動に参画していた私とは、そのころからの知り合いだ。一九九二年、ネパール政府からの特別許可を取得するための諸々の手つづきをこなして以来、何かと煩雑な、ネパールでの問題を処理してくれている。

その後、ヒマラヤ保全協会のカトマンズ事務所は閉鎖したが、私はビギャンをはじめ、当時の面々と交友関係を絶やさずに協力を得ている。ビギャンは人材派遣会社を起業して世界の各地に進出し、多忙なのだが、その合間を縫って私に協力した。

二〇〇四年から〇六年にかけて三年がかりで、ツァルカ村の架橋プロジェクト事業で資金面を心配して、日本国大使との縁をとり持ってくれたのもビギャンだ。その縁で、建設資材を空輸することができて橋は完成し、いまも村びとのために役立っている。

今回もまた、ビギャンは私のために東奔西走した。カトマンズ滞在中、「シンガダーバー」と呼ばれる、政府の関係省庁が集合している、かつてのラナ政権時代（一八四六〜一九五一）には支配者の宮殿だった豪壮な施設に日参し、関係部署に申請書を提出して回った。私とスディルも同行した。

スディルは妻と娘ともども、ヒマラヤ山中のジョムソン村からカトマンズに出てきていた。カトマンズにも邸宅があるのだ。現在、妊娠中の妻が実家のあるバイラワで静養するので、夫が私と行動を共にする期間、二ヶ月余りだが、娘を連れて里帰りする。妻の実家のあるバイラワはインドとの国境の町である。

トルボ地方への入域をめぐる私の許可交渉は難航した。関係部署で、なかなか同意が得られないのだ。一人だけ親身になってくれる担当官がいた。訪日経験があり、その言動から判断して、かなりの切れ者に思われた。ほかの部署の関係者は、概ね、日本で言えば「お上意識」丸出しで威厳を誇示した。冷やかし半分で、わざわざ部屋を覗きに来る者もいた。

よほど退屈しているらしく、その頭数を数えたら、女性も交じって八人いた。まるで井戸端会議ではないかと思いながら私は観察した。「困ったね、どうしよう、どうしようもできないね」「何、ただで入れてほしいだって、規則違反だね」「規則があるんだから、その国の規則を守らないといかんな。日本から来て、問題は起こさないでくださいね」などと非協力的だ。

切れ者のその担当官はバサンタ・アディカリという名前だが、私がかつて立ち上げたツァルカ村での架橋プロジェクトの話を聞いて良案が浮かんだようだ。ツァルカ村から招聘状を送ってもらえたら話の筋が通ると言って、その場からスマホでツァルカ村と連絡をとった。わが国とは異なり、省庁間の連絡事項も含めてすべてスマホでことを済ませるのにはいささか面食らった。その一方で、ヒマラヤの向こう側に位置するツァルカ村にまでも、すぐに連絡がつく利便性には目を見張った。

アディカリはツァルカ村と会話しながら私に向かって、トラスブリッジをつくったのですか、村びとがそのように話しています、と言った。村びとが事情を理解し、その日のうちに、招聘状がアディカリの手元に届いた。これで問題ない、とビギャンは喜んだが、そうは問屋が卸さなかった。関係部署の同意がまだ得られていない。

埒が明かないまま日が経つにつれ、ビギャンにも申し訳が立たない気がしてきた。連日、私とスディルを車に乗せてシンガダーバーに出かけているのだから仕事に支障をきたさないはずはない。私はネパール政府関係者のとろくささに苛立ってきて、めんどう臭いから二人分の入域料を払おうかと思った。ビギャンに話すと、それは絶対によくない、物見遊山の観光客ではないんだから、何とかします、という。

三年前、チベットで入域許可証を提示しながら地元の担当官にそれが認められなかったとき、ダワが何とかなりますから心配しないでください、と言ったのを思い出した。しかし結果は、何ともならなかった。

私が苛ついているのをビギャンも気にかけていたようだ。彼の兄貴分である正木元と連絡をとったとき、そのことに話題が及び、焦るとまた出血するから、ビギャンに任せて焦らずに待っていればいい、と冗談交じりに笑いながら話していた。

九二年の踏査のとき心配事が重なって胃潰瘍になり、帰国後、下血して入院した。二〇〇四年から〇六年にかけての架橋プロジェクトのときも、思うに任せないさまざまな事情から、このときは鼻血が噴き出した。それ以前にも急性肝炎を患ったりしてネパールでは何かと災難に遭っている。落馬してあばら骨が折れたこともあった（後日談だが、今回はデング熱に感染して、帰国後、発症した）。

ビギャンの兄貴分である正木は、私との会話で、九二年の踏査のときの胃潰瘍による出血と、架橋プロジェクトのときの鼻血の件を知っていて「焦るとまた出血する」と引き合いに出したのである。ビギャンと同様、ヒマラヤ保全協会のときからの仲間であり、現在はマレーシアで起業している。[*2]

私は正木にも、ビギャンを介して、おりおり状況を伝えていた。そこから彼は状況判断して意見を述べた。結果、今回は、正木の指示に従ったビギャンの誠意ある奮闘が実って申請通りの許可が私に与えられた。私とビギャンとスディルは、ビギャンの車でイミグレーション事務所に行き、単独で入域料不用、すなわち「フリー」の許可証を受けとった。

私たちはビギャンの労をねぎらって、その日の夕方、とりあえず三人で祝宴を張った。私とスディルはアルコール類をいっさい口にしない（私の場合、他言無用の事情から、ネパールにいるときは断固として禁酒の誓いを守っている）。それでも、これまでの付き合いから、そうした事情を知っていて、ビギャンは毎度のことながら、何ら意に介することなく一人でビールを充分に飲んだ。それにしても、陽気によく飲んでよく食べるビギャンは、腹部が突き出てそれなりの体型をしている。以前は飲酒運転もしばしばで、取り締まり中の警察官に何度か捕まっている。

＊2　沖縄出身だが、彼の祖父は戦前、仕事の関係で尖閣諸島に上陸した。彼の父も沖縄返還以前、上陸したことがあり、虚偽・欺瞞にみちた共産中国に洗脳されつつあるわが国にあって、尖閣諸島に関する事実を伝えている（「読売新聞」二〇二二年九月十一日付）。

ダンガルゾン村で休養する

どうも近年は天候不順がつづいているようだ。ぐずついた雨降りの日が多くなっている。以前は、雨季のさなかに雨上がりの、目の覚めるような青空が広がったものだが、いまはそれがない。気候変動による氷河の後退など、さまざまな事象が目につく。冬、カトマンズ盆地では朝霧が名物だったが、それも見られなくなった。ジョムソン村から上流域にかけての一帯では、かつては目につかなかったリンゴ栽培が盛んに行われているが、これなども温暖化と関係しているのか。大規模な雪崩の発生も見られる。

雨季はジョムソン行きのフライトが運航休止なので、雨による崩壊箇所が目につく悪路を、いやいやながら乗り合いバスで行くしかない。途中、ハエが群がる飯屋で昼食を済ませたのち要所要所で休憩しながら、カリ・ガンダキ沿いの道を進み、夕方、ジョムソン村に着いた。以前にくらべて、道はところどころが舗装され、そのぶんスピードが上がり到着が早まったようだ。

前回来たとき建設中だった、スディルが経営する「ジョムソン・エコ・リゾート」という、リンゴ畑の中の瀟洒なホテルが完成していて、そこに泊まった。日本人の第一号だと言ってスディルは喜んだ。バス・トイレ付の一番広い部屋が宛がわれた。日本で言えば十六畳ほどはある。コロナ禍の影響で客は他にいない。もっとも雨季につきシーズンオフではある。スディルは私用の食事もつくった。

ジョムソン村は海抜二六〇〇メートルほどの高さだが、私は高度障害の軽い頭痛がした。翌朝、日本から持参した椿のタネを十粒ほど鉢に植えた。来年、芽が出たら、成長を見計らって、その後に地植えすればいいのだ。果たして、芽が出るかどうか愉しみである。

このあと手配の車で、高所順応をかねて旧知のラジェンドラの家に行くつもりで出発した。前回同様、ラジェンドラの家に泊って、翌日、ムクチナートへ行く予定だったが、村はずれを流れているパンダ・コーラという川が、降雨による氾濫で、とても渡れる状態ではなかった。川には橋がかかっているが、橋のない場所を濁流が幾筋にもなって氾濫していた。

こうなると諦めるしかない。何日かかるか予測もつかない川の氾濫が治まるのを待つわけにもいかなかった。予定を変更して、明日には、高所順応を図りながらゆっくりでいいから二人でトルボ地方へ出発することにした。さっそくホテルに戻って荷物をまとめた。荷物といってもテント、シュラフ、雨具、着替えなどである。食糧はすべて現地食で賄うことにした。

カリ・ガンダキを挟んでジョムソン村の対岸に位置するティニ村在住の馬方に事情を話してウマを二頭用意した。馬方はスディルの知人である。私たちから二日遅れて出発し、四日目には追いつく予定だ。

歩きはじめて初日から私はバテた。この体たらくにも、情けない、などとはすでに思わなくなっていた。老化なのだから仕方がない。バテようがバテまいが、歩かなければならない。ジョムソン村から目の前に屹立する尾根の裏側にあるダンガルゾン村までがこの日の行程だ。何度もたどったことのある懐かしい道だった。オートバイやトラクターが通行できる別の経路があるのだが、ダンガルゾン村から先でないと利用できないらしい。

今回の踏査で返すがえすも残念なのは、親愛なるアヌーが同行できなかったことだ。私と同様、老化である。脚力と聴力が不自由らしい。申し訳ない、と電話で何度も詫びていた。それまでの付き合いから、その気持ちが私には伝わってくる。思えば、三十年前の一九九二年、二人ではじめた踏査なのである。よほどのことがないかぎり、今回の踏査が、慧海のチベット潜入経路をめぐる最後の探索になるのは間違いない。

というのも、要はゴップカル・ラ以外にもはや踏査の対象がなくなったからだ。長年追い求めてきた謎が、これで解決するかどうか。その最後となる踏査を、私はアヌーとスディルの三人で決めたいと願っていた。

九二年の踏査でアヌーとたどった道を、私はいま、アヌーがいないのを残念に思いながらスディルと二人で歩いていた。そうした私の気持を察したのか、スディルは「アヌーさんに電話しよう。どうしてるかな」と言って電話した。スマホがつながり、アヌーが出た。

私はダンガルゾン村への急斜面の登りにさしかかっている旨を伝えた。アヌーは毎朝の読経で私の踏査が成功するよう祈っており、これからも毎朝つづけると話した。アヌーの妻も替わって電話に出た。美味しいチャンをつくって待っているから、是非、遊びに来てください、とのことだ。私は大酒飲みで知られていた。まだ若いころ、アヌーは涙を浮かべながら案じて、過度に飲むのは慎んでほしいと訴えた。飲み過ぎの兄がいて、命を落としていたからだ。

スディルが何やら注意を与えられていた。思うに、抜かりなく私を支えるようにとの指示である。それが私には手にとるようにわかるのだ。踏査を終えたら報告をかねてアヌーを訪ねようと思っていた。道中、スマホは場所によって繋がらないこともあったが、私たちは連絡をとりながら進んだ。

私たちを結びつけている絆は、言うなれば「惻隠《そくいん》の心」である。ヒマラヤで過ごしてきた日々の、さまざまな喜怒哀楽によって養われたのだと思う。

ジョムソン村から千メートル余りを上って尾根を越えたところの窪地状の場所にダンガルゾン村がある。小川が流れていて、ドゥビーと呼ばれる檜の仲間や菩提樹の古木に囲まれた池の並びに、慧海の時代と変わらぬ石畳の敷かれた路地や、石を積み重ねてできた昔ながらの古風な佇まいの家々が残っている。

その中にある、スディルの知り合いの家に入って二階に上がり、私たちはお茶を飲みながらビスケットを食べた。昔ながらのチベット風の家は二階が居間になっていて丸太階段がかかっている。縦に半分にした丸太材に足場を切って斜めに立てかけてあるだけだから、私たちのような慣れない者には、上り下りするときは注意を要する。スディルの話では、日本人女性のトレッカーが転落して骨折し、ヘリコプターで病院に搬送されたことがあり、その際スディルがヘリコプターを手配したという。

丸太階段は夜になると暗くて足場が見えないから、懐中電燈を照らしながら上り下りするのだが、私の場合、夜中に目覚めて立小便しに行くときなど手間がかかる。さらに言えば、チベット風の昔ながらの家は出入り口が低くできているので、しばしば頭部を打つことがある。強打して目から火花が散ったこともあるから、よほど注意しなければならない。

しかし、それでも居心地がいい。窓がなく、屋根の煙り出しから射し込むほのぼのとした光や囲炉裏にくべた榾木《ほたぎ》や畜糞の灯りしかなかった昔にくらべると、電燈が灯るようになり、過ごしやすくはなった。煙臭くて仕方のない厄介な時代もあったのである。それでもなお、居心地がよく感じられたのは、人びとの人情のやさしさが隅々に浸透しているようで落ちつくからだ。わが国の昔の農家のような郷愁をそそる雰囲気がある。

くたびれ果てていたので、明日はぼんやりしながら一日休養しようと思った。ところが生憎、トルボ地方から予約済の集団が来るので私たちは宿泊できないという。騒々しいのは困る。すぐ近くに一軒だけホテルがあるというので、そこに宿をとるしかないのだが、行ってみると、掃除の行き届いていない汚れた建物だった。

若い女主人が不愛想な態度で私たちを部屋に案内した。十畳ほどの部屋にベッドが三台置かれていて、布団がその上に山積みにされてある。適当に使っていいという。宿には男子と女子の子供が二人いた。男の子が女の子からおもちゃを奪いとったりしていじわるをする。やめなさいと注意して睨みつけると、後ずさりしながら逃げ去った。

後でわかったのだが、男の子は宿の女主人の実子で、女の子は姉の子供であり、一時的にあずかっているのだ。姉は子供をほったらかしにしてトゥクチェ村に下りて行ったという。何かの事情があったのだろう。「アマー、アマー」（母さん、母さん）と女の子は泣いてばかりいた。聞くと、スディルの娘と同じ三歳だ。

女主人は、泣きじゃくる女の子を叱りつけるだけであやすことをしない。ご飯に、具の入っていない汁をかけただけの食事を、金属製のボールに入れて与えていた。女の子は泣きわめいて、ご飯を撒き散らし、食べようとはしない。

明らかに女の子は邪険にされていた。スディルを「ダイ」（兄さん）、私を「バジェ」（爺さん）と、泣き叫びながら助けを求め、必死で私たちの部屋に逃げ込んだ。女主人が連れ戻しに来ると、健気にもドアを抑えて抵抗した。かわいそうで見ていられないので、私たちの部屋で遊ばせていいからと女主人に伝えた。

スディルはカトマンズに出てきたころ、姉夫婦の安ホテルに住み込んで子供のお守り役をしていたからあやすのは慣れている。女の子ははじめのうちはスディルと遊んでいたが、そのうち安心したのか、余分になっていたベッドで眠った。しかし、目覚めるとすぐに、「アマー」と呟きながら泣きはじめた。

一日休養しているとき、私はベッドで寝てばかりいたが、スディルはスマホで村内を撮影すると言って出かけた。しばらくして、溌溂とした若い娘を連れてきた。「会いたいと言うので連れてきました」と言うのだが、誰なのか、思い出せなかった。「ニルギリの麓で記念写真をいっしょに撮ったでしょう」そう言われて思い出した。

キャンプ教室に参加していた、あのときの高校生だ。三年前に撮った写真が私のスマホに入っていた。

スマホからとり出してパソコンに保存しておけばいいのだが、その作業の仕方も知らないので、撮影したままにしていたのだ。その写真を見ながら「あのときは若く見えたけど、いまは年寄りに見える」と言った。それもそうだろう。あのときは七十二歳、いま現在は七十五歳である。

聞くと、娘はいまは十九歳、カトマンズの大学生である。試験が終わって休みに入ったので農作業を手伝いに帰省した。将来、何になるのかと聞くと、教師になり村に戻って働きたいと抱負を語った。立派、立派だぞ、がんばれよ、そう言いながら、私は若いエネルギーを感じて元気をとり戻した。

ツァルカ村から迎えの人が来る

昔たどった細々とした道も、まだ未舗装ではあるが、幅広い車道に改修されて、オートバイやトラクター、ジープが走行している。ダンガルゾン村からその車道を歩きはじめて、予定しているサングダ村までは長丁場である。私の力量を考えて、この日のうちに着くのは無理であると判断した。途中、三ヶ所に位置する峠を越えなければならない。最初の峠までは、どうにかたどり着くことができた。その先、車道は昔ながらの道を離れて下方に延びている。

スマホで連絡をとり、僧侶のケンボーを介して、スディルがオートバイを呼んでもらう。ケンボーについてはすでに述べたが、先年、ツァルカ村で実施した架橋プロジェクトのメンバーの一人である。ツァルカ村の出身で、現在はカトマンズ郊外のボードナート在住だが、道中の便宜を図り、さまざまなアドバイスをしてくれた。そのケンボーの手配で、途中までツァルカ村から迎えが来る手はずになっていた。サングダ村での宿もスマホで連絡済みである。チベット国境にほど近いムィ村の僧侶に、チベット語で紹介状も書いてくれた。めざすゴップカル・ラはそのムィ村の移牧地に属している。

スディルがスマホで頼んだ、サングダ村までのオートバイの料金は一人につき、四千ルピー。一ルピーが約一円だとすれば日本円換算で約四千円だ。サングダ村から二台のオートバイが迎えに来た。断続的に雨が降る、ぬかるんだ道を一時間半ほどで着く。

料金を払う段になると若者二人は、一人につき七千ルピーだと言い出した。何を勝手なことをほざいているのか。金銭にたぶらかされる、こうした不道徳で恥知らずな連中は少なくない。

今回の踏査に関連して、もう一例述べれば、知人のエージェントを介してコックの手配を依頼し、食糧費として日本円で十万円相当の金額をあらかじめそのコックに手渡したのだが、コックが使い込みを働き、それっきり音信不通になってしまった。エージェントも責任を負おうともしない。

思い起こせば、被害者の私が呆れてしまうほど、他にも似たような詐欺瞞着の類は馬鹿馬鹿しいほどたくさんあるが、ここでは省略する。徒歩やウマでたどるしかなかった、隔絶された辺境では人びとの心意は朴訥であり、私は被害を受けることもなかった。サングダ村で発生したトラブルも、延いては車道がもたらした結果である。

オートバイの若者二人は依然として、何ら悪びれもせず一人七千円という不当な料金を請求した。問題処理をスディルに一任して、私は宿で毛布を借りてひと眠りする。目覚めたとき、スディルはストーブにあたって暖をとりながらお茶をすすっていた。一人五千ルピーで手を打ったという。まぁ、そんなものだろうと私は納得した。先年の強盗まがいのマオイストといい、何かと金銭がらみの問題が少なくない。

サングダ村から先も、未舗装の車道がつづいている。シャロンタンの入口付近の台地には道路工事の関係者が寝泊まりするテント村ができ、工事中の道路が谷底に延びていた。何年か先には車道が通じるのだろう。雨が降ったりやんだりのぐずつく天気の中、やっとの思いでたどりついたのだが、そこには私用のウマを連れて、ツァルカ村からの迎えが来ていた。

迎いの人はスディルと二人で、私用の寝床を、道路工事関係者のテントの中につくった。地面から三十センチほど高くしてあるので寝心地がいい。ここまで上って来るのに、高度障害の身には辛かったが、迎えが来たので内心ほっとした。

明日からいよいよ難関の峠越えにさしかかる。峠は二つあって、二つとも五〇〇〇メートルを越えている。峠越えには二日かかるが、初日の宿泊地でジョムソン村を遅れて出発した馬方が、テントやシュラフなどの荷を積んだウマを二頭連れて私たちに追い着いた。宿泊地には、以前はなかった避難小屋ができていた。遭難が絶えないからだ。加えて、ヒマラヤのトレッキングコースの知られざる秘境として評判が高くなりつつあるようで、観光目当てのネパール政府としても、時代の風潮を考えれば黙認はできないらしい。

最初の峠は上部が急峻で、足腰の衰えた私は、身の危険を感じて緊張のあまり思わず足がすくんだ。ここでは降雪があると滑落者が出たり、雪崩が発生したりする。最初の峠より、つぎの峠のほうが高く、五六〇〇メートルちかくある。私が峠の頂に達したときはみぞれが入り交じった冷たい雨が降っていた。

峠を境にして風景は一変する。ここからがトルボ地方であり、天候に恵まれていれば、雄大にして穏やかな風景を愉しむことができる。しかし生憎、雨雲に視界は閉ざされていた。古びて防水の効かなくなった雨具を着用していた私は濡れて、寒さに震えながら、高度障害のせいもあって胸がつまり、黄色い痰を吐き出した。それを見ていたスディルは、スマホで撮影しながら驚いて、生卵の黄味みたいですねと感想を述べた。高度障害だろうが胸がつまっていようが、苦しくはなかった。感覚が麻痺したようで、ぼんやりした無私無欲の陶酔状態で雨に打たれながらウマに乗っていた。

峠から先は道中、起伏ゆるやかとなり、ウマに乗ることができる。サングダ村の移牧地にムルンスンナという二股がある。ムゥ・ラという峠を越えて来る道が左方の谷筋から合流して、一帯は草地になっている。かつて、ここには何張りものテントが設営されていた。しかし、いまは大きなテントが一張りしかなく、しかも、それはサングダ村の移牧民のためのテントではなかった。

言うなれば茶屋であり、私のようなトレッカーや、荷物を運送する地元の人たちの泊り場として飲食もできるようになっていた。茶屋を営む若い夫婦は夫がティンギュール村、妻がツァルカ村在住である。畜糞を燃料にしたストーブが焚かれてあり、冷えきった身体の私には真にありがたい。砂糖を入れた、甘くて温かいコーヒーの味に生き返ったような心地がした。スディルと馬方はインスタントラーメン、ツァルカ村からの迎え人はサイダーを注文した。

以前は見かけなかった、こうした飲食のできる茶屋やホテルという名の宿泊所が、この地方で目につくようになったのは近年であり、自給自足型社会からの脱皮を物語っている。もはや、外界から隔絶された桃源郷ではなくなりつつあった。ヤクの隊商は、チベットとの険路、国境越えの風物であり、象徴でもあったが、それが廃止になっている。全天候を耐え抜く強靭なヤクがいればこそ、国境越えの交易もまた可能だったのだろう。

それが必要とされなくなった現在、トルボ地方では、かつてのヤクに代わって運送にウマが利用されている。将来、建設中の車道が開通すれば、運送の動力としてウマも必要なくなり、すでにムスタン地方がそうであるように、その姿を見かけなくなるに違いない。

私は白毛のウマに乗っていた。白は縁起のいい色とされている。ツァルカ村の人たちは私を歓迎しようとして、あえて白毛のウマを選んで迎えに出したのだと思う。私がツァルカ村に橋をかけたことは知れわたって、トルボ地方の各地で感謝されたことはあるのだが、今回、しかも橋が完成して十六年も経ってから村を挙げて歓迎されるとは想像もしなかった。おそらく、私にたいする気持を、村では世代交代ののちも忘れてはいなかったのだろう。

そのきっかけは、私への招聘状を送ってもらう旨の連絡が、ネパール政府の担当官アディカリからツァルカ村に届いたことにある。村では、私が来訪しようとしていることを知った。それで、昔の恩義に報いなければならない、と考えたのではないかと思う。

私の来訪を、僧侶のケンボーに連絡したのはツァルカの村びとだった。結果、ケンボーはスディル経由で私と連絡をとり、カトマンズ滞在中、ホテルに訪ねてきたのだ。それにしても、道中、迎えのウマをさし向けてもらったことで、歩かなくてよくなり大いに助かった。

ムルンスンナからツァルカ村までは一日行程だが、途中、二ヶ所に吊り橋がかかっている。最初の吊り橋を渡ったところで私たちを迎えに来たオートバイと出会った。まさか、オートバイで迎えが来るとは思いもしなかったから、大いに驚いた。私とスディルはウマから降りて、それぞれオートバイの後席に跨ってツァルカ村に着いた。

村に着いて、さらに驚いた。老若男女、大勢の村びとが村の入口で待っていた。各自がカタ（縁起物の白布）とチャン（自家製の酒）を手に手に持っている。歓迎の儀式である。私は差し出されたチャンを薬指につけて虚空に跳ね上げ、三回繰り返す。このあと合掌しながら首にカタをかけてもらう。同様に、スディルにたいしても村びとが一人ひとり行なう。

私とスディルはカタで埋め尽くされてしまった。そのあと家の中に入っても、訪れる村びとは絶えない。私はこの間、唯々、恐縮の至りで緊張しつづけた。村では、普段は食べないはずなのにヤギを一頭料理した。しかし、肉は硬すぎて、入れ歯の私には咀嚼しきれない。チュルピという日干しのチーズも、歯が壊れそうになる。[*3]

　私たちはアマの家に泊まった。アマは亡くなったが、長男のツェリンプルバが跡を継いでいる。本人は山のカルカ（移牧地）にいて私の歓迎会には出れないので、後日、私たちがティンギュール村へ向かう途中にあるカルカに立ち寄ってほしいとの連絡が入っていた。

　アマの家は以前、橋を渡った古いほうの村にあったが、私が橋をつくっていたころから、新しいほうのタシリン・ツァルカに移転していた。橋をつくっていたころ、私はその新しいほうの家の脇にテントを張って過ごしたのだが、現在、その場所には新しく、一戸建ての部屋が増築されていた。そこには寝泊まりできるようにベッドが二台用意されてある。客人用としてつくったのかもしれない。

「橋をつくっていたころ、貴方はこの場所にテントを張っていたんだよ」

　私はテントを張って過ごしたことは覚えていても、場所についてはすっかり忘れていて思い出せなかった。私の記憶力が悪いのか、それとも彼らの記憶力が優れているのか、判断しかねるが、彼らが忘れもしないでいろいろなことを覚えているのは確かだ。私から手の擦り傷に軟膏を塗ってもらったとか、腰が痛くて湿布を張ってもらったとか、頭痛止めの飲み薬をもらったとか、さまざまある。

　私は一人、用意してあるベッドを使わせてもらった。老齢化するとトイレがちかくなり、夜中に一、二度は必ず外に出て立小便しなければならない。そのためには一人のほうが都合がいいのである。スディルと馬方は、母屋の居間にある長椅子をベッド代わりにして寝た。

私のいる部屋には、入れ替わり立ち代わり家族の者が覗いて、何かと世話を焼く。亡くなったアマの孫たちだ。香は焚くし、ポットに入れたお茶を持ってきては、傍にいて、断らないかぎりいくらでも継ぎ足す。寒くはないかと言って毛布を二枚も運んできてシュラフの上から被せ、さらに足元を包んでくれたりする。

至れり尽くせりである。夜、部屋を出ていくとき、戸を閉めて外から施錠していいかどうかを、いちいち私に確認する。施錠しなくていいと答える。昔、アマが存命のころ、古いほうの家にいたとき、最上階にある仏堂に施錠されて尿意を催し、夜中に出られなくなり、困り果てたことを思い出す。

ツァルカ村で一日休養したのだが、人びとの親切心に私は安らぎを感じた。しかし、体調は万全ではなかった。風邪気味で鼻がつまり、呼吸をすると胸部がゼーゼー音をたてて、咳も止まらない。こうした症状を喘鳴《ぜんめい》というらしい。それでも、部屋の入口の板戸を開け放っていると、気持のいい柔らかな風が吹き込んでくる、その肌触りに癒された。子供らがスマホでゲーム遊びに興じているのには驚いた。

ツァルカ村の先、道中、モゥ・ラという峠がある。その向こう側にあるカルカまでオートバイで送っていくと言うのだから、これにも驚いた。私がかつて体験したトルボ地方とはもはや状況が一変していた。慧海が「眼鏡池」と名づけた、二つ並んだ池が峠の向こう側にある。私とスディルはオートバイの後席に跨り、峠を越えて、その二つ並んだ池の間を通り抜け、カルカまで送ってもらったのだ。この変わり様は信じがたいことだった。

カルカは海抜四九〇〇メートル余りの高さにある。ヤクや羊の群れが移牧されている。ツェリン・プルバが奥地にあるカルカから私に会いにやって来た。亡くなったアマの長男である。一九九二年にはじめてトルボ地方に来たころ、まだ幼くて、当時は父も存命だった。私が架橋プロジェクトにとり組んでいたころ、案内してもらい、チャンチュン・コーラという其の川の源頭につらなる無名峰を登ったことがある。

そのころにくらべて、ツェリン・プルバはいっそう逞しくなり、いまでは見るからに堂々とした風格ある一家の主になっていた。彼はチュルピとカタを持参して、私との再会を祝福した。忙しいようで、二時間ほどしてオートバイで戻った。私たちが踏査から戻るころ、カルカは移転してここにはなくなっているという。山の向こう側のドックン・コーラという谷筋に草地をもとめて移動するのだ。

＊3 入れ歯に変調をきたして、帰国後、歯医者に通った。

変容する桃源郷

ツェリン・プルバのカルカから村びとが歩いて一人同行した。ゆるやかな谷沿いに半日ほど下っていくと右手からドックン・コーラが合流する。ちいさな木橋がかかっていた。村びとは木橋を渡ったところで引き返した。ここはツァルカ村とティンギュール村の境界であり、ここから先がティンギュール村の領域だ。

私たちはティンギュール村にあるヌルブのカルカに行き、そこでテントを張った。私が行くことはすでに連絡済みのようで、ヌルブの長男が会いに来た。ヌルブは村にいて孫のめんどうを見ているとのこと。ヌルブの長男は幼いころの面影をとどめていた。容貌に見覚えがある。相手も、私を見て相好を崩したところをみると思い出したらしい。川の向かいの台地にテントが一張りあるが、そこには母がいるという。

ヌルブの長男のテントは真新しく、ひと際大きい立派なものだった。布地もヤクの手織り物ではなくて帆布が使われていた。テントの形態も屋根型ではなくて家型である。裕福になったのだろう。スディルと馬方は長男のテントに泊まった。私は一人のほうが気楽だから持参したテントに泊まった。寒いので、ヤクの毛織の毛布を借りてシュラフに被せると温かい。私のシュラフは薄っぺらな夏用であり、カバーをつけても寒い。もう一枚、チベット絨毯も借りてマット代わりに敷いた。これで温かく睡眠をとることができた。

食糧は何処へ行っても一貫して現地食のツァンパだ。というより、それしか食べものの持ち合わせがないのである。ヤクのミルクがあるというので沸かして飲んだが下痢をした。以前は平気で飲んでいたのだが、風邪で体調不十分につき胃腸の働きが低下していたのかもしれない。スディルと馬方はまったく平気でツァンパはお代わりするし、私には歯の立たないチュルピもガリガリ音を鳴らし嚙み砕いて食べる。

ヌルブの長男は親切にも、夜中に雨が降ってはいけないからと、私のテントの周囲に溝を掘ってくれた。これで安心して就寝できる。雨は夜中に降ったが翌朝には青空が広がった。毎日のように雨が断続的に降りつづくなかで見る青空は、体調のすぐれない私に元気を与えてくれる。これからも高度が日ごとに下がるのだから体調は回復に向かうはずである。広々とした谷筋には、ところどころで移牧の家畜が草を食む風景が見られる。

途中、左方から大きな谷筋が合流しているが、ドゥ・タラップ方面への道がつづいている。走行するオートバイや家畜の群れを引きつれていく村びとの姿も見える。ゆるやかな流れの合流地点付近に城郭都市の廃墟と思われる場所がある。倒壊した建造物の一部がまだ残っている。この地方にかつて繁栄したというキティン王国の残骸ではないかと思う。ティンギュール村やシーメン村をはじめとする六村は現在、「トルボブッダ県」に属しているが、トルボブッダと呼ばれた聖者はキティン王の孫にあたる。

私たちはかつての城郭都市を対岸に眺めながら昼食、といっても「ナン」と呼ぶパンの一種だが、それを食べながらお茶を飲んだのちティンギュール村に向かって歩いた。さらに大きく開けた谷筋の向こうにティンギュール村が見えてくる。その背後にはチベットを仕切る国境の岩山がつらなっている。稜線には雲がかかっていて、九二、九三年に越えたことのあるマリユン・ラは見えない。

私たちはティンギュール村で、シーメンのアマの長女カルマの家を訪ねた。留守だったので、ちかくの茶屋でお茶を飲んで時間をつぶしたのち再び行くと、村の学校で先生をしている長男が帰って来た。長男は事情を知らされ、農作業に出かけている母を迎えに行った。

ティンギュール村は麦畑が広がる大きく開けた二股にある。私たちは右股から来たのだが、左股の奥地にある「ポルテ」という村にもトルボブッダの創建した寺院がある。カンテガという六〇〇〇メートル級の氷河を戴く山があって、二〇〇六年、ツァルカ村に橋が完成したのち源頭踏査に出かけて、軽い気持でドックン・コーラ側から登頂を試みたのだが、ピッケルとアイゼンだけでは歯がたたず敗退した。ドックン・コーラはポルテ村の背後の山並を越えた反対側を流れている。

ティンギュール村ではヌルブの家を訪ねた。私が来たことは長男が知っていたのだからヌルブも知っているはずである。私の噂は、たぶん、ツァルカ村を起点に広まったのではないかと思う。ツァルカ村はもとよりティンギュール村でも通りを歩いていると、昔、貴方を見たことがあるよ、などと声をかけられたりした。昔といっても前回来たのは十六年前である。長い年月を経てもなお知っているのだから、

シェー・ラ・ムクチュンを越えてシェー・ゴンパをめざす。前方に見えるヒマラヤ襞の氷雪嶺はカンジェラルワ（6612メートル）。馬方はティンギュール村の住人チェラワ・ヌルブ。（1992年撮影）

それだけ、余所者の出入りが少ない閉鎖的でまとまった社会ということなのかもしれない。

ヌルブの家は新しく大きくなっていた。外から名前を呼ぶとヌルブは、待っていましたとばかり、何やら歓声を上げながら、私に抱きつかんばかりの勢いで飛び出してきた。チベット語で「タシデレ、タシデレ」（こんにちは、こんにちは）と何度も、呪文を唱えるように挨拶を繰り返して、両手で私の手を握りしめた。「生きていればいいことがあるもんだ」と言って喜んだ。その騒ぎに何ごとかと思った子供らも慌てて後を追って出て来た。孫たちである。

ヌルブの案内でマリユン・ラからシェー・ゴンパにかけて、この地方一帯を踏査したのは三十年前である。その後、再び会ったのも十六年前のことになる。この間、ヌルブの身なりも著しく変わった。チベットの伝統的な衣服から白いワイシャツ姿に、髪型もかつての三つ編みにした辮髪から、私たちのような刈り上げた髪型に変わっていた。もちろん、チベット靴もいまは履いていない。

ヌルブは居間に招き入れてお茶を出した。室内も広く、窓がついて明るくなっていた。弟はどうしているかと聞くと、下流域の村に出かけているという。私が国境の峠に行くと話したら、昔と違っていまは危ない、中国人に捕まって何をされるかわからない、止めたほうがいい、と案じた。いっしょに行かないかと誘ってみたが、孫の面倒をみなければならないので遠出はできないそうだ。何歳になったかと聞くと、はっきりしたことは知らないが五十六、七歳ではないかと話す。アヌーはどうしているかと聞きながら、三人で歩いた昔を懐かしそうに語った。

過ぎてしまえば、現実感がなくて夢物語のようである。当時、十二指腸潰瘍を悪化させて出血し、帰国後、入院しなければならなかったほど苦難を伴った踏査だったが、それも一つの思い出でしかない。桃源郷と謳われた異郷の地も、いまでは一家に一台オートバイが普及し、家では電気やガスが使われていてテレビを見ることもできる。子供らは英語を話し、スマホでゲーム遊びに興じている。

トルボブッダの生誕地シーメンカユリ

道は整備・改修されて、川には橋がかけられ、以前にくらべて交通の便は格段によくなっている。それに伴い、人びとの往来や物資の流通も円滑になり、村々では人口が増加し、家屋も新築・増築されている。学校も各村々に建てられていて、通学する子供らの姿が目につく。地域社会は活性化し、発展しつつあるのは明らかである。

もっとも、それは以前にくらべてのことであり、この先、どうなるものか、気になるところだが、村々を歩いていても活気が感じられる。私は人びとの表情に接して、わが国の高度経済成長の時代を連想した。第三の極地と言われるヒマラヤの氷雪地帯に見られる極寒帯からインド国境に広がる亜熱帯まで、この国の自然は多種多様で豊かであり、文化もまた深くかつ複層している。浅はかな素人考えかもしれないが、「宝の持ち腐れ」のような気がしないでもない。活かし切れていないのではないだろうか。

ティンギュール村からシーメン村へ向かう途中、パァル・チュウという渓流が流れていてパァルという村がある。チュウはチベット語で川を意味する。一九九二年と九三年、この村からパァル・チュウを遡ってマリユン・ラに達したのだが、当時、くすぼけた小屋が二、三軒しかなかった。

それがいまでは、新しい家屋が増えてこじんまりとした村になっていた。昔ながらの古ぼけた寺院も満艦飾にタルチョ（祈禱旗）が張り巡らされ、輝いて見える。学校もでき、三十名余りの子供らが校庭に出て、思い思いの場所で読み書きをしていた。先生は小柄な若い女性で達者な英語を話す。

この日、私はシーメン村のアマの家の庭にテントを張って泊まったのだが、夕方、暴走族さながら爆音をたててオートバイで来た若者男女がいた。見ると、男に抱きついて後席に跨っている若い女は、先ほど会った学校の先生だ。

私たちはシーメン村への途次、トルボブッダゆかりの寺院プー・ゴンパに立ち寄った。詣でる人も少ないようで、暇に身を持て余して退屈そうにしていた少年二人が、たぶん暇つぶしにだと思うが、私たちにつき合ってくれた。ガイドよろしく弁じたてるわけでもないのでこちらも気が楽である。

私とスディルが、薄汚れた本堂の戸を開けて入って行くと二人はついて来て、あそこにあるのがトルボブッダです、と指さすところには、これまで見たことのある仏画とは違った感じのタンカ（肖像画）

が掛けられてあった。四白眼《しはくがん》で桜色の、ふっくらとした顔が描かれてある。失礼ながら、そこには宗教性が感じられず、キューピー人形を連想した。これがトルボブッダかと聞くと、そうだという。タンカの手前に置かれてある、鬼瓦のような奇怪な顔の絵には魔除けの意味があるのかもしれない。

このあと二人の少年は、境内にあるトルボブッダの等身大だという仏塔に案内した。それから連想すると、トルボブッダは二メートルを越えるような大男だ。真偽のほどはさておき、後日、その化身と会ったが、顔の色は茶褐色で堂々とした体格をしている。

対岸に峙つ岩山のつらなりを指さして聞くとシーメンカユリだという。トルボブッダの生誕地である。シーメンは村の名前だから私にもわかるが、カユリは何かと思って聞くと、わからないとのこと。勝手な解釈をすれば、裏山の意味ではあるまいか。

いずれにしても、トルボブッダはシーメン村の裏山で生まれたのである。言い伝えによれば、母はキティン王の娘ということだからキティンから嫁したことになる。キティンは廃墟と化しているが、一族の末裔はムィ村に住みついている。いまでもなお、ムィ村とシーメン村のつながりが深い所以である。

馬方はトルボブッダには関心がないらしく、私とスディルがプー・ゴンパから出てくるのを、橋を渡った川の対岸で二頭のウマとともに待っていた。二頭のウマは一頭には荷物をつけて、一頭には私が乗った。荷物の運搬用に連れて来たウマだから、鞍は木製の粗末なもので、鐙《あぶみ》は運搬には必要ないから持参しなかった。馬方は現地人並みに私が歩けるものと思っていたらしい。これですっかり私としても調子が狂った。老いぼれた私にはまともなウマと鞍が必要だった。

ツァルカ村までは、あらかじめ用意されたウマを連れて村びとが私を迎えに来たのであり、乗馬用の鞍がついていた。しかし、その先、ウマも鞍も、荷物の運搬用のものであり、安全性や機能に問題がある。鞍にはクッション代わりに毛布をあてたが、効果はうすく、ずり落ちそうで乗り心地は極端にわるい。鐙はツァルカ村から借りて間に合わせたが安定しない。

それでもないよりはましで、耐え忍ぶしかない。ウマに乗りながらシーメン村への途次、先ほど、プー・ゴンパに寄進しなかったことに気づいた。二人の少年にたいしても心づけしなかった。アヌーがいれば決してそうしたことはないのだが、スディルは私同様、アヌーのような敬虔な信者ではないので、ついうっかりしていた。アヌーがいないと何かにつけて落度がある。

シーメン村は、張り巡らされた用水路の脇に植えられた柳の緑と、その周囲に広がる大麦畑の緑とに彩られた谷間のオアシスである。「シーメンカユリ」と呼ばれる、背後に屹立する一連の岩山の茶褐色と対照的な色合いをなしていて村の豊かさを印象づける。私はその心地よい豊かさの指標が、衣食住に起因するのではなく人びとの信仰にあることに、最近になって気づいた。

気づかせてくれたのは亡くなったアマである。アマの名はミンゾム。私はアマに慈悲や慈愛という包容力を感じたのだが、それは必ずしも彼女にかぎったものではなく、彼女を育んだ辺境という地域性に起因するのではないかと考えた。いまでも宗教色が濃く、寺院や仏塔、仏門、マニ塚、マニ石が散見する。私はトルボと表記しているが「アッパードルポ」と公式には言われる地域である。その核心をなすのがトルボブッダ県であり、チベットから伝わって来た仏教が最初に根を下ろしている。

この地方と仏教は一体化し、それが桃源郷の所以でもあるのだが、長い間、俗世から隔絶されて、人工の影響を受けずに済んできた。周囲の地勢が険しいからである。

しかし、いまではブルドーザーが入ってあちこち改修工事がはじまっている。ウマに代わってオートバイが走り回っている。全部ではないにしても川には橋もできた。電気やガスも使えるようになった。

チベット経由で中国側から資材が入ってさまざまな工事が進んでいく。生活必需品も中国製のものばかりで、人びとは中国をありがたい国だと思い、共産主義を信奉するようになっている。まさにこうなると、孫子の兵法にある「戦わずして勝つ」の見本のようである。

私たちがシーメン村のアマの家についたとき誰もいなかった。村の学校で集会があって出かけているという。隣家の住人がポットに入れたお茶を持ってきてくれて、そう話した。その住人は私を知っているそうである。それを聞いて私は驚くのだが、相手はそうでもないらしい。つい先日、会ったような、長い歳月の隔たりを感じさせない雰囲気で話す。

隣家の住人はアマの親戚筋だそうである。現在、自分が住んでいるのはアマの家なのだが、空家になるといけないので管理をかねて住んでいるという。とすると、私がかつて世話になった家ということになる。石を積み重ねてつくられた、このあたりではひときわ大きな家である。

学校の集会に出かけているのはアマの孫の妻であり、孫は下流域の村に出かけて留守にしているという。私たちが村についたとき、私の記憶にある村の様子がすっかり変わったように見えたのは、村を貫通している車道のせいだと思う。網羅された用水路に沿って曲がりくねった歩道しかなかった村内に、いまのところはオートバイしか走っていないが、直線的な広い道路が通ったことで私の記憶は攪乱されてしまったようだ。

孫の父はアマの長男であり、ハワンという名だが、数年前に病死した。私たちがティンギュール村で世話になった家の女主人はハワンの妹だ。トルボ地方は前近代の地縁血縁社会であり、そのつてを頼って情報を得るのがいい。将来はともかく、昔からの慣習に従って、そうした地縁血縁社会の頂点にあるのがトルボブッダの化身である。

トルボブッダの化身と会う

昔ながらの道は山肌を縫うように小刻みに曲がりくねっているが、オートバイが走行する車道は、斜面を大きく使ってジグザグ状に延びている。山肌を縫うのではなく、直線的に裁断するといった感じである。シーメン村から対岸の急斜面に見られる車道は、昔ながらの山道が斜面の凹凸に沿いながら延びているのにたいし、それを蹴散らすように斜面を乱暴に削りとって上って行く。そこには前近代と近代にかかわる思考や発想の相違が感じられる。

この急斜面の途中から振り返ると、シーメンカユリへとつづく岩山の基部に、緑の大麦畑に囲まれたシーメン村が俯瞰される。村端を流れ下る川に沿ってつづく道を私たちは上流からたどってきたのだ。村の端の下流対岸から合流する支流も見えるが、それは後日、ゴップカル・ラを踏査した私たちが下ってくる谷である。

急斜面を上りきると起伏大地が広がり、車道と化したかつての山道は、見晴るかすその広がりの中にひと筋つづいている。そこをオートバイが走っていく。満天の青空に向かっていくようであり、さぞかし気分がいいだろうと思いつつ眺めたが、未舗装の車道だから快適とは言えないかもしれない。

広大な起伏大地を横断し、対岸の緩やかな斜面にコマン村を眺めながら谷間へ下っていくと、流れの岸辺の道端で、村びとが老若男女、三十人ほど食事をとりながら団欒していた。勧められるまま草地に座してチベット茶とナンをご馳走になる。村びとたちは私が来ることを知っていた。「ゴンパ（寺院）に行くんだろ。トゥルク（化身）が待っているよ」連絡があったようだ。私はそれを聞いて、一瞬驚いたけれど、ケンボーが気を利かせて連絡しただろうことは察しがつく。私たちが向かう先々の寺院にケンボーはスマホで協力依頼をしたに違いない。その配慮がありがたい。

村びとたちは壊れたマニ塚の修復工事をしていたのだ。川の氾濫で道端が抉りとられてマニ塚が損壊したので場所を移転させるのだという。信心深い人たちである。村には新しくホテルもできたから泊まればいいと教えてくれた。道は緩やかな山腹を村へ向かって斜めにつづいている。私たちが村に入るころ黒雲があらわれ、雷鳴とともに雨が降り出した。

ホテルは村はずれにあった。ホテルの看板は掲げているが、名ばかりの民家である。馬方に命じて、ウマに括りつけてある荷物を下ろしホテルに運ばせ、私とスディルは雨具を着用し、さらに斜面を上って化身に会いに寺院を訪ねた。化身は村の中にある自分の家に戻っているという。

私たちに応対した年老いた僧侶が私を見て、昔、シェルパと二人で来た日本人ではないかと言うので、少なからず私は驚いた。私は二回訪ねているが、おそらく最初の三十年前の出会いを話しているのだと思う。私自身は思い出すことはできないが、相手の僧侶は知っているのだ。

宿に戻ると、私たちがここについたときはいなかった女主人が戻って来ていて、ストーブに榾木をくべて暖をとってくれた。女主人は先ほど、マニ塚の修復工事をしていた村びとの集団に混じって作業をしていたのだという。すぐに私たちの食事の用意にとりかかった。食事といっても米飯にジャガイモ汁をかけただけの質素なものである。傍らでぼんやりしている夫にくらべて動作が機敏で話し好きのようだ。娘がカトマンズに出て、医者の勉強をしていると愉しそうに語った。親としての期待も膨らむに違いない。冬虫夏草で稼いでいるのだという。風邪が治らず、ときどき咳き込む私を見て、トゥルクのところに行けば良薬があるからもらえばいいと教えてくれた。

それにしても私が体験的に知っている範囲で言えば、ヒマラヤの辺境の女性たちはじつによく働く。

逞しいのである。重労働に耐えている。一例を挙げれば、身体より大きな刈り草の束を背負って、夕方、家路につくのはいずれも女性である。農作業にしても然りで、男性はあまり見かけない。男が機織りしているのも見たことがない。仕事を種類によって分担しているように思われる。

男性は怠け者というわけではないだろうが、交易が栄えていた時代には、それが男たちの仕事だったのではないか。何度もヤクの隊商と出会ったが、ときには一人や二人、女性が混じっていても決して主役ではなかった。男たちの裏方に徹して、村の会議なども含めて表舞台には出ないようにして、常に子供や家庭に対応していたようである。しかし時代の流れに従い、生活上の秩序やしきたり、慣習などもまた変わらざるを得ない。

私がこの地方で一台の中国製のオートバイを見たのが二〇〇六年である。チベットから国境を越えて運んできたという。それがいまでは一家に一台の割合で普及している。そのうち車道が整備されて路上に電燈が灯り、自動車が走行するようになれば、チベットで見られたように野生鳥獣が姿を消す。やがて有害な化学物質も生活に浸透し、延いては社会全体の環境破壊にもつながっていく。

このトルボ地方という地域社会において、もしかしたら、その人工化の先鞭をつけたのは私ではないのか——という戦々恐々とした気持が、ときに湧き出たりする。ツァルカ村に橋をつくったことで、この地方の村びとから大いに感謝されているが、こうした善意による私の奉仕活動もまた、批判の対象にならないともかぎらない。

橋は確かに役立っている。荷物をつけたヤクが渡れるように設計した橋を、いまでは爆音を撒き散らしながらオートバイが渡っていく。一言でいえば、私たちの身辺から久しく失われた郷愁や他者への共感が、この地方においても現に失われつつある。

コマン村を出発する朝、今日は「ヤートン」の日だから天気がいい、とスディルが言った。各地の村々からウマに乗った若者が、ムクチナートの広場に集まって技や勝敗を競う、言うなれば夏の祭典である。

スディルが言うように、風もさわやかで雲一つない青空が広がっている。馬方が出発の荷造りをしている間に、私とスディルはコマン・トゥルクに会うため自宅を訪ねた。トゥルクに会うのは三度目である。私がそのことを伝えると、昔、シェルパと二人で来た日本人ということでトゥルクは知っていた。シェルパ(アヌー)はどうしているか、と聞かれて、いっしょに来たくても老齢で体調が思わしくなく来れなかった、と事情を伝えた。

トゥルクはトルボブッダの八回目の生まれ変わり、すなわち化身である。本名は第六章でも触れたように、トゥルク・ドルジェ・ツェワン。昔にくらべていっそう逞しく堂々とした体格になっていた。茶褐色で顔の血色もいい。咳が止まらず困っていることを伝えると、すでに用意されていて、傍に置いてあった小さなビニール袋に入れた粉薬を差し出された。あとでわかったが、宿の女主人が気を利かせてスマホで連絡していたのだ。

薄茶色をしたその粉薬をさっそく飲んでみる。龍角散のような味がした。同じ成分なのかもしれない。帰国後、知人にそのことを話したら粉末のままで服用するのが効果的なのだという。「病は気から」ということもあるのか、この日を境に私は回復に向かい、日に日に元気をとり戻した。

その考えられる理由がもう一つあった。長年にわたって私を悩ませつづけてきた、慧海のチベット国境越えの謎の解明につながる、もっとも重大な事実を示唆されたのだ。私はトゥルクと会うのは今回が三度目であり、前の二回は聖地シェー・ゴンパへの途次、アヌーと二人で立ち寄っている。そのときは慧海については言わなかったはずだし、信心深いアヌーの後に従って参拝したに過ぎなかった。

　しかし、今回はアヌーもいない。カタ（白布）に御布施を包んで、スディルとともに私から参拝をかねて挨拶に来たのだ。私は百二十二年前に日本人僧侶がチベットに潜入した経路を何年にもわたって踏査してきた結果、未踏査で残っているのが、もはやゴップカル・ラしかなくなり、今回はそこへ是非とも行かねばならない旨を伝えた。

「貴方の考えは間違ってはいませんよ」

　あまりに唐突なこの言葉に私は面食らった。何を根拠にそのようなことを言うのか、私にはまったく判断がつかないし、その心意も理解できない。しかし、打てば響くとはこのことだろうか。発言内容の重大さを考えれば、このときのめぐり合わせは運命的であり、まさに啐啄《そったく》同時といったほうが適切かもしれない。

「日本人のゲロンがヤクとともにゴップカル・ラを越えてチベットへ行きました。ずっと昔、私の曾祖父のころのことです」

　ゲロンとは妻帯しない修行僧を意味する。日本人、ゲロン、ヤク、ゴップカル・ラ、チベット。この五つの単語から判断して、その修行僧とは慧海以外の何者でもないと私は確信した。曾祖父はニマ・ドルジェといって、かりに存命であれば、今年百四十七歳になるという。一八六六年生まれの慧海より九歳年少ということになる。トゥルクは一九九四年、曾祖父からその話を聞いたのだそうだ。

　その際、トゥルクが自ら記したメモも残っているという。そのメモを後日、スマホで撮ってもらい、ケンボーを介して送ってもらったのだが、チベット語で私には理解できない。それを英訳して送り直してもらい、英語の得意な私の友人が日本語に翻訳したのが、以下の文章だ。

一九九四年、私はコマンにあるセルフグ寺で三年間のリトリートをしていました。その時、私は偉大な曽祖父ニマ・ドルジェと一ヶ月間いっしょに暮らしました。その間に曽祖父は私にいくつかの歴史と過去の情報を教えてくれました。特に、ある日本人がドルポに来たことについてです。彼は僧侶でした。当時、モエ村の何人かの人々はヤクを連れてチベットのチャンタン（北方平原）地方へ向かっていました。チベットに行くには三つの峠があり、右は Magen 山、左は Loru 山、中央は Zala 山である。彼ら（モエ族と日本の僧侶）はザラ山の峠を越えてチベットのフェンチ地方に行きました。私の曽祖父の語りに従って書かれたものである。トゥルク・ドルジェ・ツェワン

友人は土地鑑もなく文章を翻訳しただけなのだが、内容は充分に理解できる。引用した翻訳文の「モエ」はムィである。慧海と思われる僧侶がムィ村を通ってヤクといっしょにチベットへ行ったことが記述されている。チベットへ行く三つの峠とは、現在の峠名でいえば、右からマンゲン・ラ、ゴップカル・ラ、クン・ラである。中央の「Zala 山」を越えて行ったと言うのだから、トゥルクが私に語ったようにゴップカル・ラを越えたのである。トゥルクによると、ゴップカル・ラは昔、ザラクポと呼ばれていたという。

これで慧海がゴップカル・ラを越えてチャンタンに行ったことは確定した。とすれば、果たして峠から川の流れが見えるかどうか、それについて聞くと、自分では行ったことがない、しかし彼なら何度も行ったことがあると言って、トゥルクの隣に座っていた老人を紹介した。気づかなかったが、そこには何人かの村びとが集まって来ていて、警察官も一人混じっていた。のちほど宿の女主人に聞いた話によ

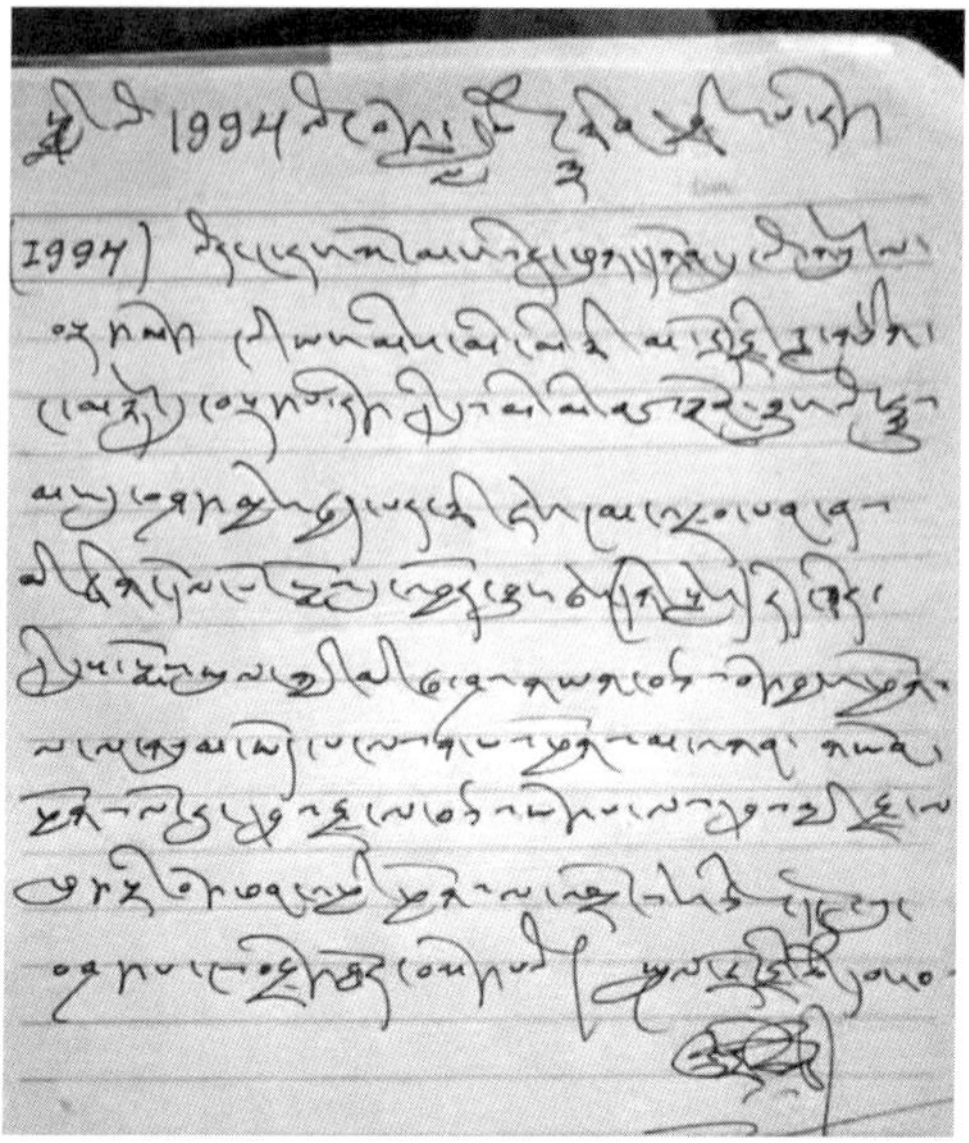

慧海と推定される日本人僧侶がゴップカル・ラを越えてチベットに入った話をチベット語で記したメモ。曽祖父から聞かされた話としてコマン・ゴンパの住持トゥルク・ドルジェ・ツェワンが書いて保存していた。（2022年撮影、トゥルク・ドルジェ・ツェワン提供）

ると、村内で発生した事件の対応をめぐって集まっていたのだ。

そんなこととはつゆ知らず、私はトゥルクの隣にいた老人に、ゴップカル・ラからの眺望について聞いた。慧海の記述にあるように、幾筋もの流れが眺められるとのことである。なるほど、慧海の描写は間違ってはいないのか、と私は安堵の胸をなでおろした。ラサを遠望したゲンパ・ラからの描写のように、見えない風景を記述したのかとの懸念はなくなった。

その老人は川も眺められるし、左方に湖の一部も見えると語った。湖はプルトック、またはキルチュン・ツォとも呼ばれているという。地域ごとにいろいろ呼称があるのだろうと思いながら私は聞いていた。

さらに言えば、トゥルクが私に語った話は、ここに掲出したトゥルクのメモより内容が詳細、かつ具体的である。それによると、慧海と会ったのはニマ・ドルジェではなく第二夫人だという。ニマ・ドルジェには夫人が二人いた。第一夫人はコマン村、第二夫人はムィ村の住人だった。その第二夫人が夫に、慧海について話したのである。ゲロンと言うからには妻帯していないことを知っていたことになる。日本人のゲロンはニマ・ドルジェと同年配に見えたようだ。ニマ・ドルジェが存命であれば百四十七歳だということからして具体的であり、話の内容には信憑性が感じられる。ゴップカル・ラ越えの経路は、チベットへ通じる三つの峠越えのなかで、唯一、冬でも通行可能なのだという。慧海はムィ村の、おそらく交易の人たちと行動をともにしたのではないかと思う。

慧海がムィ村に着いたのは、日記の記述から察するに一九〇〇年七月三日である。国境の峠に達したのが翌四日。日記のなかで抹消部分が、この間の記述にもっとも多くみられる。何故抹消したのか、理由はわからない。行程から判断すればムィ村の前後に相当する。三日の記述に「直ニ草上ニ毛布ヲ敷イテ臥ス」とある。翌四日、日記によれば、二里半で国境に達している。行程から判断して、慧海が草地に毛布を敷いて泊まった場所は、ムィ村の移牧地ニンレッではないかと思う。そこは二股であり、右股がマンゲン・ラ、左股がゴップカル・ラへ通じている。

サルダン村からニサル村へ

トゥルクと別れて宿に戻り、出発の準備を整えながら私たちを待っていた馬方とともにサルダン村をめざして出発した。村はずれで、宿の女主人が忘れ物だと言って、追い駆けてきた。そして、歩行用に使っている私のストックを二本手渡した。どうもうっかりしている。私がウマに乗っているときはスディルがストックを使っているのだが、スディルもどちらかと言えば、私同様ぼんやりしている面がある。やはり、アヌーがいないとどこかが抜け落ちている。アヌーとスディルは私の両腕として働いていたのだから、片腕がなければ不便なのは道理である。いまさらながら、そのことを痛感した。

緩やかな上り道をたどって峠に達する。青空がひろがり気分がいい。かつて雷雨に遭遇したときアヌーが読経した峠である。アヌーさんはどうしてるかな、と言って、スディルがスマホで連絡した。アヌーは私たちの安全を期して欠かさず朝の読経をつづけているという。ありがたいことである。

私はスディルに代わって現在位置を知らせた。道はこの峠で二手に分かれ、下り道をたどればナムドゥ村、北へ延びる尾根沿いに進めばサルダン村へ行く。シェー・ゴンパへ行くには、ナムドゥ村経由の下り道をたどる。アヌーとともにかつてたどった経路である。

今回は、サルダン村へ直接向かう経路をたどった。尾根道であり、ぐるり眺望が得られる。右手にチベット国境につらなる荒涼とした岩の山並、左手は深い谷筋をへだてて穏やかな高原が広がる。シェー・ラ・ムクチュンだ。その果てに、カンジェラルワ（六六一二メートル）の氷雪嶺が、雲を一部にまとい、山頂部をのぞかせている。

尾根の頂から千メートルちかい高度差を下って午後三時過ぎにはサルダン村に着くことができた。天気もいいし、目的地に近づきつつあるので一日休養する。態勢を整えるには都合がいい。それに何より、私たちが泊まった宿は水がふんだんに利用できる。庭の片隅に水道が設置されていて常時流れ出ている。ヒマラヤの村々では、水が豊富なはずなのにその利用の仕方がよろしくない。そのため容器を担いで、ちかくの川へ水汲みに行くのが女性の仕事であり、毎日の日課になっている。これは重労働である。

この点、私たちが泊まった宿は水の便がよくて、宿の主人が地域の有力者であることも都合がいい。庭にはテーブルが置かれて椅子もあるから、そこで食事をしたり、村びとに集まってもらい、国境の峠についてさまざまな情報を得られる。

クン・コーラの道を改修工事して「人の道」から「家畜の道」にしたのがここの村の人たちだった。クン・コーラはそれ以前、道が荒れていて、家畜を移動させるにはムィ・コーラと相場が決まっていた。これはサルダン村の年配者であれば誰もが常識的に知っていることである。要するに、ムィ・コーラはかつての交易のメインルートになっていた。

その中心地がサルダン村であり、交易だけでなく巡礼にとっても避けては通れない交通の要衝だった。現在、サルダン村はこの地方の行政の中心地として、近代的な施設、つまり学校はもとより警察署や銀行がある。それだけにこの地方の事情に精通している人も多く、私はそうした人たちに集まってもらい、お茶を飲みながら話を聞くことができて大いに参考になった。国境を越えたパヤン地方のゴヤ・ゴンパや、住職のペマ・タシ、そしてトラシチョについても知っていた。国境をへだてていても、同一のチベット文化圏として密接につながっていたのである。

私たちはこれから向かう村々への経路の状態や、村の有力者を紹介してもらった。この先、サルダン村からヤンツェル・ゴンパを経由してニサル村へ行くのだが、従来の谷沿いの道は、洪水で壊れているので山道をたどることになった。道中、通過する、こじんまりとした昔ながらの村々は魅力的である。

山道から谷沿いの道に下りて、ヤンツェル・ゴンパへ向かう途中で天候が崩れて雨に遭った。サルダン村のほうから流れ下ってくる右股のドラサムヂュン・ツァンポーと、ヤンツェル・ゴンパやニサル村のほうから流れ下ってくる左股のドラサムヂェン・ツァンポーとが合流する二股の手前にある橋は壊れかかっていた。先日、洪水があったというからそのせいだろう。私たち二人は空身で渡ることができても、荷物を積んだウマには危険である。荷物もろとも流されたら元も子もない。

上流の浅瀬に渡渉地点をみつけて、そこをどうにか渡ることができた。二股から左股の左岸の道をたどってすぐに右岸に渡る橋がある。そこには昔ながらの木橋と鉄橋がかかっている。木橋を右岸に渡ってヤンツェル・ゴンパへ向かう途中、慧海が「河水ニテ焼麦粉ヲ食ヒ」と書いた河水はどのあたりかと注意しながらたどった。前回（二〇〇六年）のときも注意したが見つからなかったので、今回はさらに注意しながら見たのだが、慧海が焼麦粉、つまりツァンパを食べた場所は涸れ沢になっていた。前回、私とアヌーとスディルの三人で立ち寄った茶屋はなくなっていた。国境が閉鎖されて交易が成り立たなくなったからかもしれない。

ヤンツェル・ゴンパへ向かう上り道は荒れ放題で廃道になっていた。慧海は、たぶん、この道をたどったのである。べつの道もあるのだが、その道はヤンツェル・ゴンパは通らずにニサル村へ直接延びている。雨脚がいよいよ激しくなってきた。古びた雨具は防水が効かないし、メガネは濡れて視界が閉ざされ、おまけにずり落ちてきて厄介なので外すしかない。ド近眼ではないから、それでも何とかなる。

紹介されてきたヤンツェル・ゴンパの住持を訪ねたのだが、家には誰もいない。比較的新しい建物がちかくにあったので、とりあえず雨を避けて中に入ると、そこは警察官の宿舎になっていた。親切な警察官で、何なら食事をつくるから泊まれば、と言ってくれる。ありがたいけれど、もう一人紹介された人がいるので、その人の家を警察官に教えてもらい、訪ねた。若い主人が出てきて、来意を告げると引き受けてくれた。昔ながらのチベット風のつくりで、丸太階段を上がった二階が居間になっている。

ストーブが焚かれてあった。私たちは暖をとり、濡れた衣服を乾かし、温かいコーヒーを飲むことができた。若い夫婦には子供が三人いた。子供を八人ぐらいは欲しいと妻が話した。スディルがびっくりして、多くはないですか、そんなにどうするのですかと聞くと、コミュニストにしたい、と言ったのでさらに驚いた。生活用品のほとんどが中国製の製品で賄われている現在、内実を知らずに憧れたとしても不思議はない。

翌朝、ローティ（パン）をつくって二人の子供に持たせ、学校に送り出してから妻は私たちの朝食と昼食の準備にとりかかった。私とスディルはその間、昨日世話になった警察官がやって来たのでいっしょにヤンツェル・ゴンパに出かけた。昨日、留守にしていたのは、近所の家に用事があって出かけていたのだという。

夫婦で私たちに応対していたが、妻のほうは太っていて心臓がよくないそうだ。夫は痩せていた。妻は私を見ると、あなたは、昔、シェルパと二人で来た日本人だね、あのときはカギがなくてゴンパの中を見学できなかったけど、今回は夫もいるし大丈夫だよ、と近所づきあいでもしているような屈託のない話し方をする。そういえば確かにそういうことがあったなと、言われてようやく思い出した。よくも忘れずに覚えているものだと感心する。

私たちは写真を撮りながら内部を見学した。敬虔なアヌーがいれば、さぞかしありがたそうに合掌しながら読経するに違いない。私もスディルも門外漢であり、知識も信心もうすい。それでも神妙な態度を示さなければ失礼にあたる。奉安されてある、ほこりにまみれた数々の仏像を拝顔しながら気がついたことがあった。眉間に白毫《びゃくごう》がなくて、代わりに縦に皺を寄せている仏像がある。それが何を表わしている仏像なのか、私には全然わからない。山なら多少の心得があるので対面しても感じ入るものがあるのだが。

私たちはさらに上部にあるゴンパへ向かった。カメラに充電できるというので警察官に案内されて行った。背後に峙つ断崖絶壁の高みに、おそらく、昔の修験僧が冥想したのだろうと思われる堂舎がある。興味本位で上ってみたいとも思うが、登山に精魂傾けていた昔ならいざ知らず、老化した現在ではとても無理だ。

私たちが上部のゴンパに行くと、ゴンパでは女たちが数人でモモ（ギョウザ）をつくっていた。僧侶が臭いものを食べるのは如何なものかと気にかけながら私はご馳走になったのだが、ニンニクは入っていないようで臭いはしなかった。充電させてもらいご馳走になったことでもあるし、私は謝金のつもりで千五百ルピーを寄進した。

第十三章　移牧の谷ムィ・コーラ

キティンの遺跡と桃源郷

私たちはニサル村の民家へ戻り、昼食用のナンをつくってもらったのち、主人の案内でムィ村へ向かった。主人の名前はギャルツェンというのだが、私はそのギャルツェンの用意したウマに乗って出かけた。というのは、私たちの荷運び用の鞍を宛がったウマに乗るのは、私にはきついので、一日でも乗馬用のウマで楽をしたいとの思いがあったからだ。それにギャルツェンにはこの日、ムィ村へ行く途中にある、幻のキティン・ゴンパの遺跡へ案内してもらう予定だった。

地元の人であれば誰もがキティン・ゴンパは知っている。トルボ地方で最古のゴンパだ、というより、王が住んでいたのだから王宮と言ってもいいのだろう。『Melodies of the Kalapingka : A History of Snowland Dolpo』の著者でもあるケンボーによれば、ゴンパ（寺院）のある場所よりもっと高いところには、尼僧院や城もあったということだ。

澄みわたった行く手の空に、月がしろじろと下半分を膨らませてかかっていた。私たちの進む道は村はずれでムィ・コーラへの道と分かれて、カグマ・コーラを渡った左岸沿いに下っていく。ムィ・コーラへ向かうこの下り道は、近年になって開設されたもので、慧海の時代にはなかった。ヤンツェル・ゴンパからニサル村を通らずに、下方を回って通過する道が昔はあったのだ。その下道は、現在、廃道に帰して使われていない。村の下方に広がる大麦畑を拡張した結果、下道を通る家畜が食い荒らすので廃道にして新しい道を現在の場所に開設したのだ。慧海も、その後のスネルグローブも、下道を通ってムィ・コーラの谷道をたどっている。

と、ここまではわかるのだが、私をいまだに悩ませているのは、慧海の日記にある以下の記述である。

大寺アリ稍ヤ荘厳ヤムデルト云フ其レヨリ上リテ下ル事半里余ニシテ北方少シク東ヨリ下レル急流ニ添フテ北少シク東ニ上ル事五里

この記述から、ヤンツェル・ゴンパを通過し、その先、「半里余ニシテ」北方から流れ下る谷川に沿って上って行ったことがわかる。ここで半里余りの距離が問題になる。慧海はムィ・コーラをたどったはずだが、そうだとすれば地図からもわかるように、ヤンツェル・ゴンパからムィ・コーラの入口までは現実に三キロ余りあり、二股からヤンツェル・ゴンパまでの行程から算出した一里あたり二キロの見立てとは合致しない（第八章参照）。

きっと、何処かがおかしいのだ。もやもやしたものを抱えたまま、カグマ・コーラを下って本流のドラサムヂェン・ツァンポーの右岸につづく道に出て、ウマに乗った。クン・コーラとの出合まで行き、そこで驚いたのだが、私の記憶に残る、心のなごむ瀬音をたてた清流とは打って変わっていた。激流である。いまの私の力量では、落馬して流される危険がある。

わずか数メートルの川幅だが、私は尻込みして渡れなかった。こうしたときのために間道があるのだなど、かつてアヌーと二人でクン・コーラの上流から山越えしてムィ村に行ったことが思い出された。ただし、渡渉できないのは私だけであり、先に渡ったスディルと馬方が大声で叫びながら、ためらっている私を見てさかんに手招きする。

しかし、私は決断できない。ギャルツェンが、怖気づいている私に見切りをつけたのか、ウマの尻を叩いた。

もう、こうなると仕方がない。私は手綱を引いた。ウマは激流に乗り出し、一瞬、よろけながらもどうにか難を切り抜けた。対岸に渡ったところで体勢を崩して落馬しそうになった私を、待ち構えていたスディルと馬方が支えた。私は悲鳴を上げて呼吸を乱し、激流の飛沫で濡れた岩に抱きついた。そこは、昔、アヌーと二人でウマを連れてたどった急な崖路の上り口である。ウマの手綱を引いて、私の先を上って行くアヌーの後ろ姿がくっきりと思い出された。

と、瞬間、閃いた。これが天の啓示なのか。体内を衝撃が走り抜けて、悩みつづけていた謎が解けたのだ。

「おーい、スディルわかったぞ」

「何がですか」とスディルは怪訝な顔つきをしている。

「全部わかった。慧海がチベットに潜入した経路だ」

「ゴップカル・ラではないんですか」

「それはそうなんだが、もっと詳しいことがわかったんだよ。はなまるだ、花丸」

「何ですか、その花丸というのは」日本語の会話が達者でも、スディルは花丸を知らない。

私も含めて誰もが犯す、慧海の日記の記述にかかわる重大な判断ミスに気がついたのだ。

「其レヨリ上リテ下ル事半里余ニシテ」という記述の「其レヨリ」つまり、起点となる場所を、誰もがその文脈から判断してヤンツェル・ゴンパだと判断する。これが判断ミスの元であり、私も勘違いしていた。

ヤンツェル・ゴンパから半里余りだとすれば、その間に「上リテ下ル」に相当する場所はクン・コーラへの経路にもムィ・コーラへの経路にもない。これは現場に立ち合わなければ納得がいかない事実である。

慧海が記した「其レヨリ」の起点はヤンツェル・ゴンパではなくて、クン・コーラを渡渉して私が抱きついた岩のある場所だ。ここから高度差にして二百メートルちかい上りがはじまり、上りきった地点から左折して支流のムィ・コーラに下っていく。慧海が日記に記した「半里余」という行程は、一里あたりが二キロという私の見立てからすれば、一キロ余りとなり、妥当である。

上りきった地点から、前方、右岸の急崖《きゅうがい》の中ほどに見える緑の張りついた場所にキティン・ゴンパの遺跡がある。ムィ・コーラに下ってまもなく、道端の上り口には壊れかけたチョルテン（仏塔）が建っている。急崖の基部に広がる草地に三頭のウマを残して置き、馬方に任せて、ギャルツェンの案内で私とスディルは、かすかにつづく風化した踏み跡をたどって急崖を上がった。ときには四つん這いになったり、ストックを差し出してもらい、それに捕まったりして息を切らせながら、高度差二百メートルほどの上りを、どうにかこうにかして遺跡にたどりついた。GPSは四一二〇メートルを示していた。

私がキティンの遺跡を確認したかったのは、チベットから伝えられた仏教がこの地からトルボ地方へ広められていった、という歴史的な事実からすれば、慧海の『旅行記』に書かれてある桃源郷とも関係があるのではないかと推理したからだ。それとは別に、トルボ地方がかつて桃源郷とみなされていたことを、私は一九九二年に、トゥクチェ村のタクール・プラサード村長からも聞かされていた。『旅行記』では場所は特定されてはいないが、私の心を惹きつける、漠然とした桃源郷の正体を突きとめたかった。つまり、桃源郷の発生源はキティン王国にあるのではないか。こうした推理が当たっているか確認するためにも、現場を訪れて肌で感じる必要があった。山を登りたい、という気持が原動力になって山を登るのと同様、キティンを探訪したいとの気持に牽引されて苦労しながらやっとの思いでたどりついたのだ。

スディルと案内人のギャルツェンは私とは異なり、平然としている。たいして呼吸を乱しているふうもない。いままでにない深く青々とした空が広がっていて、茶褐色の荒涼とした山々が波打つようにつづいている。きつい日差しを避けるため、ドゥビーと呼ばれる、わが国でいえばヒノキかサワラを連想させる常緑針葉樹の木陰に入るとひんやりする。昼食、といっても、ナンと紅茶だけなのだが、景色を眺めながらそれを食べるしかない。昼食はナン、朝夕はツァンパで、毎日、それしかない食事をとるたびに、土地の人びとの質素きわまりない暮らしぶりが察せられる。

たどりついた斜面の下方には、樹々も疎らで緩やかな草地が広がり、崩壊した住居跡が散在している。ゴンパの象徴とも思える、カトマンズでケンボーに見せてもらった、聳え立つようなチョルテンも倒壊し、その基部に開いた穴を覗くと、粘土製のちいさな仏像が山ほど詰まっていた。その一つ一つの仏像には、倒壊したチョルテン同様、歴史に埋没した、遠い昔の人びとの仏心が込められているのであろうし、そのことに思いを致せば、不肖の身にも少しは、仏教信仰に感応した面持ちになり清新の気が行きわたる。

この遺跡はまさしく、仏教とともに繁栄したキティン王国の夢の跡である。背後の絶壁には道がひと

廃墟と化した幻の王国キティンの遺跡に残っていた仏塔。私が探訪した時点では、見る影もなく倒壊していた。住居跡も残っている。（2022年、ケンボー・メンラ・プンチョック提供）

筋つづいていて、ここからは見えないが、ケンボーの話では、キティン・ラジャの王城や尼僧院がその上にある。

もしかしたら、ひと筋の道が延びている断崖絶壁の岩山の山頂部にあるキティン城は極楽浄土であり、さらにその上が天界なのではないのか。言うなれば、背後の岩山は須弥山《しゅみせん》に見立てられているのかもしれない。

キティン王国の崩壊後、残されていた文物はヤンツェル・ゴンパに移されたということだが、この一帯を発掘調査したら面白いのではないかと思いながら遺跡を後にした。帰路はスディルとギャルツェンに手助けされながらやっとの思いで下山した。

流れに沿ってつづく道は、アヌーとたどった前回にくらべて整備が行き届いていた。渡渉しなくて済むように木橋ができていたし、アヌーが必死で石を穴に運んで埋め立てた場所も修復され、ウマから下りて歩かなければならないようなこともなかった。ウマの背にゆられて、両岸に峙つ赤褐色の大岩壁に囲まれた回廊を抜けると、やがてチョルテンや祈禱旗が道端にあらわれる。鹿の群れもずいぶん目につくのは、大麦畑を食い荒らしに来ているのであり、村がちかい証でもある。仏教に帰依する村びとは殺生を好まないし、追い払おうともしない。犬さえ知らんふりをしている。犬が敵意をむき出しにするのは移牧地で家畜を襲うオオカミにたいしてである。

見覚えのある山並が流れの右岸にあらわれ出てきた。その一角を越えて、アヌーと二人、途中で出会った村長のピンゾーとともに、クン・コーラからの間道をへてムィ村に来たのが十六年前の二〇〇六年のことだ。心なしか、その当時にくらべて村の外観が新しくなっていた。新築の家屋が増えたからである。

流れの左岸に開けた大麦畑の緑の中に、石積の家が疎らに建ち並んでいる。村の入口にある、真新しい一軒に、ギャルツェンは私たちを案内して、何かとめんどうを見てくれるようにとお願いした。知人の家なのだという。伝統的なチベット風の二階建てとは異なり平屋である。

私は庭にテントを張り、スディルと馬方は家の中に泊まることにした。家の中はストーブが焚かれていて温かいのだが、私はテントで独りのほうが気楽でいい。スディルと馬方もそのほうが自分たちも気を使わなくて済むと思っているらしく、素早くテントを設営して私を泊めようとする。テントは寒いので、ヤクの毛皮と毛布を一枚借りた。ヤクの毛皮を敷いて、シュラフの上から毛布を被れば温かい。本来なら、コンロの一台でもあれば暖をとれるのだが、持って来なかった。

ギャルツェンは、日が傾きかけたころ、別れの挨拶として私にカタをかけてくれてからウマを連れて引き返した。ニサル村に着くころには日も暮れて暗くなってしまうのではないかと気にはなったが、地元であれば、外部の私が心配するほどのこともないのだろう。

前回(二〇〇六年)、世話になった村長のプンゾーと家族について、私はここへ来る前のサルダン村で消息を訊ねたのだが、プンゾーも妻も、三人いた娘の一人も亡くなったとのことだった。娘二人のうち一人は尼僧の勉強でインドへ行き、一人は村に残っていてチベット人と結婚したという。私は残っているその娘に会って、私を知っているかと訊いたが、忘れてしまったらしく、見たことがないという。いささか気落ちしたものの、しかし実際、そういうものなのかもしれないと思った。移牧の夏村で私たちが世話になった(第九章参照)のは夕方であり、翌朝には母娘は仕事に出かけていなかったのだから、娘が憶えていないとしても不思議はなかった。娘は二十六歳だという。そうすると私と出会ったときは十歳である。

傍に居合わせた年配の女性が、私はあなたを知っているよ、と言った。私がプンゾーの家に泊まっていたとき、彼女は歯が痛くて薬をもらいに来たのだという。私は思い出せないのだが、彼女は記憶に留めていて、上部での踏査を終えて戻ってきたら、お礼をするから食事に来てほしいと言った。

その後、私たちは九日間、ゴップカル・ラの踏査で上部にあるニンレッという夏村に滞在した。踏査を終えてムィ村に戻り、村を去る日の朝、娘が私のテントの入口にしゃがんでカタをかけてくれ、山盛りいっぱいにチュルピ(ヤクのチーズ)を載せてあるプレートを黙って差し出した。私を思い出して別れの挨拶に来たのだ。私は嬉しさのあまり、涙が出そうになるほど感激した。

移牧の夏村ニンレッ

私がネパール語でムィ・コーラと表記している谷川を、地元の村びとはチベット語でムィ・ツァンポーと呼んでいる。ツァンポーはチベット語で川を意味する。ツァンポーの支流はチューである。ネパールに組み込まれる以前、この地はチベット人の住むチベットの領域だった。六世紀から七世紀にかけてチベットから移住し、チベット仏教サキャ派の拠点としてキティン王国が繁栄したのは十二世紀から十三世紀ではないかと伝えられている。

ムィ・コーラは移牧の谷である。水量が豊富で、典型的な氷蝕地形であることから段差のある急流をなしている。流れの岸辺は草地で、途中、モレーンの丘が二ヶ所に位置し、その上部が緩やかで広々とした台地になっている。ニンレッという移牧地で、付近には池がある。ムィ村の住民は夏には移牧地と村を往復している。

ニンレッに向かう途中、上段に位置するモレーンの丘の草地で私たちが休憩していると、ムィ村に戻る親子が犬を連れて、私たちの傍に腰を下ろした。母親らしき年配の女性が背負っている荷物の重量は、歩き方の姿勢や荷物を下ろすときの動作からして、私が見るに、数十キロはあるかと思われる。移牧の夏村でつくったチュルピを家まで下げるのだと言って、その年配の女性は、一部を布切れに包んで私たちに分け与えた。そして、私を見たことがあるという。だとすれば、十六年前に訪れたときである。

いろんな人に知られていますね、とスディルは驚いていたが、私も驚いた。まるで、つい先日、私を見かけたような語り口で、そこには十六年の歳月が微塵も感じられない。流れる時間の速さ、時間にたいする観念が私たちの社会とは明らかに異なるようだ。

前にも述べたが、それがトルボ地方の桃源郷たる所以であり特色でもある。仏教を信奉し、チベットから移住した一族によって築き上げられたのち崩壊したキティン王国がその淵源であり、日本の説話に譬えれば浦島太郎の龍宮ではないか、と思えてくる。

しかし、時代とともにそれも消えていく。いまではこの地方に重機が入り込み、道路が拡幅され、私たちの通過して来た経路でいえば、シーメン村やサルダン村まではオートバイが走行している。ヤンツェル・ゴンパやニサル村、ムィ村はいまのところとり残されているが、早晩、中国製のオートバイが爆音をたてて来るのは間違いない。慧海がたどった経路はその幹線道路に相当する。

私は今回の踏査を振り返って整理してみた。謎の一つだった、ヤンツェル・ゴンパから先の行程にかかわる、慧海がムィ・コーラをたどったことも、コマン・トゥルクの証言から解決した。キティンの遺跡を確認して桃源郷の何たるかをも自分なりに理解を得た。あとは、ゴップカル・ラからの風景の確認と、その間の行程にかかわる日記の記述を検証することだけである。七月三日付にある「巌屋」と翌四日に出てくる「金沙ノ多ク流ル丶雪間ノ渓流」だが、結果を述べれば、「巌屋」は複数あり、現在も使われている。「金沙の渓流」については、川底に見られるキラキラ光る砂と石を持ち帰り、専門家の調べた結果、白雲母であることが判明した。

最後に残る課題が、ゴップカル・ラから北のチベット側の風景描写にある川の流れの有無である。その確認が目的でムィ・コーラに再びやって来たのだ。一九九二年に、慧海のチベット潜入経路をめぐる踏査を開始して以来、三十年をへて、ようやくたどりついた地点である。

二つ目のモレーンの丘を越えると平坦地があらわれ、ニンレッの夏村が見えてくる。石を積み重ねてできた粗末な小屋が点在している。ムィ村の大半の人びとが十月ごろまで家畜とともにここで生活する。

カルカ（夏の移牧村）の住人が話していたが、チベット側からヤクが集団でやって来て、勝手に草を食い荒らして帰っていくという。ネパール側からもヤクがやはり勝手にチベット側に行ったりするので、引きとりに行くと、返してくれないという。

この地方からチベットへ通じる峠は三ヶ所にある。ゴップカル・ラ以外の二ヶ所、すなわちマンゲン・ラとクン・ラには、監視カメラが設置されていて、地元の人びとといえども恐ろしくて近づけないそうだ。三年前にチベット側から入域したときも、私はそのような情報を耳にしている。かつて交易や巡礼がさかんに行われて自由に往来していた峠は一方的に閉鎖されたのだ。共産中国らしい強権的な対応と言わざるをえない。

私たちがニンレッに着いた夕方から天候が崩れ出した。寒々と降りつづく雨音を聞きながら、私はテントの中でシュラフにもぐってうずくまった。マットの上にヤクの毛皮を敷き、シュラフの上からヒツジの毛織の絨毯を掛け布団代わりに被るのだが、それでも寒さが身に沁む。

ヤクやウマなど家畜の首につけた鈴の音とともに子供らの元気な笑い声、男女の話し声、家畜を追いたてる鋭い叫びが聞こえてくる。石積みの小屋の中ではストーブで畜糞が焚かれていて暖かいのだが、そこへ行くのも面倒くさい。

降雨による停滞の日がつづいた。私たちは何処へ行くあてもなく、何をするわけでもなくほとんど寝てばかりいるが、カルカの人びとは家畜が相手だから、そういうわけにもいかない。天候に関係なく、朝方、家畜を連れて草地に行き、夕方、家畜を連れてカルカに戻ってくる。

滞在中、食事はツァンパと米飯に唐辛子の効いたジャガイモ汁だ。この地方では稲作が不適なのでネパールの低地でとれた米が運び込まれる。食事にさいして、おかずなどという副食品はない。一度だけ、出来上がった米飯に、温めたヤギの乳をかけて食べた。いままでのツァンパよりは栄養価が高いだろうと思って、そうしたのだが、私だけが激しく下痢をした。カルカの住人はもとより、スディルも馬方も何ともない。

深夜、腹痛を覚えてがまんならず、雨の中をテントの外に出て用便を足した。翌朝、その場所があまりにちかくて人目につくとまずいので、片づけようと思って見ると、ティッシュ以外はきれいさっぱりなくなっていた。以前、私の野糞を犬が食べたのを見たことがあったので、もしやと思い、つぎの用便のとき、丘の陰にしゃがみ込んで用足しのあとで見ていたら、案の定、犬が来て下痢便を美味しそうに食べた。ヤクをはじめとする畜糞は燃料に、人糞は犬の餌になるのだから、まさに、自然界の循環と連鎖に組み込まれている、と妙に感心した。

雨が小降りになったのを見計らって、私たちは村びとの案内でゴップカル・ラへ向かって出かけたが、雨脚が激しくなり雷鳴がとどろいたので、危険を察知して引き返した。途中の流れの砂地に、金色に光る細かい物質がたくさん見えていたが、前述したように白雲母である。専門家によると、かりに金粒だとすれば、比重が大きくて砂地の表面に浮き出ていることなどまずないという。

雨は、その後も降りつづいて私を悩ませた。私がかつて実践した古い形式の登山に倣えば、アタック態勢が整ったあとで、悪天候がつづいて天気待ちを強いられるときの心境に似ている。なにしろ、慧海のチベット潜入経路をめぐる謎は解明し、残るは、川の流れるチャンタンの風景描写を検証するだけなのだ。

移牧の村びとは雨降りでもお構いなしに仕事をつづけた。私たちの食糧が足りなくなり、馬方がウマを連れてムィ村に仕入れに行く。午前十時に出発して夕方六時ちかくに雨の中を戻った。塩を運んで、馬方といっしょに下ったカルカの住人は家に泊まって戻らなかった。娘が一人で家畜を探しに行き、七時ごろ戻ってくる。雨は八時ごろやんだ。移牧の村びとの働きぶりには目を見張るものがある。朝早くから夜遅く寝るまで働く。そうしなければ生活が成り立たないのだと思う。

日中、家畜を草地に連れて行く合間に塩をウマにつけて運んでくる。塩はマンゲン・ラの峠に行く途中の場所に、以前チベットから運んできたものがたくさん保管してあるという。それをサルダン村まで運び下ろして売りさばくのだ。

探し求めた風景

激しく降りつづいた雨は朝方、やんだ。停滞して四日目になる。チベットとの国境に峙つ岩山のつらなりに、どす黒い雲が一部まつわりついていたが、代わって白雲があらわれる。荒涼とした岩山の稜線には雪が張りついて寒々とした風景をつくり出していた。しかし、それも青空が覗くにつれて消え、日が照ると、テントの中にはいられないほど強烈に暑くなる。外に出て、陽射しを遮る場所に避難すれば、下流域から吹き上げる乾いた風がやわらかい肌触りを残していく。西の青空がしだいに広がりつつあった。雲の色や形から判断して、明日は好天気が期待される。

ニンレッッからゴップカル・ラまで七キロほどある。ウマで行くから三時間ぐらいはかかるだろうと踏んでいた。慧海が描写した風景を自分の目で確認することが目的なのだ。峠に上がっても、川の流れるチャンタンが雲に閉ざされて見えなければ目的は達成されない。そうしたことのないようにと念じて、空模様に一喜一憂しながら過ごす。風の吹き渡る移牧の谷の遥か下流につづく山並の上空に雲が広がっ

ムィ村の移牧地ニンレッ。ムィ・コーラはこの移牧地で二股に分かれる。右股がマンゲン・ラ、左股がゴップカル・ラへとつづく。ムィ・コーラは水量豊かな移牧の谷である。（2022年撮影）

ている。

　午後、その雲の群れが押し寄せて来ると、空の全体に雷鳴がとどろき渡り、雨がしとしと降りはじめた。いい加減にしろ、と天気を呪って腹を立てたが、自然界の摂理であり、なるようにしかならない。アヌーがいたら、きっと虚空に米粒を撒き上げて読経するに違いない。スディルにその話をすると、お願いしてみましょう、と言ってスマホをかけたがつながらない。

　雨がやむにつれ、淀みなく紫に澄みきった夕空が広がりはじめた。夜には星空に点滅しながら移動する人工衛星が見えた。これで明日の晴天は間違いないだろう。

　翌日、私たちはカルカの住人に案内してもらい、ゴップカル・ラをめざした。スディルと馬方は徒歩で、私だけが案内人のウマに乗った。案内人は十六年前に来たとき世話になった村長の弟である。交易に従事していて、ゴップカル・ラを越えてチベット側にあるクン・ツォに何度も行ったことがあり、当然のことながら付近の地勢を熟知している。

十六年前の前回、マンゲン・ラには行ったが、前述したような事情でゴップカル・ラには行けなかった（第九章参照）。もしあのとき行っていれば、いまより若かった私は、体力・気力、もしかしたら知力も含めて余裕をもって行動できたはずである。アヌーも同行していたし、気心の知れた相棒が二人いることは、それだけ内容的にも充実したものになる。しかし、いまとなっては詮無いことである。

左股は開豁な氷蝕谷であり、ひと筋の流れが延びていて、上部へ進むに従い、空気の肌ざわりがひんやりする。左手に尖峰が二つ顕著に聳え立っていて目印になる。双耳峰《そうじほう》と言っていいような二つ並んだその尖峰を左手に見ながら、流れを右岸から左岸に、さらに右岸へと渡って進み、湖があらわれると国境だ。「ゴトウ・ツォ」という湖である。この湖から流れ出た渓流が下流域に見られる緑地を育み、移牧の谷の村びとを養っている。

国境の湖まで三時間ぐらいだろうと私は踏んでいたが、二時間弱でついた。最初、峠についても、案内人に言われるまで気づかなかった。慧海の風景描写とは似ても似つかぬ、湖が横たわる単調な谷間の風景だ。そこからチャンタンが眺望できるものとばかり思っていたので驚いた。ＧＰＳで確認すると、国境は湖の対岸である。とりあえず、そこまで行ってみるしかない。

案内の村びとは危ないからと言って、先へ行こうとはしない。明らかに怯えている。私がスディルを連れて湖の縁を先へ進むと、銃撃されるぞ、と言って、馬方と二人、岩陰に身を隠す。いささか大袈裟ではないかと失笑を禁じ得なかったが、スディルもびくついている。私が進むので仕方なく気の乗らない様子でついてきた。私がＧＰＳを見ながら、国境はこのあたりだな、と言うと、危ないからＧＰＳは接続スイッチを切ったほうが安全だという。画面には国境線を示す赤い線が入っている。スイッチを切ってその線までさらに進むと、チベット側にもほぼ同じ高さの位置に同じような大きさの湖がある。

GPSの国境線は、二つ並んだこの湖の中間に引かれていた。先日、サルダン村で長老を交えて雑談したとき、チャンタンが見えるのはその先であることを長老が話していたのを思い出す。つまり、国境線のチベット側に、私がめざす目的地があるということなのだ。慧海の時代には何処が国境だったのか知る由もないが、慧海が日記と『旅行記』で述べている国境と、現在、私が到達した国境とは場所が異なることは確かである。慧海が書き記したチャンタンを眺望できる国境は、サルダン村をはじめ地元の人びとが私に話していた、川の流れや湖が見える場所をさしている。

寧巴利ト西蔵土トノ国境ナル雪峯ニ上ル北ハ西蔵土高原ニシテ処々ニ稍ヤ高キ岡阜《カウフ》ヲ見ル此高原ヲ西蔵土語ニ（チャン・タン）ト云フ処々ニ河水ノ流ル丶ヲ見ル南方ハ雪峯連綿トシテ大空ニ銀環ヲ綴レルガ如シ而シテ此峯上水分レテ南部ハ寧巴利国ニ流レ北部ハ西蔵土高原ニ入ル此処ヲ正シク両国ノ境界トス（日記）

ゴップカル・ラからの風景は、引用文にある風景描写とはまるで異なる。私は茫然とした。国境が分水嶺であるかのように記述されているが、私が見た事実とは符合しない。分水嶺はゴップカル・ラだが、地元の村びとの話から察するに「処々ニ河水ノ流ル丶ヲ」という記述に符合する眺望の場所は、ゴップカル・ラからさらに先なのである。

私はスディルと二人、国境からチベット側の湖を眺めた。広々として穏かな氷蝕地形がチベットの空に向かって開けている。かつてチベットを往来していた人びとを思えば、それができなくなったいまの時代の窮屈さが息苦しいほどに感じられる。

スディルは身の危険を感じたのか、そわそわして落ちつかない。一刻も早く、この場から立ち去りたいようだ。と、チベット側の湖の岸辺に人影が見えた。三人いる。ヤクも見える。移牧の村びとかもしれないし、人民解放軍の監視人かもしれない。最近、クン・ラで外国人が捕まり、顔面がぼこぼこに腫れ上がるほど激しく打擲《ちょうちゃく》され、ムスタン地区の国境管理事務所からネパール側に解放されたという。年々、国境監視は強化されているのかもしれない。

スディルは危ないから戻りましょうと言うなり、一目散に逃げだした。あっという間にその後ろ姿が小さくなり、馬方と案内の村びとが身を潜めているゴトウ・ツォ湖岸の岩陰に隠れた。「脱兎のごとし」とはこのことかと、私はその早業に感心した。私は息が切れて、とても追いつけない。急ぎ足は無理である。ストックを突きながらゆっくり歩くことしかできない。

私が岩陰に着くと、馬方と村びとはぶつぶつ呟くように経を唱えていた。身の安全を祈願しているのだろう。チベット人ならいざ知らず、中国人は何をするか分かったものじゃない、そう言って怯えている。

ここはネパール側なのに、それでも安心できないようだ。私としても、ここから引き返すしかない。思いもしなかった結末になり、不満足ではあるが、これで万事休す。それでも実質、慧海のチベット越境にかかわる謎は解明したのである。

ムィ・コーラはクン・コーラとは異なり、上部が典型的なU字谷をなし、とりわけ、左股は水量が豊富で、国境の湖ゴトウ・ツォまで草地がつづいている。クン・ラ、ゴップカル・ラ、マンゲン・ラをへて、チベットへ通じる三つの谷のなかでは、最も移牧に適していて、言うなればチベットをつなぐ緑の回廊なのである。

地元の村びとが口をそろえて言うように、ヤクをはじめ家畜を連れてクン・コーラが通行できるようになったのは、近年、サルダン村の住民が中心となって、ゴーロ状になって荒れていた谷の上部を整備したからにほかならない。それ以前はムィ・コーラが使われていた、という状況を、現場に足を運び、地元の情報を得た私には十分理解できる。慧海のチベット潜入経路をめぐって、地元の村びとによる谷の利用のあり方を考えることは、謎を解明するための重要な手立てである。

ここに至って、かりに慧海がクン・コーラをたどったとして、それを証明するための、必要な論拠は何もない。それはいいとしても、私としては慧海の描写を裏づけるため、自分の目でチャンタンの風景を確認したかったが、それができなかったことが残念でならなかった。

同じような不快極まる悔しさを味わったことが以前にもあった。チベット側にある白巌窟へ向かった三年前のことだ（第十章参照）。今回と同じように、現場の位置がわかっていて、しかも目と鼻の先にありながら行きつくことができなかった。それを思うと、腹の虫が治まらない。

このとき、不機嫌な私を案じて、スディルが奇策を考えていたとは知らなかった。あとでわかったのだが、スディルは私に内緒でそれを実行した。

チャンタンが眺め渡せる場所は、地元の村びとであれば誰もが知り、行ったことのある場所でありながら、中国人の監視が恐ろしくて行きたがらないのである。日本人の私の場合、捕まれば罰せられるに違いない。地元民であれば、かりに捕まったとしても追い返されるだけである。

カルカに引き返した夜、スディルは私に、心配しないでください、行ってくれる人を探しました、と言った。三年前のチベットで、私の代わりにチベット人二人が現場に行って写真を撮って来たことを思い出した。もしそれが可能であれば、善後策としてそれに越したことはない。本人とも会って話をしたが、場所はわかっているのでスマホで写真を撮ってくるという。ただし、いまは仕事が忙しくて手を放せないので、後日、撮影した写真はシーメン村のアマの孫を介してスディル経由で私の手元に届くようにする、というのである。

この件については、何かあった場合、いつ何処からでもスマホで連絡がつくのだから、根も葉もない話ではなかった。ムィ村の人びとは、キティン王国に誕生したトルボブッダの時代から、シーメン村とはつながりが深く、有力者でもあったアマの家がその連絡所になっていた。驚いたことに、一日でシーメン村を往復するという。

実際、私たちが帰路、シーメン村に戻った日に、あとから村びとが来て、暗くなっていたが、荷物を置いて、その日のうちに帰途についた。険路悪路である。暗くなっても大丈夫なのかと聞くと、通い慣れた道なのだろう、まったく気にするふうもなかった。

終章　トルボ地方を去る

ムィ村に幸あれ

雨は昨夜から断続的に降りつづいていた。晴れる当てもなく待っていても仕方がない。昼ちかくになって、その降りつづく雨の合間をついて、私たちは移牧村のニンレッからムィ村に下った。九日間の滞在だったが、その間、食事をつくってもらったり煮炊きのストーブを使わせてもらったりしながら、何かと世話になって打ち解けて過ごしたことでもあり、村びとが数人、別れを惜しみ、私たちを見送った。

谷の源流を遮ってチベットとの国境につらなる六〇〇〇メートル前後の岩山は、上部の岩肌に雪が付着し、斑《まだら》に白くなっていた。岩山にまつわりつく雪雲は寒々として、私の鬱屈とした心情をあらわしているようだった。お願いはしてみたものの、村びとがチャンタンに出かけて行き、写真を撮って送ってくれるという保証はない。そのことが懸念され、私は気が滅入っていた。

私たちがムィ村を去る朝、村びとが各々、カタを手に、ツァンパやチュルピなどの食糧を差し入れに来た。どうしてこんなに親切にするのか、何か誤解しているのではないだろうか。不思議な面持ちになりながら、感謝の念が湧き起こる。

帰り際、村はずれでは学校の新築工事が行われていた。新しい教育がこれから定着するのだろう。若い男の先生がいて、私と二人並んで記念撮影したいと言うので、照れ臭さを隠し切れないまま応じた。ネパールでは近年、政府による教育環境の整備が進んでいるようだ。おそらく、このムィ村がもっとも遅くまでとり残された僻遠の地ではないだろうか。

村びとの純朴さに心打たれ、いつか、また再訪する機会があるだろうか、などと思いながら、シーメン村へ向かう峠越えの道をたどった。二度と来れないような気がして心細くなり、途中で振り返って村を俯瞰した。谷沿いに広がるわずかばかりの大麦畑に、石積みの家屋が散在している。ここが知られざるキティン王国の末裔が暮らす集落であることに思いを致せば、私の心底に哀愁がゆらぎ立つ。

ムィ村からはクン・ラ、ゴップカル・ラ、マンゲン・ラという三ヶ所の峠を経由して、チベットへ通じる道が開かれている。それらはとりもなおさず、チベットとの密接な結びつきを示すものではあるが、かつてのキティン王国とともに、その歴史や存在意義は忘れ去られつつある。

クン・コーラの道が整備されてヤクの通行が可能になって以来、チベットとの交易の経路はクン・コーラにとって代わられたが、いまではその交易すらも廃れてしまった。それでもムィ村は、ムィ・コーラと各支流の草地を移牧に利用し、昔ながらの半農半牧を生業にひっそりと息づいているのである。ムィ村に幸あれ。

ムィ村からラ・ラの峠までは、ウマの背からずり落ちそうになるほどの急登がつづく。なにしろ荷運び専用のウマと鞍では乗り心地もよろしくない。石ころだらけの細々とした道が峠に延びている。好天気に恵まれ、峠からは山々の眺望が得られた。峠の積石に張り巡らされたタルチョがはためいている。登山に精魂込めていた時代から苦楽を分け合ったアヌーの読経がないのが寂しかった。アヌーがいれば、きっと真言を繰り返し叫んだに違いない。ハーギャロー、ケケソソ、ハーギャロー(神よ、勝利し給え)。

峠からの下りは、足元の不安定な岩屑の道で、老いの身にはことのほか厳しかった。足腰が弱くなっているため、転落や転倒の危険を感じて身をこわばらせ、両手でストックを突きながらゆっくり休み休み、必死で下るしかなかった。

十六年前にたどったときは何の苦労も感じなかった。軽快に下ったはずである。それが今回は、スディルに見守られ、二時間ほどかけて、やっとの思いで谷沿いの道に出た。そこからは道も緩やかになり、楽な姿勢で、足が自ずから前に出て、スムーズに歩けるようになった。さらに、左方からの流れを併せた本流に出ると、谷は開けて道幅が広くなり、ウマに乗ることができた。

この経路は、ムィ村から上部のムィ・コーラ沿いの道と同じように、あちらこちらに洞窟が散見する。昔の修行僧が断食行でもしていたのだろうか。仏教をこの地に広めたキティン王国が繁栄していた時代は活気を呈していたのであろうし、トルボ地方が桃源郷と謳われた由来も、その繁栄にあったのではないだろうか。

言い伝えによれば、キティン・ラジャ（キティン王）の娘がシーメンカユリ（シーメン村）に嫁して、そこで誕生したのがトルボブッダである。キティン一族の末裔が住むムィ村とシーメン村をつなぐ経路は、まさしく由緒ある古《いにしえ》の道であり、この地方に見られる寺院、仏塔、マニ塚、マニ石、洞窟、さらには仏像をはじめ仏教文物の数々が、往時の遺物として面影をとどめているのもむべなるかなである。

シーメン村のちかくの左岸にある廃墟の寺院について、十六年前の前回訪ねたことを前述したが（第九章参照）、その廃墟の寺院が再建されていた。経緯は知らないが、村の豊かさ、つまり経済力と関係しているのかもしれない。再建された寺院付近には用水路が敷設されて、そこから村に水が流入したことで活性化されたのではないかと思う。学校も新しく大きくなっていた。

シーメン村についたのち、スディルはスマホでカトマンズにある、私が昔から現地連絡所にしているホテルとアヌーに連絡をとり、無事、帰途についていることを知らせた。私が心配しているチャンタンの風景写真についても、村びとと連絡をとって確認し、心配しないでください、大丈夫です、任せてくださいい、と太鼓判を押す。

さらば辺境の村々

シーメン村はアマがいなければ寂しい村だった。私は霊前にそえる線香を持参していた。もちろん、わが国とは異なり、仏壇があるわけでもない。それでも生前の恩返しとして、線香を焚いて供養をしなければならない。アマと長男のハワンが亡くなり、往路は留守にしていた孫のヌルブが、帰路は戻って来ていた。

ティンギュール村にアマの長女がいて、私たちは往路、その家の世話になったのだが、帰路、アマの孫が私をオートバイで、ティンギュール村のアマの長女の家まで送ってくれた。スディルと馬方は後からウマを連れて、荷物とともに歩いた。

アマの長女の家に泊まった翌日、ティンギュール村から私は荷運び用のウマに乗り、スディルと馬方は歩いた。この日の泊りは、往路同様、ティンギュール村の夏村で「ガジャン」という移牧地だ。ここにはティンギュール村のヌルブ（シーメン村のアマの孫のヌルブとは別人）の息子が、大きなテントを張って宿泊施設を営んでいる。スディルと馬方はそのテントに泊まり、私は自分用のテントを張った。すぐ傍にテントを張っている夫婦がいて、私たちは往路、そのテントで食事を済ませたりしていたの

ティンギュール村の移牧地ガジャンで世話になった家族。私たちは往路帰路ともにこの家族に食事を用意してもらい、ここで寝泊まりした。ヤクの毛織のテントから昼餉の煙が立ち昇る。(2022年撮影)

だが、夫は私を見るなり、来たときとくらべてずいぶん血色がよくなった、と微笑みを浮かべて言った。来たときは調子が悪そうで顔に血の気がなかったそうだ。それもそうだろう思う。高山病の頭痛に加えて、風邪に悩まされていたのだ。咳や痰が治まらず節々が痛かった。

その夫はマニ車を回す手を休めることなく、いまはよくなったみたいだね、と言った。じつはそうでもない。毎日、ツァンパばかりを食べていたせいか、栄養失調状態で眩暈を起こしたり、果てはカトマンズに戻ってからデング熱に感染し、帰国後、発症した。この年は、アフリカや東南アジアの各地でデング熱が猛威を振るっていたのである。

翌朝、出発の準備をしているとき、ヌルブの弟がウマを走らせて挨拶に来た。私にカタをかけ、チュルピを手渡してすぐにティンギュール村に戻って行った。私が来ていることを兄のヌルブから聞いたのだと思う。純朴な人たちである。

一九九二年以来、現在に至るまで、この三十年間に今回を含めて九回、トルボ地方に足を運んでいるが、衣食住すべての面で生活は著しく変化した。電気が通いはじめて道路を拡幅し、重機が入って近代化を押し進めていく。いまでは機織りや糸を紡ぐのどかな光景や、婦人の頭飾りは見かけなくなったし、男女ともども服装も変わった。道路はどんどん奥地の辺境へ向かって延びていく。

言葉も変わった。チベット語しか話せなかった村びとは、若い世代にあってはとりわけ適応がはやく、ネパール語、英語を身につけ、オートバイを走らせている。

私がはじめて来た九二年当時、世話になった村びとの、いまは孫の世代である。シーメン村からティンギュール村まで乗せて来たのがシーメン村のアマの孫で、私たちがティンギュール村のガジャンに泊まった翌朝、歩きはじめてまもなく、ツァルカ村からオートバイで迎えに来たのがツァルカ村のアマの孫なのだ。私は親子三代にわたって、この辺境で世話になっている。

ツァルカ村からアマの孫とその仲間が、私とスディルをオートバイで迎えに来たのは、スディルがスマホで事前に連絡をとり、現在位置を教えていたからである。

私たちは徒歩なら一日半の行程を一時間半余りでツァルカ村についた。おりしも、ツァルカ村のボン教寺院では法会が執り行われていた。ボン教における世界で二番目に偉い、ツァルカ村出身のリンポチェ(高僧)が来ていて、ついでながら私も出かけて行った。リンポチェは普段はインドにいるのだという。私がツァルカ村に橋をかけたことを、ケンボーから聞かされていたようで、たいへんありがたく思っていると言って、私の手を握りしめて感謝した。ポンロップという名前のリンポチェである。

私たちはツァルカ村で一日休養し、かつて私が建設した橋を村びとともに点検した。橋脚のある岸辺が抉られていて護岸の必要性がある。村の人たちは石を積み上げて細々と補修しているが、石を詰めた蛇籠《じゃかご》で施工をするなりしなければならない。そのための資金が要る。村の人たちだけで全額を賄うのは無理である。村の人たちは私に期待を寄せているが、低級所得者の私もまた、それは叶わない。

しかし、何とかして修復工事を実現させたいと思う。それにはどうしたらいいか、悩むところだ。

村びとがアマの家、現当主は長男のツェリン・プルバであり、当人は山の移牧地で家畜の世話をしなければならないので来られないが、村びとが各自、カタを手に持って別れの挨拶に来た。往路同様、百人以上はいるだろう。チュルピ、リンゴを持ってくる人もいる。リンゴはここでは生育しないので下方の村から調達してきたものである。帰路の食糧として、野生動物の乾燥させた片足を差し入れした人もいる。ヤクの毛織物を記念に贈ってくれた人もいる。

言うなれば、このときの会合は送別会である。ヤギを一頭、そのために潰した。煮込むだけなので肉は硬い。スディルと馬方は大喜びで食欲を満たしていたが、入れ歯の私は、食いちぎることができずに出汁《だし》の効いたスープを飲むしかなかった。それでも硬い肉を食いちぎろうとしたので入れ歯が一部損壊した。

アマの娘もいて、昔、私からもらったという、髪の毛をすくブラシを見せた。大切に現在も使っているらしいのだが、私は記憶になかった。見ると、他人にあげるのは失礼ではないかと思えるほどの、いかにも安物である。もしかしたら、とふと思い当たるのは、ギフト品としてのもらい物ではないかというこ とである。自分で使おうとして持参していたものをあげたふしがある。以前、ラサでのことだが、感謝の気持から自分の腕時計を贈り物としてあげたことがあったので、そのブラシも、あるいは自分の使用品として持参したのかもしれない。それにしても安物をあげるのは感心しない。私は恐縮した。

ツァルカ村を去る朝、亡くなったアマの霊に、シーメン村のアマと同様、線香を焚いた。アマの孫、すなわちツェリンプルバの長男とその仲間数人が私とスディルをオートバイに乗せて途中まで送って来た。途中一ヶ所、渡渉しなければならない流れがあってオートバイでは進めない。その手前の丘にある草地で車座になって食事したのち別れた。村では、往路、私を迎えに来た馬方とウマを再び宛がってくれていた。私はそのウマに乗り、スディルと二人の馬方に手助けされて流れを渡渉し、帰路についた。

その日、ムルンスンナという移牧地に一泊し、翌日、峠にさしかかる。峠は二つあってトルボ地方の境界をなしている。この峠を越えると、トルボ地方と別れることになる。朝方、晴れていた空に、私たちが峠の頂につくころ雲があらわれはじめた。ケワル・ラという最初の峠は五六〇〇メートルちかい高さにある。ゆるやかな広々とした山腹がつづいていて、如何にもトルボ地方における移牧の豊かさを象徴するような風景である。

私たちはケワル・ラから先、三泊四日をかけてジョムソン村まで下っていく。この間、高度差三千メートルほどある。ケワル・ラの頂で腹ごしらえをしていると、ウマを使ってツァルカ村へ荷運びをしている地元の一行が数人、私たちの傍で食事をとった。女性も交じっていて皆日焼けし、潑溂として威勢がいい。食事の前に、経文が印刷されてある紙切れを虚空に撒き上げて祈った。紙片は風に飛ばされ、まさに紙吹雪だった。ルンタロー（風に乗っていけ）と繰り返し叫ぶ。

ケワル・ラの先には深くたおやかな谷が走っていて、その向こうにある峠がトゥジェ・ラだ。ケワル・ラより五百メートルほど低い。私たちはトゥジェ・ラの頂で、ツァルカ村から私を送って来た馬方と別れた。私は心付けとして二百ルピーを手渡した。馬方は私にカタをかけてくれてからウマをつれて、雲の中を引き返して行った。

私はウマから降りると、心身ともに全力を使い果たしたような疲れを感じた。困憊しきっていた。同行の馬方には、一足先に避難小屋へ下らせた。そこで火を焚いて、私がついたらすぐに暖をとれるようにしてもらう。

トゥジェ・ラから先、急崖の下り道である。天候次第では雪が付着して滑落するなど遭難者が出ることもある。私たちをオートバイで送って来たツァルカ村の若者も、先年、滑落し、ヘリコプターで搬送されて九死に一生を得ている。そのときの傷跡が額に残っていた。

この下りには、泥だらけになった急傾斜地もあり、たしかに危険である。曇天から雨がこぼれ落ちるなか、散漫になった注意力を奮い立たせ、覚束ない足どりで下った。雨脚は激しさを増した。スディルに見守られながら急崖を下りきって一息入れていると、ライチョウが十羽ほど、すぐ近くで列をなし、慌てて逃げていく。鹿やマーモットはたびたび見かけるが、ライチョウははじめてだ。わが国のものとは毛色が少し異なるようだ。

私は岩に腰を下ろしたまま、しばらくうずくまって休んだ。衰弱し、意識が朦朧としている。心なしか、心臓の鼓動まで元気がない。歩けないほどにくたびれ果てた私を見て、スディルはなかば困惑し、無言のまま突っ立っていた。何を言っていいか、言葉が出ない、といった様子だ。

スディルとはつき合いが長い。何歳になったか、と聞くと、五十六歳だという。十五歳のとき知り合って以来だから、四十年あまりになる。アヌー同様、苦楽をともにヒマラヤ各地を歩き回って来た仲である。精魂尽き果てた私の姿を見て、アヌーなら涙を流し、加持祈禱するにちがいない。

「よし、あすこの岩までがんばって行こう」そう言って立ち上がり、私は気力を振り絞って歩きはじめた。雨に打たれて休み休みしながら前進するしかない。

道中気になっていた、慧海が眺めたはずのチャンタンに川の流れる風景写真は、帰国後、スディルを介して私のパソコンに届いた。村びとは写真を撮りに行きたがらないのではないかとずいぶん心配し、日本に戻ってからも、スディルに何度か連絡をとっていたのだが、杞憂に過ぎなかった。

慧海がムィ・コーラからゴップカル・ラを越えてチベットに潜入した経路が、今回の踏査で明らかになった。それを裏づける資料として、チャンタンに川の流れる風景を撮った写真（口絵参照）は、コマン・トゥルクが書き残したメモとともに、客観的、かつ物的証拠として極めて重要である。慧海のゴップカル・ラ越えを証明するこの二つの資料は、現地住民による惜しまぬ協力の記念すべき賜物として、私の心裡に深く刻まれている。

こうして一九九二年以来、三十年に及ぶ、自分を信じ歩きつづけて来た、慧海のチベット潜入経路をめぐる私の踏査の旅は終わったのである。

後記

本書は一九九四年に上梓した『遥かなるチベット』(山と渓谷社刊、のちに中公文庫)の続編である。私にはどうしても本書を書かなければならない事情があった。それは慧海のチベット潜入経路にかかわる九二年の、トルボ地方における最初の踏査で、当時、謎とされていた国境の峠の位置を解明できなかったばかりか、併せて、いくつかの判断ミスを犯したまま訂正できずにいたからだ。

このときの踏査で私は、国境の峠マリユン・ラを越えて、チベット側に位置するマリユン・ツォという湖に達した。ところが、苦労を重ねてたどり着いた湖でありながら腑に落ちなかった。湖の形状が『旅行記』の記述とどこか違う。符合していないのだ。

私は判断を誤ったのではないか。そのため峠を間違えたのかもしれない。疑問が生じ、納得しきれない陰りが残った。どうしてこんなことになったのか。考えてみると、それもこれも、自らが蒔いたタネの結果である。そうであれば、自らの責任で問題を解決するのが道理だろう。

しかし、そうは思いつつも、踏査した結果の真偽を質すすべがなかった。ここで気づいたのが、慧海の日記を参考にすることだった。日記があることは、川喜田二郎から聞かされていたし、慧海の甥にあたる河口正の著作『河口慧海』にも、明治三十三年(一九〇〇)十二月三十一日付の日記が引用されている。

私は慧海の姪にあたる宮田恵美に手紙を出し、日記を拝見できないものかと打診した。当初、日記はなかなか見つからないとのことだった。それでも諦め切れずに、たびたびネパールから便りを送ったり、ときには直接、世田谷の自宅を伺ったりなどして、探してもらいたい旨を繰り返し伝えた。

その甲斐があってか、二〇〇四年十一月、見つかったとの電話連絡があり、日記のコピーが郵送されてきた。最初の踏査からじつに十二年が過ぎていた。この間、私は慧海のチベット潜入経路にかかわる踏査を諦めたわけではなかった。毎年のようにヒマラヤに出かけて行き、登山や雪男探索、ツァルカ村での鉄橋建設プロジェクトなどの活動をつづけながら、日記の公表をひたすら待ち望んでいたのだ。

その結果、手元に届いた日記のコピーから、私を悩ませつづけていた疑問を解く新しい事実が判明し、否応なく自らの判断ミスを知らされた。マリユン・ラは慧海が越えた峠ではなかった。しかも期待に反して、日記には慧海が越えた峠の名前は記載されていなかった。それでも、手がかりとなる文言がないわけではなかった。

私はそれらの文言と符合する場所を探し求めて踏査を再開した。初志貫徹。納得できるまで踏査を繰り返しつづけることが、私に課せられた責務であり、私自身のヒマラヤに追い求める夢の実践にほかならない。「人生の夢はすべて少年時代に始まる……」これはオーストリア出身の高名な登山家、ハインリヒ・ハラー著『チベットの七年』の「まえがき」の冒頭に添えられた半句である。その意味するところは、おそらく私自身のヒマラヤに賭ける諸々の夢と通底している。

日記には、慧海のチベット国境越えの峠を占うための見逃せない場所として「ヤムデルル」という寺院名が記されてあった。国境から二日行程、距離にして十数キロ手前にある現在のヤンツェル・ゴンパだ。これによって、慧海がチベット潜入の途次、ヤンツェル・ゴンパを通過した事実が判明した。

問題はその先である。ヤンツェル・ゴンパから先、チベット国境に向かって二つの谷が延びている。手前にあるのがクン・コーラ、尾根をへだてて奥地にあるのがムィ・コーラだ。クン・コーラの源頭にはクン・ラという峠がある。他方、ムィ・コーラの源流地帯は二股に分かれて、右股がマンゲン・ラ、左股がゴップカル・ラという峠に達している。慧海がこの三ヶ所の峠のどれかを越えたことは間違いない。

ここに至って、慧海のチベット潜入経路をめぐる謎解きの踏査は、いよいよ大詰めの段階にさしかかったといえる。しかし、その後も、私の踏査は一筋縄ではいかなかった。紆余曲折をへて私が納得のいく結論を得るには、慧海の日記のコピーを入手してから十八年後の二〇二二年の踏査を待たねばならなかった。最初にトルボ地方の踏査に出かけて以来三十年、はじめてヒマラヤに足を踏み入れて四十九年が経っていた。

この四十九年の間に、シッキム三回、チベット十回、ムスタン四回、トルボ地方に九回出かけた。慧海の旅の経路にかかわるそれぞれの土地の空気感を、時代が異なるとはいえ、私なりに肌で感じとりながら包括的に把握したいとの思いがあったからだ。その中でも私が徹頭徹尾こだわったのは、ネパールからチベットにかけての国境越えを含めて白巌窟に至るまでの行程を明らかにすることだった。

ヤンツェル・ゴンパから先、日記にはこうある。「大寺アリ稍ヤ荘厳ヤムデルト云フ其レヨリ上リテ下ル事半里余ニシテ」。上記の「其レヨリ」とは何処を指すのか。ここが重要な判断の分岐点である。文脈から判断すればヤンツェル・ゴンパだが、だとすれば、ニサル村を通過してクン・コーラをたどったことになる。実際、現実の地勢に捉われることなく地図を参考に判断すれば、「上リテ下ル」という坂道を見逃し、手前にあるクン・コーラをたどったのではないかと誰もが考える。

私自身もまた、一時、そのように推論したこともあったが、決定的な判断基準にはなり得なかった。ヒマラヤ山中では距離的に、もしくは時間的に近いからという、現代社会に育まれた私たちのような合理的な感覚に基づく判断だけで道をつけたりはしないことを、体験的に重々知っていたからだ。

ヤンツェル・ゴンパからクン・コーラまでの間で、日記に記された「上リテ下ル」に該当する場所は見あたらない。日記の文言を吟味しながら自分の足でたどれば理解できることである。GPSに記録された踏査の軌跡も、そのことを証明する客観的、かつ科学的根拠として参考資料になるかもしれない。

加えて、土地に伝え残された情報もまた、本文で述べたような理由から、慧海がムィ・コーラをたどったのではないかとの推論を裏づけている。とりわけトルボ地方では地図もなかった慧海の時代、「郷に入れば郷に従え」の諺が示すように、道中の判断は地元の情報に頼らざるを得ない。地元に詳しいのは住民である。その情報は虚心坦懐に拝聴すべきである。現代においても、外国人の手前勝手な尺度で推し量ると判断を損ねることになりかねない。これがヒマラヤを広く歩いて身についた私の流儀だった。

結果として、そこから導き出された推論は、ムィ村→ゴップカル・ラ→クン・ツォ（慧海池、仁広池）→瓢池（北緯29度42分580秒、東経83度12分465秒、海抜四九七〇メートル。誤差を含む）→ネーユ→リッサン（白巌窟）というのが慧海の辿ったルートである。なお、慧海がカン・リンポチェからの帰途に立ち寄った、日記に出てくる「レーツァン・ニーパ」という「山窟」は、川を挟んでリッサンの対岸に位置する「クトンレ」という巌窟ではないかと推察される。

こうした私の結論は、既成事実化された従来のクン・ラ越境説を覆している。しかしながら、それは衆寡敵せずとはいえども、私自身の探検精神の発露として実践しつづけた踏査の結果にほかならない。動機や経過は本書に縷々述べた通りである。

思えば、『旅行記』の一読者としてかかわりはじめた慧海の足どりをたどる私の踏査行は、チベット仏教世界をめぐる旅でもあった。この半世紀、道中、何処へ行っても信心深いチベット系住民の親切心が身に沁みた。決して忘れてはならないと肝に銘じつつ私は踏査の旅をつづけた。ヒマラヤ登山以来の盟友アヌーがいたことも幸いした。

求道に生涯を捧げた慧海は「常寂光浄土」なる平和を願い、「世界をして真実の平和を得せしめ、本来寂光の幸福を享けしむるに至らんことを」(『佛教日課』)と記している。これが慧海の後世に伝えようとした求道の精神の帰着するところではなかったか。「真実の平和」とは何ぞや。政治・経済・軍事を前面に掲げて、国際社会が利権がらみの覇権主義で混乱する現代において、私たち一人ひとりが、個々の立場から真摯に受け止めなければならない、時代を越えたテーマだと思う。

仏教が繁栄し、桃源郷と謳われたトルボ地方は、地勢が峻嶮なため、時代からとり残されつづけてきたが、現在では、道がどうにか整備され、それまでの徒歩やヤクの動力を中心に据えた移動手段が変わり、中国製のオートバイが走り回るようになった。工事用のブルドーザーも目についた。生活用品をはじめ、衣食住のほとんどが中国製で賄われ、政治面でも圧倒的に共産中国の支持者、すなわちコミュニストが多い。チベット語しか通用しなかったこの地方で、集落ごとに学校が建ち並び、教育が普及し、ネパール語と英語を若者は話す。まさに昔を知る身には見違えるばかりだ。

慧海がチベットに潜入した時代、トルボ地方を支配していたのは、ヒマラヤの交易で巨万の富を築いたタカリー族である。その支配に関する、ラナ政権から一八七六年(ネパール暦一九三三年)に発行された任命書が残されている(詳しくは拙著『遥かなるチベット』参照)。当時、タカリー族はヒマラヤの氷雪嶺をへだてて、チベットのラサからインドのカルカッタ（現コルコタ）に至る広大な商業圏を股にかけて交易を営んでいた。

慧海の求道の旅は奇しくも、タカリー族の商業圏に該当する。慧海が、そのタカリー族の頭首ハルカ・マン・スッバの知遇を得たことは、彼の旅を考える上での要点かと思われる。タカリー族はセルチャン、ゴウチャン、バタチャン、トラチャンの、それぞれ親戚関係にある四チャン氏族からなり、ハルカ・マン・スッバはセルチャン氏族に属している。

ヒマラヤ探検におけるわが国の草分けでもある川喜田は、セルチャン氏族と親交を深めていた。私もまた、その縁を受けてのことだと思うが、タカリー族とは一九七三年以来、現在に至るまで交友関係にある。ちなみに、一九九二年、ムスタンを案内したニルジャール・マン・セルチャンはハルカ・マン・スッバの曽孫の一人だ。七〇年代初頭、わが国の国費留学生に選抜されて弘前大学で医学を学び、一時期、私にネパール語会話を指導したヨゲン・ドラ・トラチャン（故人）もハルカ・マン・スッバの曽孫にあたる。十五歳で私と知り合って以来、ヒマラヤで行動を

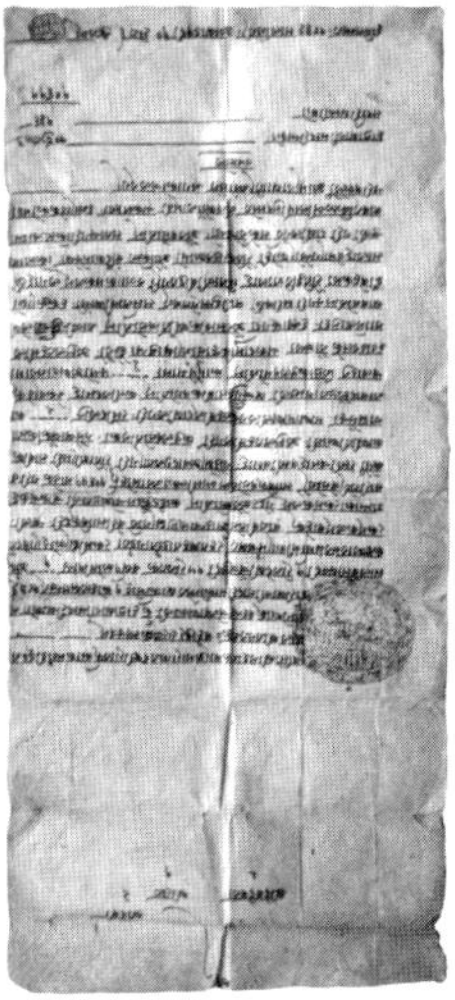

タカリー族のチョルバ・ターレという人物にラナ政権が発行した、トルボ地方の徴税請負、仲裁裁定に関する任命書。発行日はネパール暦で1933年3月10日。西暦に直すと1876年になる（1992年撮影）

ともにしてきた弟分のスディルはバタチャン氏族だ。

挙げればキリもないが、タカリー族以外にもネパール人、そして日本人も含めて多数の方々の力添えがあればこそ私の踏査行は成り立っていた。ヒマラヤを訪れて五十一年目にあたるこの年、慧海のチベット潜入経路をめぐる踏査の締めくくりとして、本書を刊行できたことは望外の喜びである。そのための労をとってくれた中央公論新社に感謝したい。

私の人生にひとつの区切りがついたように思う。この間、何かにつけて世話になった多数の関係者には、他界した方々も少なくない。本来なら、本書の刊行にさいして献本しなければならない方々ばかりだ。きっと喜んでくれるに違いないのだが、私の不徳の致すところで遅きに失した感は否めない。昔の中国の諺に「恩を受けて恩に酬いざるは禽獣に等し」とあり、恩知らずな人を罵っている。そうはありたくないとの思いから、ここに故人の冥福を祈りつつ芳名を記すことで容赦願いたい（五十音順）。

アマール・シン・トラチャン、安藤久男、入沢美時、大滝勝、大塚博美、奥原教永、門田毅、川喜田二郎、木村英造、ギャンマ・カルマ（カルマ老人）、國崎敏廣、近藤亨、坂本文男、白取清三郎、スニール・セルチャン、高山龍三、土井壮太郎、萩原一郎、ペマ・ヤンジン（ツァルカ村のアマ）、松本福治、宮田恵美、宮原巍、ミンゾム（シーメン村のアマ）、ヨゲン・ドラ・トラチャン、リンジン・ラマ
末尾ながら述べると、私は若いころ、川喜田が開発したKJ法を研鑽した一人である。本文で触れたように、九二年当時、一般の外国人が入域を禁じられていたトルボ地方に私が入域できたのは、王制だったネパール政府に川喜田が働きかけたことによる。川喜田が主宰していたNGO組織「ヒマラヤ保全

協会」のカトマンズ事務所がその実務を担当した。私は一時期、「ヒマラヤ保全協会」の研究顧問を務めたことがあり、その筋から特別に入域許可証を入手した。私の入域を契機に一般の外国人が、その後、有料で入域可能になっている。

そしてまた、(財)日本淡水魚保護協会(木村英造会長)が実施した、ヒマラヤの渓流にわが国の在来魚を移植放流する事業や、政変による内戦状態のさなかにとり組んだ、ツァルカ村での鉄橋建設プロジェクトなどで苦労が絶えなかった私に、川喜田は激励の言葉を惜しまなかった。「絶対に折れない、屈しない。風がおさまったら柳の枝のように、また立ち上がる。そのしなやかさがいい」私の記憶に残る言葉だ。昔の道歌に倣えば「強き木は吹き倒さるることもあり弱き柳に雪折れはなし」といったところか。

長年のたび重なる、慧海のチベット潜入経路をめぐる私の踏査行を「ヒマラヤに残された最後のロマン」と称したのも川喜田である。いま、ようやくその意味するところを実感し、生前の恩義に報いることができたように思う。本書の冒頭に献辞を掲げた所以である。

チャンタンの風に鈴の音ひびかせて犛《や》牛《く》の隊商峠を越えゆく

根深　誠

二〇二四年二月六日

関連年表

【河口慧海関連】

一八六六
1月12日　現在の大阪・堺市で誕生。

一八七二
錦西小学校入学（七七年退学）。

一八八〇
10月25日　釈迦伝を読んで発心、禁酒・禁肉食・不淫を誓う。

一八八三
高野山に登山・参詣し出家。仏道に入ることを誓う。

一八八六
京都・同志社英学校に入学（数か月で退学帰郷）。

一八八八
哲学館入学（九一年退学）。

一八九〇
3月15日　羅漢寺住職・海野希禅より得度、慧海仁広の名をもらう。

一八九二
一切蔵経を読む。

一八九三
一切蔵経の読破に専念。チベット大蔵経の入手、チベット行きを考える。

一八九七
2月　チベット行を発表。6月26日　神戸出帆。8月3日　ダージリン着。9月　ダージリン官立ハイスクール入学、翌年にかけて正式にチベット語を学ぶ。

一八九九
1月5日　ダージリン発、カルカッタへ。20日　ブッダガヤ着。2月1日　カトマンズ着。3月　ポカラ着。4月1日　トゥクチェ着、ハルカ・マン・スッバ宅に宿泊。5月15日　トゥクチェ発、ムクティナートに詣で、21日　ツァラン着、村長宅に滞在。12月7日　父・善吉死去。

一九〇〇
3月13日　マルファ着、豪家アダム・ナリン宅に滞在。6月13日　ダンガルゾン着。15日　サングダ着。18日　ターシータン（シャロンタン）を越えチベットへ向かう。20日ツァルカ着。ティンギュール、シーメン、ナムドゥを経て、27日　シェー・ゴンパ着。シェー山、ヤンツェル・ゴンパを経て、7月4日　ネパール・チベット国境に立つ。5日　白巌窟にゲロン・リンポチェを訪ねる。8月6日　マパムユム・ツォ着。9月5日～8日　カイラス（カン・リンポチェ）を巡礼、ラサに向かう。12月5日　シガツェ着。

一九〇一
3月15日　ヤムドゥユム・ツォ着。16日　ゲンパ・ラを越す。21日　ラサ着。4月　セラ寺の大学にチベット人として入学。7月20日　医師として名声を得、ダライ・ラマに謁見。

一九〇二
5月13日　日本人であることが露顕。29日　ラサ発。6月15日　チベット脱出。7月3日　ダージリン着。11月下旬　カルカッタ着。

一九〇三
1月21日　カトマンズ着。22日　前月に会った井上円了（哲学館創設者）の手紙が読売新聞に「西蔵探検僧河口慧海」として日本で報じられる。3月22日　カルカッタ着。5月20日　神戸着、記者会見。21日　新聞各紙でチベット旅行談が報じられる。5月末　京都・東山翠紅館で「旅行記」新聞連載のため口述筆記。5月31日　時事新報・大阪毎日新聞で連載開始（約五ヶ月間）。7月から全国各地で講演。

一九〇四
3月『西蔵旅行記』上巻出版。5月　下巻出版。10月11日　神戸出航、第二回旅行に発つ。（一四年チベット入国、一五年帰国）

一九二一
2月1日　黄檗宗管長に僧籍返上の届出を提出し、同宗と別れ、純粋仏教を宣揚。青森県下北郡川内町来訪。同町の菊池與太郎が援助。第一川内小学校で講演会。

一九二三～二五
川内町に滞在し、チベット語の翻訳にあたる。

一九二六
1月12日　還暦に際し還俗を発表。4月　大正大学に着任。以後、チベット語・チベット仏教を講ず。

一九三一
下北郡川内町来訪。

一九三五
下北郡川内町来訪。菊池與太郎の葬儀に出席。

一九四五
2月24日　死去。

【社会動向および著者関連】

一九四九
中華人民共和国成立。

一九五一
ネパール、ラナ家による支配が終わり、立憲君主制となる。開国。
一九五三
ジョン・ハント率いるイギリス隊エベレスト初登頂。
一九五六
チベット動乱始まる。
一九五七
ゲロン・ロブサン・チョペル（ゴヤ・ゴンパ最後の住持）、死去。
一九五八
西北ネパール学術探検隊（隊長・川喜田二郎）による調査が行われる。
一九五九
3月　ダライ・ラマ十四世亡命。11月　ギャンマ・カルマ亡命。
一九七三〜七四
根深、ネパール・ヒマラヤ山中タッコーラ地方のトゥクチェ村に滞在。慧海と川喜田にまつわる話を伺う。
一九七六
ネパールヒマラヤ・ヒマルチュリ登山隊参加（明大隊・偵察隊）登山終了後、ルンビニ地方を旅する。
一九七七
ヒマルチュリ登山隊参加（明大隊・本隊）。
一九八一
エベレスト西稜登山隊参加（明大隊）。
一九八二
ネパール各地の渓流調査（日本淡水魚保護協会）。
一九八六〜八七
パキスタンで登山終了後、新彊ウイグル自治区、チベット、ネパール、インドを旅する。
一九八九
天安門事件。第十四世ダライ・ラマ法王ノーベル平和賞受賞。
チョモランマ東壁登山隊参加（明大隊・偵察隊）。
一九九二
夏　慧海のチベット潜入経路調査のため、ネパール・ムスタン地方に初めて入域。秋　ネパール政府の特別許可を取得し、アヌーと二人、トルボ地方に入域。
一九九三
トルボ地方、チベット・パヤン地方を調査。パヤン地方で慧海らしき外人ラマの噂を聞く。
一九九四
夏　トゥルク・ドルジェ・ツェワン、曽祖父ニマ・ドルジェより、日本人僧侶がゴップカル・ラを越えてチベット入りした話を聞き、メモにして残す。
10月『遥かなるチベット』を発表、慧海のチベット潜入ルートをマリユン・ラ越えと推定。

一九九六
ネパール共産党毛沢東主義派（マオイスト）、「人民戦争」開始。
アヌー夫妻とカン・リンポチェを訪ねる。
二〇〇〇
ツァラン村を訪ねる（〇二年にも）。
二〇〇三
未踏峰カングリシャール登山隊参加（日本山岳会隊）
二〇〇四
〇二年より、ツァルカ村に三年がかりで建設していた鉄橋が完成。
11月　慧海の姪・宮田恵美により、『西蔵旅行記』の基になった第一回チベット旅行時の日記発見。
二〇〇五
3月　大阪で慧海に関するシンポジウムが開かれ、潜入ルートに関し「クン・ラ越え」説が有力視される。
秋　パヤン地方を調査。「白岩窟」をリッサンと推定。
二〇〇六
夏　トルボ地方を調査。慧海の日記にある「ヤムデル（ヤンツェル・ゴンパ）」へたどり着き、クン・コーラとムィ・コーラを検証。
二〇〇七
5月　『河口慧海日記』公刊。
カトマンズでカルマと会い、謎の外人ラマの話を聞く。
二〇〇八
2月　西川一三死去。5月　ネパール、王制を廃止し連邦民主共和制となる。8月　プラチャンダ、ネパール首相に選出。
二〇〇九
7月　川喜田二郎死去。
二〇一〇
ネパールのマオイスト党首プラチャンダへ取材。
二〇一二
マオイスト、武装解除を完了。
二〇一五
4月25日　ネパールで、カトマンズ近郊を震源とした大地震発生。
二〇一六
白巌窟付近への入域が可能か確認のためラサへ。
二〇一九
再びラサへ行くも入域拒否に遭い、チベット側からは国境付近へ迫れず。ネパール側から調査を行なう。
二〇二二
9月　慧海のチベット潜入ルートに関する最後の調査を敢行、ゴップカル・ラ越えと最終的に推定。

参考・引用文献

【河口慧海による著作】
『西蔵（チベット）旅行記』上下、博文館、一九〇四／講談社学術文庫、二〇一五
『第二回チベット旅行記』河口慧海の会、一九六六／講談社学術文庫、一九八一
『佛教日課』在家佛教修行団、一九二八
『河口慧海著作集　第十五巻　論集1』高山龍三監修、うしお書店、二〇〇一
日記原本（二〇〇四年公表）
『河口慧海日記』奥山直司編、講談社学術文庫、二〇〇七
『河口慧海著述拾遺』上下、高山龍三編、慧文社、二〇一三
"*The Memory*"（パタン市・マダン賞記念図書館蔵）

【日本語文献】
青木文教『秘密国チベット』芙蓉書房出版、一九九五
朝日新聞社編『朝日講座　探検と冒険7』朝日新聞社、一九七二
朝日教之『東チベット横断紀行』山と渓谷社、一九八八
飯島茂『ヒマラヤの彼方から　ネパールの商業民族タカリー生活誌』NHKブックス、一九八二
伊藤和洋『ネパール　自然・人間・宗教』平河出版社、一九七九
色川大吉『雲表の国　青海・チベット踏査行』小学館、一九八八
色川大吉『わが聖地放浪　カイラスに死なず』小学館、一九九四
江本嘉伸『西蔵漂泊　チベットに魅せられた十人の日本人』下、山と渓谷社、一九九四
奥山直司『評伝　河口慧海』中央公論新社、二〇〇三／中公文庫、二〇〇九
小野田文彬『ネパールあっちこっち』清水弘文堂、一九八六
加藤九祚『ヒマラヤに魅せられたひと　ニコライ・レーリヒの生涯』人文書院、一九八二
金子民雄『文明の中の辺境』北栄社、一九九八
川喜田二郎『鳥葬の国　秘境ヒマラヤ探検記』カッパ・ブックス、一九六〇／講談社学術文庫、一九九二
川喜田二郎編『ヒマラヤ　朝日小事典』朝日新聞社、一九七七

川喜田二郎、加藤千代『神話と伝説の旅』古今書院、一九八一
川喜田二郎『ヒマラヤ・チベット・日本』白水社、一九八八
川喜田二郎『素朴と文明』講談社、一九八二／講談社学術文庫、一九八九
川喜田二郎『創造と伝統　人間の深奥と民主主義の根元を探る』祥伝社、一九九三
河口正『河口慧海　日本人最初のチベット入国者』春秋社、一九六一／新版、二〇〇〇
木村肥佐生『チベット潜行十年』毎日新聞社、一九五八／中公文庫、一九八二
九里徳泰『チベット高原自転車ひとり旅』山と渓谷社、一九八九
倉知敬『チベット●謀略と冒険の史劇　アメリカと中国の狭間で』社会評論社、二〇一七
ビンセント・ヘルベルト・コエロ『シッキムとブータン』三田幸夫、内山正熊訳、集英社、一九七三
デイヴィッド・スネルグローヴ『ヒマラヤ巡礼』吉永定雄訳、白水社、一九七五
石平『中国共産党暗黒の百年史』飛鳥新社、二〇二一
高橋照『秘境ムスタン潜入記』東京新聞出版局、一九七九
ゴンポ・タシ著『四つの河　六つの山脈　中国支配とチベットの抵抗』ペマ・ギャルポ監修、棚瀬慈郎訳、山手書房新社、一九九三
多田等観『チベット』岩波新書、一九四二
多田等観『チベット滞在記』牧野文子編、白水社、一九八四
高山龍三『失われたチベット人の世界　あるチベット人の村の物語』日中出版、一九九〇
高山龍三『河口慧海　人と旅と業績』大明堂、一九九九
高山龍三編『展望河口慧海論』法蔵館、二〇〇二
高山龍三『河口慧海　雲と水との旅をするなり』ミネルヴァ書房、二〇二〇
毛沢東「連合政府について」『毛沢東選集』第三巻、日本共産党中央委員会毛沢東選集翻訳委員会訳、日本共産党中央委員会出版部、一九六六
毛沢東『毛主席語録』外文出版社編訳、中日出版社、一九六六
玉村和彦『聖山巡礼　チベットの聖山カイラス・巡礼者たちと通い婚の村』山と渓谷社、一九八七
チベット亡命政府情報・国際関係省『チベットの現実』南野善三郎訳、風彩社、一九九五
チベット問題を考える会編『チベット白書　チベットにおける中国の人権侵害』酒井信彦、小林秀英訳、日中

出版、一九八九
チレ・チュジャ（赤烈曲扎）『チベット　歴史と文化』池上正浩訳、東方書店、一九九九
徐朝龍・霍巍『謎のチベット文明　密教王国・世紀の大発見』PHP研究所、一九九六
ヘルベルト・フォン・ティッヒー『無名峰の聳える国』福田宏年訳、あかね書房、一九六八
ハロルド・ウィリアム・ティルマン『ネパール・ヒマラヤ』深田久弥訳、あかね書房、一九七一／四季書館、一九七六
ギュンター・オスカー・ディーレンフルト『ヒマラヤ第三の極地』福田宏年訳、白水社、一九七八
イッポリト・デシデリ『チベットの報告』1 2、フィリッポ・デ・フィリッピ編、薬師義美訳、東洋文庫（平凡社）、一九九一―九二
ケドゥプ・トゥンドップ編『激動　チベットの記録』日本工業新聞社、一九八三
ピエール＝アントワーヌ・ドネ『チベット　受難と希望「雪の国」の民族主義』山本一郎訳、サイマル出版社、一九九一
中沢新一ほか『季刊仏教』第二六号（特集・チベット）法蔵館、一九九四
西川一三『秘境西域八年の潜行』上下・別巻、芙蓉書房出版、一九六七‐七八／中公文庫、一九九〇‐九一
西澤憲一郎『ネパールの社会構造と政治経済』勁草書房、一九八七
日本山岳会関西支部『チャンタンの蒼い空　西チベット学術登山隊2004全記録』二〇〇五
日本人チベット行百年記念フォーラム実行委員会編『チベットと日本の百年　十人は、なぜチベットをめざしたか』新宿書房、二〇〇三
根深誠『遥かなるチベット　河口慧海の足跡を追って』山と渓谷社、一九九四／中公文庫、一九九九
根深誠「求道の越境者」『山と渓谷』二〇〇五年三月号
根深誠『いつか見たヒマラヤ　ネパール・チベットの人と暮らし』実業之日本社、二〇〇一
根深誠『ヒマラヤにかける橋』みすず書房、二〇〇七
根深誠『ヒマラヤのドン・キホーテ　ネパール人になった日本人・宮原巍の挑戦』中央公論新社、二〇一〇／中公文庫、二〇一五
根深誠『イエティ　ヒマラヤ最後の謎〝雪男〟の真実』山と渓谷社、二〇一二
ハインリヒ・ハラー『チベットの七年　ダライ・ラマの宮廷に仕えて』福田宏年訳、白水社、一九八一
ドウル・バハドゥール・ビスタ『ネパールの人びと』ⅠⅡ、田村真知子訳、川喜田二郎監修、古今書院、一九

八二―八三
ジョセフ・ダルトン・フーカー『ヒマラヤ紀行』薬師義美訳、白水社、一九七九
ロバート・フォード『赤いチベット』近藤等訳、新潮社、一九五九／芙蓉書房、一九七〇
スウェン・ヘディン『トランスヒマラヤ』上下、青木秀男訳、深田久弥、榎一雄監修、一九六五
本多勝一「創造的な登山（パイオニアワーク）とは何か」『報告』第五号、京都大学山岳部、一九五五（『新版　山を考える』朝日文庫、一九九三ほか所収）
ピーター・マシーセン『雪豹』芹沢高志訳、めるくまーる社、一九八八／ハヤカワ文庫NF、二〇〇六
シルヴァン・マンジョ『革命中国からの逃走●新疆、チベット、そしてブータン』乾有恒訳、山本真弓監訳、柘植書房新社、二〇〇七
ケニス・メイスン『ヒマラヤ　その探検と登山の歴史』田辺主計、望月達夫訳、白水社、一九五七
山口瑞鳳『チベット』上下、東京大学出版会、一九八七―八八
ダライ・ラマ（第十四世）『この悲劇の国　わがチベット』日高一輝訳、蒼洋社、一九七九
ダライ・ラマ『ダライ・ラマ自伝』山際素男訳、文藝春秋、一九九二／文春文庫、一九九六
ユーリ・レーリヒ『アジアの奥地へ』上下、藤塚正道、鈴木美保子訳、加藤九祚監修、連合出版、一九八五

【未邦訳文献】
Khenpo Menlha Phuntsok "*Melodies of the Kalapingka : A History of Snowland Dolpo*" self published, 2020
"*A Century of Encounters Between Japan & Nepal*"（在ネパール日本大使館発行、一九九七）
Michel Peissel "*Mustang: A Lost Tibetan Kingdom*" Book Faith India, 1992
Karna Sakya "*Dolpo : the hidden paradise*" Nirala Publications, 1995

カバー・画　Nicholas Roerich : Himalayas(Blue mountains), 1939
表紙・画　Nicholas Roerich : Song of Shambhala, 1943
扉・書　河口慧海「正法眼蔵」泉龍寺（青森県むつ市川内町）蔵（著者撮影）
装丁　真田幸治

根深誠

1947年、青森県弘前市に生まれる。明治大学山岳部ＯＢ。日本山岳会会員。日本勤労者山岳連盟顧問。73年以来、ヒマラヤの旅と登山を続ける。84年にはアラスカ・マッキンリー山（現・デナリ）で行方不明になった植村直己の捜索に参加。これまでにヒマラヤの未登峰６座に初登頂。故郷津軽の自然を愛し、白神山地を歩き尽くす。ブナ原生林を東西に分断する青秋林道の建設計画が持ち上がった際には、反対運動を立ち上げる。主な著書に『遥かなるチベット』、『山の人生』、『いつか見たヒマラヤ』、『ネパール縦断紀行』、『風雪の山ノート』、『世界遺産　白神山地』、『ブナの息吹、森の記憶』、『白神山地マタギ伝　鈴木忠勝の生涯』など多数。

求道《ぐどう》の越境者《えっきょうしゃ》・河口慧海《かわぐちえかい》
——チベット潜入《せんにゅう》ルートを探《さぐ》る三十年《さんじゅうねん》の旅《たび》

2024年２月25日　初版発行

著　者　根《ね》深《ぶか》　誠《まこと》
発行者　安部順一
発行所　中央公論新社
〒100-8152　東京都千代田区大手町1-7-1
電話　販売 03-5299-1730　編集 03-5299-1740
URL https://www.chuko.co.jp/

ＤＴＰ　嵐下英治
印　刷　図書印刷
製　本　大口製本印刷

Published by CHUOKORON-SHINSHA, INC.
Printed in Japan　ISBN978-4-12-005749-6 C0095